Schick — Sache und Notwendigkeit

Friedrike Schick

Sache und Notwendigkeit

Studien zum Verhältnis von empirischer und begrifflicher Allgemeinheit

Königshausen & Neumann

Bibliografische Information der Deutschen Bibliothek

Die Deutsche Bibliothek verzeichnet diese Publikation in der Deutschen Nationalbibliografie; detaillierte bibliografische Daten sind im Internet über <http://dnb.ddb.de> abrufbar.

Gedruckt auf säurefreiem, alterungsbeständigem Papier
Umschlag: Hummel / Lang, Würzburg
Bindung: Buchbinderei Diehl+Co. GmbH, Wiesbaden

Printed in Germany
ISBN 3-8260-2826-0
www.koenigshausen-neumann.de
www.buchhandel.de

VORBEMERKUNG

Die vorliegende Arbeit ist die leicht überarbeitete Fassung meiner Habilitationsschrift, die im Sommer 2002 von der Fakultät für Philosophie und Geschichte der Universität Tübingen angenommen wurde. Bei allen Beteiligten bedanke ich mich herzlich. Namentlich möchte ich allen danken, mit denen ich während der Entstehung Entwürfe und Teilfassungen diskutieren konnte: Anton Friedrich Koch, Günter Kruck, Bernd Leitner, Dagmar Mirbach, Hildegard Mühlemeier, Alexander Oberauer, Andreas Schmidt und Rudolf Stimpfl. Dem Verlag Königshausen & Neumann danke ich für die freundliche Annahme und die gute Zusammenarbeit bei der Druckvorbereitung des Manuskripts.

Inhaltsverzeichnis

MENON: Und auf welche Weise wirst du, Sokrates, die Untersuchung anstellen über einen Gegenstand, von dem du überhaupt nicht weißt, was er ist?
Platon, Menon *80d 5f.*

EINLEITUNG

Ab und zu trifft man in wissenschaftlichen Abhandlungen auf Urteile wie die folgenden:

„Die Wärme ist eine ausdehnende, gehemmte und sich auf die kleineren Teile stützende Bewegung."[1] – „Der Wille ist /.../ die *Selbstbestimmung* des Ich, in einem sich als das Negative seiner selbst, nämlich als *bestimmt*, *beschränkt* zu setzen und bei sich, d. i. in seiner *Identität mit sich* und Allgemeinheit zu bleiben, und in der Bestimmung, sich nur mit sich selbst zusammenzuschließen."[2] – „Als Tauschwert sind alle Waren nur bestimmte Maße *festgeronnener Arbeitszeit*."[3]

Die drei angeführten Urteile aus ganz unterschiedlichen Themenbereichen haben etwas gemeinsam. Eine erste Gemeinsamkeit ist offenkundig: Alle drei sind allgemein. Sie schreiben nicht einem konkreten einzelnen Gegenstand eine Eigenschaft zu, und sie beziehen sich auch nicht auf manche Fälle des im Subjektausdruck genannten Begriffs im Unterschied zu anderen Fällen desselben. Wenn sie allgemein sind, sollte ihre logische Form mit dem allquantifizierten materialen Konditional wiedergegeben werden können, also in der Form: $(\forall x)\ (Fx \rightarrow Gx)$. Allerdings scheinen solche Urteile eine Eigenart zu haben, die sich in der formalisierten Fassung nicht mit abbildet. Die Fassung selbst ist offen dafür, die für F und G einzusetzenden begrifflichen Terme als Bezeichnungen zweier verschiedener Begriffe oder allgemeiner Bestimmungen zu verstehen und die Urteile selbst so, daß in ihnen ausgesagt würde, daß die jeweils erste Bestimmung nicht auftritt, ohne von der zweiten begleitet zu sein. Um solche Begleit-Konstellationen scheint es aber in den drei Beispielen nicht zu gehen. Sie geben nicht an, was etwas, gesetzt es sei ein Fall von Wärme oder Wille oder Warenwert, *außerdem* ist, sondern eher, was Fälle des jeweils ersten Begriffs sind, *indem* sie Fälle dieses Begriffs sind. Diese Eigenart wäre auch dann noch nicht dargestellt, wenn das Konditional zum Bikonditional verstärkt würde; die vorgestellten Urteile scheinen auch kein wechselseitiges Begleitverhältnis verschiedener allgemeiner Bestimmungen auszusagen. Ebensowenig gehen sie aber in der

[1] Francis Bacon: *Neues Organon*, Teilband 2, lat.-dt., hg. v. Wolfgang Krohn, Hamburg 1990, Buch 2, Aph. 20.

[2] Georg Wilhelm Friedrich Hegel: *Grundlinien der Philosophie des Rechts*, § 7, in: G.W.F. Hegel: Werke in zwanzig Bänden, auf der Grundlage der Werke von 1832-45 neu edierte Ausgabe, Redaktion Eva Moldenhauer und Karl Markus Michel (= Theorie-Werkausgabe; i. f. abgekürzt „*TW*") Bd. 7, Frankfurt a.M. 1970, § 7.

[3] Karl Marx: *Zur Kritik der politischen Ökonomie*, in: Karl Marx/Friedrich Engels: Werke, Bd. 13, Berlin 1978, 18.

Fassung auf: $(\forall x)\ (Fx \leftrightarrow Fx)$. Sie scheinen richtiger dadurch charakterisiert zu sein, daß sie den an Subjektstelle stehenden Begriff durch den zweiten *definieren*. Hält man sie als Definitionen fest, ist jedoch eine einschränkende, abgrenzende Bestimmung verlangt. Den Beispielen ist anzumerken, daß sie nicht als Angabe von Erkennungszeichen, von Merkmalen im buchstäblichen Sinn konzipiert sind. Sollten sie so gedacht sein, hätten sie ihre Funktion verfehlt. Für jemanden, der Fälle des jeweils ersten Begriffs nicht als Fälle dieses Begriffs artidentifizieren kann, bieten die jeweiligen Prädikatbegriffe kaum Hilfe. Sie dienen nicht dem Ziel, Wärme oder Wille oder Warenwert kenntlich zu machen, sondern dem Ziel, zu erkennen, was das im Subjekt Genannte ist. Um ihre Eigenart in einem Ausdruck zu bezeichnen: Sie sind *Wesensdefinitionen*, Definitionen des Wesens einer Art von Gegenständen.

Um solche Urteile und ihre nächsten Verwandten, ihre Vorläufer und Folge-Urteile, geht es im folgenden. Um sie geht es – aber sie sind nicht Gegenstand der Untersuchung. Daß sie hier nicht als gegebene Spezies des Urteils vorausgesetzt werden, liegt daran, daß m. E. nach wie vor nicht selbstverständlich davon auszugehen ist, daß Wahrheitsansprüche dieser Art überhaupt sinnvoll erhoben, geschweige denn eingelöst werden können. Direkter Gegenstand dieser Arbeit sind die entsprechenden Zweifel an der Möglichkeit von Urteilen dieser Art, die Gründe solcher Zweifel und ihre Konsequenzen.

Ernstzunehmende Zweifel melden sich etwa, wenn man an Wesensdefinitionen zwei Einordnungsfragen stellt, die, ungeachtet der Bedenken, denen sie selbst ausgesetzt sind, immer noch besser im erkenntnistheoretischen Diskurs etabliert zu sein scheinen als jene Urteile selbst. Die eine, die Binnenverfassung solcher Urteile betreffende Frage ist die, ob sie *analytisch* oder *synthetisch* sind. Die zweite, die Weise ihrer Begründung betreffende Frage ist die, ob sie als *a priori* oder *a posteriori* einzustufen sind. Auf beide Fragen reagieren Urteile der skizzierten Art recht merkwürdig. Die beiden Fragen scheinen nicht an ihnen vorbeizugehen, sie verhalten sich ihnen gegenüber nicht einfach unzugänglich. Im Gegenteil zeigen sie, diesen Fragen konfrontiert, verwirrende Überreaktionen. Sie bieten nämlich, wie gleich gezeigt werden soll, jeweils Anhaltspunkte dafür, sie sowohl auf die eine als auch auf die andere Seite der angebotenen Einteilung zu setzen. Falls die Einteilungen ihrerseits zu Recht disjunkt konzipiert sind, muß es sich bei den Urteilen selbst um widersprüchliche Kreuzkombinationen handeln; es sei denn, die Beispielfälle selbst würden einer Neu-Interpretation unterzogen, die sie vom Anspruch des Wesensurteils dispensiert und so erlaubt, sie jeweils als eindeutigen Fall eines analytischen oder eines synthetischen, eines a priorischen oder eines Urteils a posteriori einzuordnen.

Die erste Überreaktion zeigen solche Urteile angesichts der Alternative zwischen dem Analytischen und dem Synthetischen. Für die Alternative selbst liegen verschiedene Fassungen vor, auf deren Unterschied ich hier nicht eingehe.[4] Stattdessen begnüge ich mich an dieser Stelle mit einer undifferenzierten

---

[4] Zur Differenzierung zwischen Versionen dieser Unterscheidung vgl. Abschnitt 3.2 dieser Arbeit.

Querschnitt-Fassung, die lautet: Geht das Prädikat (alias: der im Sukzedens stehende Begriff) über den Subjekt-Begriff (alias: den im Antezedens stehenden Begriff) hinaus oder nicht?

Einerseits liegt ein Grund vor, solche Urteile gemäß diesem Kriterium eindeutig als analytisch einzustufen. In der Eingangsbeschreibung war ja als ihr Charakteristikum festgehalten, daß in ihnen nicht zwei verschiedene Begriffe im Spiel sein sollen. Also, sollte man meinen, entfernt sich der Prädikatbegriff nicht vom Subjektbegriff oder geht nicht darüber hinaus. Im Prädikat sollte hier vielmehr der Subjektbegriff selbst bestimmt sein, das zuvor in einem einfachen Bezeichnungsausdruck Angesprochene in seine begrifflichen Elemente zerlegt, analysiert sein. Wenn solche Urteile Begriffsanalysen sind – wie sollten sie da nicht analytisch sein?

Andererseits liegt ein Gegengrund vor, ein Grund dafür, sie nicht als analytisch, sondern als synthetisch zu qualifizieren. Die Prädikate unserer drei Beispiele halten sich offensichtlich nicht in den Grenzen dessen, was mit dem Subjektausdruck als gegeben vorausgesetzt werden kann. Darin unterscheiden sie sich von den gängigen Paradigmen analytischer Urteile, etwa von dem Standard-Beispiel „Junggesellen sind unverheiratete Männer". Die Prädikate der eingangs zitierten Urteile wiederholen nicht, weder ganz noch in Auszügen, eine vorausgesetzte Definition von Wärme, Wille oder Warenwert. Die angeführten Urteile sind ja alles andere als selbstverständlich. Das mittlere, Hegel entlehnte, Beispiel, ist für sich genommen vermutlich noch nicht einmal verständlich, und alle drei können sicher nicht nur von notorischen Skeptikern in Frage gestellt werden. Tatsächlich ist jedes dieser drei Urteile in Frage gestellt worden, und zu jedem der drei Definitionsangebote liegen in der Geschichte der jeweiligen Theorien Alternativangebote vor. Zudem ist jedes dieser drei Urteile dem Kontext von – sehr unterschiedlich organisierten – Argumentationsgängen entnommen, deren Resultat sich in den angeführten Urteilen zusammenfassen soll. Wenn sie demnach begründungsbedürftig, nicht wiederholend und dem Streit auf der Ebene der Sache, nicht der Worte zugänglich sind, dann muß ein an Subjektstelle als definit vorausgesetzter Begriff in ihnen ja wohl überschritten und müssen die betreffenden Urteile synthetisch sein.

Es zeichnet sich hier schon ab, daß die Rede vom Hinausgehen über einen Begriff selbst eine Zweideutigkeit enthält, indem sie zwischen zwei Fassungen von Definitionsfragen alterniert. Für den Anfang gehe ich diesem Hinweis nicht nach. Blendet man ihn ab, bleibt das einfache und unzweideutig zweideutige Ergebnis: Urteile, die dem oben entworfenen Steckbrief entsprechen, sind analytisch und nicht-analytisch, synthetisch und nicht-synthetisch.

In ähnlicher Weise zweideutig reagieren unsere drei Beispiele auf die Frage nach der Art und Weise ihrer Begründung.

In allen drei Fällen steht an Subjektstelle ein Begriff, der als Erfahrungsbegriff gelten kann. Damit ist gemeint: Diese Begriffe sind nicht erst im Rahmen der entsprechenden wissenschaftlichen Disziplinen eingeführt worden, sondern gehören schon zu unseren vorwissenschaftlichen, auf wirkliche Erfahrungsfelder bezogenen Unterscheidungs- und Klassifizierungssystemen. Diesem Kriterium entsprechen die Subjektbegriffe der drei Beispiele: Mit der Unterscheidung zwischen Warm und Kalt sind wir vertraut, und sie wird von uns angewandt, ehe physikalische Wärmelehren entwickelt werden. Der Begriff des Willens kennt ebenso Anwendungen, die nicht erst im Gefolge psychologischer Theorien oder, wie im angeführten Beispiel, der Philosophie des Geistes entstehen. Ebenso sind – noch ganz jenseits ökonomischer Theorien – im Feld des alltäglichen Kaufens und Verkaufens Überzeugungen geläufig wie die, daß das Haus mehr wert ist als die Haustür, oder auch Fragen der Art, ob eine bestimmte Ware ihren Preis auch wert gewesen sei. – Als Erfahrungsbegriffe halten diese Begriffe gesondert Züge fest, von denen wir annehmen, daß sie zusammen mit anderen an Gegenständen unserer Erfahrung wirklich vorkommen; Unterscheidungshinsichten, die auf der Basis von Beobachtung und Vergleich konkreter Gegenstände oder konkreter Situationen entwickelt, aus diesen extrahiert sind und entsprechend zur Charakterisierung erfahrener Gegenstände und Situationen eingesetzt werden können.

Wenn unsere Wesensdefinitionen so mit einem Bein im Feld der Erfahrung stehen, gleichzeitig in ihrem zweiten Teil in begründungsbedürftiger Weise über den Subjektbegriff hinausgehen, so liegt es nahe, sie als empirische Hypothesen zu verbuchen und ihnen damit den Status des a posteriori zu Begründenden zuzusprechen. Ihre Berechtigung wird sich dann nach gängiger Auffassung nicht durch logische Ableitungen aus einer vorauszusetzenden Begriffsdefinition erweisen, sondern durch ihr Verhältnis zu einer Reihe einzelner zutreffender Beobachtungsaussagen. Ob dieses Verhältnis dann näher als eines der Verifikation, der Bestätigung oder nur der Falsifikation zu denken ist – eines scheint dann jedenfalls festzustehen: Wenn es sich um empirische Hypothesen handelt, dann werden entweder sie direkt oder andere Hypothesen, aus denen sie sich ableiten lassen, an ihren empirischen Konsequenzen zu testen sein. Im einfachsten Fall wären dann Situationen, die als Erfüllungsfälle des jeweiligen Subjektbegriffs feststehen, daraufhin zu untersuchen, ob sie auch Fälle des zweiten, des jeweiligen Prädikatbegriffs sind.

Zugleich ist der Steckbrief solcher Urteile so verfaßt, daß dieses Begründungsmuster nicht auf sie appliziert werden kann. Das hängt damit zusammen, daß der Zusammenhang der beiden Begriffe nicht als konstante Begleitung eines allgemeinen Zugs durch gewisse andere allgemeine Züge aufzufassen war, sondern als Bestimmung des an Subjektstelle Bezeichneten. Wenn das Prädikat unter dem Anspruch steht, auszusprechen, was Fälle des Subjektbegriffs als diese Fälle sind, dann ist mit dem anvisierten Verhältnis definitorischer Identität für das Urteil selbst strikte Allgemeinheit und Notwendigkeit beansprucht, und diese Ansprüche lassen sich in der einfachen Konfrontation mit Fällen von Wärme oder Wille oder Warenwert nicht einlösen. Selbst wenn wir annehmen, empirische Tests hätten (wie immer das in den angeführten Fällen zu denken wäre) für alle geprüften Einzelbefunde ergeben, daß die zweite, die jeweilige Prädikatbestimmung, immer anwesend war bei Anwesenheit der ersten und immer abwesend bei Abwesenheit der ersten, wäre damit der Bestimmungsanspruch: daß Wärme etc. eben dies und nichts anderes sei, längst nicht eingelöst. Die Frage, die auch angesichts dieser vorgestellten Begründungslage offen bliebe, wäre eben die nach der definitorischen Identität beider Seiten des Wesensurteils. Diese Frage bliebe offen nicht nur, wie man auf den ersten Blick vermuten könnte, für all jene Fälle, die nicht geprüft worden sind. Sie bliebe genauso offen für die bereits geprüften. Wenn die Prüfungsfrage lautet, ob Fälle des einen Begriffs auch Fälle des anderen sind, dann kann die Antwort bestenfalls regelmäßige Korrelationen erbringen, aber nicht entscheiden, ob, wie behauptet, das eine im anderen bestimmt ist, das zweite ausspricht, was das erste ist.

Diese Überlegungen lassen es im Licht der disjunkt gedachten Alternative zwischen A-priori- und A-posteriori-Begründungen wiederum als zwingend erscheinen, Wesensdefinitionen auf die Seite des a priori zu Begründenden zu verlagern. Daß sie überhaupt Begründungen verlangen, ist, jedenfalls für die aufgeführten Beispiele, wohl keine Frage. Soll die definitorische Identität begründet werden, scheint sie, wenn sie in Belegfällen unterbestimmt bleibt, eben auf der Ebene des Begriffs entschieden werden zu müssen, also doch unter Emanzipation weiterer Untersuchung von Einzelexemplaren durch logische Analyse des Begriffs, den wir schon haben, wenn wir die Begriffsausdrücke „Wärme", „Wille" oder „Wert" urteilend gebrauchen. Aber gegen diese Entscheidung macht sich wiederum die schon vorgetragene Überlegung geltend, daß der Inhalt des Ausgangsbegriffs auch nicht einfach dupliziert wird.

Zusammengenommen führt das wiederum auf das sich widersprechende Doppelurteil: Wesensdefinitionen sind a posteriori und nicht a posteriori, a priori und nicht a priori; ihr Begründungsmodus müßte einer Begriffsanalyse durch empirische Fallstudien gleichkommen.

Angesichts dieser Merkwürdigkeiten erscheint es nur als konsequent, wenn man die altertümliche Annahme, in solchen Bestimmungen des Wesens einer Art von Gegenständen hätten wissenschaftliche Untersuchungen ihren Dreh-und-Angelpunkt, fallenläßt und in bekannter Manier allgemeine Urteile mit dem Anspruch auf sachliche Weiterbestimmung von allgemeinen Urteilen, die notwendig gelten – und zwar gerade, *indem* mit ihnen kein Anspruch auf sachliche Bestimmung verbunden ist –, zu trennen und diese Unterscheidung zwischen zwei Typen des allgemeinen Urteils als wechselseitig exkludierend zu verstehen.

Die Ansicht, die verabschiedet ist, sobald man diese Konsequenz zieht, bezeichne ich im folgenden als *Artessentialismus*. Sie ist dadurch gekennzeichnet, daß sie für Artdiagnosen (sei es für alle, sei es eingeschränkt für bestimmte) einen Objektivitätsanspruch sui generis annimmt, einen Anspruch, der nicht schon dann eingelöst ist, wenn sich überhaupt einzelne Objekte finden, die den definierten Artbegriff erfüllen, sondern erst dann, wenn der vorausgesetzte Begriff der entsprechenden Art theoretisch bestimmt ist. Diese Auffassung unterscheidet also verschiedene – wenigstens zwei – epistemische Niveaus, auf denen sich die Frage stellt, was etwas (Wärme im allgemeinen oder Warenwert im allgemeinen etc.) ist. Vorliegende Merkmalsdefinitionen, Nominaldefinitionen in dem von Locke und Leibniz zugrundegelegten Sinn, gelten ihr als vorläufige, nicht als abschließende Antwort auf die Frage nach der Einheit der betreffenden Art. Entsprechend faßt sie diese Frage nicht nur als eine auf, die retrospektiv schon kanonisierte Klassifikationskriterien abfragt, sondern auch als eine prospektiv gerichtete Frage nach derjenigen Bestimmung der Einheit dieser Art, die den Erklärungsgrund für Merkmale der Art enthält.

Mit der doppelten Ausrichtung an *Erkenntnisfortschritt* einerseits und *definitorischer Identität* – also auch: strikter Allgemeinheit und Notwendigkeit – andererseits setzt sich der Artessentialismus, wie eben schon ausgeführt wurde, genau zwischen zwei Stühle. Diese unbequeme Lage verdankt er unmittelbar der Ansicht, die die Grundlage der beiden Einordnungsfragen bildet, an denen gemessen Versuche, das Wesen einer Art zu bestimmen, als merkwürdige oder auch unhaltbare Kreuzkombinationen erscheinen. Dieser, im letzten Jahrhundert über Schulgrenzen hinweg führenden, Ansicht zufolge ist eine allgemeine Aussage (wie Aussagen überhaupt) *entweder* notwendig *oder* ein empirisches Urteil über wirkliche Gegenstände, aber nie beides zugleich. Diese Meinung scheidet beides näher so: Notwendigkeit ist eine modale Qualifikation von Aussagen, und zwar eine, die vollständig davon abhängt, wie wir über wirkliche Dinge reden, und gar nicht davon, worüber wir reden. Die Ausnahmslosigkeit und Alternativlosigkeit der Geltung mancher Aussagen ist überhaupt darauf zurückzuführen, daß etwaige Unterschiede zwischen Subjekt und Prädikat (wenn wir uns der Kürze halber auf diese einfache Form beschränken) allein dem verbalen Ausdruck beider geschuldet sind. Das heißt: Wenn es für jemanden etwas aus einer notwendigen Aussage zu lernen gibt, dann ist das der Umstand, daß es für das, was er schon kennt, indem er den Subjektausdruck versteht, anerkannte alternative Ausdrucksweisen gibt. Mithin fallen Erkenntnisse, die über Sprachlernen hinausgehen, oder fallen Urteile mit theoretischem Nährwert notwendig jenseits des Notwendigen. Auf dieser zweiten Seite, die dann die Seite der empirischen Erkenntnisse heißt, gibt es zwar noch ein annäherndes Pendant zur notwendigen Allgemeinheit der anderen Seite; aber dieses Pendant ist die faktische Allgemeinheit oder die Allheit, d. h. der selten erreichte Grenzfall einer vollständig ausgeschöpften allgemeinen Hypothese, das glückliche Sammelergebnis der Summe aller einzelnen Fälle, die jeweils zwei oder mehrere dem Begriff nach geschiedene Bestimmungen tatsächlich zusammen aufweisen – ein Ergebnis also, das deutlich von Zusammenhängen im Begriff von Subjekt und Prädikat geschieden bleibt.

Vor dem Hintergrund dieser – freilich ausführungsbedürftigen – Entgegensetzung läßt sich mein übergeordnetes Beweisziel ganz einfach formulieren: Ich möchte zeigen, daß die strikte Trennung dieser beiden Seiten nicht durchzuhalten ist. Diesem Nachweis sind Teil 2 und Teil 3 dieser Arbeit gewidmet. Teil 1 hingegen bereitet die beschriebene Disjunktion zwischen notwendiger, aber weltflüchtiger und weltzugewandter, aber nicht notwendiger Allgemeinheit vor. Im Ausgangspunkt stehen hier die Subjektpole von Urteilen über Arten im

Zentrum der Betrachtung, genauer die Kontroverse darum, ob Artnamen auf eine unabhängig von begrifflichen, beschreibenden Kriterien, die mit ihnen assoziiert sind oder sein können, vorauszusetzende, darin: objektive Identität der betreffenden Art geeicht sind oder ob die Identität einer Art genau durch solche begrifflichen, beschreibenden Kriterien gesetzt ist. (Diese Alternative wird zunächst allgemein vorgestellt, um in einem zweiten Schritt an Lockes Theorie von Substanz-Art-Begriffen in konkretisierter Form behandelt zu werden.) Prima facie scheint in dieser Alternative die erste Option die artessentialistische und die zweite die anti-essentialistische zu sein; denn zu artessentialistischen Positionen gehört ja, auch nach der oben gegebenen Kurzbeschreibung, die Annahme, die Einheit der Bestimmungen einer Art sei Ziel und Maßstab unseres erkennenden Bezugs auf die Art selbst und darin unserem Bezug auf Arten voraus- und gegenübergesetzt. Tatsächlich denke ich nicht, daß der Artessentialismus um den Preis der Marginalisierung epistemisch erster begrifflicher Klassifikationskriterien gehalten werden kann oder gehalten werden muß.[5] Doch fürs erste sieht es so aus, als nähme der Anti-Essentialist, wenn man ihm diesen kleinen Finger bietet, dankend die ganze Hand: Ist erst einmal eingeräumt, daß sich alle Urteile über eine Art von Gegenständen auf Artbegriffe zurückbeziehen, die sich unseren Selektionspräferenzen verdanken, scheint die Wesensfrage nicht mehr davon ablösbar zu sein, daß die Einheit ihres Gegenstands eine gebaute, gemachte Einheit begrifflicher Elemente bleibt.

An dieser Stelle tritt im Verlauf der Darstellung in Teil 1 zum ersten Mal ein grundlegendes Problem des Artessentialismus zu Tage: Soll das Wesen einer Art bestimmt werden, so wird dieses Wesen immerhin das Wesen von etwas sein müssen, und zwar von etwas, das, wenn es denn eine Art sein soll, selbst schon allgemein bestimmt sein muß. Wie, wäre sonst mit Menon zu fragen, sollte man sonst wissen, wonach man sucht? Also erfolgt die Begründung einer Wesensdefinition wohl relativ zu vorausgesetzten Definitionen der Art. Die Wesensdefinition selbst sollte, um ihren Namen zu verdienen, notwendig gelten. Dann aber müssen auch die vorausgesetzten Definitionen, die die Prämissen eines Beweises der Definition stellen, ihrerseits notwendig sein. Sind sie das, so erfüllen sie selbst schon die Kriterien einer Wesensdefinition. Der Versuch, die Wesensdefinition einer Art zu begründen, scheint so unweigerlich in einen Beweisregreß zu führen. Ob der Artessentialismus an diesem Problem scheitert, wird im ersten Teil nicht entschieden. Das Problem selbst wird im weiteren Gang wiederholt begegnen (in 3.1.5 und 4.2), und erst bei seinem letzten und allgemeinsten Auftritt wird, im Anschluß an Aristoteles, eine Lösung dafür angeboten. Am Ende des ersten Teils jedoch wird dieses Problem vorderhand als guter Grund dafür gelten gelassen, die Rede vom Wesen einer Art zunächst einmal ganz auf Nominaldefinitionen zurückzustutzen. Damit öffnet sich die oben skizzierte Disjunktion für Urteile über eine Art von Gegenständen.

Die beiden Teile dieser Disjunktion werden dann getrennt verfolgt. Teil 2 bewegt sich im Rahmen empirischer Allgemeinheit. Die Leitfrage ist hier: Wie

---

[5] Vgl. dazu und zum folgenden Kap. 1.2.3.

gestaltet sich, nachdem wir das Wesen verabschiedet haben, die Erweiterung unseres Wissens um eine nominal bereits definierte Art? Die Pauschalantwort darauf lautet: Die Erweiterung wird *induktiv* erfolgen. (Die Frage der epistemischen Reihenfolge – ob allgemeine Arturteile als Resultat von Generalisierungen zu gelten haben oder als kühne Hypothesen, die dann durch Tests an Einzelfällen bewährt oder nicht bewährt werden – macht dabei keinen Unterschied.) Die Linie der Überlegungen führt von der an Hegel vertieften Mängeldiagnose des einfachen, formellen induktiven Schlusses über Humes Fassung des Induktionsproblems zu Nelson Goodmans Frage nach dem Unterschied zwischen kontingent allgemeinen und gesetzesartigen Aussagen. Das Problem der Induktion in seiner einfachsten Fassung lautet: Was, wenn überhaupt etwas, begründet den Übergang von der endlichen Anzahl erkannter Fälle einer Koinzidenz zweier allgemeiner Bestimmungen zum entsprechenden allgemeinen Urteil? Wie können wir vom partikularen Urteil zum allgemeinen, von diesen bestimmten Fällen zu allen, zu jedem beliebigen oder einem bestimmten, aber noch nicht erkannten Fall übergehen? Teil 2 entwickelt und verteidigt dazu eine zweiteilige Antwort: Wenn der Zusammenhang der allgemeinen Bestimmungen im Einzelnen einfach und dauerhaft als Koinzidenz aufzufassen ist, dann gibt es auch nichts, was den Übergang begründet und dann können wir nicht von *einem* über *manche* zu *allen* Fällen übergehen. Darin hat m. E. der Induktionsskeptiker vollkommen recht. Allerdings sind damit die Möglichkeiten des Aufstiegs vom Einzelnen zum Allgemeinen nicht erschöpft; und das läßt sich noch am formellen Schluß der Induktion-durch-Aufzählung nachweisen. Die im induktiven Übergang ausgedrückte Gleichgültigkeit gegen Differenzen zwischen den Einzelfällen – einschließlich der epistemischen Differenz zwischen erkannten und noch nicht erkannten Fällen – weist darauf zurück, daß ein allgemeiner Grund des Zusammenauftritts der beiden beteiligten Bestimmungen vermutet wird. Damit hat sich aber der Blick auf die Einheit einer Art bereits verändert. Diese Einheit wird dann nicht mehr unterstellt als Resultat der Entscheidung, gewisse Gemeinsamkeiten im Unterschied zu anderen als artkonstitutiv zu setzen, sondern als erklärenswerter Zusammenhang allgemeiner Bestimmungen, der in Nominaldefinitionen besser oder schlechter, jedenfalls aber: vorläufig, zur Darstellung kommt. Mit diesem Ergebnis hat sich die Reduktion der Wesens- auf die Nominaldefinition in ihren Konsequenzen wieder aufgehoben.

Teil 3 verfolgt die zweite Seite der angenommenen Disjunktion. Gegenstand der Untersuchung und Adressat der Kritik ist hier die der Restriktion allgemeiner Erkenntnis auf Allheit komplementäre These, notwendige Allgemeinheit sei nur um den Preis der Aufgabe gegenstandsgerichteter Erkenntnis zu erhalten. Diese These wird in zwei Teilschritten untersucht: Abschnitt 3.1 behandelt die Unterscheidung zwischen Modalität de dicto und Modalität de re und Versuche, die erste unter Verzicht auf die zweite zum allgemeinen Typ des notwendig wahren Urteils zu erheben. Wie ich, im Anschluß an eine *Reflexion* Kants, zu zeigen versuche, scheitert dieser Versuch daran, daß die Unterscheidung selbst auf die Frage nach dem Wesen eines Gegenstands zurückbezogen ist.

Von den betrachteten Argumenten gegen die Annahme einer Modalität de re (die Referenzautoren sind hier vor allem William Kneale und W.V.O. Quine) bleibt hier allerdings die kritische Einsicht zu übernehmen, daß das sachlich gedachte modale Verhältnis zwischen einer allgemeinen Bestimmung und einem Gegenstand diesen nicht außer aller Bestimmung voraussetzen kann. Abschnitt 3.2 widmet sich – unter Abblendung der zuvor erhobenen essentialistischen Grundierung auch der Modalität de dicto – drei Versionen des Programms, notwendige Wahrheit in Termini des Analytischen zu bestimmen: einer einfach *sprachrelativistischen* Konzeption (Versuche der Rückführung des Notwendigen auf Wortbedeutungen oder, spezieller, auf Bedeutungskonventionen [3.2.2]), der *zweistufigen* Konzeption (unter Aufnahme der Quine'schen Kritik derselben [3.2.3]) und schließlich der „offiziellen" Kantischen Version der Unterscheidung zwischen analytischem und synthetischem Urteil in der *Kritik der reinen Vernunft* (3.2.4). Der Ertrag dieser Betrachtung läßt sich kurz so angeben: Die Scheidung zwischen dem Analytischen und dem Synthetischen führt contre coeur den Rückverweis auf Wesensdefinitionen als ihren blinden Fleck mit. Besonders deutlich zeigt sich das im Rahmen der zweistufigen Konzeption für analytische Urteile, die nicht schon offen tautologisch sind. Hier ersteht in der Frage nach dem Grund ihrer Übersetzbarkeit in explizit logisch wahre Urteile das Desiderat, notwendig wahre nicht-tautologische begriffliche Identifikationen – mit anderen Worten: Wesensdefinitionen – in die Rolle dieses Grundes einzusetzen. Treffen die dahin führenden Überlegungen zu, so verändert sich natürlich das Verhältnis zwischen Analytizität und Wesensdefinition gegenüber unserer Ausgangsansicht: Insofern die Unterscheidung zwischen dem Analytischen und dem Synthetischen Wesensdefinitionen definitiv aus dem Feld sinnvoll zu erhebender Wahrheitsansprüche ausschließt, schließt die Unterscheidung dann ihre eigene Grundlage aus.

Was sich darin abzeichnet, ist die Umkehrfassung des Regreßproblems, das dem Beweis angenommener Wesensdefinitionen entgegenstand. Nicht nur scheint der Beweis des Wesens auf vorausgesetzten Notwendigkeitsbefunden zu fußen, sondern es scheint auch zu gelten, daß Notwendigkeitsbefunde, auch wenn sie explizit unter die Kondition der Negation des Wesens gestellt werden, zurückverweisen auf Bestimmungen dessen, was etwas wesentlich ist.

Nachdem sich so in den beiden getrennt verfolgten Sphären allgemeiner Arturteile, die sich das Erbe der Wesensdefinition teilen, jeweils die Anweisung auf das ausgeschlossene Komplement findet – im induktiven Ausgriff auf Allgemeinheit die Anweisung auf notwendige Zusammenhänge auf der Ebene der allgemeinen Bestimmungen selbst und von der anderen Seite in der sachfern und nicht inhaltsbestimmend gedachten Notwendigkeit von Aussagen die Anweisung auf inhaltliche Unterschiede zwischen den Polen des notwendig wahren Urteils –, ist ein zweifacher indirekter Beweis dafür erbracht, daß die erkenntnistheoretisch verewigte Trennung zwischen sachbezogener, empirischer Allgemeinheit einerseits und strikter Allgemeinheit und Notwendigkeit andererseits nicht aufrechtzuerhalten ist. Der mit der Verabschiedung des Wesens eingeläutete wechselseitige Ausschluß von Sach-Erkenntnis und Notwendigkeit macht sich in internen Problemen geltend, die nicht zu den kleinsten der jeweiligen Sphären zählen, nämlich eben im Problem der Induktion auf der einen und im Problem der Scheidung zwischen dem Analytischen und dem Synthetischen auf der anderen Seite.

Diese Rehabilitation der Wesenserkenntnis aus dem Stand ihrer Verabschiedung steht an dieser Stelle der Überlegungen freilich nach wie vor in Widerspruch zu dem entscheidenden Grund, der ihre Verabschiedung nahelegte. Gerade wenn der Aufstieg vom einzelnen Phänomen zur allgemeinen Theorie ebenso auf Wesensurteile zuläuft wie die Begründung der Notwendigkeit notwendig wahrer Urteile, stellt sich ja um so dringender die Frage, wie denn Kandidaten für Wesensdefinitionen ihrerseits begründet oder begründet abgewiesen werden. Diese Frage wird im letzten, vierten Teil dieser Arbeit wieder aufgenommen. Daß sie erst am Ende direkt in Angriff genommen wird, hat seinen Grund darin, daß im vorgeschalteten kritischen Gang nicht nur Argumente für die Unverzichtbarkeit des Wesens entwickelt wurden, sondern auch die Frage nach dem Wesen selbst unterwegs ein klareres Profil bekommen hat. Es steht an dieser Stelle dann schon fest, daß die Alternative, ein beanspruchtes Wesen-von-etwas entweder auf eine andere schon als notwendig vorausgesetzte Bestimmung oder auf gar keine Bestimmung, dafür auf den Gegenstand als unbestimmt einzelnen, zu gründen, falsch sein muß. Zu klären bleibt dann, wie das Verhältnis zwischen bestimmten allgemeinen Vorfassungen einer Art und der Wesensdefinition, die ihre Begründung, wenn überhaupt, dann relativ zu diesen erhält, zu denken ist, ohne in die Mühlen des Regresses des Notwendigen zu geraten. Eine Antwort auf diese Frage wird im Rahmen der vorliegenden Arbeit nur noch in ihren elementaren Anfangszügen entwickelt. Die entscheidenden Wendungen lassen sich, wenn ich recht sehe, direkt im Anschluß an Aristoteles' dialektische bzw. auflösende Diskussion der Erkenntnis des „Was-es-Ist“ (*Analytica posteriora* II) gewinnen. Ihre Pointe liegt nicht zuletzt darin, Wesensurteile nicht als Konklusionen eigener Schlüsse zu denken, die jenseits der Identifikation und Erklärung anderer Bestimmungen zu vollziehen wären, sondern das Wesensurteil selbst als Pendant von Erklärungs-Schlüssen zu verstehen. Wenn es einen Grund dafür gibt, eine allgemeine Bestimmung einer Art anderen als Wesen dieser Art gegenüberzustellen, dann liegt er darin, daß in dieser der Zusammenhang der Bestimmungen in einem Exemplar dieser Art expliziert wird.

Wie sich in dieser Vorschau auf den Gang der Arbeit ankündigt, liegt ihr Schwerpunkt in einer allgemeinen, systematisch verfolgten Frage, nicht auf dem Gebiet der Rekonstruktion der einschlägigen Theoriegeschichte. Dennoch sind die theoretischen Alternativen, die jeweils betrachtet werden, im folgenden in der Regel nicht nur abstrakt, sondern in der Orientierung an konkreten Theorien, besser gesagt: an Auszügen solcher Theorien entwickelt. Mit diesem Vorgehen sind manche Beschränkungen verbunden. Die hier praktizierte Einstellung, in Texten von Aristoteles über Locke, Hume, Kant und Hegel bis Quine systematische Variationen ein und desselben Themas entdecken zu können, trifft einerseits unvermeidlich auf die Schwierigkeit, nicht nur terminologischen Veränderungen, sondern auch veränderten Fragen gerecht werden zu müssen. Die nicht geringe Aussicht, den herangezogenen Texten in dieser Hinsicht nicht immer gerecht geworden zu sein, habe ich in Kauf genommen, weil ich denke, daß diejenigen, die eine der hier verhandelten Positionen vertreten, diese Position weitaus besser entwickelt, begründet und verteidigt haben als mir das in abstrakten Reißbrett-Entwürfen möglich gewesen wäre.

Andererseits kann und soll mit der getroffenen Auswahl von Texten und Autoren keinerlei Anspruch auf Vollständigkeit verbunden sein. So habe ich auf die Behandlung vieler, gerade auch neuerer, Texte verzichtet, die für das Thema Essentialismus wichtig und einschlägig sind. Gerade im Anschluß an Saul Kripkes *Name und Notwendigkeit*[6] haben in den letzten Jahrzehnten nicht nur besondere essentialistische Thesen, sondern hat auch der Essentialismus im allgemeinen einen deutlichen Wiederaufschwung erfahren. Wenn sich angesichts dessen die vorliegende Arbeit dennoch überwiegend auf die Absage an den Essentialismus, ihre Gründe und ihre Konsequenzen konzentriert, so geschieht das nicht aus Ignoranz oder Geringschätzung gegenüber der neueren Entwicklung, sondern hängt damit zusammen, daß die Absage an den Artessentialismus m. E. nicht in allen Stücken falsch oder neben der Sache liegt, sondern auch bewahrenswerte Einsichten enthält, die für die Ausarbeitung essentialistischer Positionen selbst von Belang sind. Ob das der Fall ist, wird sich freilich im folgenden erst noch zeigen müssen.

[6] Die dort entwickelte Theorie der Artnamen wird in Teil 1 der Arbeit aufgenommen, aber nicht eingehend, d. h. vor allem nicht in ihrem Unterschied zur verwandten Theorie Hilary Putnams, erörtert.

1 Artbegriff und Objektivitätsanspruch

1.1 Nominalistische und realistische Konzeptionen einer Art

Seit den ersten Tagen des Empirismus werden Diskussionen um den ontologischen Status von Arten und den Objektivitätsanspruch von Artbegriffen im Rahmen der – oft, aber nicht immer exklusiv verstandenen – Alternative von Künstlichkeit versus Natürlichkeit geführt. Die Alternative bestimmt dabei sowohl philosophische – erkenntnistheoretische und ontologische – Auseinandersetzungen als auch Diskussionen in den Einzelwissenschaften selbst. In traditioneller Fassung lautet die Alternative: Sind Arten Werk der Natur oder Werke der Kunst? Unter diesem Zeichen bringen z.B. sowohl der Erkenntnistheoretiker Locke als auch der Biologe Linné ihre Positionen jeweils auf eine bündige Formel: „Arten sind nicht das Werk der Natur, sondern Werke unseres Verstandes" steht dann gegen „Arten und Gattungen sind das Werk der Natur".[1] Daß es in dieser Entgegensetzung nicht um die Unterscheidung zwischen natürlichen Gegenständen und Kunstprodukten geht, sondern um die Objektivität oder Objektivitätsfähigkeit taxonomischer Einteilungen und Begriffe, scheint klar. Weniger klar und eindeutig ist allerdings, welche Kontroverse damit eröffnet ist, wo die Grenzlinien zwischen den Fraktionen verlaufen; und es ist auch nicht so klar, ob damit ein kontradiktorischer Gegensatz formuliert ist, ob beide Positionen einander erstens nur ausschließen und zweitens zusammen alternativlos sind.

Die Eindeutigkeit des Gegensatzes scheint dadurch unterlaufen, daß die beiden Attribute „künstlich" und „natürlich" verschiedene Umbesetzungen erfahren haben und zuweilen Koalitionen im Rahmen ein und derselben Theorie eingegangen sind. So werden z.B. die höheren Taxa des Linnéschen Systems von dessen Urheber selbst „künstlich" genannt, weil hier aufgrund distinkter, aber merkmalsarmer Definitionen operiert wird, die wesentliche Gruppenidentitäten und -differenzen unterschlagen. Dann erscheint Künstlichkeit als vorläufiger, im weiteren Gang der Wissenschaft zu behebender Mangel einer Weise des Einteilens.[2] „Künstlich" kann eine gegebene Klassifikation aber auch deshalb heißen,

---

[1] Vgl. John Locke: *Versuch über den menschlichen Verstand*, Buch III, Kap. iii, § 12 (Band 2 der Meiner Ausgabe Hamburg 1988, 18; im folgenden werden die Zitatnachweise für Lockes *Essay* in abgekürzter Form gegeben, nach dem Muster „*Essay* III.iii.12".) – Für Linnés Position kann man an eine berühmte Stelle der *Fundamenta botanica* verweisen: „Naturae opus semper est species & genus, culturae saepius variatio, Artis & Naturae classis ac ordo." („Werk der Natur sind immer die Art und die Gattung, Werk der Kultur häufiger die Varietät, Werk der Kunst und der Natur die Klasse und die Ordnung.") (Carl von Linné: *Fundamenta botanica*, Amsterdam 1736, Aph. 162)

[2] Entsprechend behandelt Linné die von ihm als künstlich apostrophierten Klassen, seine höchsten Taxa, als Stellvertreter der natürlichen: „Artificiales classes succedaneae sunt naturalium, usque dum omnes naturales sint detectae." („Die künstlichen Klassen vertreten die

weil die Ansicht zugrundegelegt wird, das Einteilen selbst behalte gegen die Kontinuität des Gegenstandsbereichs notwendig und immer den Charakter künstlicher Diskretion – das ist die Meinung Lamarcks.[3]

Mit solchen Mehrdeutigkeiten ist ebenso auf philosophischer Seite zu rechnen. Hierzu gehört etwa die Frage, wie sich das Votum für die Natürlichkeit von Arten zur Behauptung des Artessentialismus verhält. Beide Thesen scheinen zunächst natürliche Verbündete, wenn nicht zwei Filiationen einer einzigen These zu sein; doch auch das läßt sich nicht unbefragt voraussetzen, denn es treten Theorien auf, die gleichzeitig für die Natürlichkeit von Arten und gegen die Annahme von Artessenzen votieren.[4]

Wird die Alternative zwischen Künstlichkeit und Natürlichkeit, zwischen dem „Machen" und dem „Finden" von Arteinteilungen und -begriffen, auf diese Weisen selbst mehrdeutig und vage, kann der erste Schritt nicht darin bestehen, Argumente für und gegen eine der beiden Seiten aufzufahren. Vielmehr müssen wir zusehen, der dann zu behandelnden Alternative selbst bestimmte Konturen zu geben. Das versuche ich im folgenden in zwei Anläufen. Ich werde zunächst zwei idealtypische Standpunkte zum Verhältnis von Art und Artbegriff vorstellen, in denen der Akzent einmal deutlich auf das Konstruieren und das andere Mal deutlich auf das Finden einer Art verlagert ist (Abschnitt 1.1). Die Vorstellung beider Standpunkte wird dabei nicht über eine allgemeine Beschreibung hinausgehen, und sie bleibt gegenüber der Pluralität möglicher Lesarten der Alternative sicherlich beschränkt. Sie ist aber hoffentlich bestimmt genug, um die Entgegensetzung hervortreten zu lassen, und hoffentlich realistisch genug, um beiden Standpunkten historischen Wiedererkennungswert zu sichern. – In der zweiten, längeren, Etappe (Abschnitt 1.2) wird dann kein stilisiertes Modell, sondern eine wirkliche historische Theorie im Zentrum stehen, die beide Modelle in eigenwilliger Weise integriert: John Lockes Lehre von nominaler und realer Wesenheit im Bezug auf Substanz-Arten. An diese Theorie möchte ich nicht deshalb anknüpfen, weil sie in ihren Lösungen besonders bestechend wäre, sondern deshalb, weil in ihr überhaupt der Versuch unternommen wird, Intuitionen beider Standpunkte gerecht zu werden.

---

natürlichen solange, bis alle natürlichen entdeckt sind.") (Carl von Linné: *Philosophia botanica* [1751], hg. v. J. Cramer, New York 1966, Aph. 160)

[3] Dieser verschärfte Sinn von „Künstlichkeit" macht sich z.B. in Lamarcks einleitenden Bemerkungen zu seiner *Philosophie zoologique* (1809) geltend: „Es war ohne Zweifel unumgänglich, die Naturerzeugnisse zu klassifizieren. /.../ Die Schranken unserer Fähigkeiten erfordern dies. /.../ Nichts von all dem /.../ findet sich in der Natur, trotz der scheinbaren Begründung, welche gewisse, uns bekannte und völlig abgesondert erscheinende Theile der natürlichen Reihe ihnen geben." (Zitiert nach: I. Jahn/R. Löther/K. Senglaub [Hg.]: *Geschichte der Biologie. Theorien, Methoden, Institutionen, Kurzbiographien*, Jena 1982, 284).

[4] Diese Kombination vertritt etwa John Stuart Mill in seinem *System of Logic*. Vgl. dort Buch I, Kap. VI und VII. Eine Version der gleichen Position, also einer nicht-essentialistischen Konzeption natürlicher Arten, findet sich in John Dupré: *The Disorder of Things. Metaphysical Foundations of the Disunity of Science*, Cambridge, Mass./London 1993, 1-14.

1.1.1 Die nominalistische Konzeption

Zur Frage danach, was Arten sind, was Artbegriffe sind und wie sie funktionieren, wird man bei Nicht-Realisten auf Antworten treffen, die sich etwa wie folgt bündeln lassen:

Theoretische Aussagen über Arten – „Wasser ist H_2O", „Gold ist das Element mit der Ordnungszahl 79" – haben an Subjektstelle typischerweise einen singulären abstrakten Ausdruck. Oberflächlich gesehen, gleichen solche Aussagen echten singulären Aussagen des Typs „Fido ist ein Goldstück". Es scheint dort wie hier einen einzelnen, aufweisbaren Gegenstand zu geben, auf den wir mit dem Subjektausdruck Bezug nehmen und den wir mittels des Prädikats charakterisieren. So kommt man leicht dazu zu meinen, eine Art gebe es (und gebe es für uns) ungefähr genauso, wie es Individuen gibt. Gehen wir hier zur Gleichsetzung über, hat uns allerdings die Sprache wieder einmal genasführt. Wir haben dann übersehen, daß „Wasser" und „Gold" zwar singuläre, aber eben abstrakt singuläre Ausdrücke sind. Was immer das sonst noch heißen mag – eines heißt es auf jeden Fall: Die Prädikate solcher Aussagen beziehen sich nicht unmittelbar auf Einzeldinge (etwa das neue Einzelding namens „Wasser"). Der Bezug auf Einzeldinge funktioniert hier vielmehr mittelbar. Das Prädikat bezieht sich auf Einzeldinge, insofern sie einer distinkten Klasse angehören. Der Subjektausdruck sagt uns, welcher Klasse Einzeldinge angehören müssen, um Adressat des fraglichen Prädikats zu sein. Wenn diese Klassen nun wie in den beiden Beispielen Arten sind, dann sind sie typischerweise nicht extensional, nicht durch Aufzählung aller Elemente, sondern intensional, über Aussagefunktionen, gebildet: durch Fixierung von Kriterien, die einzeln notwendig und zusammen hinreichend dafür sind, ein Einzelnes als Element dieser Klasse zu verbuchen. Die Klasse wird gebildet kraft eines Begriffs, dessen Merkmale zusammen die Regel konstituieren, die die Zugehörigkeit zu dieser Klasse und den Ausschluß von dieser Klasse steuert.

Allgemeine Prädikationen (Prädikationen, die in nicht-analysierter Form an Subjektstelle abstrakt singuläre Ausdrücke aufweisen können) setzen offenbar Klassenbildungen voraus. Die vorangegangene Bildung von Klassen entscheidet darüber, wovon in den allgemeinen Aussagen die Rede ist; sie steckt den Bereich derjenigen Gegenstände ab, von denen dann etwas prädiziert wird. In diesem Sinn der *Festlegung* des Gegenstands scheinen Fragen des Typs „Was ist Gold?" „Was ist Wasser?" den *informativen* Prädikationen über Gold oder Wasser *vorausgesetzt* zu sein.

Parallel zum logischen Unterschied zwischen Subjekt- und Prädikatposition in den Arturteilen stellt sich unter diesen Vorzeichen die Arbeitsteilung zwischen der Aufgabe des Taxonomen und der Aufgabe empirischer Forschung dar. Zwischen beiden scheint dann ein einseitiges Voraussetzungsverhältnis zu bestehen: Die ersten stecken die "claims" ab, in denen die zweiten dann arbeiten.

Die ersten fixieren die Selektionskriterien, die die anderen anwenden, um definite Gegenstandsbereiche ihrer Forschung zu gewinnen.

Es gibt demzufolge ein Primat des Artbegriffs vor der Bezugnahme auf die Art, der ausschließt, daß Arten (oder Gattungen) je in einem nicht übertragenen Sinn Gegenstände von Entdeckung sein könnten. Die Maßstäbe der Klassenbildung müssen für uns sein und von uns dazu gemacht sein, ehe wir allgemeine nichttriviale wahrheitsfähige Urteile über diese Klasse von Dingen fällen können. Es macht keinen Sinn zu fragen: Ist die Art Gold wirklich und definitiv durch diese oder jene vorfindliche Artdiagnose bestimmt? Solche Fragen sind unsinnig, weil Artdiagnosen die Voraussetzung dafür sind, sich via Artnamen auf die Art als distinkten einen Gegenstand beziehen zu können. In Artdiagnosen wird die Identität der Art gesetzt, nicht tentativ nachbuchstabiert. Für das Verhältnis von Einzeldingen und Arten heißt das: Ein Einzelding qualifiziert sich schlicht und einfach zu einem Exemplar einer Art, indem es die in der Artdiagnose angegebenen Kriterien erfüllt (alle bei konjunktiven Diagnosen, eines bei disjunktiven). Allgemeine Aussagen über Gold, Wasser teilen sich entsprechend in zwei Lager: Aussagen, die relativ zur vorausgesetzten Artdiagnose analytisch wahr sind, indem das Prädikat zu den Merkmalen dieses Begriffs gehört, und Aussagen, die synthetisch sind, indem das Prädikat weder explizit noch implizit zu diesen Merkmalen gehört.

Das Unterscheidende dieses Standpunkts läßt sich noch einmal im Vergleich mit dem Verhältnis von Kennzeichnung und Bezugnahme bei Individuen verdeutlichen. Man kann versuchsweise mit Keith Donnellan und Saul Kripke davon ausgehen, daß Bezugnahmen auf Individuen nicht oder nicht nur durch Kennzeichnungen gesteuert sind.[5] Nehmen wir an, jemand habe die Absicht, sich durch die qualitative Kennzeichnung mittels der Eigenschaften *F*, *G* und *H* auf ein bestimmtes Individuum *a* zu beziehen, um anschließend etwas über *a* auszusagen. Dann kann der Bezug auch dann gelingen, wenn wenigstens Teile der Kennzeichnung falsch sind. *a* hat etwa die Eigenschaften *F* und *G*, aber nicht die Eigenschaft *H* – und dennoch bleibt *a* Gegenstand der Aussage.

Nun kann jemand, der die oben skizzierte Ansicht zu Arten und Artbegriffen vertritt, die Emanzipation der Bezugnahme von Kennzeichnungen für den Fall von *Individuen* vielleicht noch zugeben. Für den Fall von *Arten* wird er eine solche Emanzipation aber nach wie vor ausschließen. Für diesen Fall nämlich hat er ein spezifisches Argument, an dem sich Individuen und Arten scheiden. Das Argument lautet: Arten sind nichts anderes als intensional gebildete Klassen. Der Grund dafür, die Übertragung vom Individuen-Fall auf den Arten-Fall nicht zuzulassen, liegt dann nicht darin, daß die Kennzeichnung bei Arten in allen Stücken *wahre Beschreibungen* geben müßte, um die gewünschte Bezugnahme zu liefern, sondern darin, daß die Art durch Prädikate überhaupt erst *konstituiert* wird, d. h. daß es zu jeder Art einen Satz von Prädikaten geben muß,

---

[5] Vgl. Keith Donnellan: *Reference and Definite Descriptions*, in: Philosophical Review 75 (1966), 281-304; Saul Kripke: *Name und Notwendigkeit*, Frankfurt a.M. 1981, 33-36.

die nicht zu ihrer nachträglichen Beschreibung, sondern zur Stiftung der Art eingesetzt sind.

Der Wahlspruch dieser Position lautet also kurz und knapp: Keine Art ohne vorausgesetzten Artbegriff. Und da die Rede von der Art den Artbegriff voraussetzt, kann dieser, bei Strafe eines unlösbaren Zirkels, nicht umgekehrt an der vorausgedachten Art Maß genommen haben. Der darin enthaltenen Absage an artrealistische Intuitionen wegen nenne ich diese Position die „nominalistische".[6]

Die nominalistische Ansicht muß nicht die Behauptung einschließen: Weil Arten im angegebenen Sinn artifiziell sind, sind unsere Klassifikationen schlichtweg willkürlich. Üblicherweise werden auch im Rahmen nominalistischer Positionen Minimalforderungen an die Wahl von Klassifikationskriterien formuliert, die sich dem Zweck der Einteilung wirklicher Gegenstandsbereiche selbst zu verdanken scheinen:

Erstens: Koordinierte Taxa verlangen Kriterien (Artbegriffe), die *wechselseitig disjunkte* Klassen ergeben.

Zweitens: Die Division eines Taxons sollte so erfolgen, daß es durch die ihm subordinierten Taxa *erschöpft* wird – daß für alle Arten einer Gattung positiv bestimmte Artdiagnosen vorliegen.

Drittens wird die grundlegende Regel anerkannt: Zu einer Artdiagnose verbundene Teilbegriffe dürfen einander nicht schon als Begriffe ausschließen – ihre Kombination muß *logisch möglich*, der resultierende Artbegriff muß instantiierbar sein. Begriffskombinationen, denen schon aufgrund der kombinierten Begriffe als Umfang die Nullklasse zugewiesen ist, wären nicht geeignet, wirkliche Gegenstände zu sortieren.

Ebensowenig muß sich der skizzierte Artnominalismus mit der Ansicht verbinden, Arten seien Luftgebilde ohne jede empirische Grundlage. Im Gegenteil ist der Artnominalismus verträglich mit der Annahme, Klassifikationen von Dingen nähmen ihren Ausgang von der Erfahrung von Ähnlichkeiten und Unterschieden zwischen Einzeldingen, von Erfahrungen, die in wahren singulären Urteilen artikuliert werden. (Von dieser Art ist etwa der Artnominalismus Lockes.) Die Position ist nicht durch die Aussage charakterisiert: „Die Unterschiede und Gemeinsamkeiten, die wir zur Bildung spezifischer Differenzen heranziehen, gibt es nicht." Charakteristisch ist eher die Aussage: „Was bestehende Unterschiede und Gemeinsamkeiten zu *spezifischen* Differenzen macht, sind unsere Verfahren der Klassenbildung und nicht die Gegenstände oder die Natur oder Gott oder sonst ein außerepistemisches Wesen." Es ist die unterschiedliche Gewichtung bestehender Gemeinsamkeiten und Unterschiede, was wir dem Artnominalismus zufolge nicht vorfinden, sondern nur vornehmen können. Was den skizzierten Standpunkt zu einem besonderen macht und von seinem Konterpart scheidet, besteht also nicht im Ausschluß jeglicher Maßstäbe und jeg-

---

[6] Die Bezeichnungen „Nominalimus" und „Realismus" sind hier allein auf das Bezugsthema der Art gemünzt. Ob jemand in anderen Hinsichten nominalistische oder realistische Auffassungen vertritt, ist eine andere Frage und wird von den hier vergebenen Bezeichnungen nicht berührt.

licher Objektivitätsanbindung für Klassifikationen. Das Spezifische des Standpunkts liegt vielmehr darin, daß er *einen* Maßstab ausschließt und *eine* Weise der Objektivitätsanbindung. Ausgeschlossen wird die Möglichkeit, Fragen danach, welche Eigenschaftskombinationen zu Artkriterien gemacht werden sollen, unter Verweis auf eine vorauszusetzende Identität der Art zu entscheiden, die Möglichkeit der Festsetzung und Korrektur von Goldkriterien durch Antworten auf die Frage, was Gold ist. Ausgeschlossen ist die Möglichkeit einer Bezugnahme auf eine Art, die der Sistierung des Artbegriffs logisch vorausginge und womöglich auch noch dessen Bildung anleiten könnte.

1.1.2 Die realistische Konzeption

Für die Darstellung des realistischen Gegenstücks halte ich mich etwas enger an ein historisches Vorbild: an die Theorien zu Arten, Artnamen und Artbegriffen von Saul Kripke und Hilary Putnam (beschränkt auf dessen realistische Phase). Beide machen Beobachtungen zum Umgang mit vorliegenden Klassifikationen geltend, die sich schlecht in die eben entwickelte Ansicht vom Primat des Artbegriffs gegenüber Bezugnahmen auf die Art fügen. Offenbar gibt es Fälle – in wissenschaftlichen wie außerwissenschaftlichen Kontexten –, in denen bekannte Artdiagnosen bei Subsumtionsurteilen ignoriert, übersprungen werden. Diese Nichtbeachtung tritt in zwei Versionen auf: Zum einen gibt es Fälle, in denen Einzeldinge (respektive Unterarten) die Eigenschaften nicht aufweisen, die in die zugrundegelegten Artdiagnosen aufgenommen sind, und dennoch – ohne daß eine Revision der Artdiagnose vorangegangen wäre – als Exemplare (bzw. Unterarten) der betreffenden Art verbucht werden.[7] Zum anderen finden sich auch umgekehrte Fälle: Einzeldinge weisen alle Eigenschaften auf, die in den zugrundegelegten Artdiagnosen figurieren, werden aber – wieder ohne Revision der Diagnose selbst – nicht als Exemplare oder Unterarten der fraglichen Art anerkannt.[8]

---

[7] Man denke etwa an „Engels' Fische“, den Fall, mit dem Putnam den Aufsatz *Erklärung und Referenz* eröffnet. Vgl. Hilary Putnam: *Erklärung und Referenz*, in: Ders.: *Von einem realistischen Standpunkt. Schriften zu Sprache und Wirklichkeit*, Reinbek bei Hamburg 1993, 28-51, hier: 28f.

[8] Ein Beispiel, das in den Umkreis der zweiten Version fällt, stellt der folgende Fall aus der Botanik dar. Es geht dabei um die Klasse der Monocotyledonae (Einkeimblättrigen): „Wenn auch die Bezeichnung dieser Klasse darauf zurückgeht, daß die Embryonen stets nur 1 Keimblatt besitzen, so ist damit keineswegs das wesentliche Merkmal dieser Gruppe genannt. Es gibt sogar eine Anzahl von Dikotyledonen, deren Embryonen ebenfalls nur einen Kotyledo aufweisen /.../, ohne daß deshalb Zweifel daran bestünden, daß es sich um echte Dikotyledonen handelt. Vielmehr kommt es darauf an, die verschiedenen oder genannten Merkmale des Vegetationskörpers in ihrer vielfältigen Wechselbeziehung zu sehen, um das zu erfassen, was den Typus der Monokotyledonen ausmacht.“ (F. Weberling/H. O. Schwantes: *Pflanzensystematik*, Stuttgart ^{6}1992, 158)

Kripke und Putnam werten solche Fälle als Beleg dafür, daß die Diagnosen gar nicht die Rolle spielen, die ihnen nach dem ersten Standpunkt zukommen soll. In ihnen sind nicht die einzeln notwendigen und zusammen hinreichenden Bedingungen der Subsumtion eines Einzelnen unter die Art fixiert. Sie gehören eher auf die Seite der wahrheitsfähigen, korrigiblen Beschreibung der Art, sie geben Merk-Male im buchstäblichen Sinn: Eigenschaften, von denen man annimmt, daß Exemplare der fraglichen Art sie im Regelfall besitzen. Das, so Putnam, entspricht auch dem Selbstverständnis wissenschaftlicher Terminologie:

„Es steht außer Zweifel, daß Wissenschaftler ihre Ausdrücke so gebrauchen, als seien die mit ihnen verknüpften Kriterien nicht notwendige und hinreichende Bedingungen, sondern ungefähr zutreffende Charakterisierungen einer Welt theorieunabhängiger Entitäten, und daß sie sich auch so äußern, als seien die später entwickelten Theorien einer reifen Wissenschaft im allgemeinen bessere Beschreibungen derselben Entitäten, über die auch schon die früheren Theorien gesprochen haben." (Hilary Putnam: *Die Bedeutung von „Bedeutung"*, hg. u. übs. v. Wolfgang Spohn, Frankfurt a. M. ²1990, 50)

Damit ist die entscheidende Wende gegen den artnominalistischen Standpunkt vollzogen. Die Frage nach den Bestimmungen, welche die Identität der Art ausmachen, ist von der Frage, nach welchen Kriterien wir Einzelnes jeweils als Exemplar der Art identifizieren, als Frage sui generis abgehoben.

Die beobachtete Lässigkeit gegenüber Merkmals-Definitionen erklärt sich dann leicht damit, daß nicht diese Merkmale, sondern eine vorausgesetzte, von der Wissenschaft allererst zu ermittelnde Artidentität darüber entscheidet, wer oder was Exemplar einer bestimmten Art ist oder nicht ist. Parallel zum Fall der Bezugnahme auf Individuen hängt die Identifikation eines Einzelnen als eines Angehörigen einer Art für diese Ansicht nicht mehr davon ab, ob das Individuum alle Merkmale aufweist, die konventionell dem Artnamen assoziiert sind. Weil sich die Frage der Artzugehörigkeit nicht an den Merkmalen entscheidet, ist es auch ganz natürlich, wenn wir nicht alle Nicht-Regel-Fälle ohne weiteres als Nicht-Exemplare verbuchen und nicht alle Regel-Fälle als Exemplare. In den Begriffskombinationen (oder Begriffsdisjunktionen), die dem nominalistischen Standpunkt für schlechthin konstitutiv gelten, resümiert sich in Wahrheit einiges von dem, was wir über die benannte Art wissen oder zu wissen glauben. *Worauf* wir diese Wissensansprüche beziehen, *wovon* wir etwas zu wissen glauben, ist nicht dadurch bestimmt, welche Eigenschaften von diesem oder jenem gerade für typisch genug gehalten werden, um als Kennzeichnung zu dienen.

Damit stehen Taxonomie und Theorie nicht mehr in einem *einseitigen* Voraussetzungsverhältnis zueinander. Wenn Taxonomien den jeweiligen Stand der Artidentifizierungsmethoden spiegeln, wird erklärbar, weshalb sie – was ja tatsächlich geschieht – ihrerseits auf Veränderungen der Theorie reagieren, von der Aufnahme neuer Taxa bis hin zum Umsturz ihrer allgemeinsten Divisionsprinzipien.

Positionen, die diese Unterscheidung zwischen einer objektiven Identität von Arten einerseits und Merkmalen, versuchsweise eingesetzten Wiedererkennungszeichen dieser Arten, andererseits treffen, fasse ich unter dem Titel

„Artrealismus“ oder kurz „Realismus“ zusammen. Realistisch an ihnen ist die Annahme einer Identität von Arten, die von uns entdeckt, getroffen oder verfehlt werden kann.

Wie die nominalistische Position nicht von vornherein mit reiner Willkür assoziiert sein muß, so muß umgekehrt die realistische Position das epistemische Subjekt nicht von vornherein zur Passivität reiner Rezeption verurteilen. Natürlich schafft der Artrealismus einen neuen Erklärungsbedarf: Wenn die Art selbst von dem zum Merkmal herabgestimmten Begriff der Art abgesetzt wird, muß erklärt werden, wie die objektiv vorausgesetzte Art Bezugsgegenstand unserer Rede und unseres Denkens geworden ist, noch bevor wir erkannt haben, worin die Art wirklich bestimmt, welches die Züge sind, die eine Gruppe von Einzelnen unabhängig von unserer Klassifikationspraxis zu Exemplaren einer Art zusammenbindet. Aber dafür bietet der Realismus Erklärungsversuche, die uns nicht auf die aussichtslose Annahme verpflichten, es sei eine natürliche oder übernatürliche Eigenschaft des Artnamens, auf Artnaturen geeicht zu sein. Der Artname bezieht sich diesen Erklärungen zufolge vielmehr auf wesentliche Identitäten, weil wir uns seiner bedienen, um auf Dinge zu verweisen, die dieselbe Artnatur aufweisen wie die Paradigmen-Dinge der Art. Und es sind immer noch wir, die bestimmte einzelne Dinge – ostensiv oder durch Kennzeichnung – herausgreifen und zu Paradigmen der Art machen, indem wir anhand ihrer den Artnamen einführen.

Der Artrealist muß auch nicht bestreiten, daß Arten intensional bestimmte Klassen sind. Zumindest in Putnams Version soll nicht das Prinzip „Intension bestimmt Extension“ außer Kraft gesetzt, sondern die Intension neu bestimmt werden. An die funktionale Stelle expliziter Definitionen, die den Artbegriff durch Kombinationen von Teilbegriffen bestimmen, treten Ausdrücke mit indexikalischen Einschlüssen. Die allgemeine Form dieser Arten fixierenden Ausdrücke sieht dann so aus: „Ein Individuum x ist genau dann Exemplar der Art Y, wenn x mit diesen Individuen hier die maßgeblichen Bestimmungen teilt.“ – Der indexikalische Teilausdruck ist dabei in seinem Bezug ein für allemal festgelegt durch eine ostensive oder kennzeichnende Einführungshandlung. Am Beispiel und in der Terminologie möglicher Welten liest sich das bei Putnam so:

> „Für alle möglichen Welten W und alle x in W gilt: x ist Wasser genau dann, wenn x flüssidentisch ist mit der *in der wirklichen Welt* W_1 durch ‚dies‘ bezeichneten Entität.“ (Putnam 1990, 43) Zwei Flüssigkeitsmengen x und y heißen „flüssidentisch“, wenn x die gleiche Flüssigkeit ist wie y. Ob das jeweils der Fall ist, entscheidet nicht sprachliche Gewohnheit, sondern wissenschaftliche Untersuchung.[9]

Der Gegensatz beider Positionen läßt sich an diesem Beispiel noch einmal vergegenwärtigen: Der Artnominalist wäre mit „Flüssidentitäten“ als Ersatz für Artdiagnosen alles andere als zufrieden. Er würde das Angebot schon mit folgender einfacher Begründung ablehnen: An die Stelle klarer Definitionen ist der unbestimmte Verweis auf eine als bestimmt nur vorausgesetzte Artidentität oder

[9] Vgl. Putnam 1990, 34f.

wesentliche Gemeinsamkeit getreten. Eine für uns unbestimmte Gemeinsamkeit kann aber nicht von uns als Sortierungskriterium eingesetzt werden. Da wir aber wirklich sortieren, können unbekannte Artnaturen bei der Erklärung unserer Klassifikationspraxis auch keine Rolle spielen.

Das ist ein Argument für die Leitfunktion kriterialer Definitionen, das John Locke im III. Buch seines *Essay* wiederholt vorträgt und mit dem er sich eindeutig auf die Seite der Artnominalisten schlägt. Daß er daneben gleichwohl Artessenzen anerkennt (vorsichtiger gesagt: eine Version des Artessentialismus für eine gute, wenn auch nicht ganz bewährte Hypothese hält), gehört zu den verblüffenderen Zügen seiner theoretischen Philosophie. Durch das Vorliegen einer solchen Verbindungstheorie ist die Frage nach der Eindeutigkeit des eben vorgestellten Gegensatzes von Artnominalismus versus Artrealismus erneut aufgeworfen. Vielleicht können wir ja von Locke lernen, die bewahrenswerten Motive beider Positionen zu bewahren und eine Arttheorie zu entwickeln, die starke Objektivitätsansprüche mit der Berücksichtigung starker konstruktiver Momente vereint. Mit dieser vagen Aussicht wende ich mich im nächsten Schritt Lockes Theorie der Substanz-Arten und der Substanz-Art-Namen zu.

1.2 ADAMS GOLD

1.2.1 Vorklärungen zu Modus – Substanz und nominale – reale Wesenheit

Gegen Ende des sechsten Kapitels des dritten Buches des *Essay*[1] erzählt Locke zwei Geschichten, die die – zuvor bereits allgemein explizierte – unterschiedliche Bildung und Funktionsweise von Artnamen und -begriffen bei Modi einerseits und bei Substanzen andererseits noch einmal deutlich machen sollen. Als entscheidender Unterschied soll hervortreten: Ideen von Arten von Modi haben ihren Maßstab nicht an wirklichen Einzelfällen, sondern in sich, während unsere Ideen von Arten von Substanzen auch noch an wirklichen einzelnen Substanzen den Maßstab ihrer Realität wie ihrer Adäquatheit haben.[2] Ich werde mich im folgenden auf die zweite Geschichte konzentrieren, die von Substanz-Arten handelt, weil nur in diesem Fall realistische und idealistische Züge auseinandertreten und nebeneinander koexistieren. Nur von Substanzen nämlich soll gelten, daß „der Geist immer die Ideen, die er von Substanzen hat, entweder auf die Substanzen selbst oder auf die Bedeutung ihrer Namen als auf Urbilder bezieht" (*Essay* III.vi.43). Um den theoretischen Ertrag dieser Geschichte nachvollziehbar zu machen, beginne ich nicht mit der Geschichte selbst, sondern mit zwei Vorklärungen: einmal zum Begriffspaar *Modus – Substanz*, zum anderen zum Begriffspaar *nominale Wesenheit – reale Wesenheit.*

Ideen von *Modi* und *Substanzen* gehören für Locke zusammen mit Relations-Ideen zur Gattung der komplexen Ideen. Ideen von *Modi* sind komplexe Ideen, die „nicht die Voraussetzung enthalten, daß sie für sich selbst bestehen, die man vielmehr als von Substanzen abhängend oder als Eigenschaften derselben ansieht, wie etwa die Ideen, die wir durch die Wörter Dreieck, Dankbarkeit, Mord usw. bezeichnen" (*Essay* II.xii.4). Im Gegenzug sind Substanzen durch Selbständigkeit, Fürsichsein ausgezeichnet und sind die Ideen von Substanzen „solche Kombinationen von einfachen Ideen, die man als Darstellungen bestimmter, selbständig bestehender *Einzel*dinge ansieht" (*Essay* II.xii.6).[3]

[1] Das Kapitel trägt die Überschrift „Über die Namen von Substanzen".

[2] Unter *realen* (in Abgrenzung gegen *phantastische*) Ideen versteht Locke „solche, die in der Natur eine Grundlage haben, solche, die mit dem realen Sein und Dasein der Dinge oder mit ihren Urbildern eine Übereinstimmung aufweisen." (*Essay* II.xxx.i) – Reale Ideen können adäquat oder inadäquat sein. *Adäquat* sind sie sie, wenn sie „die Urbilder vollkommen darstellen, von denen sie unserer Auffassung nach hergenommen sind, die sie bezeichnen sollen und auf die der Geist sie bezieht"; stellen sie ihre Urbilder hingegen nur „teilweise oder unvollständig" dar, sind sie *inadäquat.* (*Essay* II.xxxi.1)

[3] Das Verhältnis dieser Unterscheidung zu der darin jedenfalls reflektierten aristotelischen Unterscheidung von Substanz und Akzidenz behandelt Roger Woolhouse in: *Locke*, Reihe: Philosophers in Context, Minneapolis 1984, Kap. 11, 96-103. Martha Brandt Bolton verzeichnet ungeachtet der in den Zitaten deutlichen Parallelen für Lockes Begriff der Substanz einen Bruch mit der aristotelischen Begriff der Substanz: "In his account of substances, Locke breaks

Konkrete Substanz-Ideen, die Ideen von bestimmten Substanzen und Substanz-Arten, analysiert Locke in zwei heterogene Elemente, nämlich a) eine Reihe qualitativ bestimmter Ideen von wahrnehmbaren (oder aus Wahrgenommenem erschließbaren) Eigenschaften, Zuständen und Dispositionen und b) die Idee der Substanz selbst. Die letztere erfährt bei Locke zwei unterscheidbare Bestimmungen: Sie ist zum einen bestimmt als der *Träger* oder das Substrat von Eigenschaften, zum anderen als der *Realgrund* dieser Eigenschaften.[4] Das substantielle Element in konkreten Substanz-Ideen oszilliert damit zwischen der Idee eines bestimmungsfrei gedachten Gegenübers der Bestimmungen nach Art eines *bare particular* auf der einen Seite und der Idee einer durchaus bestimmten, wenn auch durch Wahrnehmung allein nicht als solcher erfaßten Beschaffenheit der Sache, die als Sach- und Erklärungsgrund des Auftritts und vor allem des Zusammenhangs, der spezifischen Einheit der Eigenschaften fungiert.

Die skizzierte Unterscheidung zwischen Modi und Substanzen hat ein epistemisches Korollar in Lockes These: Indem Ideen von Modi nicht unter dem Anspruch stehen, die Einheit bestimmter Eigenschaften in Einem, d. h. in einem Exemplar der fraglichen Art, darzustellen, indem sie vielmehr freie, ja willkürliche Kombinationen des Verstandes sind (n. b.: was ihre Kombination zu *einer* Idee angeht, nicht hinsichtlich der einfachen Elemente solcher Kombinationen), hat die Erkenntnis eines Modus an der entsprechenden Idee dieses Modus ihren zureichenden und einzigen Bestimmungsgrund.[5] Was es ist und was weiter darin gelegen ist, dreieckig oder dankbar zu sein, ist mit der einmal gebildeten und im Namen fixierten Ideenkombination entschieden und ist einer Revision oder Korrektur durch den Rückgang auf Einzelfälle weder bedürftig noch fähig. Gewiß unterliegen Zuschreibungen eines Modus an Einzelnes der Möglichkeit der Täuschung und der Revision; nicht revidiert wird damit jedoch die Bestimmung des jeweiligen Modus selbst. – Im Gegensatz dazu ist die Idee einer Substanz-Art bleibend auf einen Maßstab außer ihrer selbst bezogen, indem die in ihr verbundenen qualitativ bestimmten Ideen mit dem Anspruch kombiniert sind, Reprä-

---

markedly from the usual version of Aristotelian ontology. For Locke, it is not individuals that are fundamental, but rather things of a natural kind." (Martha Brandt Bolton: *Substances, Substrata, and Names of Substances in Locke's Essay*, in: Richard Ashcraft [Hg.]: *John Locke. Critical Assessments*, Bd. IV, London/New York 1991, 161-182, hier: 177.)

[4] Zur ersten Bestimmung vgl. *Essay* II.xxiii.1 und 2, zur zweiten II.xxiii.3. – In der Sekundärliteratur hält die Diskussion um einen etwaigen Vorrang der einen vor der anderen und um beider Verhältnis in Lockes Theorie der Substanz an. Als Substrat im Sinn eines abstrakten, eigenschaftslosen Dings, das Eigenschaften trägt, verstehen z.B. Jonathan Bennett und Peter Alexander Lockes „reine Substanz im allgemeinen", während etwa Michael Ayers und Martha Brandt Bolton das substantiierende Element aller konkreten Substanzen als den allgemeinen Erklärungsgrund, nicht das eigenschaftslose Gegenüber, beobachtbarer Eigenschaften zu erweisen suchen. Mit dieser zweiten Lesart rückt das substantielle Element in konkreten Substanzideen dann in die Position der realen Wesenheit. Vgl. Jonathan Bennett: *Locke, Berkeley, Hume – Central Themes*, Oxford 1971, Kap. 11; Peter Alexander: *Locke on Substance-in-General*, in: Ashcraft 1991, 183-217, besonders Teil 1, 183-198; Michael Ayers: *The Ideas of Power and Substance in Locke's Philosophy*, in: Ashcraft 1991, 97-125, Brandt Bolton 1991.

[5] Vgl. *Essay* II.xxx.4 und II.xxxi.3.

sentationen des Zusammenhangs dieser Qualitäten in Einem zu sein. Die Erkenntnis einer Substanz-Art ist damit rückgebunden an den Einzelfall, an die Beobachtung und den Vergleich von Exemplaren dieser Art. Erst die beobachtete Koinstantiierung im Einzelfall steht ein für diesen Anspruch des Zusammenhangs-in-Einem. Und was in diesen Zusammenhang jeweils noch gehört, ist mit der einmal fixierten Idee der Art nicht entschieden. Was es ist, Gold oder Pferd oder Mensch zu sein, ist nicht abschließend in der einmal gebildeten Substanz-Art-Idee von Gold oder Pferd oder Mensch bestimmt, oder, in Lockes Worten, unsere Ideen von Substanzen sind nicht notwendig adäquat, sondern sollen es erst werden.[6]

Diese Unterscheidung faßt sich zusammen in jener These, zu deren Illustration die beiden Geschichten in III.vi gedacht sind: Im Fall von Modi fallen nominale und reale Wesenheit zusammen, im Fall von Substanzen treten sie auseinander. Dieses Begriffspaar und Lockes Stellung zur realen Wesenheit ist nun zu erläutern.

Zunächst gilt nach Locke für *alle* Arten (Arten von Dingen oder Arten von Eigenschaften oder Arten von Relationen usw.): Der Besitz des Wesens einer Art ist dasjenige, was die Zugehörigkeit eines Dings zu dieser Art begründet.[7] Da erstens die Zugehörigkeit eines Dings zu einer Art identisch ist mit dem Anrecht des Dings auf den entsprechenden Artnamen und da zweitens das Anrecht eines Dings auf einen bestimmten Artnamen durch seine Übereinstimmung mit derjenigen abstrakten Idee bestimmt wird, deren Zeichen der Artname ist, ist die *abstrakte Idee*, die der Name vertritt, mit dem *Wesen der Art* identisch oder sind abstrakte Idee und Wesen der Art „ein und dasselbe“ (ebd.). Da abstrakte Ideen eindeutig Schöpfungen unseres Verstandes sind, sind damit auch alle Artessenzen von uns gesetzt.

Dieser Sachverhalt wird von Erkenntnistheoretikern nach Lockes Meinung nur deshalb oft nicht gesehen, weil das Wort „Wesenheit“ (*essence*) äquivok ist. Es hat nämlich zwei Bedeutungen, die Locke in *Essay* III.iii.15 wie folgt unterscheidet:

> „Erstens kann man unter Wesenheit das eigentliche Sein eines Dinges verstehen, wodurch es ist, was es ist. In diesem Sinn kann die wirkliche, innere, aber im allgemeinen (bei Substanzen) unbekannte Beschaffenheit der Dinge, auf der ihre erkennbaren Eigenschaften beruhen, als ihre Wesenheit bezeichnet werden.“

Dies sei die ursprüngliche Bedeutung von „Wesenheit“. Zur Abgrenzung bezeichnet Locke Wesenheit in diesem Ursprungs-Sinn als *reale* Wesenheit.

Abgegrenzt ist sie gegen die *nominale* Wesenheit, die dann so eingeführt wird: Angewandt auf die „künstliche Beschaffenheit von *genus* und *species*“, ist das Wesen (das Wesen jedes genus oder jeder species) die abstrakte Idee, die der Gattungs- oder Artname bezeichnet.

---

[6] Vgl. *Essay* II.xxxi.6-11.

[7] Vgl. Essay III.iii.12.

Bezüglich realer Wesenheiten natürlicher Substanzen[8] unterscheidet Locke zwei Ansichten; mit einer von ihnen sympathisiert er, die andere lehnt er rundweg ab. Die Ansicht, die er ablehnt, ist die scholastische Formenlehre. (Ob die von Locke angegriffene Lehre tatsächlich *die* scholastische Formenlehre darstellt, eine ihrer, womöglich schwächeren, Spätversionen oder gar keine dieser Versionen, lasse ich offen. Der Ausdruck „scholastisch" kann im folgenden einfach als Behelfsetikett der dargestellten Position gelesen werden.) Ihre Vertreter „setzen eine bestimmte Anzahl solcher Wesenheiten voraus, wonach alle natürlichen Dinge gebildet seien, woran ein jedes von ihnen exakt teilhabe und deshalb dieser oder jener Art angehöre" (*Essay* III.iii.17). Gegen diese Ansicht bringt Locke eine Reihe von Einwänden vor, die hier nicht im einzeln dargestellt werden müssen. Ihr Grundfehler jedenfalls scheint für Locke in einer Kontamination der Aufgabe der *Klassifikation* einerseits und der Aufgabe der *Erklärung* andererseits zu bestehen. In seiner eigenen Terminologie könnte man sagen: Scholastiker vermischen nominale und reale Wesenheit. Ziel von Lockes Kritik ist also nicht schon die Annahme realer Wesenheiten. Im Gegenteil hält Locke es für durchaus sinnvoll, die Erklärung für wahrgenommene Eigenschaften eines Dinges – sowohl für die Eigenschaften im einzelnen wie für ihre Koexistenz in einem Ding – in Termini nicht wahrgenommener (oder nicht wahrnehmbarer) Eigenschaften dieses Dinges zu suchen. Locke hält ja die Korpuskularlehre für eine respektable Hypothese. Aber es ist nicht sinnvoll, solche – vermuteten – Eigenschaften, die als Erklärungsgründe wahrgenommener Eigenschaften eingesetzt werden können, mit den Bestimmungsgründen bestehender Klassifikationen zu identifizieren. *Unbekannte* Wesenheiten als Grund der Artunterscheidungen, die wir längst getroffen haben, anzunehmen, scheint für Locke die sichtbarste Ungereimtheit, die sich die scholastische Arttheorie geleistet hat:

> „Wenn aber auch dieser Anschauung kein anderer Grund entgegenstände, so ist doch die Annahme von Wesenheiten, die wir nicht erkennen können, die aber trotzdem für die Unterscheidung der Arten der Dinge ausschlaggebend sein sollen, derartig nutzlos und unserer Erkenntnis in keiner Hinsicht dienlich, daß das allein schon ausreichte, um uns zu veranlassen, sie beiseite zu legen und uns mit denjenigen Wesenheiten der Arten oder species der Dinge zu begnügen, die in den Bereich unserer Erkenntnis fallen." (*Essay* III.iii.17)

Die Formenlehre behandelt also zwei zu unterscheidende Typen von Fragen fälschlich als einen einzigen: *Erstens*: Was begründet die Zugehörigkeit eines Dings zu einer Art? Was macht, daß dieses Einzelding in die Klasse der Gold-Dinge zu stehen kommt? Was verleiht diesem Einzelding Anrecht auf den Namen „Gold"? – Auf diese Frage gibt es für Locke nur eine richtige Antwort: Das Ding weist alle Züge auf, die von uns zur Definition der Art alias zum Kriterium für die Vergabe des Artnamens verbunden worden sind. *Zweitens*: Was an diesem

[8] Hier dürften *materielle* Substanzen gemeint sein; denn die zweite Ansicht, d.i. die Korpuskularhypothese, bezieht sich nur auf diese. Zur Korpuskularhypothese selbst vgl. Robert Boyle: *The Origins of Forms and Qualities according to the Corpuscular Philosophy* (1666), in: Robert Boyle, The Works, hg. v. Thomas Birch, Bd. III, Hildesheim 1966, besonders 14-29.

Ding ist der Grund dafür, daß es diese Züge hat? Inwiefern ist das Ding der Grund dafür, daß es sich unter dieser Bedingung so, unter jener Bedingung anders zeigt?

Natürlich weisen beide Fragen einen gemeinsamen Bestandteil auf: Koexistierende Eigenschaften von Einzeldingen kommen in beiden Zusammenhängen vor. Aber das darf nicht darüber hinwegtäuschen, daß sie *in verschiedenen Hinsichten* vorkommen: das erste Mal als das zwischen Artname und Einzelding Vermittelnde – als Klassifikationskriterien –, das andere Mal als Ausgangspunkt und Gegenstand einer Erklärung. Daß manche Züge, die sich an Einzeldingen zusammen finden, von uns auch noch als Klassifikationshinsichten eingesetzt werden, enthebt uns nicht einer gesonderten Bearbeitung der Erklärungsfrage.

In welcher Weise und mit welchen Folgen konfundiert nun die angegriffene scholastische Formenlehre beide Fragen? Sie beantwortet die Frage „Was macht ein Einzelding zu einem Exemplar von Gold?“ – genuin eine Frage des ersten Typs – mit dem Rekurs auf eine reale Wesenheit, die tatsächlich in den zweiten, den Erklärungszusammenhang gehört. Sie verdoppelt die Resultate unserer Klassifikation in sich und in Erklärungsgründe ihrer selbst. Daraus resultiert sowohl eine falsche Ansicht von der Eigenart des Klassifizierens als auch eine falsche Ansicht von der Natur des Erklärens, eine Ansicht, die auch noch eine falsche Zufriedenheit mit Pseudo-Erklärungen hervorbringt. Die realen Wesenheiten stehen dann unter einer doppelten Anforderung: *Erstens*: Sie sollen als Klassifikationskriterien fungieren: An die funktionale Stelle, die in Wirklichkeit wahrgenommene, registrierte Eigenschaften von Dingen einnehmen, wird die reale Wesenheit eingesetzt: ein Muster, das nicht dadurch zum Muster geworden ist, daß wir es dazu gemacht haben. *Zweitens*: Dieselben realen Wesenheiten sollen zugleich erklären, wie ein Ding dazu kommt, die Eigenarten zu haben, die als Klassifikationskriterien fungieren. Sie sind eingesetzt als das, was ein Ding zu dem macht, was es ist.

Durch dieses Verfahren erhalten zum einen unsere Arteinteilungen eine objektive Weihe, die ihnen nicht zukommt. Mit einemmal sieht es so aus, als spiegelten sie eine reale Ordnung ab, die, näher besehen, durch nichts anderes als unsere Klassifikationsentscheidungen bestimmt ist. Unsere Produktionen erscheinen fälschlich als von uns nur Vorgefundenes. Zum anderen ergibt sich eine schiefe Ansicht von Erklärungen (und ergeben sich, falls man nach diesem Muster tatsächlich Erklärungen versucht, falsche Erklärungen): Nach dem oben Gesagten tritt dasselbe als Klassifikationskriterium und als Erklärungsgrund dessen auf, was als Klassifikationskriterium fungiert. Gegenstand und Grund der Erklärung kollabieren, und damit erhält man entweder Erklärungen nach dem Muster *idem per idem* oder, wenn auf dem Unterschied beider beharrt wird, Erklärungen mit einer Unbekannten auf seiten des Explanans.

Daß so konzipierte reale Wesenheiten unerkennbar werden, ist eine Folge dieser Konfusion. Gesondert von unseren Klassifikationsentscheidungen sind so verstandene reale Wesenheiten überhaupt nicht bestimmt. Hält man sie als reale

Voraussetzung, Maßstab unserer – nachträglichen – Entscheidungen fest, von diesen getrennt, erhält man folgerichtig lauter Unbekannte. Daß diese Unbekannten schlechterdings nicht für die bestimmten Subsumtionsurteile verantwortlich zeichnen können, die wir fällen, leuchtet wohl ein.

Eine zweite, „vernünftigere" Ansicht hinsichtlich realer Wesenheiten sieht Locke bei denen vertreten, „die bei allen natürlichen Dingen eine reale, aber unbekannte Beschaffenheit ihrer sinnlich nicht wahrnehmbaren Teile als vorhanden annehmen. Von dieser Beschaffenheit sollen diejenigen sinnlich wahrnehmbaren Eigenschaften herrühren, mit deren Hilfe man sie voneinander unterscheidet, um sie, sobald man sich dazu veranlaßt sieht, unter gemeinsamen Bezeichnungen in Arten einzuordnen." (*Essay* III.iii.17)

Diese Ansicht unterscheidet sich von der angegriffenen ersten sichtlich dadurch, daß sie Fragen der Klassifikation und Fragen der Erklärung unterschieden hält. Gegenstand der Erklärung sind zwar dieselben Eigenschaften, mit deren Hilfe wir die Dinge voneinander unterscheiden, Eigenschaften, die wir einsetzen, um die Dinge in Arten einzuordnen. Aber die beiden Hinsichten, in denen ein und dasselbe – beobachtbare Eigenschaften von Dingen – thematisch wird, bleiben unterschieden. Die der Wahrnehmung verborgenen Beschaffenheiten werden nicht schon deshalb für Klassifikationskriterien gehalten, weil sie als Erklärungsgründe herangezogen werden, und die Klassifikationskriterien werden nicht schon deshalb für Erklärungsgründe gehalten, weil sie nun einmal als Klassifikationskriterien eingesetzt worden sind.

1.2.2 Die Geschichte

Nach dieser Vorklärung komme ich zu der angekündigten Geschichte selbst.[9] Mit dieser Geschichte versetzt uns Locke fiktiv zurück an den Anfang der Arteinteilung und Namengebung, in den Stand klassifikatorischer Unschuld sozusagen. Der Kunstgriff der Anfangsfiktion soll uns helfen, die Abstraktion von der mit einem Substanz-Art-Namen gewöhnlich verbundenen abstrakten Idee zu vollziehen. Zu dieser Abstraktion sind wir aufgefordert, weil es darum geht, zu untersuchen, ob und inwiefern unsere Klassifikationen von abstrakten Ideen abhängen. Um das zu untersuchen, müssen beide Seiten – der Artname auf der einen, die abstrakten Ideen auf der anderen – gedanklich separiert werden können. Das gilt besonders, wenn es auch noch darum geht, jene Theorie zu prüfen, nach der die Arten, die wir kennen, durch reale, uns unbekannte Wesenheiten bestimmt sein sollen. Da diese Theorie besagt, daß nicht unsere hausgemachten abstrakten Ideen, sondern etwas von unseren Ideen und unserer Bekanntschaft Unabhängiges Identität und Unterschied von Substanzarten bestimme, müssen wir, um die Theorie auch nur darzustellen, von dem in der Verwendung des Artnamens impliziten Wissen darüber, worin Arten bestimmt sind, also von *unseren* Identitäts- und Unterscheidungsgründen abstrahieren.

---

[9] Vgl. *Essay* III.vi.46-50.

Eines Tages also bringt eins von Adams Kindern von einem Streifzug eine glänzende Substanz mit nach Hause. Adam betrachtet sie und findet, daß sie hart, glänzend gelb und ungewöhnlich schwer ist. Sie unterscheidet sich von allem, was er bisher gesehen hat. Es ist anzunehmen, wenn es auch nicht ausdrücklich vermerkt wird, daß das Auffällige, Unterscheidende schon in den Eigenschaften liegt, die Adam dann für wert erachtet, in einer eigenen abstrakten Idee verbunden zu werden. Adam nämlich abstrahiert auf Grundlage seiner ersten Beobachtungen die entsprechende komplexe Idee und verbindet sie mit dem Namen *zahab*. „Dieser Name soll alle Substanzen, die diese sinnlich wahrnehmbaren Qualitäten aufweisen, benennen und kennzeichnen." (*Essay* III.vi.46) „Diese Qualitäten" sind eben jenes eigentümlich glänzende Gelb, jene Härte und ein im Verhältnis zur Masse beträchtliches Gewicht.

Damit hat Adam die abstrakte Idee einer Substanzart konzipiert, eine nominale Wesenheit. Alle dazu erforderten Schritte sind durchlaufen:

Erstens: Am einzelnen Gegenstand wurden koinstantiierte Eigenschaften wahrgenommen und unterschieden. Mit diesem Ausgang von wirklich beobachteten Einzeldingen ist die Realitätsbedingung für die hier gebildete Artidee erfüllt. Da Adam seine Merkmalskombination von einem wirklichen Einzelstück abgezogen hat, steht nicht zu befürchten, daß sich diese Kombination als logisch unmöglich herausstellen werde. Die Idee ist „real".

Zweitens: Einige der am Einzelnen bemerkten Eigenschaften wurden isoliert und zu einer einzigen Idee verbunden. Daß damit wirklich die Idee einer besonderen Art von Dingen konstituiert ist, ist dadurch gewährleistet, daß das gefundene Stück sich „völlig von allem, was er früher gesehen hatte" (III.vi.47) unterscheidet. Adams abstrakte Idee ist also zu Abgrenzungsfunktionen geeignet. Der mit dem Artnamen verbundene Anspruch, einen spezifischen Unterschied anzuzeigen, einen Unterschied zwischen *solchen* und *andersartigen*, ist erfüllt.

Drittens: Die Einheit der neuen abstrakten Idee wird besiegelt durch Etikettierung, die Vergabe eines neuen Namens.

Obwohl Adams Begriff von Gold damit alle Anforderungen an nominale Wesenheiten im allgemeinen erfüllt, ist die Geschichte der Begriffsbildung an diesem Punkt noch nicht zu Ende. Adam beginnt, das vorliegende Stück Materie genauer zu untersuchen. Er wird handgreiflich: klopft es, biegt es und stellt dabei fest, daß es sich biegt, ohne zu brechen. Weitere Versuche ergeben, daß dieses Stück Materie schmelzbar und feuerbeständig ist. An dieser Stelle fragt Locke: „Müssen nicht auch diese Qualitäten aus demselben Grunde, der für die übrigen maßgebend war, in die durch den Namen zahab bezeichnete komplexe Idee mit eingeschlossen werden?" (*Essay* III.vi.47) Locke erklärt hier nicht näher, woher diese Notwendigkeit stammt, läßt Adam aber im folgenden konsequent nach der Maxime verfahren: Entdeckungen neuer Eigenschaften an seinem Exemplar von *zahab* führen zur Aufnahme der entdeckten Eigenschaft in den Artbegriff, also zur Erweiterung der Reihe der Merkmale des Begriffs. Darüber, ob Eigenschaften dazu in besonderer Weise qualifiziert sein müssen, erfahren wir an dieser Stelle jedenfalls nichts.

Mit Annahme dieser Maxime tritt nun eine Schwierigkeit auf. Die Reihe der Eigenschaften, die man bei der Untersuchung dieses Stücks Materie finden könnte und die alle gleiches Recht auf Aufnahme in die Artdefinition haben, ist *unabschließbar*. Nach Lockes Kommentar ist sie deshalb unabschließbar, weil zu diesen Eigenschaften in der Mehrzahl solche gehören, die das Verhalten dieses Stücks unter variierten Bedingungen fassen. Die Eigenschaften, die Adam durch Beobachtung und praktische Tests entdeckt, sind Dispositionseigenschaften, in Lockes Terminologie: *„Kräfte“*. Wahrgenommen werden nicht die Kräfte selbst, sondern ihre Äußerungen; und für die Äußerungen sind Außenbedingungen konstitutiv. In die funktionale Stelle des Anderen, im Verhältnis zu dem sich dieses Stück Materie so und so zeigt, läßt sich aber unbestimmt vieles einsetzen. Wie reagiert es auf Feuer, auf Druck, auf Stoß, auf diesen Stoff, auf jene Flüssigkeit usw.? Das muß nicht heißen: Dieses Stück Materie steht im Verhältnis zu allem und jedem unter und über der Sonne. Aber es heißt zumindest: Wir verfügen an dieser Stelle nicht über ein Kriterium, das zu entscheiden erlaubte, ob eine beliebige endliche Liste definierender Merkmale vollständig ist. Die Reihe qualitativ unterschiedener Tests, denen das Exemplar einer Art sinnvoll unterzogen werden kann, ist für uns jedenfalls unabschließbar. Darin erweist sich jede bestimmte Liste definierender Merkmale als *inadäquat*.

Die nächste Etappe der Geschichte weitet den Blickwinkel vom einzelnen Adam zur ganzen Sprachgemeinschaft. Unter Voraussetzung der genannten Maxime tritt hier eine neue Schwierigkeit hinzu. Mit jeder neuen Entdeckung, die jemand an Stücken *zahab* macht, ändert sich für ihn, den Entdecker, die Bedeutung des Artnamens. Je nach Kenntnisstand wird das, was verschiedene Individuen unter dem gemeinschaftlich benutzten Namen verstehen, verschieden sein. Artdefinitionen werden – zumindest – merkmalsreicher sein bei dem, der Stücke dieser Art näher untersucht hat, als bei dem, der sich nicht oder kaum damit befaßt. „Dieser Umstand aber müßte für den Gebrauch der Sprache sehr hinderlich sein.“ (*Essay* III.vi.48)

An dieser Stelle nun bringt Locke zum ersten Mal die (implizit schon mitgelaufene) Annahme *realer Wesenheiten* als explizite Annahme der Akteure in der Geschichte selbst ins Spiel: Um die unbestimmte Bedeutungsvariabilität von Artnamen zu vermeiden, „hat man eine zu jeder Art gehörige reale Wesenheit angenommen, von der sich alle jene Eigenschaften herleiten und von der die Art ihren Namen hat“ (*Essay* III.vi.49).

Locke selbst äußert sich nicht zu dem merkwürdigen Sachverhalt, daß damit zwei verschiedene Annahmen wie eine vorgetragen werden. Vorgetragen wird die Kombination einer These über die Eigenschaften, die wir als Klassifikationskriterien eingesetzt haben – und zwar einer These, die unabhängig davon ist, daß wir das getan haben –, und einer zweiten These, die die reale Wesenheit selbst zum Klassifikationskriterium dekretiert. Diese zweite These, daß die Art ihren Namen von der realen Wesenheit beziehe, mutet auch für sich genommen merkwürdig an. Sollte sie eine These darüber sein, wie Artnamen tatsächlich eingerichtet worden sind und wie sie bislang funktioniert haben, ist sie ganz unplausibel. Der Name einer Art wird im bisherigen Verlauf von Lockes Geschichte geregelt durch – von Individuum zu Individuum variierende – Hinsichten, die sich der Kombination von an Einzeldingen beobachteten Zügen verdanken. Und wenn wir Lockes Argument folgen, kann das auch gar nicht anders sein. Die reale Wesenheit kann, solange sie unbekannt ist, bei der Lizensierung des Artnamens keine tragende Rolle spielen. Der Klassifikationssyllogismus („*a* ist qua *F* ein Exemplar von *G*") verlangt einen bekannten Mittelterm – und wenn die reale Wesenheit unbekannterweise in diese Funktion eingesetzt wird, kann sie für die tatsächlichen Konklusionen nicht bestimmend geworden sein. Adams Sprachgemeinschaft scheint mit ihrer Doppelthese derselben Verwechslung zu unterliegen, die nach Locke die scholastische Formenlehre kennzeichnete.

Wie dem auch sei – der Rekurs auf reale Wesenheiten erscheint der Sprachgemeinschaft jedenfalls als mögliches Mittel zur Beendigung ihrer Sprachverwirrung. In Gestalt ihrer realen Wesenheiten gibt es auch angesichts unendlich vieler Eigenschaften eine bestimmte Identität der Art. Wenn das Vermittelnde zwischen Art und Name in dieser realen Wesenheit liegt, dann kann die Verwendung des Artnamens wieder von einer Regel geleitet werden. Die neue eindeutige Regel wäre dann: *„zahab"* heiße alles, was diese eine reale Wesenheit aufweist. Locke setzt freilich sofort hinzu, daß sich die Sprachgemeinschaft damit eine Scheinlösung eingehandelt hat, mit dem schon bekannten Argument: Da wir und solange wir die reale Wesenheit nicht kennen, wird durch sie für uns die Art nicht bestimmter als zuvor.

Es bleibt am Ende der Geschichte bei der wenig aussichtsreichen Alternative: a) Entweder fungieren als Artkriterien Eigenschaften, die wir kennen. Dann kann jede Artdefinition für sich klar und deutlich sein – aber alle Artdefinitionen werden dann erstens intersubjektiv variieren und zweitens wird keine davon adäquat sein, ihr Vorbild erschöpfen. Oder b): Man nimmt ein einziges Artkriterium in Gestalt einer realen Wesenheit an. Dies wäre die erschöpfende Bestimmung der Art und würde die Bedeutungsschwankungen beenden; aber da eine solche Idee unbestimmt ist, macht sie auch die Bedeutung des Artnamens unbestimmt (dunkel und verworren). Die bloße Annahme eines einigen festen Kerns, der sich im Wechsel der Verhältnisse identisch erhielte, hilft uns gar nichts bei Entscheidungen darüber, ob ein bestimmtes Stück Materie nun *zahab* ist oder nicht.

Wie Locke angekündigt hatte, ist das (vorläufige) Ende der Geschichte eine Doppel-Orientierung des Substanz-Art-Namens – einmal an der nominalen Wesenheit, zum anderen an der realen. Diese beiden Orientierungen können nach Locke sogar in ein und demselben Satz auftreten. So kann mit dem Satz „Gold ist feuerfest" zweierlei behauptet sein: Entweder man behauptet damit, Feuerfestigkeit gehöre zu den Merkmalen, die die nominale Definition der Art Gold konstituieren. „Dann", sagt Locke, „enthält die Aussage ‚Alles Gold ist feuerfest' nichts als die Bedeutung des Ausdrucks ‚Gold'." Oder man behauptet damit, Feuerfestigkeit gehöre, ohne Teil der Nominaldefinition zu sein, zu den Eigenschaften dieser Substanz selbst. „In diesem Fall vertritt das Wort ‚Gold' offenbar eine Substanz, die die reale Wesenheit einer von der Natur geschaffenen Art von Dingen besitzt." (*Essay* III.vi.50)

1.2.3 Ein artrealistischer Vermittlungsvorschlag und ein Gegenargument

Die Geschichte endet mit sichtlich unbefriedigendem Ausgang. Das ist von Locke auch so gewollt, ist er doch der Meinung, wir befänden uns in keiner besseren Lage als Adams Sprachgemeinschaft. Nun weisen die beiden Orientierungen von Substanz-Art-Namen einen jeweils komplementären Mangel auf. Die reale Wesenheit ist als spezifisch *eine* für die ganze Art geeignet, dem Artnamen Einheit des Bezugs zu sichern; leider ist sie *unbekannt*. *Bekannt* hingegen ist die nominale Wesenheit; leider ist sie aber *nicht eine*, sondern zerfällt in eine unüberschaubare Pluralität solcher Wesenheiten oder Artdefinitionen. Gerade in der Komplementarität dieses Mangels scheint sich jedoch ein Ausweg anzudeuten: Wenn die reale Wesenheit erst einmal erkannt wäre, hätten wir die Mängel beider Seiten überwunden. An der entdeckten realen Wesenheit hätten wir endlich das klare, eindeutige und einsetzbare Kriterium der Artzugehörigkeit, und der Mechanismus der Bildung immer neuer Kriterien käme zur Ruhe. Zu dieser Vervielfältigung kam es ja in Adams Geschichte nur deswegen, weil wir zur Sortierung der Dinge auf deren Oberflächeneigenschaften angewiesen waren, in denen sich unbestimmt viele Außenrelationen der Exemplare der Art niederschlugen. So könnte der Fortschritt der Wissenschaft über Oberflächeneigenschaften hinaus am Ende sowohl einheitliche als auch objektive Klassifikationssysteme liefern.[10]

Damit wäre die Unterscheidung von nominaler und realer Wesenheit um ihren Zusammenhang ergänzt. Das Scharnier ihrer Verbindung wären jene beobachteten Oberflächeneigenschaften, die sowohl für nominale als auch für Real-Definitionen eine tragende Rolle spielen. Nominale und reale Wesenheit wären dann aufeinander und auf unsere Klassifikationspraxis wie folgt bezogen:

Wir ordnen die Dinge zunächst nach Kombinationen von als koexistierend wahrgenommenen Eigenschaften, nicht anders als Adam zu Beginn von Lockes Geschichte. Manche Einzeldinge kommen in der Kombination der beobachtbaren Eigenschaften *F*, *G*, *H* überein, andere nicht. Solche Beobachtungen ma-

[10] Für diesen Zusammenhang zwischen (nicht mehr zwei Wesen, sondern) Nominal- und Real-*Definition* plädiert, Lockes Unterscheidung kommentierend, Leibniz in den *Nouveaux Essais*: „*Theophilus*: Ich würde lieber nach dem eingeführten Sprachgebrauch sagen, daß die Wesenheit des Goldes dasjenige ist, wodurch es konstituiert wird und was ihm jene sinnlichen Eigenschaften gibt, an denen wir es erkennen und die seine *Nominaldefinition* ausmachen, während wir die Real- und *Kausaldefinition* des Goldes besitzen würden, wenn wir diese seine innere Struktur und Beschaffenheit zu erklären vermöchten." (Gottfried Wilhelm Leibniz: *Neue Abhandlungen über den menschlichen Verstand*, übs., m. Einl. u. Anm. v. Ernst Cassirer, Hamburg 1996, III.iii.18).

chen wir zur Grundlage unserer Klassifikationshierarchien. Das können wir tun und tun es auch, ohne noch zu wissen, worin, wenn überhaupt, jene *eine* Beschaffenheit besteht, die für den gemeinsamen Auftritt von *F*, *G*, *H* an einem Ding verantwortlich zeichnet, vielleicht auch ohne überhaupt an eine ideelle Scheidung des Dings in an sich seiende Beschaffenheit und erscheinende Oberflächenmerkmale zu denken. Handelt es sich bei *F*, *G*, *H* tatsächlich um solche Oberflächenmerkmale, dann besteht – ob wir das bei der Klassifikation wissen oder nicht – ein Entsprechungsverhältnis zwischen den Eigenschaftsgruppen, die wir zu Artkriterien gemacht haben, und an sich seienden Beschaffenheiten. Auf solche Entsprechungsverhältnisse werden epistemisch erste Artkriterien und Klassifikationen natürlich nur dann geeicht sein, wenn wir bei der Klassifikation auf Lockes Realitätsbedingung achten, d. h. darauf, nur tatsächlich exemplizierte Kombinationen heranzuziehen. Und mehr als eine notwendige Bedingung wird die Einhaltung dieser Regel nicht sein. Faktische Koinzidenz von Bestimmungen an einem Individuum gibt keine Garantie für die Notwendigkeit ihres Zusammenhangs in Gestalt eines gemeinsamen Grundes. Aber um eine Garantie, eine a priori – d. h. hier: vor Eintritt in die Wissenschaft gegebene – eineindeutige Entsprechung zwischen nominaler und realer Wesenheit geht es auch gar nicht. Was der vorgestellte Vermittlungsgedanke tatsächlich enthält, ist nur das Konditional: Wenn die gewählten Eigenschaften tatsächlich Oberflächenmerkmale im spezifizierten Sinne sind, dann werden wir, indem wir dieser Regel folgen, unsere Arteinteilungen *mittelbar* an den realen Wesenheiten ausgerichtet haben, noch ehe wir diese als solche in den Blick bekommen. Denn dann orientieren sich unsere Arteinteilungen an unterscheidenden Gemeinsamkeiten, die auf einen gemeinsamen Grund zurückgehen und also nicht nur darin zusammenhängen, daß wir sie zu einer Idee verbunden haben. In solchen Fällen haben wir dann die realen Wesenheiten *indirekt*, an ihren Erscheinungen getroffen. Wir haben dann Artbegriffe, die hinsichtlich ihrer Extensionen mit den Begriffen der realen Wesenheiten übereinstimmen.

In diesem Sinn ist es dann plausibel, anzunehmen, unsere Klassifikationen seien auf eine natürliche oder reale Ordnung bezogen. „Natürlich" ist in diesem Sinn dann so spezifiziert: Der zur Artdefinition eingesetzte Kreis von Eigenschaften hat entweder einen gemeinsamen Grund der Erklärung oder die Artdefinition selbst enthält schon einen solchen Erklärungsgrund.

Diese Annahme fällt nicht zusammen mit der von Locke als *scholastisch* apostrophierten Ansicht. Von dieser unterscheidet sie sich erstens dadurch, daß für sie der Zusammenhang zwischen unseren Klassifikationen und den realen Wesenheiten *mittelbar* bleibt, während die kritisierte Ansicht beides ebenso unmittelbar zusammenfallen wie unmittelbar getrennt ließ; zweitens dadurch, daß sie das Bestehen eines Zusammenhangs beider nicht als Gratisgabe gebräuchlicher Artunterscheidungen behandelt, sondern als offene Frage, die sich nicht vor dem, sondern im Gang der Wissenschaft klärt.

Auch mit der in Kap. 1.1.2 skizzierten *realistischen* Position ist diese Annahme nicht in allen Zügen identisch. Merkmalsdefinitionen sind im Rahmen dieser Annahme nicht um ihre führende Rolle in der Konstitution und im urteilenden Gebrauch von Artbegriffen gebracht. So ist dem Artrealismus stattgegeben, ohne daß die Erinnerung des Artnominalisten an die Unverzichtbarkeit von uns einsetzbarer und schon bestimmter Kriterien ignoriert würde. Im Rahmen des Artrealismus bleibt diese Annahme gleichwohl. Sie ist ja eine Variante der allgemeinen These: An sich – unabhängig davon, wie wir jeweils die Grenzen zwischen Gruppen von Dingen setzen, gruppieren sich die einzelnen Dinge in einander ausschließende Arten. Es gibt Bestimmungen, die von sich selbst her spezifische Bestimmungen eines Einzeldings sind. Unsere Grenzziehungen werden objektiv oder nicht objektiv, mehr oder weniger objektiv sein in dem Maße, wie wir unsere Grenzen entlang der durch die realen Wesenheiten gezogenen ziehen.

Der vorgestellte Vermittlungsvorschlag scheint mir durchaus aussichtsreich. Doch an eben diesem Punkt verläßt uns unser bisheriger Gewährsmann: John Locke hat die eben anvisierte Lösung weder angeboten noch verfolgt. Das läßt sich nicht mit dem Verweis darauf erklären und erledigen, daß er eben in Fragen der Erkennbarkeit realer Wesenheiten recht pessimistisch gestimmt gewesen sei. Das ist zwar richtig; wichtiger und grundlegender scheint mir aber ein Argument zu sein, das Locke im sechsten Kapitel des dritten Buches seines *Essay* vorträgt, ein Argument, das jedenfalls von der Einschätzung möglicher oder nicht möglicher Fortschritte empirischer Wissenschaften unabhängig zu sein scheint, ein Einwand, der auch für den Fall gelten würde, daß reale Wesenheiten einmal erkannt wären. Dieser Einwand lautet zusammengefaßt so:

Es macht keinen Sinn, Arteinteilungen und -begriffe an vorausgesetzten wesentlichen Eigenschaften der Dinge orientieren zu wollen, weil die Unterscheidung zwischen wesentlichen und unwesentlichen Eigenschaften eines Dinges selbst nur relativ zu vorausgesetzten Zuordnungen des Dinges zu einer Art funktioniert. Daß eine Eigenschaft einem Individuum wesentlich sei, ist stets die Kurzfassung einer Aussage des Typs: Das Individuum muß diese Eigenschaft besitzen, *wenn es als Exemplar jener Art geführt werden soll*. Anders gesagt: „Wesentlich" und „unwesentlich" bezeichnen nicht zweistellige Relationen zwischen einer Eigenschaft und einem Individuum, sondern immer dreistellige zwischen einer Eigenschaft, einem Individuum und einer abstrakten Idee (d. i. hier: einem Artbegriff):

„In dem Augenblick, in dem man die abstrakten Ideen beiseite läßt, mit deren Hilfe wir die Einzeldinge sortieren und unter gemeinsame Namen einordnen, schwindet sogleich der Gedanke an etwas, das für irgendeine [sic] von ihnen wesentlich sei." (*Essay* III.vi.4)

An diesem Primat der abstrakten Idee gegenüber der Auszeichnung von Eigenschaften als wesentlich zukommender ändert die Annahme bestimmter realer Wesenheiten, etwa im Sinn der Korpuskulartheorie, auch dann nichts, wenn sie wahr ist: „/.../ auch in diesem Sinne *bezieht sich* die Wesenheit *auf eine Art und setzt eine Art voraus*. Denn als die reale Beschaffenheit, auf der die Eigenschaften beruhen, setzt sie notwendig eine Art von Dingen voraus; denn Eigenschaften können nur Arten, aber nicht Einzeldingen zugehören.“ (III.vi.6)[11]

Die realen Beschaffenheiten sind nicht von sich aus reale Wesenheiten einer Art von Dingen. Sie sind der notwendige und hinreichende Grund dafür, daß ein Einzelding, das diese Beschaffenheit hat, unter spezifizierten Bedingungen besondere Reaktionen zeigt. Ohne den Umstand, daß wir solche Reaktionsweisen des Dings zu Kriterien der Arteinteilung erheben, macht es keinen Sinn, die Beschaffenheiten als Konstituentien einer *Art*essenz zu qualifizieren. Abstrahieren wir davon, daß diese Beschaffenheiten just die Eigenschaften erklären, die wir zu Identitätskriterien der Art gemacht haben, behalten wir rein das Verhältnis zwischen diesem Einzelding und seiner Beschaffenheit übrig, entfällt jeder Grund, die Beschaffenheit als dem Einzelding wesentlich auszuzeichnen.

Inwiefern wird nun unser Vermittlungsvorschlag von diesem Argument tangiert? Der Vorschlag schloß die Möglichkeit ein: Man kann seine Arteinteilungen – die nominalen Wesenheiten – peu à peu danach einrichten, daß sie Dinge unter dem Gesichtspunkt der Gemeinsamkeit wesentlicher Eigenschaften – der Übereinstimmung hinsichtlich realer Wesenheiten – gruppieren, also so, daß nur Dinge als zusammengehörig betrachtet werden, die auch wirklich wesentliche Eigenschaften gemein haben. Das setzt voraus, daß die Unterscheidung zwischen wesentlichen und unwesentlichen Eigenschaften eines Individuums getroffen werden kann, ohne auf einen vorausgesetzten Artbegriff Bezug zu nehmen. Genau diese Möglichkeit scheint durch Lockes Überlegungen blockiert. Folgen wir ihm, dann ist der einzige Maßstab, der für die Qualifikation einer Eigenschaft als *wesentlich zukommend* zur Verfügung steht, die Frage, wie sich die betreffende Eigenschaft zur Definition einer Art verhält, deren Exemplar das Individuum ist. Abstrahieren wir von diesem Maßstab – wie wir wohl müßten, wenn wir unsere Artbegriffe an einer vorausgesetzten Wesentlichkeit von Eigenschaften orientieren wollten –, bliebe als möglicher Maßstab nur das Verhältnis zwischen der fraglichen Eigenschaft und dem Individuum übrig, sofern dieses Individuum nicht als Exemplar einer Art betrachtet wird. Dem Individuum in dieser Optik ist aber nichts wesentlich. Artnominalismus und Artrealismus treten von neuem unversöhnt auseinander.

Die These, daß Individuen als Individuen nichts wesentlich sei, ist für diesen Einwand offenbar zentral. In der Ausführung zeichnet sich hier bei Locke allerdings eine Zweideutigkeit ab, die noch zu klären bleibt. Beginnen wir mit einem Belegexempel, das Locke für diese These angibt:

„Ich muß notwendig so sein wie ich bin; Gott und die Natur haben mich so geschaffen. Aber nichts von dem, was ich an mir habe, ist wesentlich für mich. Ein Unglücksfall oder eine Krankheit können meine Hautfarbe oder meine Gestalt erheblich verändern. Ein

[11] Der letzte, leicht mißverständliche Halbsatz lautet im Original: "/.../ properties belonging only to species and not to individuals". Läßt sich "property" hier im Sinn von „proprium“ verstehen, so besagt dieser Halbsatz nicht: Individuen haben im Unterschied zu Arten ohnehin keine qualitativen Bestimmungen, sondern: von konvertiblen Eigenschaften zu reden, setzt als Bezugspunkt der Konvertibilität die Art voraus, nicht das Individuum als Individuum.

Fieber oder ein Sturz können mir Vernunft oder Gedächtnis oder beides rauben. Ein Schlaganfall kann mir vielleicht weder die Sinne noch den Verstand, ja nicht einmal das Leben lassen.“ (*Essay* III.vi.4)

An dieser Stelle liegt natürlich der Einwand nahe: Wenn du dein Leben verlierst, gibt es auch dich nicht mehr, und genau das zeichnet wesentliche Bestimmungen aus: Ihr Verlust bedeutet das Ende der Existenz des Individuums, dem sie zukamen. Das Konzept wesentlicher Eigenschaften scheint nur dadurch widerlegt, daß es unnötig mit dem Anspruch einer ewigen Daseinsgarantie für das Individuum in dieser Bestimmung befrachtet wird. Daß einem Individuum nichts wesentlich ist, hieße dann: Individuen sind Entitäten, die den kompletten Austausch aller ihrer Bestimmungen überdauern.

Eine nicht identische, aber verwandte Ansicht entspricht nun m. E. tatsächlich der von Locke in III.vi.6 auch angespielten Korpuskularhypothese. Zu dieser Hypothese gehört nämlich die Rückführung dessen, was wir auf der Ebene der Erfahrung als *substantielle* Identität und *substantiellen* Wechsel verstehen, auf *akzidentelle* Bestimmungen und deren Veränderung auf theoretischer Ebene. Die auf der Erklärungsebene virulente „Textur“ – Zahl, Gestalt, Lage, Anordnung und Bewegungszustand kleinster Teile – nimmt nur Bestimmungen auf, die akzidenteller Natur sind: deren Veränderung dasjenige, an dem sie Bestimmungen sind, mit sich identisch bleiben lassen.[12] Dasselbe Aggregat klein(st)er Teilchen kann nacheinander verschiedene Beschaffenheiten annehmen. Mit dem Wechsel der Beschaffenheiten wird auch der Umkreis der wahrnehmbaren Eigenschaften wechseln. Dasselbe Individuum – eben jenes Aggregat von Materieteilchen – gehört dann nacheinander verschiedenen Arten an, verschiedenen Arten im Sinn der nominalen wie der realen Wesenheit. Und deshalb kann man von keinem Individuum und keiner Eigenschaft *absolut* sagen, diese käme jenem wesentlich zu.

Dieses Argument nimmt, wie gesehen, die Korpuskularhypothese in Anspruch. Es bewegt sich nicht nur auf der Ebene der Logik des Wesentlichen und des Unwesentlichen. Darüber hinaus ist es ein Argument, das in vertrackter Weise seinen Geltungsbereich selbst einschränkt, das nämlich für gewisse Fälle seinem Beweisziel widerspricht. Es ist selbst abhängig von Annahmen darüber, was erstens die Makroobjekte (dieser Mensch, dieses Stück Gold) *wesentlich* sind und was zweitens die Teilchen *wesentlich* sind, aus denen Makroobjekte bestehen. Für die Ebene der Teilchen läßt sich das Lockes eigener Erläuterung entnehmen: „Es gibt aber kein einzelnes Materieteilchen, mit dem irgendeine dieser Qualitäten so verknüpft wäre, daß sie für dieses Teilchen wesentlich oder nicht

---

[12] Lockes Argument der Trennbarkeit zwischen Individuum und Bestimmung am Fall der eigenen Person würde allerdings durch den Rekurs auf diese Hypothese nicht gerettet. Wollte man sie in den Fall eintragen, so erhielte man als das logische Subjekt wechselnder Bestimmungen nicht mehr die eigene Person, sondern ein Aggregat von Partikeln. Für diese könnte wohl gelten: Was für die Person der Verlust des Lebens, also ihr Ende bedeutet, ist für diese eine Konstellationsänderung, und Konstellationsänderungen lassen die Elemente der Konstellationen bestehen. Aber darin ist ein einfacher Subjekt-Wechsel vollzogen, der das Beispiel davon ausschließt, Fall der allgemeinen These zu sein, dem Individuum sei nichts wesentlich.

von ihm zu trennen sei." (*Essay* III.vi.6) „Diese Qualitäten" meint besondere Bestimmungen der bestimmbaren primären Qualitäten Größe, Gestalt, Lage, Bewegungszustand, räumliches Verhältnis zu anderen. Daß diese besonderen Bestimmungen von ihrem Individuum, dem Materieteilchen, trennbar sind, leuchtet sofort ein, wenn man bedenkt, daß die bestimmbaren Qualitäten die Eigenart haben, Besonderungen zuzulassen, die das Sein ihres Trägers nicht tangieren, nämlich: quantitative Näherbestimmungen und Veränderungen. Damit hängt aber das Argument der beliebigen Trennbarkeit davon ab, daß die betrachteten Individuen wesentlich Materieteilchen, Körper in physikalischem Sinn, sind. Setzen wir dagegen die Relativierung für die *bestimmbaren* primären Qualitäten fort, erhalten wir: Zahl (*überhaupt*), Lage (*überhaupt*) usw. – zusammengefaßt: Ausdehnung, Materialität und Bewegung –kommen diesen Individuen nur wesentlich zu, sofern sie als Exemplare der Art Körper betrachtet werden. Abzüglich dieser Voraussetzung ist keine dieser Bestimmungen diesen Individuen wesentlich. Dann kann das Argument gegen die Unterscheidung von wesentlichen und unwesentlichen Eigenschaften im Hinblick auf das Individuum natürlich nicht mehr lauten: Diese Bestimmungen sind dem Individuum unwesentlich, weil sie von ihm trennbar sind, und trennbar sind sie deswegen, weil es sich bei den betrachteten Individuen um Körper handelt. Dieses Argument funktioniert offenbar nur, solange gewisse Bestimmungen Individuen *tout court* als wesentliche zugesprochen werden, diese Bestimmungen also von der Relativierung auf vorausgesetzte Artbegriffe ausgenommen bleiben.

Wie schon angedeutet, ist dies nicht die einzige Weise, in der die These, dem Individuum sei nichts absolut wesentlich, entfaltet und begründet werden kann. Die zweite Variante der Begründung rekurriert nicht auf vorausgesetzte inhaltliche Annahmen, Annahmen darüber, was Materieteilchen eigentlich sind oder worin sie identisch bleiben, wenn sie Veränderungen unterliegen, sondern hält sich ganz innerhalb des logischen Dreiecks von Individuum, Artbegriff und der Disjunktion des Wesentlichen und des Unwesentlichen auf.[13] Das Argument lautet:

---

[13] Die Vorstellung des folgenden Arguments löst sich vom Text des *Essay*. Ob die eben betrachteten Passagen in III.6 dieses Argument tatsächlich enthalten, kann und muß hier nicht entschieden werden. Es gibt allerdings ein Anzeichen, das dagegen spricht, Locke nur solche Gründe zuzuschreiben, die direkt oder indirekt vom Gelten der Korpuskularhypothese abhängen: Ihrer Wahrheit ist sich Locke nicht sicher, während er die These über die Vorordnung nominaler Wesenheiten gegenüber der Auszeichnung wesentlicher Eigenschaften kategorisch vertritt. – Daß Lockes These, Arten seien das Werk des Verstandes, logisch unabhängig von bestimmten naturphilosophischen Annahmen entwickelt sei, vertritt Paul Guyer: "Locke's conclusion that species are the workmanship of the understanding is derived solely form the logic of his analysis of the force of general terms, and has nothing to do with substantive claims about the kinds of similarities that actually obtain among individuals in nature or with specific limits in our scientific knowledge of natural objects." (Paul Guyer: *Locke's philosophy of language*, in: Vere Chappell (Hg.): *The Cambridge Companion to Locke*, Cambridge 1994, 115-145, hier: 130)

Es sei probeweise angenommen, Maßstab der Wesentlichkeit sei das Individuum selbst. Nun eröffnet sich eine vollständige Alternative: Entweder das Individuum ist darin schon in gewissen unterscheidenden Bestimmungen vorausgesetzt oder nicht. Nimmt man die zweite Möglichkeit an, so ergibt sich: Allen seinen Bestimmungen gegenübergestellt, selbst also bestimmungslos gedacht, kann das Individuum nicht als Maßstab der Unterscheidung zwischen seinen wesentlichen und seinen unwesentlichen Eigenschaften eingesetzt werden. Auch konstitutive Momente von Individualität *überhaupt* kommen in diesem Zusammenhang nicht in Betracht, denn hier geht es um die Frage: Sind Individuen aufgrund wesentlicher Eigenschaften sinnvoll in besondere, einander ausschließende Gruppen zu sortieren? Grundlage für Sortierungskriterien können aber nicht Bestimmungen sein, die gleichmäßig jedem Individuum als Individuum zukommen. So bleibt nach Ausschluß dieser Möglichkeit höchstens die erste übrig. Wenn das Individuum überhaupt als Maßstab der Wesentlichkeit einer ihm zukommenden Bestimmung zu denken ist, so muß es als dieser Maßstab schon in einer besonderen Bestimmung gedacht sein. Argumente für die Wesentlichkeit einer Eigenschaft *F* relativ zu einem Individuum *a* nehmen also die Form an: *F* ist für *a* wesentlich, insofern der Besitz von *F* (Real- oder Erkenntnis-) Grund für den Besitz einer Eigenschaft *G* ist, die *a* zukommt; *a* könnte nicht ein *G* sein, wenn es nicht auch ein *F* wäre. Aus dem Zutreffen von *G* auf *a* plus der Voraussetzung des allgemeinen Implikationszusammenhangs zwischen *F* und *G* wird so, zunächst einmal, erschlossen, daß *F* dem *a* unter den eingesetzten Bedingungen wird zukommen müssen. Ein Argument für die *Wesentlichkeit* von *F* relativ zu *a* wird daraus nur, wenn zusätzlich vorausgesetzt wird, daß *G* seinerseits *a* wesentlich zukommt. Suchen wir konsequent die Wesentlichkeit von *G* auf dieselbe Weise zu begründen, sind wir in einen unabschließbaren Regreß geraten.

Ist die Alternative vollständig gewesen, bleibt nur anzunehmen, das Individuum könne auf keine Weise, weder als unbestimmtes noch als schon bestimmtes, als Maßstab der Unterscheidung zwischen ihm wesentlich zukommenden und ihm nicht wesentlich zukommenden Bestimmungen fungieren.

Der eben angezeigte Regreß scheint sich aber nicht in Gang zu setzen, wenn man „wesentlich“ in zweierlei Sinn versteht, entsprechend der Locke'schen Unterscheidung zwischen nominaler und realer Wesenheit: „wesentlich_1“ sei reserviert für Beziehungen zwischen realer Wesenheit und den durch sie begründeten und erklärten Eigenschaften und aktuellen Verfassungen eines Individuums zu einer Zeit; „wesentlich_2“ hingegen sei reserviert für die dreistellige Relation zwischen einem Individuum, einer Eigenschaft und einem Artbegriff. Dann erhalten wir beispielsweise die Reihe: Beschaffenheit *F* ist wesentlich_1 für das Zukommen der Eigenschaft *G*; *G* wiederum ist wesentlich_2 für die Mitgliedschaft des Individuums in der Art *H*. Und letzteres entscheidet sich genau daran, ob Eigenschaft *G* von uns in die betreffende Definition der Art *H* aufgenommen ist oder nicht.

Damit liegt ein gewichtiges Argument gegen den Artrealismus und indirekt eines für den Artnominalismus vor. Die prekäre Trias von Nicht-Begründung, petitio principii und unabschließbarem Regreß der Begründung stellt sich für eine These, die der Artrealist, nicht aber der Artnominalist bejaht. Was dieses Argument tatsächlich austrägt, wie es sich insbesondere zu dem oben vorgestellten Vermittlungsvorschlag verhält, werde ich an dieser Stelle noch nicht weiter verfolgen. (Zwei Versionen des Arguments werden im Verlauf dieser Arbeit noch zur Sprache kommen: die am Beispiel des radelnden Mathematikers durchgeführte Version Quines [in Kap. 3.1.5] und, ganz am Ende, die m. E. gründlichste und grundlegende Version in Aristoteles' *Zweiten Analytiken* [in Abschnitt 4.2].) Für den Augenblick nehme ich das Argument als entscheidend an und wende mich unter diesem Vorzeichen noch einmal Adams Geschichte zu, mit der Frage, wie sie verläuft und ausgeht, wenn sie rein artnominalistisch geschrieben wird.

1.2.4 Zurück zum reinen Artnominalismus?

Der Punkt, an dem die handelnden Personen in Lockes Geschichte selbst reale Wesenheiten ins Spiel bringen, verdient Aufmerksamkeit. Die explizite Aufnahme realer Wesenheiten erfolgt nicht deswegen, weil jemand an Stücken *zahab* zusätzlich zu den bereits gefundenen Bestimmungen eine entdeckt hätte, die sich durch ihr Verhältnis zu den übrigen als die eine, integrierende Bestimmung empfehlen würde. Reale Wesenheiten kommen nicht ins Spiel, weil sie – oder etwas, was dafür gehalten wird – entdeckt worden wären, sondern aufgrund eines *sprachlichen Problems*. Die vielen, von Subjekt zu Subjekt wechselnden Artbegriffe bei Konstanz des Artnamens schaffen einen Vereinheitlichungsbedarf, der durch die Annahme einer bis dato unbestimmten Wesenheit eingelöst werden soll.

Implizit freilich war die Annahme realer Wesenheiten schon vorher im Spiel: in Gestalt des Grundes, der für die Vervielfältigung der Artdiagnosen maßgeblich sein sollte: dem Adäquatheits- oder Vollständigkeitspostulat, der Annahme, Entdeckungen an Einzelstücken böten (nicht nur die Möglichkeit, sondern auch) den hinreichenden Grund zur Erweiterung der Artdiagnose.

Nun sind, wenn wir der Geschichte folgen, die Eigenschaften, die wir als Klassifikationshinsichten nicht nur aufnehmen können, sondern auch aufnehmen sollen, sonder Zahl. Sie sind nach Lockes Erläuterung deshalb sonder Zahl, weil sie das Ding selbst in Verhältnissen zu anderem zeigen. Was wir erfassen, sind, bis auf wenige Ausnahmen, Resultate der Einwirkung anderer Dinge auf das thematische Ding oder Resultate der Einwirkung dieses Dings auf andere Dinge. Das gilt für Locke übrigens auch für Eigenschaften, die wir verhältnislos zuzuschreiben geneigt sind, weil wir selbst das Ding sind, auf das eingewirkt wird: Das ist der (hier nicht näher betrachtete) Fall der *sekundären Qualitäten*.[14] Kurz: Die Mehrzahl derjenigen Bestimmungen, die wir an Exemplaren der ein-

---

[14] Vgl. *Essay* II.viii.7-26, besonders 24.

mal vorausgesetzten Art entdecken, sind *Kräfte*.[15] Kräfte aber setzen das, was sich da zu diesem anderen so, jenem anders verhält, als Eines, für sich Bestimmtes voraus. Sobald nämlich Veränderungen der Sache als Äußerungen einer Kraft gedacht werden, sind sie als Funktionen des Zusammentreffens wechselnder äußerer Umstände und konstanter, einzelne Veränderungsfälle übergreifender und begründender innerer Verfassungen gedacht. Wenn also die Vielheit der Eigenschaften (oder dessen, was wir im ersten Zugang als Eigenschaften verbuchen) ihren Grund in den Außenverhältnissen hat, in die etwas eintritt, dann ist dieses selbst als das jenen Verhältnissen Vorausgesetzte, Identische, Beharrende unterstellt. Und darin haben Adam und seine Sprachgemeinschaft implizit schon Kontakt zum Konzept der realen Wesenheit aufgenommen, noch ehe sie Probleme der Eindeutigkeit des Artnamens konstatieren. Jene Voraussetzung einer Außenrelationen vorangehenden einen Bestimmung entspricht nämlich dem, was mit „reale Wesenheit" bezeichnet sein soll: „Ich meine damit [mit „reale Wesenheit"; F.S.] jene besondere Beschaffenheit, die jedes Ding in sich hat, ohne Beziehung auf irgendein Ding der Umwelt." (*Essay* III.vi.6) Hat also das Postulat der Vollständigkeit seine Begründung in der Unterscheidung zwischen *an sich seienden* und *relativen* Bestimmungen von Substanzen, ist die Leitfunktion realer Wesenheiten für die Bildung von Artbegriffen mit dem Vollständigkeitspostulat schon mitgesetzt.

Auch wenn man von der Unterscheidung zwischen an sich seienden und relativen Bestimmungen absieht und das Vollständigkeitspostulat einfach für sich nimmt, zeigt sich darin ein Hinausgehen über die Konditionen des Artnominalismus. Nach nominalistischer Auffassung gilt stets die logische Reihenfolge: *Zuerst* haben wir Einzeldinge (nicht als Exemplare einer Art) und Eigenschaften oder Verhaltensweisen derselben. Auf dieser Basis kommt es *zweitens* zur Bildung des Artbegriffs durch Selektion einer Kombination von Eigenschaften oder Verhaltensweisen, ihrer Erhebung zu einem Kriterium der Artsortierung. Auf Grundlage der beiden ersten Stationen, aber auch erst auf dieser Grundlage, kann das Einzelding *drittens* in einer neuen Optik erscheinen, nämlich als Exemplar einer Art.

Der nominalistischen Fassung zufolge gehen wir in Arteinteilungen mit der Ausgangsstufe in einer Weise um, die durch diese selbst nicht determiniert ist. Welche Eigenschaftskombinationen gewählt werden, findet an der Basis gewisse Beschränkungen, aber die Wahl ist durch den Bezug auf diese Basis nicht positiv vorbestimmt. – Im Licht der Vollständigkeitsforderung sieht es dagegen so aus, als trete das Einzelding *als Exemplar einer Art* in einem anderen Sinn auf, nämlich in einer Weise, die unseren Klassifikationsentscheidungen *vorgängig* sei; so nämlich, als sei der Kreis der Eigenschaften, der nun abgeschritten werden soll, objektiv vorausgesetzt, sobald man den ersten Schritt getan und Einzelne als Exemplare einer Art betrachtet hat. Von dieser Warte aus macht es offenbar Sinn zu fragen, was Gold ist – ohne damit nach zur Konvention geronnenen Resultaten von Klassifikationsentscheidungen zu fragen.

[15] Zu Lockes Einführung der Idee der Kraft siehe *Essay* II.xxi.1-4.

Ohne dieses artrealistische Motiv ist die Vollständigkeitsforderung alles andere als selbstverständlich. Man kann dann zurückfragen: Weshalb *müssen* am Einzelstück neu entdeckte Qualitäten zur Erweiterung der bisherigen Definition führen? Nach sonstigen Voraussetzungen scheinen Adam, der durch keinerlei vorgängige Konventionen gebunden ist, wenigstens zwei andere Möglichkeiten zu bleiben:

Erste Möglichkeit: Natürlich kann Adam, wenn er will, auf Grundlage seiner neueren Versuchsergebnisse neue, komplexere Artideen komponieren, auf dieselbe allgemeine Weise wie im Fall der zuerst gebildeten Artidee. Die erste, merkmalsärmere Art könnte dann in den Rang der Gattung aufrücken, die komplexeren, mit neuen Namen versehenen hätten den Rang von Art und Unterart. So hätte Adam an einem einzigen Ding eine mehrstufige Klassifikationshierarchie entworfen. Freilich könnte sich das später als überflüssige Komplexion erweisen – wenn sich herausstellt, daß alle Stücke Materie, die der Gattungsdefinition genügen, auch der Definition der Unterart genügen. Aber solange Adam nur mit einem Exemplar Bekanntschaft geschlossen hat, läßt sich das nicht entscheiden.

Zweite Möglichkeit: Er kann es bei seiner einen ursprünglichen Artidee bewenden lassen und seine neuen Erkenntnisse in der Form ausdrücken: „Dieses Stück *zahab* ist schmelzbar, biegsam, feuerbeständig."

In beiden Fällen bliebe die ursprünglich gebildete Artidee unverändert, und der Name „*zahab*" reserviert für alle und nur die Dinge, die glänzend gelb, hart und ungewöhnlich schwer sind. Es ist also nicht ohne weiteres klar, worin die Notwendigkeit für die Modifikation oder Erweiterung der ursprünglichen Artidee liegen soll – es sei denn, die Ausrichtung auf reale Wesenheiten wird von Anfang an zugrundegelegt.

Was in der Geschichte selbst nicht vorkommt, ist ein Argument dafür, daß Adam schlechter oder inkonsequent verfahren wäre, wenn er sich für eine der beiden genannten Alternativen entschieden hätte. Dieses Argument müßte, wenn es den Artnominalisten überzeugen soll, von der schlichten *Voraussetzung* der Leitfunktion realer Wesenheiten für unser Klassifizieren Abstand nehmen. Gefordert ist der *Nachweis*, daß und inwiefern schon in der Gruppierung von Einzelnen nach qualitativen, phänomenalen Eigenschaften das Desiderat einer Gruppierung nach den Gründen dieser Eigenschaften angelegt ist. Ohne einen solchen Nachweis scheint vorderhand nichts dagegen zu sprechen, Adams Geschichte vom artnominalistischen Standpunkt aus umzuschreiben.[16]

Ein Hindernis könnte dieser revidierten und verbesserten Auflage der Geschichte allerdings noch im Wege stehen: *das sprachliche Problem* nämlich, das die reale Wesenheit explizit auf den Plan rief. Wenn die Vervielfältigung von Artbegriffen bei Konstanz des Artnamens die Annahme vorausgesetzter objektiver Artidentität verlangt, liegt der Verdacht nahe, bei einer rein nomi-

[16] Für Lockes Theorie hieße das: Bildung und Funktionsweise von Artnamen und Artbegriffen wären einheitlich auf jenen Typ zu reduzieren, den Locke im Fall von Modi, aber nicht im Fall von Substanzen gegeben sieht.

nalistischen Rekonstruktion werde die Einheit des Gegenstandsbezugs verlorengehen. Wenn sich die Gewißheit, sich mit demselben Namen auf dieselbe Klasse zu beziehen, nur mittels des Rekurses auf reale Wesenheiten sichern läßt, scheint der reine Artnominalismus die Intersubjektivität unseres Redens von Arten preiszugeben. Ob diese Konsequenz tatsächlich droht, soll nun geprüft werden.

Sehen wir uns dazu den Stand, auf dem diverse Golddefinitionen in Umlauf sind, näher an. Blenden wir außerdem den auf artrealistische Voraussetzungen verweisenden Zug der Geschichte ab: die Annahme, daß Entdeckungen an Einzelstücken – die, aus welchen Gründen auch immer, bereits als Gold zählen – konsequenterweise zur Modifikation der Artdefinition führen sollen und auch wirklich führen. Begnügen wir uns stattdessen mit folgender Beschreibung: Vorausgesetzt seien erstens die Erfahrung (die Wahrnehmung, die Identifikation und Reidentifikation) von Einzeldingen, zweitens die Unterscheidung von Eigenschaften an Einzeldingen und drittens die Möglichkeit, an Einzeldingen tatsächlich in Kombination vorgefundene Eigenschaften zu *einer* Hinsicht zu vereinen, nach deren Maßgabe Einzeldinge mit dem dieser Hinsicht zugeordneten Artnamen belegt werden.

Die Möglichkeit der intersubjektiven Varianz von Artdefinitionen läßt sich dann einsehen, ohne auf Lockes spezifische Begründung der Genese solcher Varianzen Bezug zu nehmen. Nehmen wir an, es gebe Einzeldinge, die übereinstimmend die Konjunktion der Eigenschaften *F*, *G*, *H*, *I*, *J* aufweisen; außerdem gebe es Einzeldinge, die nicht *F-J* aufweisen. Die einzigen Auflagen, die dann für den Schritt von Eigenschaften zu Arteigenschaften gelten, sind das Gebot der Unterscheidungsmöglichkeit und das Gebot der Verträglichkeit der kombinierten Eigenschaften miteinander, gesichert durch Abstraktion von wirklich beobachteten Einzeldingen. Nehmen wir nun weiter zwei Artdefinitionen an:

Artdefinition I: „Gold ist eine Substanz, die *F* und *G* aufweist";
Artdefinition II: „Gold ist eine Substanz, die *F*, *G*, *H*, *I*, *J* aufweist".

Die eben genannten Auflagen werden von beiden erfüllt. Solange keine weiteren Auflagen im Spiel sind, sind beide Definitionen gleich möglich. Da nun der Besitz einer Eigenschaft das Bemerken dieser Eigenschaft an diesem Ding nicht notwendig nach sich zieht, scheint es plausibel anzunehmen, daß – je nach Aufmerksamkeit oder Zeit oder Glück oder Interesse – der eine Beobachter am selben Einzelding mehr Eigenschaften entdecken wird als ein anderer und damit für die formal gleiche Operation der Begriffsbildung mehr Kandidaten für Elemente seines Artbegriffs zur Verfügung haben wird als der andere. Wir müssen nicht annehmen, daß jede Entdeckung unfehlbar die Aufnahme des entdeckten Zuges in die Artdefinition nach sich ziehen wird; aber es scheint plausibel, anzunehmen, daß sich relativ zur Differenz des Umfangs der Kenntnisse (nicht der Art, sondern einzelner Dinge) Differenzen in den Artdefinitionen herausbilden werden. Da man den genannten Regeln auf verschiedene Weise Rechnung tragen kann, gibt es keinen zwingenden Grund, gerade so zu verfahren wie in Definition I und nicht so wie in Definition II oder umgekehrt.

Gibt es auf dieser Grundlage ein Problem mit der Verschiedenheit und Variabilität der Definitionen bei gleichbleibendem Artnamen? Ist diese Polyphonie ein Mangel an Einheit, der dann durch die Annahme realer Wesenheiten kompensiert zu werden verlangt? Betrachten wir dazu zwei Fälle, einen Fall der Subsumtion eines Einzelnen unter die Art und einen des allgemeinen Arturteils:

Fall 1: Sprecher I (zugeordnet Definition I) qualifiziert ein Einzelding, das *F* und *G* aufweist, aber nicht *H*, als Gold; Sprecher II (zugeordnet Definition II) qualifiziert es als Nicht-Gold.

Fall 2: Sprecher II behauptet: Alles Gold hat die Eigenschaft *H*, Sprecher I bezweifelt oder bestreitet das.

Betrachten wir nun zunächst Fall 1, den Fall singulärer Subsumtionsurteile: Auf der Grundlage verschiedener Definitionen (im Umlauf seien Definition I und Definition II, die sich durch Merkmalsreichtum unterscheiden) fällen verschiedene Sprecher Subsumtionsurteile, die einander prima facie ausschließen. Sprecher I behauptet über das Einzelding *a*: „*a* ist Gold." Zu dieser Behauptung ist er mittels des Syllogismus gelangt:

Prämisse 1: Was *F* und *G* aufweist, ist Gold.
Prämisse 2: *a* weist *F* und *G* auf.
Konklusion: *a* ist Gold.

Sprecher II gelangt zu der Konklusion: „*a* ist nicht Gold", mittels des Syllogismus:

Prämisse 1: Was *F* oder *G* oder *H* oder *I* oder *J* nicht aufweist, ist nicht Gold.
Prämisse 2: *a* weist *H* nicht auf.
Konklusion: *a* ist nicht Gold.

Den beiden Konklusionen allein, unter Absehung von den Prämissen, ist nicht anzumerken, ob sie divergieren aufgrund einer Abweichung hinsichtlich der Prämissen 1 oder einer Abweichung hinsichtlich der Prämissen 2. Tatsächlich divergieren sie aufgrund von Abweichungen bezüglich der ersten Prämissen. Der Mittelterm, der die Übertragungsrechte des Terminus maior an *a* regelt, ist unterschiedlich besetzt. Hinsichtlich der zweiten Prämissen besteht kein Ausschlußverhältnis. Sprecher I und II unterscheiden sich nicht darin, welche Eigenschaften sie *a* zu- und absprechen. Damit steht beiden eine Ebene zur Verfügung, auf der alles, was über das Auftreten von Eigenschaften an Einzeldingen zu sagen ist, auch gesagt, erwogen, bestritten werden kann, ohne von Artnamen und Artdefinitionen Gebrauch zu machen. Die beiden Sprecher gewinnen ihren gemeinsamen Boden zurück, wenn sie die Aussagen „*a* ist Gold" bzw. „*a* ist nicht Gold" gegen die Fassungen tauschen „*a* hat die Eigenschaften *F* und *G*, nicht die Eigenschaft *H*". Welche Entdeckungen es auf dieser Ebene mitzuteilen gibt, läßt sich unter Umgehung des Artnamens sagen und muß sich sogar ohne ihn sagen lassen, wenn die Subsumtion des Einzeldings unter die Art durch die Doppelrolle von Eigenschaften – als Einzelnem Zukommendes und Klassifikationshinsicht – vermittelt sein soll. Daß sich, was immer sich an einem Einzelnen entdecken läßt, ohne den Artnamen fixieren läßt, ist nur die Kehrseite davon, daß Arten selbst nach unseren gegenwärtigen nominalistischen Konditionen keine Gegenstände des Entdeckens sind.

Liegt die Verschiedenheit der Definitionen zutage, ist nach dem Bisherigen auch klar, daß die Entscheidung für oder wider eine von beiden nicht mehr durch Nachforschung an Einzelstücken entschieden werden kann. Denn nach den oben fixierten Regeln sind beide Definitionen gleich möglich. Das heißt nicht, daß man auf ein besonders schwieriges Rätsel gestoßen wäre, sondern daß man auf einen Fall gestoßen ist, der (wenn überhaupt) durch eine *zweite Setzung* zu entscheiden ist. Es liegt ein Fall vor, in dem es nur auf Eindeutigkeit ankommt, darauf, sich für eine Seite zu entscheiden, nicht darauf, welche von beiden man wählt. Es ist allerdings daran zu erinnern, daß das nicht heißt, solche Entscheidungen zweiter Stufe würden immer ausgewürfelt. Es heißt nur, daß unter den Überlegungen, die zu dieser Entscheidung führen, eine nicht mehr vorkommen wird: die Überlegung, was Gold ist.

Gehen beide Sprecher allerdings nicht von der Ausgangskonstellation einander ausschließender Urteile zurück zur Voraussetzung solcher Aussagen, zur Offenlegung ihrer jeweiligen Artdefinitionen, kommt es tatsächlich zu verdeckten Konfusionen. Gehen beide in Fall 1 davon aus, daß ihre – in Wahrheit verschiedenen – Definitionen dieselben seien, behandeln sie die Frage also nur als Subsumtionsfrage, laufen sie in die Irre. Nach unseren bisherigen Voraussetzungen setzt die Subsumtion eines Einzeldings unter die Art die Fixität der Subsumtionskriterien klar voraus. Gilt die Frage der Fixierung der Kriterien zu Unrecht als unkontrovers geklärt, scheitert der Streit daran, daß die Beteiligten versuchen, den zweiten Schritt vor dem ersten zu tun.

Man könnte hier geltend machen: Daß der – nach der Beschreibung der Genese von Artnamen – so naheliegende Schritt zurück, d. h. der Vergleich der zugrundelegten Definitionen, nicht oder nur mit Mühe vollzogen wird, hat wesentlich mit dem Glauben an reale Wesenheiten und dem Irrglauben bezüglich deren Funktion für unsere Artunterscheidungen zu tun. Doch kann es auch ganz ohne diesen Glauben und jenen Irrglauben zu einem anfänglichen Ausfall des Abgleichs der Artkriterien kommen: Ist es doch unter artnominalistischen Vorzeichen der Sinn und Zweck des Artnamens, Kennzeichnungen *abzukürzen*. Indem der Artname so gebraucht wird, treten die seine Verwendung leitenden Kriterien zurück zu einer Art Hintergrundsteuerung. Sie werden nicht jedesmal aufgeführt, und weil sie nicht jedesmal aufgeführt werden, kann die Identität des Namens Grundlage für einen Fehlschluß hinsichtlich der Identität der Sache werden. Das ist kein unlösbares Problem. Vor allem aber ist es ein Problem, das nicht schon mit der Verschiedenheit der Artdefinitionen gestellt ist. Es stellt sich erst dadurch, daß die Verschiedenheit der Definitionen nicht in Betracht gezogen wird, die Definitionen selbst nicht zum Thema gemacht werden.

Zusammenfassend läßt sich zum ersten Fall sagen: Dieser Fall hält die *Möglichkeit* einer Konfusion bereit. Die Konfusion besteht darin, daß zwei Sprecher Definitionen als identisch voraussetzen, die nicht identisch sind; anders gesagt, daß sie sich mit einer Frage des Zukommens oder Nicht-Zukommens eines Artprädikats (Gold) konfrontiert glauben, wo tatsächlich Uneinigkeit über die Definition des Prädikats selbst besteht. Das ist erstens keine notwendige Folge der Verschiedenheit der Definitionen, sondern die Folge einer Nichtbeachtung dieser Verschiedenheit. Zweitens ist die Konfusion nicht irreversibel. Sie läßt sich beseitigen durch Offenlegung der Definitionen. Die Verbindung zwischen der unproblematisch intersubjektiven Ausgangsebene der Rede von Einzeldingen und Eigenschaften und der späteren Rede über Arten scheint nur deshalb gekappt, weil sie zwischenzeitlich in Vergessenheit geraten ist. Insofern scheint das Problem, das sich in Fall 1 tatsächlich ergeben kann, bislang zu seiner Lösung nicht ausgerechnet einer realen Wesenheit zu bedürfen.

Gehen wir nun zu Fall 2 über, der allgemeine Aussagen über eine Art betrifft: Sprecher II behauptet: „Gold (alles Gold, Gold im allgemeinen) ist feuerbeständig." („Feuerbeständig" wird eingesetzt für *H*.)

Sprecher I bezweifelt oder bestreitet diese Aussage. Die von beiden zugrundegelegten Definitionen seien wieder Definition I und Definition II. Gibt es in dieser Konstellation Konfusionen, die aufgrund der Verschiedenheit der Definitionen entstehen und die, einmal entstanden, unter artnominalistischen Voraussetzungen nicht wieder behoben werden können?

Fragen wir zunächst nach dem Status der umstrittenen allgemeinen Aussage. Für gewöhnlich werden dazu vier Möglichkeiten unterschieden:

1. Es handelt sich – entgegen dem formalen Anschein – nicht um eine Behauptung, sondern um eine normative Definition. Der Satz drückt den Beschluß (hier: des Sprechers II) aus, Feuerbeständigkeit unter die notwendigen Bedingungen für die Vergabe des Artnamens „Gold" aufzunehmen.
2. Es handelt sich um eine Behauptung, aber das logische Subjekt ist eine vorausgesetzte sprachliche Konvention, kein Metall.
3. Es handelt sich um eine Behauptung, und diesmal eine Behauptung nicht über den Namen „Gold", sondern über Gold; aber eine Behauptung, deren Wahrheit eingesehen werden kann, ohne Einzeldinge betrachten oder untersuchen zu müssen. Das ist dann der Fall, wenn Feuerbeständigkeit schon unter die Goldkriterien aufgenommen worden ist.
4. Es handelt sich um eine Behauptung über Gold, deren Wahrheit nicht dadurch eingesehen werden kann, daß man die zugrundegelegte Golddefinition kennt. Es liegt eine empirische Hypothese vor, die die Form hat: „Alles, was *F* und *G* aufweist, weist auch *H* auf."[17]

Da *H* in Definition II vorkommt, scheint Sprecher II in dem fraglichen Satz keine empirische Hypothese über Gold formuliert zu haben. Falls er eine Behauptung über Gold formuliert hat (was wir der Einfachheit halber annehmen), dann eine des Typs 3. Da *H* in Definition I nicht vorkommt, kann Sprecher I

[17] Diese Klassifikation allgemeiner Urteile wird im dritten Teil dieser Arbeit selbst Gegenstand der Betrachtung und der Kritik werden. An dieser Stelle ist sie dennoch passend einzusetzen, weil sie dem artnominalistischen Standpunkt entspricht; die allgemeine Hinsicht der Einteilung ist ja das Verhältnis zu einer Nominaldefinition, d.i. dem Grund einer Art in nominalistischem Verständnis.

den Satz nicht schon aufgrund seiner Definition als wahr affirmieren. Nimmt er Def. I implizit als die einzige, auch für Sprecher II verbindliche an, wird er – den Behauptungscharakter vorausgesetzt –, in dem Satz eine empirische Hypothese angezeigt sehen, für die er Bewährungen fordern oder wider die er Gegenfälle beizubringen versuchen kann. Auf der Grundlage seiner merkmalsärmeren Definition wird er vielleicht Fälle finden und als Gegenfälle geltend machen, in denen *F* und *G*, aber nicht *H* koinstantiiert sind.

Halten beide einander nun entgegen: „Gold ist feuerbeständig" – „Nicht alles Gold ist feuerbeständig – ich habe einen Gegenfall vorzuweisen", so unterliegen sie nach den gegenwärtigen Voraussetzungen einer Konfusion hinsichtlich des Status ihrer Aussagen. Jeder von beiden irrt sich – aber keiner in dem Punkt, in dem der andere es vermutet. Die Konfusion ist wiederum nicht heillos, und sie ist wieder nicht allein dem Umstand geschuldet, daß eine Vielheit von Definitionen im Umlauf ist. Erst die Kombination dieses Umstands mit dem Sachverhalt, daß beide sich auf die intersubjektive Geltung ihrer Definition verlassen, schafft die Konfusion. Und die Aufklärung dieses Sachverhalts schafft sie auch wieder ab. Es ist nicht so, daß jemandem, dessen Definition merkmalsärmer ist, prinzipiell durch seine einmal angenommene Definition der Zugang zur Erwägung alternativer Definitionen oder zur Entdeckung neuer Eigenschaften an bekannten, von ihm klassifizierten Einzeldingen verschlossen bliebe. Eine Reaktion von Sprecher I der Art: „Gold kann nicht feuerbeständig sein, weil dieses Prädikat nicht unter meinen Goldkriterien rangiert", wird durch die hier angenommene Funktionsweise der Definitionen jedenfalls nicht nahegelegt. Die Definition formuliert die zusammen hinreichenden Bedingungen, unter denen etwas als Gold firmiert – daß ein Stück Goldes neben den Goldeigenschaften auch andere Eigenschaften aufweisen wird, ist damit ebensowenig ausgeschlossen wie die Möglichkeit, daß alle Stücke Goldes untereinander, aber nicht mit anderem weitere Gemeinsamkeiten besitzen.

Auch für den zweiten Fall läßt sich also festhalten: Bis jetzt sind wir auf keinen Mangel der artnominalistischen Fassung der Geschichte von Adams Gold gestoßen, der es nahelegen würde, die Ansicht zu adaptieren, Identität und Unterschied von Arten seien nicht durch von uns zu Kriterien gemachte Eigenschaften, sondern durch reale Wesenheiten bestimmt.

Der Anfangsverdacht, der Artnominalismus zersetze die Eindeutigkeit des Artnamens, hat sich also nicht bestätigt. In einer zweiten Hinsicht jedoch setzt sich, wie nun gezeigt werden soll, die im Namen angezeigte Einheit des Artbegriffs der nominalistischen Ansicht tatsächlich entgegen. Wenn der Artnominalist Recht behält, so kann zwar die intersubjektive Einheit des allgemeinen Subjekts gewahrt bleiben – sie können wir auch künstlich konservieren; aber dann entfällt der *Grund*, so ein Kunst-Subjekt zu bilden und zu konservieren: der Grund, über eine *Art* von Gegenständen zu reden.

Artnamen bleiben auch für den Artnominalisten mittelbar Namen der einzelnen Gegenstände, die die per Beschluß zum Artunterschied erhobene Merkmalskombination aufweisen, und der Begriff der Art bleibt entsprechend mittelbar Begriff der Gegenstände. Nun ist die Bildung eines allgemeinen Namens nicht nur *Resultat* bemerkter Gemeinsamkeiten und Unterschiede, sondern auch *Auftakt* zu neuen Urteilen. In der Bildung von Artbegriffen und der Vergabe von Artnamen konstituieren wir Gegenstandsfelder künftiger Forschung, erst noch zu leistender Bestimmung. Wäre der Kreis der spezifischen, gegen alles andere unterscheidenden Gemeinsamkeiten mit der für die Klassenbildung verbrauchten Kombination immer schon abgeschritten, blieben für Urteile über Gegenstände als Elemente der fraglichen Klasse nur noch Tautologien übrig.

Wie kann der Artnominalist diese prospektive, über sich hinaus auf Weiterbestimmung der Exemplare einer Art als Exemplare einer Art verweisende Seite der Bildung eines Artbegriffs einholen? Nehmen wir an, Gold sei einvernehmlich definiert über Farbe, Gewicht und Härte; und es sei die Frage, ob Gold lösbar in aqua regia ist. Der Umkreis der Gegenstände, die in aqua regia lösbar sein müssen, damit Gold es sei, sei mit der Definition eindeutig bestimmt. Wie aber geht es nun weiter? Ganz allgemein gibt es nun zwei Möglichkeiten: Entweder die vorausgesetzten Gold definierenden Bestimmungen haben mit dem Festlegen des Umkreises der zu untersuchenden Gegenstände ihre Rolle ausgespielt. Dann ist alles, was man jetzt noch tun kann und tun muß, um die Frage zu beantworten: jegliches, was diese Farbe, dieses Gewicht und diese Härte aufweist, in aqua regia zu tauchen und das Ergebnis abzuwarten. Die Allgemeinheit des Ergebnisses hängt dann vom Auftreten der Kopräsenz in jedem Einzelfall ab. Oder aber es liegt, wie mittelbar auch immer, eine allgemeine Verbindung zwischen den vorausgesetzten Goldmerkmalen und dem fraglichen neuen Prädikat vor. Wie wäre eine solche allgemeine Verbindung für den Artnominalisten zu denken? Für ihn hat eine zum Artunterschied erhobene Merkmalskombination ja keine Tiefendimension. Sie ist nicht buchstäblich Merk-Mal für eine Zusammengehörigkeit, die durch sie zwar angezeigt, aber darin noch nicht hinreichend bestimmt wäre. Der Zusammenhang der allgemeinen Bestimmungen, die zusammen die Artdefinition konstituieren, erschöpft sich darin, daß diese unterschiedenen Bestimmungen a) zusammen an gewissen Einzelnen vorkommen, aber b) nicht an allen. Der erste Zug steht für die verbindende, der zweite für die unterscheidende Potenz von Artbegriffen ein. Und für den Artnominalisten ist das alles, was sozusagen die Gegenstände selbst zu ihrer Sortierung in Arten beitragen können; den Rest besorgen unsere jeweiligen Entscheidungen. Wenn er konsequent ist, dann wird der Artnominalist als einzige Weise einer von der faktischen Kopräsenz unterschiedenen Verbindung von Eigenschaften ihr definitorisches Verbundensein geltend machen. Die Frage nach einer notwendigen Verbindung zwischen einer Eigenschaft F und einer Eigenschaft G ist dann dadurch zu beantworten, daß wir die Wortbedeutung von F ausbuchstabieren – dann sehen wir, ob G per definitionem Element von F gewesen ist oder nicht.

Der reine Artnominalismus zeitigt also wirklich ein Problem, und zwar hinsichtlich der allgemeinen Verfassung, des Status und der Begründung allgemeiner Urteile auf Basis gegebener Artbegriffe. Sollen solche allgemeinen Urteile als Sachurteile verstanden werden, dann stellt sich unter den Prämissen des Artnominalismus die exklusive und vollständige Alternative: Entweder das fragliche Prädikat ist schon Teil des gesetzten Definiens der Art gewesen (das entspricht der Lesart 3 der obigen Liste) oder nicht (das entspricht Lesart 4). An diesem Parameter entlang wird dann der Status des allgemeinen Urteils variieren: War das Prädikat bereits Teil des Definiens, dann wird das fragliche allgemeine Urteil notwendig und strikt allgemein sein; gehört es nicht zum Definiens, steht es also jenseits des Artbegriffs, so restringiert sich das allgemeine Urteil zum vollständigen Erfahrungsbefund. Das letztere folgt jedenfalls, wenn wir den Artnominalismus puristisch denken, so also, daß ein Artbegriff vollständig und abschließend bestimmt ist in unserer jeweiligen definitorischen Setzung. Die Art als solche ist dann strikt nicht Gegenstand von Forschung, und Artdiagnosen sind nicht Stationen, Zwischenergebnisse auf dem Weg zur Beantwortung der Frage, was Gold oder Wasser oder ... eigentlich ist. Dann kann die Frage, ob ein – außer der Definition stehendes – Prädikat der so definierten Art von Dingen zukommt oder nicht, nur noch die Richtung nehmen: Welche Bestimmungen sind jenen und nur jenen Dingen noch gemeinsam – *abgesehen von* den Bestimmungen, die für die Definition schon verbraucht sind? Es kommt zu einer Vergleichgültigung der „alten", d. h. artbildenden Bestimmungen gegenüber den „neuen", d. h. denjenigen, die in allgemeinen Urteilen formuliert werden, die nicht nur ganz oder teilweise die Artdefinition wiederholen. Sobald wir nämlich einen allgemeinen Zusammenhang zwischen solchen Bestimmungen selbst ansetzen, hat der Artnominalismus seine Grenze überschritten: Es gibt dann einen nicht-nominellen Sinn der Frage nach der Identität einer Art. Wir haben dann mit Was-Ist-Fragen zu rechnen und zu tun, die sich nicht in dem Hinweis erschöpfen, daß eine Sprachgemeinschaft gewisse Bestimmungen für wichtig genug gehalten hat, sie zum artbildenden Unterschied zu versammeln. Mit dem Ausblick auf nicht-tautologisch allgemeine Urteile ist dann überhaupt die Aggregatvorstellung zu verlassen, die eingangs für die Beschreibung der Bildung von Artbegriffen leitend gewesen ist. Von der Vorstellung einer gleichgültigen Koinstantiierung voneinander einfach verschiedener Eigenschaften an manchem Einzelnen sind wir dann zu der – vorderhand noch vagen – Vorstellung eines an sich seienden und nicht durch ein sprachliches Fiat gewordenen Zusammenhangs dieser Bestimmungen übergegangen.

Wie wir eben sahen, führt dieser Schritt über den reinen, einfachen Artnominalismus hinaus. Es ist aber schwer zu sehen, wie man diesen Schritt verweigern und zugleich festhalten könnte, daß die Bildung von Artbegriffen den Auftakt zu Arturteilen bildet. Im Ausblick auf die *Fruchtbarkeit* einer potentiellen Artbegrenzung für weitere Erkenntnis haben Artgrenzziehungen dann offenbar ein Kriterium, das die Rede von natürlichen Arten und wesentlichen Arteigenschaften wieder ins Recht setzt.

Der beobachteten Entwertung des Artbegriffs unter den Prämissen des reinen Artnominalismus ist auch nicht mit dem Hinweis zu begegnen, der Aufstieg vom Einzelding zu Dingen-von-dieser-Art habe immerhin einen guten, nämlich den technischen Sinn der abkürzenden Redeweise. Locke tendiert stellenweise in diese Richtung: Weil wir uns ohnehin nicht Namen für alle Einzelnen merken könnten, darum fassen wir die Einzelnen nach Merkmalen in Gruppen zusammen.[18] Indem wir so nur noch mittelbar vom bestimmten Einzelnen reden, brauchen wir uns schon weniger Namen zu merken. Diese mnemotechnische Erleichterung löst sich in nichts auf, wenn die allgemeine Bestimmung nicht wirklich die Stellung eines Mittelbegriffs einnehmen kann. Wenn die einzelnen Benennbaren abgesehen von den zwei oder zwanzig Gemeinsamkeiten, die für uns ihre Zusammenfassung zur Klasse steuern, unabsehbar differieren – dann hat es für die Erhebung weiterer Bestimmungen irgend eines der Elemente nichts genutzt, das Einzelne allgemein, als eines unter seinesgleichen, anzusprechen. Der Übergang vom singulären zum generellen Urteil wäre ein sich selbst gleich wieder aufhebender Übergang. Die Ökonomisierung ist nur dort eine, wo es um sie nicht geht: Sie unterstellt einen anderen Zweck, der dann auch nicht rückwirkend als Mittel der Ökonomisierung verstanden werden kann: Die Ökonomisierung setzt voraus, daß die Betrachtung eines Individuums als Exemplar einer Art zum Erkenntnisgrund weiterer Bestimmungen der Art avancieren kann.

1.2.5 Der Zwischenstand

Prima facie scheint der Streit um die Möglichkeit natürlicher Arten in ein argumentatives Patt zu führen. Zum einen haben wir ein Zirkel-Argument gegen die Annahme der Objektivität des Unterschieds zwischen artspezifischen und anderweitigen Bestimmungen eines Gegenstands[19]: Um irgendeine Bestimmung als für die Art konstitutiv *auszuweisen*, nicht nur zu behaupten oder zu setzen, müßten wir auf den Gegenstand zurückgehen: zeigen können, daß diesem jene Bestimmung notwendig ist. Ist er aber nicht schon selbst als allgemein bestimmter, als Exemplar einer Art gedacht, läge nur das ganz unbestimmte Sein, der Gegenstand als Individuum überhaupt zugrunde; aber das ganz unbestimmte Sein, in dem alle allgemeinen Unterschiede untergegangen sind, eignet sich nicht dafür, Züge, die ein Gegenstand im Unterschied zu anderen besitzt, zu begründen. Also müßte der Gegenstand für den fraglichen Nachweis schon als Exemplar einer Art vorausgesetzt werden. Das ist der vollendete Zirkel, der jedenfalls vorderhand die weitere Konsequenz nahelegt, die Identität einer Art könne nicht gefunden und nicht erschlossen, sondern müsse gesetzt sein.

Gehen wir mit dieser Konsequenz zum Artnominalismus über, haben wir zum anderen ein neues Gegenargument zu gewärtigen: Die Annahme, die Identität einer Art sei durch definitorische Setzung gestiftet, verträgt sich nicht mit der prospektiven Orientierung des *Artbegriffs* auf *Arturteile*, mit dem Umstand, daß das durch Definition abgesteckte Gegenstandsfeld ein theoretisch fruchtbares Feld, Gegenstand weiterer Bestimmung sein soll.

---

[18] Vgl. Essay III.iii.2.
[19] Vgl. oben 1.2.3.

Interessanterweise haben die beiden eben wiederholten Argumente, wiewohl sie gegen zwei Antipoden gerichtet sind, denselben Kern. Beide Argumente sind um die Frage der Zugehörigkeit bzw. des Nachweises der Zugehörigkeit einer Bestimmung zum Umkreis der Bestimmungen einer Art zentriert. Beide Argumente operieren mit dem Sachverhalt, daß ein solcher Zugehörigkeitsnachweis als Mitte oder Beweisgrund ein bestimmtes Artwesen verlangt. Allerdings wird dieser Hinweis in zwei unterschiedlichen Richtungen geltend gemacht: Das erste Argument besteht darauf, daß ein entsprechendes Artwesen zum Beweis eines solchen schon vorausgesetzt sein muß, während das zweite Argument umgekehrt darauf besteht: unsere tatsächlich vorausgesetzten Artbegriffe müssen sich als Mitte eines solchen Nachweises auch eignen.

Das ist eine ganz merkwürdige theoretische Konstellation: Im zweiten Zug fordern wir unseren Artbegriffen eine Beweiskraft ab, die sie nach dem ersten Zug aus Zirkel- oder Regreßgründen gar nicht haben könnten. Der Rekurs auf reale Wesenheiten scheint unumgänglich und unmöglich zugleich. Wenigstens eine dieser zwei widersprechenden Seiten scheint also eingezogen werden müssen. Die Frage, welche von beiden oder was von beiden aufzugeben ist, bildet den Rahmen aller folgenden Untersuchungen dieser Arbeit.

Im folgenden *zweiten Hauptteil* wird der ersten Teilfrage nachgegangen: Ist es wirklich notwendig, zur Erklärung des Anspruchs theoretischer Fruchtbarkeit von Artbegriffen auf so etwas wie reale Wesenheiten zurückzugreifen? In der neueren Geschichte der Philosophie herrscht ziemlich unangefochten die Tendenz, darauf mit „Nein" zu antworten oder von einer negativen Antwort implizit auszugehen. Allgemeine Urteile fallen entweder ins Lager begrifflicher Wahrheiten: Dann sind sie analytisch und – in Lockes Terminologie – wahr kraft der nominalen Wesenheit. Oder sie gehen über die nominale Wesenheit hinaus – dann ist es müßig und mißverstandener Ehrgeiz, einen notwendigen Zusammenhang der Pole eines solchen Urteils suchen, das Urteil also auch buchstäblich beweisen zu wollen. Dann nämlich gehören sie ins Lager jener Urteile, deren Wahrheit nicht mit logischer Notwendigkeit, sondern *induktiv* erschlossen wird. Wo also die nominale Wesenheit aussetzt, hat auch die Notwendigkeit – das einsehbare So-Sein-Müssen von etwas – ihre Grenze; es springt nichts, auch keine reale Wesenheit ein, diesen Ausfall zu kompensieren. Gegen diese Ansicht möchte ich einen indirekten Beweis vorstellen. Es soll gezeigt werden, daß der induktive Schritt vom partikularen zum allgemeinen Urteil ohne interne Anweisung auf einen notwendigen Zusammenhang der fraglichen Bestimmungen nicht zu verstehen und nicht zu begründen ist.

Im anschließenden *dritten Hauptteil* soll dann gesondert gezeigt werden, daß logische Notwendigkeit zumindest einen Essentialismus der Begriffe einschließt. Zusammengenommen resultiert die Doppelthese: Allgemeinheit ohne Notwendigkeit und Notwendigkeit ohne außernominelle Unterschiede (um in der bekannten Unterscheidung des Analytischen vom Synthetischen zu sprechen: ohne ein synthetisches Moment) sind theoretische Zerfallsprodukte realer Wesenheiten, denen das Desiderat der Einheit von Objektivität und Notwendigkeit immer noch anzusehen ist.

Entsprechend wird die Antwort am Ende der Arbeit positiv ausfallen: Reale Wesenheiten – nicht-tautologische Antworten auf die Frage, was etwas zu dem macht, was es ist – sind unverzichtbar – unmittelbar für das allgemeine Urteil und damit mittelbar für Artbegriffe selbst.

Bedingt durch die Orientierung an „wesensfreien“ Theorien zum Status allgemeiner und notwendiger Arturteile wird die Auseinandersetzung mit dem Gegenargument von Kap. 1.2.3, d. i. die Kritik der Beweisbarkeit realer Artwesenheiten, lange in der Vorhölle unerlöster Halbwahrheiten schmoren. Die Frage, ob der Versuch des Beweises des Wesens von etwas nicht prinzipiell aussichtslos ist, wird im Schlußteil (*Teil 4*) in Anlehnung an Aristoteles erneut durchgegangen – mit dem Resultat: Zirkel und Regreß folgen nur aus einer bestimmten Auffassung über reale Wesenheiten und der flankierenden bestimmten Auffassung vom allgemeinen Gang oder Bauprinzip eines Wesensbeweises. Was den Regreß oder wahlweise den Zirkel einleitet, ist, wie dort zu zeigen sein wird, die Forderung, dieser Beweis müßte entweder ausgerechnet an den wahrgenommenen Eigenschaften – den Elementen anfänglicher Nominaldefinitionen – vorbei erfolgen oder durch unausgewiesene Identifikation dieser Eigenschaften als Wesen der Art. Mit Aristoteles schlage ich hier eine Änderung der Laufrichtung vor: es damit zu versuchen, das Wesen vermittels seiner Erklärungskraft für solche vorausgesetzten Eigenschaften zu erweisen.

Ob dieses Experiment eine Tragweite für die Zukunft bedeutet,
wird uns die Zukunft beweisen.
Karl Valentin, *Neues vom Starnberger See*

2 Induktive Allgemeinheit

Die Rede von Induktion oder auch von induktiven Schlüssen ist mehrdeutig. Es lassen sich drei allgemeine, selbst weiter differenzierte Bestimmungen der Induktion unterscheiden.

Erstens: In älteren Logik-Lehrbüchern wird mit „Induktion" der *Schluß vom Einzelnen oder vom Besonderen auf das Allgemeine* bezeichnet, ein Schluß, der zum Prinzip hat: Was (den) bestimmten, einzeln aufgeführten Einzelnen (oder Besonderen) einer allgemeinen Bestimmung zukommt, das kommt Einzelnen (Besonderen) dieser allgemeinen Bestimmung allgemein zu. Nicht nur einschlägig, sondern auch historisch prägend ist für dieses Konzept der Induktion Aristoteles' Definition der Induktion, der epagogē, in *An.prior.* II 23. Dort heißt es:

„Die Induktion nun und der induktive Schluß besteht darin, daß man durch den einen Außenbegriff den anderen für den Mittelbegriff erschließt, daß man z.B., wenn zu *A C* das Mittelglied *B* ist, durch *C* zeigt, daß *A* dem *B* zukommt; denn so bringen wir die Induktionen zustande." (Zitiert nach: *Aristoteles. Philosophische Schriften in sechs Bänden*, Hamburg 1995, Bd. 1, übs. v. Eugen Rolfes, 141)

Für diese Form gibt Aristoteles folgende Beispielbesetzung an die Hand: *A* sei „langlebig", *B* „ohne Galle", *C* „das einzelne Langlebige, wie Mensch, Pferd, Maultier" (ebd.). Ausgeführt ergibt das: 1. Mensch, Pferd, Maultier (etc.) sind langlebig. 2. Mensch, Pferd, Maultier (etc.) sind ohne Galle. Also 3. Die Gallenlosen sind langlebig. Aristoteles weist im Anschluß darauf hin, daß die Aufzählung der Einzelnen (*C*) „das aus allen einzelnen Gliedern Zusammengesetzte", also vollständig, sein muß. Wie sich der induktive Schluß zur Vollständigkeitsforderung verhält, wird uns im folgenden noch eingehend beschäftigen. Das gleiche gilt für eine allgemeinere Frage, die sich im Anschluß an Aristoteles' Fassung des induktiven Schlusses stellt. Der induktive Schluß wird von ihm zwar einerseits in der Terminologie der Syllogistik beschrieben, dem Syllogismus selbst aber keineswegs zugeordnet, sondern explizit gegenübergestellt. Die damit eröffnete Frage nach dem Verhältnis beider läßt sich der eben zitierten allgemeinen Fassung des induktiven Schlusses auch unmittelbar entnehmen. Wollte man die Rede von Mittel- und Außentermen einfach der Syntax des Schlusses gemäß verstehen, so wäre *C*, wären die aufgezählten Einzelnen oder einzelnen Arten eindeutig als Mittelbegriff anzusprechen; sie erfüllen ja das syntaktische Kriterium, in jeder der beiden Prämissen und nicht mehr in der Konklusion aufzutreten. Offensichtlich aber faßt Aristoteles nicht *C* als den Mittelbegriff auf, sondern *B*, im Beispiel also: ohne Galle zu sein. Das läßt vermuten, daß für Aristoteles die Rolle des Mittelbegriffs eines Syllogismus (jedenfalls an dieser Stelle) anspruchsvoller, nämlich im Sinn eines in Termini allgemeiner Bestimmungen explizierten *Grundes* dafür gedacht ist, daß *A C* zukommt. In diese Richtung weist auch der Schlußsatz jenes 23. Kapitels: „Von Natur ist /... / der Schluß durch den Mittelbegriff früher und bekannter, für uns aber ist der Schluß durch Induktion einleuchtender." (Ebd.)

Dieselbe Grundidee von Induktion als eines Schlusses vom Einzelnen oder vom Besonderen auf das Allgemeine, allerdings zumeist ohne die Aristotelische Annahme der Vollständigkeit der Einzelnen bzw. der Besonderen, begegnet regelmäßig in traditionellen Lehrbüchern oder auch Theorien der Logik. Wir finden sie beispielsweise in Arnaulds Logik von Port-Royal, in Kants Logik-Vorlesung, und noch Mill bezieht sich in seinem *System of Logic* eingangs seiner Abhandlung zu Deduktion und Induktion zunächst noch auf diese traditionelle Idee und Zuordnung zurück.[1]

Zweitens: In neueren Theorien und entsprechend in neueren Lehrbüchern und Lexika hat der Terminus „Induktion" demgegenüber ein deutlich breiteres Anwendungsfeld. Mit diesem Namen verknüpfen sich heute eine ganze Reihe von epistemischen Verfahren und, mittelbar, logischen Verhältnissen zwischen Urteilen. So findet sich beispielsweise in Nicholas Reschers grundlegender Studie zu Begriff und Rechtfertigung der Induktion folgende Aufzählung induktiv zu nennender Verfahren: 1. einfache Verallgemeinerung – die Übertragung eines Prädikats von der positiven Stichprobe auf die zugrundeliegende Gesamtklasse; 2. statistisches Schließen – die Übertragung der für die Stichprobe festgestellten Häufigkeitsverteilung von Prädikaten auf die Gesamtklasse; 3. Indizienbeweis – der Schluß aus Anzeichen, z.B. von der Wirkung auf die Ursache; 4. Kurvenlegen – die Ermittlung der einfachsten, stetigsten Kurve zu einer gegebenen Verteilung von Punkten; 5. philologisches Schließen – Entzifferung teil-unleserlicher Inschriften mithilfe von Kontext-Informationen.[2] Induktiv erzielte Resultate sind für Rescher mithin nicht nur generelle Urteile, sondern überhaupt Urteile, die relativ zu einer Basis von Ausgangsdaten als begründet gelten, ohne in ihnen logisch enthalten zu sein.[3]

---

[1] Vgl. Antoine Arnauld/Pierre Nicole: *Die Logik oder die Kunst des Denkens* (*La Logique ou L'Art de penser*, 1685), übs. u. eingel. v. Christos Axelos, Darmstadt [2]1994, 250f.; Immanuel Kant: *Logik. Ein Handbuch zu Vorlesungen*, in: Kants Werke, Akademie-Textausgabe Bd. IX, Berlin 1968, § 84, S. 132f.; John Stuart Mill: *System der deductiven und inductiven Logik*, übs. v. Th. Gomperz. (= John Stuart Mill's Gesammelte Werke Bd. 2). Leipzig [2]1884, II.i.3.

[2] Vgl. Nicholas Rescher: *Induktion. Zur Rechtfertigung induktiven Schließens*, übs. v. G. Schäffner. München/Wien 1984 (Original: *Induction. An Essay on the Justification of Inductive Reasoning*, Oxford 1980), Kap. II.

[3] „Es ist die festumrissene Aufgabe der Induktion, für eine wissenserweiternde Methodologie auf dem Gebiet der ‚Tatsachen und der Existenz' zu sorgen, wobei unser Informationshorizont durch Aussagen erweitert wird, die ihre Datenbasis überschreitet." (Rescher 1984, 20)

In dieser allgemeinen Bestimmung sind zwei zusammenhängende Momente enthalten, die sich nach meiner Kenntnis in neueren Theorien der Induktion ungeachtet bedeutender theoretischer Differenzen als kleinster gemeinsamer Nenner konstant durchhalten: *erstens* die negative Charakterisierung des Verhältnisses zwischen gewußten Daten und fraglichen Weiterungen – *in den Daten ist die Konsequenz nicht logisch enthalten* – und *zweitens* das positive, schwächere Substitut logischen Enthaltenseins – die Daten *bestätigen* oder *bewähren* die fragliche Konsequenz in einer Weise, die das Ziehen der Konsequenz zur besseren, zur rationalen Wahl macht. Erst wenn der Begriff der Induktion so weit bestimmt ist, setzt die Aufgabe des Induktionstheoretikers und setzen Kontroversen über die Möglichkeit von Induktion ein – sei es in Gestalt des Projekts der Präzisierung und Rechtfertigung induktiver Bewährung, sei es in Gestalt der Negation und Ersetzung der Induktion.[4] Zum ersten Konzept der Induktion verhält sich das neue einschließend, jedenfalls dann, wenn im Rahmen des ersten nicht strikt gleiche Allgemeinheit für Prämissen und Konklusion gefordert wird. Das erste Konzept entspricht dann dem ersten Posten auf Reschers Liste.

Drittens: Neben beiden Konzeptionen finden wir – nicht zuletzt bei Aristoteles selbst – eine Idee von Induktion, die an die erste zwar anknüpft und erinnert, von der ersten wie von der zweiten jedoch zugleich zu unterscheiden bleibt: „Induktion“ nämlich kann auch ein Aufstieg vom Einzelnen oder Besonderen zu einem Allgemeinen heißen, dessen Begriff zu Beginn dieses Aufstiegs nicht als bekannt und hinlänglich bestimmt vorauszusetzen ist. Unwissend in Bezug auf einen Begriff sind wir dann vor der Induktion nicht nur in dem Sinn, daß wir noch nicht wissen, ob er denn von all denen gilt, von denen er probeweise als geltend angenommen wird. Nicht erst seine *Erstreckung*, sondern sein *Inhalt* selbst ist in diesem Gedanken das Gesuchte. Das unterscheidet diesen Gedanken der Induktion elementar von den zuvor vorgestellten. Im vorigen gelten die beteiligten Begriffe als zuvor abgemacht und bestimmt, und die interessierende Frage ist die, wie sie sich zu Reichweiten anderer, ebenfalls dem Inhalt nach vorausgesetzter Begriffe verhalten. – Prototypisch für dieses dritte Konzept sind wiederum einige Aristotelische Passagen;[5] ebenso finden wir es

[4] Einschlägig für die Negation der so verstandenen Induktion sind Poppers Stellungnahmen; vgl. Karl Popper: *Logik der Forschung*, Tübingen [10]1994, 3-5; ders. : *Objektive Erkenntnis. Ein evolutionärer Entwurf*, Hamburg [4]1998, 1-8. In beiden Anfangspassagen kommt freilich auch schon Poppers Reformulierung des Problems zur Sprache, das nach Popper irreführenderweise im Gewand des Induktionsproblems behandelt worden ist. Diese Wendung ist an dieser Stelle nicht zu verfolgen; im Augenblick kommt es mir nur auf die oben bezeichnete basale Gemeinsamkeit mit induktionsfreundlichen Theorien an: Konstatiert wird auch von Popper ein Überschreiten der Ausgangsdaten, das, sollte es dennoch zu positiver Rechtfertigung führen, jenseits logischer Notwendigkeit zu lokalisieren wäre.

[5] An prominenter Stelle ist hier das Schlußkapitel der *Analytica posteriora* zu nennen, in dem Induktion als die Weise der Erkenntnis jener ersten Prinzipien einer Wissenschaft genannt wird, die in der Wissenschaft selbst dann den Rang oberster Ableitungsgründe innehaben. (Vgl. *An.post.* II 19, besonders 100a 15 - 100b 5)

wieder in Francis Bacons Alternativprojekt zum Aristotelischen *Organon*.[6] In diesen Kontext gehört im weiteren Sinne die *ausschließende* Induktion, die bereits bei Bacon eine prominente Rolle spielt und insbesondere in Mills System der Logik thematisch wird.

Im folgenden beschränke ich mich im Ausgangspunkt auf die erste dieser drei Konzeptionen. Das liegt nicht daran, daß ich die anderen beiden für irrelevant erachten würde. Diese thematische Beschränkung ist anfänglich einfach durch die vorangehende Betrachtung von Art- und Gattungsbegriffen nahegelegt. Die Frage, die sich am Ende des vorigen Abschnitts ergab, war ja, wie unter der Voraussetzung, solche Begriffe seien ein für allemal auf Locke'sche „Nominalessenzen" restringiert, *allgemeine* Bestimmungen der fraglichen Art oder Gattung nicht nur aus der Nominaldefinition wiederholt, sondern darüber hinaus *erhoben* werden können. Das führt natürlich ins Feld der Frage der Verallgemeinerbarkeit, der Frage des Übergangs von „Einige *F* sind *G*" zu „Alle *F* sind *G*". Von den neueren Theorien der Induktion sind die folgenden Überlegungen dadurch zunächst einmal durch die Beschränkung auf einen Ausschnitt ihres Gegenstandsfeldes unterschieden. Von der dritten Konzeption wiederum trennt uns eingangs die zuvor abgemachte Voraussetzung, Begriff und Definition einer Art einfach als Produkt einer Abstraktion aus Wahrnehmungsbefunden und nicht sogleich als Anweisung auf ein davon unterscheidbares Wesen der Art zu denken. Daß eine solche Anweisung tatsächlich auch in Locke'schen Nominalbegriffen steckt, ist das Ziel, aber nicht der Anfang der folgenden Überlegungen.

Im Ausgang von der einfachen Fassung dieses Übergangs in Gestalt des induktiven Schlusses möchte ich zwei übergreifende Thesen entwickeln und begründen:

Erstens: Der induktive Schluß, der in seiner expliziten Gestalt dem Muster der *enumerativen Induktion* folgt, fällt entweder aus der Sphäre des Schlusses überhaupt ins Feld der Aufzählung zurück, oder – und das ist in unserem Kontext die spannende Alternative – er verweist zurück auf einen andersartigen, nicht nur quantitativen, sondern qualitativen Aufstieg vom Besonderen zum Allgemeinen, der sich am induktiven Schluß als essentialistische Unterstellung geltend macht. Dem Nachweis dieser Unterstellung sind die folgenden Abschnitte 2.1 und 2.2 gewidmet. Namentlich in Hegels kurz gehaltenen und von Theoretikern der Induktion eher selten rezipierten Ausführungen zum Schluß der Induktion wird dieser Zusammenhang von Verallgemeinerung und Wesen systematisch entwickelt. Gelingt dieser Nachweis, so ist damit eo ipso ein interner Zusammenhang zwischen dem ersten und dem dritten Konzept der Induktion gezeigt. In diesem Sinne sind die folgenden Teiluntersuchungen zusammen auch als Plädoyer dafür zu lesen, die Aufmerksamkeit auf jene dritte Konzeption zu

[6] Vgl. Francis Bacon: *Neues Organon*, Buch II, Aphorismus 1. Was auf dem Weg der „wahren Induktion" erkannt werden soll, ist für Bacon die „Form" einer gegebenen „Natur". Eine über Fallvarianten hinweg als Gemeinsamkeit festgehaltene Eigenschaft soll *am Ende* dieses induktiven Wegs definiert werden können.

lenken, die in neueren Induktionstheorien vergleichsweise wenig thematisiert wird.[7] Rückbezogen auf die Frage nach der Verfassung von Art- und Gattungsbegriffen ergibt sich daraus: Wenn generische Begriffe überhaupt theoretisch fruchtbare Ausgangspunkte allgemeiner Erkenntnis ihres Gegenstandsbereichs sein sollen, dürfen sie nicht auf den Status Locke'scher Nominalessenzen beschränkt bleiben. Es zeichnet sich das – im Ausgangspunkt probeweise ausgeschlossene – Desiderat sowohl allgemeiner als auch sachhaltiger Weiterbestimmung generischer Begriffe ab.

Zweitens: Es gibt einen ebenso de facto wirkungsvollen wie problematischen Grund dafür, dieser Wendung des Induktionsproblems nicht stattzugeben. Dieser Grund artikuliert sich vielleicht am deutlichsten in Humes Behandlung der fraglichen Übergänge. Dieser Grund liegt, wie zu zeigen sein wird, in der theoretischen Vorentscheidung, Art- oder Gattungsallgemeine allgemein mit rein abstraktiv gebildeten Begriffsinhalten zu identifizieren. Die in Abschnitt 2.3 in Auseinandersetzung mit Hume zu beweisende zweite These lautet entsprechend: Die Restriktion des erschlossenen Artallgemeinen auf prolongierte Regelmäßigkeiten samt ihren Konsequenzen verdankt sich der abschließenden Identifikation des Artallgemeinen mit Nominalessenzen, derselben Identifikation also, die sich am induktiven Schluß selbst aufgehoben hat.

In einem die Überlegungen zur Induktion beschließenden vierten Teil soll am Fall von Nelson Goodmans „neuem Induktionsproblem" die Tragweite dieser beiden Thesen für die neuere Diskussion erprobt werden (Abschnitt 2.4).

---

[7] Eine Ausnahme, auf die ich wenigstens im Vorbeigehen verweisen möchte, bilden neuere wissenschaftstheoretische und -historische Arbeiten zu Newtons Konzept der Deduktion von Theoremen aus Experimentalbefunden. Vgl. dazu: Jon Dorling: *Demonstrative Induction: Its Significant Role in the History of Physics*, in: Philosophy of Science 40 (1974), 360-372; William Harper: *Consilience and Natural Kind Reasoning (in Newton's Argument for Universal Gravitation)*, in: James Robert Brown/Jürgen Mittelstraß (Hg.): *An Intimate Relation. Studies in the History and Philosophy of Science*. Presented to Robert E. Butts on his 60th Birthday, Dordrecht/Boston/London 1989, 115-152; John Worall: *The Scope, Limits, and Distinctiveness of the Method of 'Deduction from the Phenomena': Some Lessons from Newton's Demonstrations in Optics*, in: British Journal of the Philosophy of Science 51 (2000), 45-80 (weitere Literaturhinweise zum Thema siehe dort 48 und 79f.).

2.1 Begriff und Problem des induktiven Schlusses – Was fehlt dem induktiven Schluß?

Das abstrakte Schema des induktiven Schlusses im Sinn traditioneller Syllogistik läßt sich so wiedergeben:

(I) *a*, *b*, *c* sind *F*.
(II) *a*, *b*, *c* sind *G*.
(III) Also: *F*'s sind *G*'s.

Ein (von mir leicht modifiziertes) Beispiel aus Hegels Schlußlehre mag das Schema illustrieren:

(I) Gold, Silber, Kupfer, Blei sind Metalle.
(II) Gold ist ein elektrischer Leiter.
Silber ist ein elektrischer Leiter.
Kupfer ist ein elektrischer Leiter.
Blei ist ein elektrischer Leiter.
(III) Also: Metalle leiten.[1]

Dieser Schluß ist als Schluß offenkundig defizitär. Er ist nicht logisch gültig: Die Wahrheit der Prämissen ist mit der Falschheit der Konklusion verträglich. Am Beispiel ist auch offenkundig, woran das liegt: Metall ist in den aufgezählten Arten nicht erschöpft. Der *Terminus minor* – der Subjektbegriff der Konklusion – ist allgemeiner als der summierte Mittelbegriff Gold/Silber/Kupfer/Blei.

Daß schon die erste Charakterisierung den induktiven Schluß vor allem als mangelhaften Schluß fixiert, gibt zu denken. Es wird fraglich, weshalb ein so verfaßter Schluß überhaupt in Syllogistiken geraten kann, sofern man diese als Lehre von den gültigen Schlüssen versteht.

Mit der Induktion scheint ja überhaupt nicht eine eigene Art des Schließens neben dem deduktiven aufgeführt. Gegen eine solche Koordination spricht jedenfalls prima facie, daß keine neue Schlußfigur und kein neuer Schlußmodus eingeführt wird. Der induktive Schluß läßt sich vielmehr alternativ als Schwundform zweier gültiger Syllogismen einordnen: Läßt man erstens die Prämissen fix, so wäre die Konklusion um der Gültigkeit des Schlusses willen zum partikularen Urteil herabzustimmen. Das Ergebnis wäre ein Schluß des Modus Darapti, der für das Beispiel so aussähe:

(I) Gold, Silber, Kupfer, Blei sind Metalle.
(II) Gold, Silber, Kupfer, Blei leiten.
(III) Also leiten *einige* Metalle.

---

[1] Vgl. *Enz.* § 190 Zusatz, *TW* 8, 342. Das Beispiel weist eine Besonderheit auf, von der ich für das folgende keinen argumentativen Gebrauch mache: Die Aufzählung nennt nicht einzelne Fälle, sondern Arten von Metall. Die Sätze der zweiten Prämisse sind damit von „Beobachtungsdaten" bereits merklich entfernt, Resultate vorstufiger Induktionen. Für die Diskussion des *Verhältnisses* zwischen zweiter Prämisse und Konklusion kann diese Besonderheit außer Betracht bleiben.

Damit wäre in der Konklusion der Bedingung entsprochen, daß das Prädikat dort höchstens in dem Grad von Allgemeinheit affirmiert werden kann, in dem es in den Prämissen affirmiert worden ist.

Zweitens ließe sich die Konklusion des Ausgangsschlusses in ihrer ursprünglich angesetzten Allgemeinheit fixieren. Dann müßte die Sphäre der Metalle durch die aufgezählten Metallarten erschöpft sein. Die perfekte Form, deren defiziente Ausführung der induktive Schluß ist, wäre dann ein Schluß im Modus Barbara. Am Beispiel: Nehmen wir kontrafaktisch an, mit Gold, Silber, Kupfer, Blei wäre die Gattung Metall erschöpft. Dann hätten wir folgenden Schluß:

(I) Metall ist (Gold, Silber, Kupfer, Blei).
(II) (Gold, Silber, Kupfer, Blei) leitet.
(III) Also: Metall leitet.

Das Unterscheidungszeichen zwischen dem induktiven Schluß und den beiden Modifikationen scheint einfach die Defizienz des ersten zu sein. Darin eine genuine Art von Schlüssen zu vermuten, erscheint, so betrachtet, ungefähr so sinnvoll wie eine Einteilung von Schecks in Reiseschecks, Verrechnungsschecks und ungedeckte Schecks. Ein verunglückter Schluß ist keine neue Art zu schließen.

Dennoch ist festzuhalten, daß Einführungen zum induktiven Schluß (oder auch allgemeiner: zur Induktion) dessen (deren) Bestimmung regelmäßig am Modell des syllogistischen Schließens orientieren.[2] Das ist auch nicht bloß eine fortgewälzte theoriegeschichtliche Eigenwilligkeit. Ausgriffe auf allgemeine Urteile vermittels versammelter Einzelurteile sind ja erstens keine Seltenheit und zweitens eben vermittelt, in diesem Sinn: schlußförmig.

Eine naheliegende Weise, die Besonderheit induktiver Schlüsse auf dieser Basis zu fassen, lautet: Übergänge, die entweder selbst Induktion heißen oder bei denen Induktion im Spiel ist, sind Syllogismen mit einer Privation: „enthymematische Schlüsse", Schlüsse, denen zur Gültigkeit Prämissen fehlen.[3] Zugleich sind sie eben nicht leichtfertig und zufällig enthymematisch. Die Prämissen, die der induktiv Schließende nicht ausspricht, sind nicht nur seinem, sondern überhaupt unserem, dem allgemeinen Informationshorizont entzogen.

---

[2] Ein neueres Beispiel dafür bietet Ulrich Wills sorgfältige einführende Bestimmung der Induktion in Anlehnung an und Abgrenzung gegen deduktive Schlüsse: Induktive Argumente sind solche, bei denen die Wahrheit der Prämissen („Daten") nicht die Wahrheit der Konklusion („Hypothese") garantiert; sie sind gehaltserweiternd; ihre Prämissen gewährleisten – zwar nicht die Wahrheit, aber – „die Vernünftigkeit der Behauptung der Konklusion" (9f.) und diese Wahrscheinlichkeit der Konklusion sei stets relativ auf die bestimmten Prämissen bezogen. (Ulrich Will: *Induktion und Rechtfertigung*, Frankfurt a.M. 1985, 9-11)

[3] So Nicholas Rescher: „Ein Induktionsschluß kann immer als ein ambitionierter deduktiver Schluß mit einem Manko – als ein Enthymem, dem eine entscheidende Prämisse fehlt – aufgefaßt werden." (Rescher 1984, 19) Induktion wird von ihm auf dieser Basis als Methode der Beibringung (und Evaluierung beigebrachter) fehlender Prämissen bestimmt, als Weise, die „Informationslücke" – nicht logisch zwingend, sondern – auf die plausibelste Weise zu füllen.

Auf dieser Basis sind die Ausgangsbedingungen für den neueren produktiven Umgang mit dem Problem der Induktion lokalisiert: Was erlaubt in solchen Fällen das Beibringen fehlender Prämissen? Was unterscheidet gerechtfertigte, vernünftige Weisen, die Kluft zwischen *manchen* und *allen* zu überbrücken, von anderen Weisen? Es bleibt dabei die nie revidierte Voraussetzung: Wie immer diese Unterscheidung ausfällt – sie kann nie mehr stark genug werden, die Lücke verschwinden zu machen. Es bleibt beim Sprung – aber es steht zu vermuten, daß es bessere und schlechtere Weisen zu springen gibt, und es gilt herauszufinden und zu begründen, welches die besseren Weisen sind.

Damit ist schon die zweite Runde der Theoriebildung zur Induktion eingeläutet. Doch ehe man sich an der Frage beteiligt, ob es *Weisen der Auswahl und Gewichtung* von Zusatzhypothesen gibt, die anzunehmen rational wäre, obwohl sie selbst aus den Ausgangsdaten, aus denen sie hervorgehen *sollten*, nicht *zwingend* hervorgehen, sollte die Diagnose des Mangels selbst vertieft und noch einmal gefragt werden, *von welcher Art* die Prämissen überhaupt sein müßten, die den induktiven in einen gültigen deduktiven Schluß überführen würden.

Bisher haben wir nur flüchtig die nächstliegende Art von Prämissen ins Auge gefaßt: Was zum gültigen Schluß fehlt, ist die Prämisse bezüglich der Restmenge: derer, die das *Manche* zu *Alle* komplettierten. Der Mangel war entsprechend als Zurückbleiben der aufgeführten Reihe hinter der (gewußten) Vollständigkeit diagnostiziert. Das ist aber nicht der einzige Kandidat: Es bleibt zweitens die Möglichkeit, ein *besonderes gesetzesartiges Urteil* – „Wenn etwas Metall ist, dann muß es leiten" – als Vermittelndes einzuschalten, und drittens die Möglichkeit, ein von aller Besonderheit gereinigtes allgemeines *Prinzip der Gesetzesartigkeit* zuzuschießen. Bei allen drei Varianten wird gemeinhin das Problem darin gesehen, daß wir ihrer nicht habhaft werden oder, wenn wir sie annehmen, ihrer nicht versichert sein können. Im folgenden wird der Akzent etwas anders gesetzt: Ebenso läßt sich nämlich an allen dreien zeigen, daß sie an sich selbst und nicht erst durch ihre etwaige Unzugänglichkeit für uns, gar nicht als Schlußsteine einer Induktion einsetzbar sind. Das soll zunächst für die erste und einfachste Variante, die Vervollständigung der Einzelnen oder der Besonderen, gezeigt werden.

2.1.1 Die Vervollständigung

Wir haben bisher den Mangel der Induktion als Unvollständigkeit gefaßt und die Behebung des Mangels als Vervollständigung der Sammlung der Fälle (oder, wie in dem von Hegel entlehnten Beispiel, der Arten) des Ausgangs-Allgemeinen: Wenn für *jedes* Metall das Prädikat elektrischer Leitfähigkeit als zutreffend festgestellt wäre, dann wäre der Schritt zur Konklusion zwingend. Freilich ist auch für diese Konstellation eine zusätzliche Bedingung zu verzeichnen. Die faktische Vollständigkeit der Fall-Reihe allein wäre für die Gewinnung des generellen Urteils nicht benutzbar, solange wir die Reihe nicht auch als vollständig wüßten. Die Reihe muß also nicht nur vollständig sein, sie muß auch so gewußt werden.

Daß induktive Schlüsse nun dauerhaft enthymematisch, Lückentexte ohne Auflösung, bleiben, liegt aus der Perspektive der unvollständigen Aufzählung daran, daß beide Bedingungen – sowohl die Vollständigkeit als auch das Wissen um sie – unrealistisch sind. Nicht erfüllt sind sie jedenfalls in einer Ausgangslage, in der wir einen intensional durch irgendwie selektierte Merkmale definierten Begriff haben, ohne daß uns die damit bestimmte Klasse von Fällen des Begriffs auch noch extensional gegeben wäre. Die Zahl der Fälle (oder der Arten) des Ausgangs-Allgemeinen ist für uns unbestimmt; und wenn die Zahl der Fälle unbestimmt ist, sind *alle* immer nur *alle, die wir gefunden haben*: wir wissen nicht, ob das alle sind. Die Ausgangslage, die uns von der verlangten Vollständigkeit trennt, ist also dadurch charakterisiert, daß einerseits das erste Allgemeine (*F*-Sein, Metall) kein Kriterium der Diversifikation in Einzelnes enthält und andererseits die empirische Sammlung der Fälle oder der Arten keine Gewähr für Allheit bietet.

Setzen wir diesen Gedanken kurz mit einer modifizierten, idealisierten Ausgangsbedingung fort: Nehmen wir an, das erste Allgemeine enthalte weiterhin kein Kriterium seiner Diversifikation, aber dafür sei die empirische Sammlung zur Totalität komplettiert. Wir nehmen also beispielsweise an, wir hätten die Welt von Anfang bis Ende auf der Suche nach Metallen durchforstet und könnten sagen: Das sind alle Metalle, die es gibt; und sie alle sind elektrische Leiter. Hätten wir dann die verlangte faktische und gewußte Vollständigkeit? In einer Weise hätten wir sie selbst unter dieser unrealistischen Ausdehnung der Grenzen wirklicher Erfahrung nicht: Was wir so von allen wirklichen Metallen wüßten, könnten wir immer noch nicht von allen möglichen Metallen sagen, nicht von einem beliebigen Metall. Freilich könnte man gegen diese Wendung des Mangels geltend machen: Was gehen uns bloß mögliche Metalle an? Doch die Rede von möglichen Metallen ist nur eine andere Ausdrucksweise für eine Art von Nicht-Wissen um die Metalle, die es gibt und die wir schon kennen: Was wir auch unter der unrealistischen Voraussetzung quantitativ vollkommen entschränkter Erfahrung nicht wissen, ist, ob die wirklichen Metalle *als Metalle* leiten. Mit anderen Worten: Die Allgemeinheit, die uns fehlt, ist die Kehrseite der Notwendigkeit eines Zusammenhangs zwischen Metall-Sein und elektrischer Leitfähigkeit. Darin begegnet uns nichts anderes als der Sachverhalt, daß Erfahrungsbefunde nicht Wissen um Notwendigkeit sind oder näher: daß sich Allheit von Allgemeinheit unterscheidet.

Damit zeichnet sich sowohl für die anvisierte Konklusion als auch für die Vollständigkeitsforderung eine interne Zweideutigkeit ab. Wo die Konklusion zwischen bloßem Allsatz und strikter Allgemeinheit oszilliert, pendelt die Vollständigkeitsforderung parallel zwischen einfacher Aufzählung und dem Desiderat der Einsicht in einen allgemein bestehenden Zusammenhang.

Allerdings ist dieses Ergebnis bis jetzt nur unter Verletzung unserer Voraussetzung erreicht, nicht schon von essentialistischen Annahmen auszugehen.

Zweideutig scheint der Schluß der Induktion vorerst nur gemessen an dem Anspruch, das Wesen einer Art freizulegen. Daß diese Zweideutigkeit nicht etwa nur dem extern vorausgesetzten Maßstab essentialistischer Wissensansprüche verdankt ist, ist erst noch zu zeigen. Daß mit der Einlösung der Vollständigkeitsforderung nicht nur der Mangel, sondern auch die Eigenart und die Leistung des induktiven Schlusses verloren gehen können, zeigt sich, wenn wir eine realistische Variante erfüllbarer Vollständigkeit zu Rate ziehen. Es ist ja nicht schwer, Klassen so zu bilden, daß die Totalübersicht über ihre Elemente gewährleistet ist. Betrachten wir etwa die Klasse der Personen, die sich zu einer bestimmten Zeit in einem bestimmten Raum aufhalten. Dann sind natürlich alle weiteren Gemeinsamkeiten, die diese Personen aufweisen, Gemeinsamkeiten der Elemente der so eingeführten Klasse. Dieser Zusammenhang läßt sich in syllogistischer Form aufschreiben, wie etwa im folgenden Beispiel:

(I) Die Personen, die sich zum Zeitpunkt *t* in Raum *z* aufhalten, sind Hans, Franz und Heinz- Rüdiger.

(II) Hans ist über 30 Jahre alt. Franz ist über 30 Jahre alt. Heinz-Rüdiger ist über 30 Jahre alt.

(III) Also: Alle Personen, die sich zum Zeitpunkt *t* in Raum *z* aufhalten, sind über 30 Jahre alt.[4]

An der Vollständigkeit gebricht es diesem Fall ersichtlich nicht. Dennoch unterscheidet sich dieser Fall von dem eingangs betrachteten nicht einfach zum Besseren. Er realisiert Vollständigkeit in einer Weise, welche die Eigenart induktiven Aufstiegs zum Allgemeinen zugleich zu unterschreiten scheint. Zur Klärung dieser Intuition ziehe ich einen des Essentialismus nicht verdächtigen Autor bei: John Stuart Mill hat diesen Unterschied m. E. klar umrissen, wenn auch nicht deutlich expliziert. Er kritisiert die „gewöhnlichen Handbücher der Logik“ (Mill 1884, 337) dafür, Induktionen genau dann für vollkommen zu erklären, wenn nur die Konklusion keinen weiteren Umfang besitzt als die Vordersätze. Was die Logik-Lehrbücher damit preisen, hat für Mill das Proprium des induktiven Schlusses verloren:

„Wenn wir sagen wollten: alle Planeten erhalten ihr Licht von der Sonne, nachdem wir dies bei jedem einzelnen Planeten beobachtet haben, oder: alle Apostel waren Juden, weil dieses von Petrus, Paulus, Johannes und jedem anderen Apostel wahr ist: so würden diese und derartige Schlüsse nach dieser Ausdrucksweise vollkommene und die einzigen vollkommenen Inductionen heißen. Dies ist jedoch eine von der unseren völlig verschiedene Art von Inductionen; es ist kein Schluß aus bekannten auf unbekannte Thatsachen, sondern eine bloße abgekürzte Aufzeichnung bekannter Thatsachen.“ [5]

---

[4] Sowohl das Beispiel als auch die folgenden Überlegungen sind Nelson Goodmans Unterscheidung zwischen zufällig allgemeinen Tatsachenaussagen und gesetzesartigen allgemeinen Aussagen vergleichbar. Zur Durchführung des Vergleichs vgl. unten die Kapitel 2.4.2 und 2.4.3.

[5] Mill 1884, 338. Zum besseren Verständnis führe ich Mills eigene Definition der Induktion an: „Die Induction ist /... / jene Verstandesverrichtung, durch die wir das, was wir in einem beson-

Solche abgekürzten Aufzeichnungen können, so Mill weiter, durchaus nützlich sein. Sie sind aber nicht eigentlich *allgemeine* Sätze. Allgemein im engeren Sinn sind Sätze nur dann, wenn ihr „Prädicat von einer unbegrenzten Zahl von Individuen bejaht oder verneint wird, nämlich von allen, es mögen viele oder wenige, wirklich vorhandene oder nur mögliche sein, welche die Eigenschaften besitzen, die das Subject des Satzes mitbezeichnet" (Mill 1884, 338).

Seine Erläuterung der vermißten Allgemeinheit lädt allerdings zu der Replik ein: Genau so, nämlich unbegrenzt, sei doch in den Schlußsätzen seiner beiden Gegenbeispiele das Prädikat auf's Subjekt bezogen. Gewiß ist ja von *allen* Planeten und *allen* Aposteln die Rede. Das Problem kann auch nicht darin begründet sein, daß bestimmte Begriffe eben endlich viele Erfüllungen haben; dieser Umstand schließt sie nicht davon aus, Subjekt allgemeiner Urteile in Mills Sinn zu sein. (Das zeigt sein in derselben Passage angeführtes Positiv-Beispiel „Alle Menschen sind sterblich".) Die Eigenart allgemeiner Sätze in Mills Sinn ist also durch den Rekurs auf den tatsächlichen Umfang eines Begriffs (endlich oder unendlich?) nicht erschöpfend bestimmt. Allurteile in Bezug auf einen Begriff mit unendlich vielen Instantiierungen entsprechen wohl seinem Kriterium. Daneben aber gibt es, wie wir eben gesehen haben, sowohl Allurteile in Bezug auf Begriffe mit endlich vielen Instanzen, die ihm für nicht genuin allgemein gelten, als auch solche, die ihm für genuin allgemein gelten. Damit scheint mir sachlich die einzig vertretbare Fassung dessen, wie Allgemeinheit in abgekürzten Aufzeichnungen unterschritten wird, die zu sein: Unbegrenztheit meint die Indifferenz des allgemeinen Satzes gegen alle möglichen Unterschiede, die zwischen den Fällen des Subjektbegriffs bestehen mögen, seine Geltung über Varietäten hinweg, die unbestimmt gelassen werden können, weil sie nicht gegen den Zusammenhang ins Gewicht fallen. Die „unbegrenzte" Geltung des Prädikats bezieht sich damit auf die Forderung eines nicht bloß in der Extension gelegenen, sondern inhaltlichen Zusammenhangs der beiden Allgemeinen.

Freilich wird sich Mill dieser Explikation nicht anschließen. Als Anti-Essentialist bleibt ihm für das eben Gesagte nur die Lesart: In der Konnotation des Subjektbegriffs muß die des Prädikatbegriffs schon enthalten sein. Mit der darin gelegenen Rückführung von Zusammenhängen zwischen *Begriffen* auf das Feld der *Begriffswörter* wäre Induktion entgegen (nicht nur) Mills Verständnis jenseits empirischer Forschung lokalisiert. An dieser Stelle zeigt sich ex negativo ein Zusammenhang von Essentialismus und Induktion: Induktion als sachlichen Fortschritt sowohl gegenüber den genannten Negativ-Beispielen bloßer Aufzählung als auch gegenüber sachferner Bedeutungswiederholung festzuhalten, scheint nicht möglich ohne die Annahme eines über individuelle Varietäten kontinuierten Sach-Zusammenhangs der Bestimmungen einer Art von Gegenständen.

---

deren Falle oder in besondren Fällen als wahr erkannt haben, auch als wahr in allen Fällen erschließen, die den ersteren in gewissen bestimmbaren Beziehungen gleichen." (Mill 1884, 337)

Damit zeichnet sich ab, daß der interne Maßstab des induktiven Schlusses nicht schon in Termini der Vollständigkeit der Erhebung des Prädikats am Einzelnen bestimmt ist. Umgekehrt ist in den betrachteten Fällen Vollständigkeit gerade auf eine Weise erreicht, die den induktiven Schluß aufhebt. In diesem Licht betrachtet, erweist sich die Ausgangsdiagnose der fehlenden Prämisse als revisionsbedürftig. Was heißt es nämlich eigentlich, die Unvollständigkeit als Ausfall eines notwendigen *Zwischenschritts*, als Fehlen einer Prämisse, zu verbuchen? Die Diagnose der fehlenden Prämisse (oder Prämissenmenge) scheint recht merkwürdig angesichts dessen, daß in der vervollständigten Reihe kein Übertragungs- oder Beweisgrund gefunden wäre. Die Frage, was die Übertragung eines von manchen *F*'s bekannten Prädikats *G* auf ein beliebiges *F*, auf alle *F*'s, begründet, ist nicht vermittels des bekannten *G*-Seins aller einzelner *F*'s zu beantworten – einfach, weil dann keine Übertragung mehr stattfindet und keine Übertragungsrechte mehr gebraucht werden.

Es kann also nicht der Fall sein, daß allgemein *mehr vom gleichen*, mehr gleichgeartete Prämissen wie die, die wir schon haben, den Mangel des Schlusses beheben würden. Dagegen sprechen die Fälle, in denen vollständige Aufzählungen nicht einen induktiven Schluß perfektionieren, sondern ihn durch etwas anderer Art ersetzen. Was wir vor uns haben, erschöpft sich nicht in einer nur quantitativ zu fassenden „Informationslücke".

2.1.2 Der gesetzmäßige Zusammenhang

Wechseln wir mit diesem Befund zu einer anderen, nämlich zur entgegengesetzten, Option, die bezeichnete Lücke des induktiven Schlusses zu füllen. Sowohl das Problem des Gefälles zwischen bekannten und allen Fällen als auch der Rückfall des Schlusses in die vollständige Aufzählung scheinen ja umgangen werden zu können, wenn wir anstelle der akkumulierten Einzelbefunde schon einen selbst *allgemeinen Übertragungsgrund* setzen.

Wüßten wir etwa, daß Metall qua Metall leitet, hätten wir ein als wahr gewußtes Urteil der Art „Was immer Metall ist, muß ein elektrischer Leiter sein", wüßten wir Metalleigenschaften als Grund oder mittelbar als Indikator der Leiteigenschaften von Metallen, so hätten wir einen allgemeinen Grund der Subsumtion aller Metalle unter das Prädikat, elektrischer Leiter zu sein, gefunden, der die epistemische Unterscheidung zwischen bekannten und unbekannten Fällen zu einer gleichgültigen Unterscheidung machte.

Der *erste* und bekannteste Einwand gegen diese Wendung ist, wie im ersten Fall, epistemischer Art. Er lautet: Gewiß wäre der gewußte allgemeine Zusammenhang von *F* und *G* ein prächtiger Übertragungsgrund; aber woher sollen wir das Wissen um diesen Zusammenhang nehmen? Immerhin befinden wir uns nach Voraussetzung im Feld der Induktion. Wenn wir aber im Ausgangspunkt ein Induktionsproblem haben, wie können wir dann gleichzeitig des allgemeinen Zusammenhangs versichert sein, der doch in Frage steht?

Max Black bringt diese Linie auf den Punkt: Ein induktiver Schluß von beobachteten Assoziationen von Attributen auf einen anderen Fall oder auf alle Fälle ist nur zu rechtfertigen, wenn die Assoziation als gesetzesartig, nicht-akzidentell gewußt wird. (Darin ist das Gesetz als Mitte zwischen manchen und allen Fällen angenommen.) Wie aber kann das im Fall einer primären Induktion gewußt werden, die nicht selbst auf der Annahme der Wahrheit anderer Gesetze beruht? Es kann weder durch unmittelbare Erfahrung noch a priori noch kraft Induktion, also gar nicht gewußt werden.[6]

Die Beobachtungsbefunde müßten schon im Licht der gesetzesartigen Natur der beobachteten Verbindung betrachtet werden können, um den Schritt ins Neuland der nicht beobachteten Fälle zu sichern. Als Fälle eines Gesetzes wären sie signifikant für den Schritt ins Neuland. Aber sie so zu setzen, ist nicht möglich, ohne das Gesetz vorauszusetzen, das seinerseits an seinen Fällen erhoben werden müßte.

Diesem ersten, epistemischen, Einwand steht ein *zweiter* zur Seite, der sich auf die dem Gesetz zugedachte Rolle im induktiven Schluß bezieht. Allgemeine, gesetzesförmige Urteile – wie immer sie genauer zu denken sind – werden nicht die Rolle einer zuerst fehlenden, dann ergänzten Prämisse in einem Schluß spielen, der ansonsten genauso bliebe wie im Ausgangspunkt beschrieben. Gegenüber der Versammlung einzelner Fälle oder Arten unter ein Allgemeines (Metall) plus ihrer Versammlung unter ein zweites Allgemeines (Leitfähigkeit) spielen Gesetze nicht die Rolle des Komplettierenden, sondern sie substituieren den im alten Induktionsschluß artikulierten Subsumtionsgrund durch einen überlegenen neuen. Die gehäufte Koinzidenz zweier Bestimmungen, die bis dahin den Subsumtionsgrund abgeben sollte, wird *abgelöst* durch die Notwendigkeit ihres Zusammenhangs. Steht das Gesetz erst einmal fest, erübrigt sich der Rekurs auf Fälle faktischen Vorkommens des Zusammenhangs.

Die Subsumtion eines beliebigen *F* unter das Prädikat *G* hat dann den Charakter des gültigen Schlusses vom Allgemeinen auf das Besondere, geschlossen aus wahren und notwendigen Obersätzen – eben den Gesetzen der Sache –, also den Charakter einer Demonstration. Und die Demonstration braucht keinen zusätzlichen, ihr koordinierten Beweisgrund in Gestalt von Einzelfällen.

Zu der festgehaltenen Verdrängungskonkurrenz zwischen faktisch gefundenen Fällen („Kupfer leitet") und dem Gesetz der Fälle bietet sich freilich eine Alternative an, die beiden eine Rolle läßt. Statt Gesetz und Einzelbefund als Prämissen in einen einzigen syllogistischen Schluß zusammenzuzwingen, wo sie einander aus der Rolle des Vermittelnden offensichtlich verdrängen, läßt sich der Zusammenhang von Einzelfall, Gesetz und subsumierender Anwendung des Gesetzes als *mehrgliedrige* Schlußbewegung denken.

Die Lösung bestünde, formal skizziert, in einer zweigliedrigen Schlußkette, in deren erstem Teil im Ausgang von endlich vielen Koinzidenzen der Bestimmungen *F* und *G* ein gesetzesartiges Urteil der Form „Wenn etwas *F* ist, so muß

[6] Max Black: Art. *Induction*, in: P. Edwards (Hg.): *The Encyclopedia of Philosophy* Bd. 4, New York/London 1967, 169-181, hier: 171.

es *G* sein“ erschlossen ist, das dann in einem nun vollends unproblematischen Subsumtions-Schluß als Obersatz eingesetzt werden könnte. Ein zweiter syllogistischer Teilschritt folgte dann freilich nur für die Übertragung auf ein (in der zweiten Prämisse so) bestimmtes *F*.

Gegen diese Idee regt sich sogleich folgender Widerstand: In der *Mitte* des Ganzen, dem erschlossenen Gesetz, scheint sich das Problem zu iterieren. Unlösbar wird dieses Problem jedenfalls dann, wenn, wie in nicht wenigen neueren Theorien der Induktion, Gesetze als einfachen Allurteilen assimiliert gedacht werden. Damit wiederholt auch ihr Verhältnis zu vorausgesetzten Daten das Induktionsproblem. Was als Vermittlungsgrund zwischen Einzelfällen und Allsatz respektive der Übertragung auf andere Fälle gedacht war, scheint denselben Vermittlungsbedarf wieder hervorzubringen.

Ziehen wir eine erste Zwischenbilanz: Wir haben zwei konträre Besetzungen für die Rolle des Schlußsteins induktiver Schlüsse erwogen, und jede hat nicht eine vorausgesetzte Induktion zur Vollkommenheit ergänzt, sondern sie aufgehoben, substituiert. Einmal spielte exklusiv das faktische Vorkommen einer Bestimmung an Einzelnem die führende Rolle, das andere Mal der allgemeine Zusammenhang zwischen den beiden beteiligten allgemeinen Bestimmungen. In beiden Alternativen wird nicht eine Schrittfolge hin zum allgemeinen Befund durch Einfügen, Zusetzen eines fehlenden Schrittes zu erfolgreichem Abschluß gebracht, sondern die gedachte Schrittfolge im ganzen substituiert. Die eine Besetzung überführt den induktiven Schluß in eine vollständige Reihe nebeneinander stehender empirischer Befunde, die nichts mehr von einem Schluß an sich hat, während die andere komplementär die empirischen Befunde, die wir haben, als Subsumtionsgrund gleich obsolet macht.

Darin spiegeln die fehlenden Glieder einen Widerspruch der bisher zugrundegelegten Konzeption des induktiven Schlusses. Induktion scheint sich nach den bisherigen Überlegungen durch eine eigentümliche Zwischenstellung auszuzeichnen. Sie ist bestimmt in Abgrenzung gegen *und* in wesentlicher Beziehung auf a) einzelne Beobachtungsbefunde und b) allgemeine oder begriffliche Notwendigkeit:

Ein induktiv gewonnenes Resultat hat – darin besteht Einigkeit – das Überschreiten von Beobachtungsbefunden hinter sich. Aber – auch darin besteht Einigkeit – es ist auch wesentlich auf Beobachtungsbefunde zurückbezogen: An ihnen hat es die Grundlage seiner Bewährung. Ist es gerechtfertigt, dann jedenfalls *relativ* zu einer bestimmten Beobachtungsbasis. Gleichzeitig soll ausgeschlossen sein, daß die Beziehung zwischen Basis und Resultat einfach notwendig ist. Der Stützungszusammenhang soll sich, wenn es um Induktion geht, nicht zur gültigen Folgerung verdichten. Aber allein damit, daß Induktion so in Anlehnung an Deduktionen eingeführt ist, ist sie auch wesentlich auf diese bezogen. Immerhin ist sie ja, wie wir bei Rescher sahen, gefaßt als Verfahren des Umgangs mit einem mangelhaften deduktiven Schluß. Dennoch soll es aber dabei bleiben, daß von Induktion auch im besten Fall nicht die volle Kompensation verlangt werden darf. Induzieren soll vernünftig sein, besser als Raten – bei bleibend vorausgesetztem Ausfall des Übergangs zur Notwendigkeit.

Induktion ist damit gedacht als Ersatz – aber immer: nicht vollwertiger Ersatz – für zwei sehr unterschiedliche Dinge: einmal für eine zur Allheit vervollständigte Bebachtungssammlung und zum anderen für einen demonstrierbaren begrifflichen Zusammenhang. Sie selbst scheint so zwischen Fallsammlung und Demonstration zu oszillieren. Zugleich wird im Vergleich nach beiden Seiten die Abweichung der Induktion gegenüber dem jeweiligen Vergleichspol als ihre Eigenart festgehalten: Der Maßstab gelungener Induktion ist auch nicht die vollständige Sammlung von Beobachtungsbefunden – sonst wäre das konstitutive Moment des Überschreitens vorhandener Beobachtungsbefunde verfehlt; und ihr internes Maß soll auch nicht die Demonstration sein – Induktion setzt nur ein, wo das Gegenteil der Konklusion denkbar ist. Der Vergleich mit dem ersten – der vollständigen Fallsammlung – faßte die Induktion zu schwach, der Vergleich mit dem zweiten – dem Beweis aufgrund eines Gesetzes – faßte sie zu stark auf.

Halten wir die Hinsichten einmal zusammen, unter denen nach der einen Seite die Abgrenzung zur vollständigen Kollektion und nach der anderen die zum begrifflichen Zusammenhang vollzogen worden ist: Wenn sich Induktion von der vollständigen Kollektion unterscheidet, dann nicht nur durch Unvollständigkeit, sondern auch durch *die Art und Weise*, *wie* Beobachtung überschritten wird. Die Emanzipation von den Besonderheiten des Falles muß die Kehrseite des Allgemeinen sein, das dann als Grund des Zukommens der fraglichen Bestimmung fungiert. Nach der anderen Seite soll die Induktion ein für allemal von der Demonstration geschieden sein, und zwar durch die Voraussetzung, daß das Allgemeine selbst die fragliche Bestimmung nicht enthält – daß der Zusammenhang im allgemeinen nicht besteht oder jedenfalls für uns nicht als bestehend einsehbar ist. Dann bleibt aber nur die Allheit übrig, das gegen beide zufällige, äußerliche Zusammenauftreten, die Koinzidenz verschiedener Allgemeinheiten.

Die Abgrenzung nach je einer Seite gründet jeweils in der Identifizierung mit der Gegenseite. Immer dann, wenn wir sagen wollen: Induktion ist nicht einfach ein unfertiger, ungenügender Fall von Faktensammlung einerseits oder notwendiger Allgemeinheit andererseits, leihen wir ihr dazu die Züge des jeweiligen Gegenpols. Das ist der Widerspruch desjenigen Begriffs der Induktion, von dem wir ausgingen.

Kehren wir damit zur Betrachtung möglicher Vervollkommnungen des induktiven Schlusses zurück. Es bleibt eine dritte Variante des Versuchs, die traurige Lücke zwischen *manchen* und *allen* Fällen zu schließen: der Rekurs auf ein allgemeines *Induktionsprinzip*.

2.1.3 Das Induktionsprinzip

Der Übergang vom Gesetz zum Prinzip läßt sich wie folgt nachzeichnen: Das *bestimmte* Gesetz kann nicht die Artikulation eines logischen Zusammenhangs sein. Sonst, so lautet der einschlägige Grund, bedürfte es ja nicht der empirischen Erhebung des Bestehens solchen Zusammenhangs; und daß die Erkenntnis des Gesetzes, wenn es je dazu reichen sollte, die empirischen Feststellungen zur unverzichtbaren Grundlage hat, gehört schließlich zu den Rahmenbedingungen der Induktion. Also ist der Zusammenhang, den das Gesetz ausspricht, geradesogut wie der Nicht-Zusammenhang möglich. An und für sich selbst betrachtet, sind die im Gesetz verknüpften Bestimmungen trennbar. Wenn die Rede von Gesetzen nicht einfach verschwinden, das Gesetz nicht in akzidentelles Beisammensein in manchen Fällen zurückgestuft sein soll, dann wird es als Sonderfall eines höheren, allgemeineren Gesetzes anzunehmen sein. Aber das Problem, nicht logisch notwendig und nicht akzidentell sein zu sollen, iteriert sich dann immerzu für das jeweils höhere Gesetz. Soweit das Problem – jetzt die Lösung: Wenn uns mit keinem bestimmten – „empirisch gehaltvollen" – Gesetz gedient ist, dann vielleicht mit einem von jedem bestimmten Inhalt gereinigten Gesetz, das ganz generell die Erlaubnis ausspricht, beobachtete Regelmäßigkeit als Gesetzmäßigkeit zu behandeln. Ein solches Prinzip ist dann nicht ein – nur eben sehr hoch, ganz oben stehendes – Glied in der Hierarchie bestimmter Gesetze, sondern der als Einrichtungsprinzip der Welt oder als Rechtfertigungsprinzip gedachte *Begriff des Verfahrens*, aufgrund von dessen gewußtem Mangel die Suche nach dem Prinzip überhaupt erst begann.

Von den historisch formulierten Varianten greife ich zwei heraus – eine Variante, in der das Prinzip als Einrichtungsgrundsatz der Natur figuriert, und eine, in der es als selbstbewußt methodisches Prinzip auftritt. Für die erste Variante schließe ich an die Darstellung und Kritik Humes an, für die zweite an die Fassung Reschers.

2.1.3.1 Die Gleichförmigkeit des Naturlaufs

In Kapitel I.iii.6 ("On the inference from the impression to the idea") seines *Treatise of Human Nature*[7] stellt sich Hume folgende Frage: Wie schließen wir angesichts eines tatsächlich wahrgenommenen Objekts auf das Vorliegen eines zeitlich und räumlich benachbarten, qualitativ vom ersten unterschiedenen Objekts, das wir nicht wahrnehmen und das wir als Ursache oder Wirkung des wahrgenommenen Objekts, also in notwendiger Verknüpfung mit diesem, denken? Zur Beantwortung dieser Frage bedient sich Hume eines Ausschlußver-

[7] David Hume: *A Treatise of Human Nature*, hg. v. L.A. Selby-Bigge, second edition P.H. Nidditch, Oxford 1978. Als deutsche Übersetzung wurde herangezogen: David Hume: *Traktat über die menschliche Natur*, in 2 Bänden, übs. v. Theodor Lipps, hg. v. Reinhard Brandt, Hamburg 1989.

fahrens, das auf seiner erkenntnistheoretischen Grundunterscheidung zwischen (demonstrierbarem oder intuitivem) Wissen um Ideen-Relationen und (wahrscheinlicher) Tatsachenerkenntnis, zwischen "knowledge" und "probability" basiert.[8] Im ersten Schritt schließt er die Möglichkeit aus, die Abhängigkeit des einen Objekts vom anderen könnte aufgrund der Einsicht in das Wesen, die Natur der beiden Objekte erschlossen sein. Das Argument gegen diese Möglichkeit lautet: Die allgemeinen Ideen, die wir vom einen und vom anderen Objekt haben, sind verschieden. Sind sie verschieden, so sind sie trennbar. Sind sie trennbar, so enthält die Vorstellung, das eine Objekt trete ohne das zweite auf, keinen Widerspruch. Die epistemische Verknüpfung zwischen Wahrnehmung und Erwartung kann also nicht als Einsicht in eine intrinsische Relation zwischen den beteiligten Artideen reinterpretiert werden.[9] Mit diesem Argument werden wir uns weiter unten (in Kap. 2.3.4) genauer auseinanderzusetzen haben, doch gegenwärtig geht es nur darum, den Weg zur Erwägung eines Induktionsprinzips nachzuvollziehen. Das dafür wichtige Resultat des ersten Humeschen Arguments besteht im Schluß auf die *Erfahrungsabhängigkeit* des Übergangs vom Wahrgenommenen zur Existenz-Überzeugung hinsichtlich des Nicht-Wahrgenommenen. Diese Erfahrung besteht in der versammelten Erinnerung an Fälle, in denen stets (und mit eindeutiger zeitlicher Ordnung) Objekte des ersten Typs mit Objekten des zweiten Typs zusammen auftraten:

„Wir erinnern uns, daß wir wiederholt die Existenz einer bestimmten Art von Gegenständen erlebt haben; wir erinnern uns zugleich, daß Beispiele einer anderen Art von Gegenständen stets mit ihnen verbunden, und ihnen hinsichtlich der Beziehungen der räumlichen Nachbarschaft und zeitlichen Folge in bestimmter Art zugeordnet waren." (*Treatise* I.iii.6)

Sobald eine solche konstante Verbindung in unserem Erfahrungsschatz archiviert ist, wenden wir ohne weiteres, *unmittelbar*, die Begriffe *Ursache* und *Wirkung* auf das entsprechende Objektpaar an und leiten die Existenz des einen aus der wahrgenommenen Existenz des anderen ab.

Gleichwohl kann, so fährt Hume fort, die *bloße Wiederholung* der inhaltlich gleichen Beobachtung dafür nicht hinreichend sein. Sie kann nicht das *neue* Moment der *notwendigen Verknüpfung* hervorbringen, möge die Wiederholung auch ins unendliche gehen. Am Ende dieses zweiten Argumentationsschrittes trennen sich also in gewisser Weise die Wege des induktiven Erkennenden und des Theoretikers dieser Erkenntnis: Der tatsächliche Übergang erfolgt so, als wäre die gesammelte Erfahrung von einander parallelen Fällen schon der ganze, hinreichende Grund des Übergangs; dagegen hält der Theoretiker des Übergangs fest, daß die gesammelte Erfahrung für sich allein den Übergang noch nicht begründet. Für ihn ergibt sich die Anschlußfrage nach einem zusätzlichen Moment, das die erinnerte konstante Verbindung erst zum in der aktuellen Erkenntnis wirksamen Grund des fraglichen Übergangs macht. Hume erwägt

[8] Diese Unterscheidung führt Hume in den ersten beiden Abschnitten von *Treatise* I.iii ein. Vgl. dazu auch Kap. 2.3.1.
[9] Vgl. den Anfang von *Treatise* I.iii.6.

dazu zwei sehr ungleichartige Kandidaten: ein Vernunftprinzip und den Mechanismus der Ideenassoziation (die Alternative ist in seinen Worten eine zwischen "understanding" und "imagination"). Sein nächster, der dritte Argumentationsschritt entwickelt und verwirft die Alternative, jenes zusätzliche Moment in ein Vernunftprinzip zu setzen. Sein indirektes Argument geht aus von der Angabe des verlangten Inhalts eines solchen Prinzips. Es müßte lauten:

„Fälle, von denen wir keine Erfahrung haben, müssen jenen Fällen gleichen, von denen wir Erfahrung haben, und der Lauf der Natur bleibt stets gleichförmig."[10]

Das also wäre das gesuchte Prinzip der Induktion.

Hume wendet sich nach der Inhaltsangabe sogleich der Frage der *Begründung* des Prinzips zu. Unter Zugrundelegung der vollständigen und ausschließenden Disjunktion von Wissen oder Wahrscheinlichkeit weist er nach, daß das Prinzip weder demonstrativ bewiesen noch induktiv gestützt werden kann und damit ebenso beweisbedürftig wie nicht beweisfähig bliebe. Demonstrativ beweisbar kann es nicht sein, weil sein Gegenteil – Änderungen des Naturlaufs – vorstellbar, ergo möglich ist. Ein Wahrscheinlichkeitsnachweis, d. i. eine Induktion auf Basis erfolgreicher einzelner Induktionen, scheitert an der Zirkularität. Auf den Status erfahrungsgestützten Wahrscheinlichkeitswissens kann das Prinzip nicht Anspruch erheben, weil es selbst ja erst die Vernunft des Verfahrens etablieren soll, dessen Anwendungsresultat es dann zugleich wäre. Folgerichtig endet Humes Ausschlußverfahren bei der einzig verbleibenden Alternative: Hat sich der Rekurs auf's Prinzip als Holzweg gezeigt, so kann sich der fragliche Übergang nur noch dem Mechanismus der Ideenassoziation verdanken.

Soweit der Kontext, in dem das Prinzip bei Hume eingeführt und verhandelt wird. Betrachten wir – jenseits der bekannten Kritik seiner Begründbarkeit, jenseits auch des Kontexts seiner Einführung – das Prinzip selbst genauer.[11] Daß der Naturlauf gleichförmig sei, daß nicht-erfahrene Fälle erfahrenen gleichen, ähnlich sein müssen, enthält zunächst einmal eine auffällige Unbestimmtheit. Das Prinzip spricht von *Fällen*; aber es selbst formuliert keine Kriterien oder Bedingungen für das jeweilige *Allgemeine*, für dessen Fälle notwendige Ähnlichkeit beansprucht werden soll. Es gibt auch nicht an, wie sich dasjenige, *worin* die Fälle einander ähnlich sein sollen, zu dem verhält, *wovon* sie Fälle sind. Damit meine ich nicht, das Prinzip müßte die Stellen des Allgemeinen, des Wovon der Fälle und des Worin der Ähnlichkeit, selbst durch bestimmte Sortenangaben füllen. Dazu kommt es natürlich nicht, weil wir uns auf der Ebene des Prinzips und nicht auf der eines einzelnen Induktionsschlusses befinden. Die Unbe-

---

[10] Im Original: "If reason determin'd us, it wou'd proceed upon that principle, *that instances, of which we have had no experience, must resemble those, of which we have had experience, and that the course of nature continues always uniformly the same.*" (*Treatise* I.iii.6)

[11] Zum folgenden vgl. Carl Gustav Hempels Kritik des Uniformitätsprinzips in: *Inductive Inconsistencies* (1959/60), in: Catherine Z. Elgin (Hg.): *Nelson Goodman's New Riddle of Induction*, New York/London 1997, 23-54, hier: 41f. Im Zuge seiner Kritik weist Hempel Parallelen zwischen Problemen einer modifizierten Fassung des Prinzips und Goodmans neuem Rätsel der Induktion auf.

stimmtheit, um die es hier geht, ist eine des Prinzips selbst: Das Prinzip läßt offen, wie stark oder schwach es eigentlich gemeint ist. Nimmt man die zitierte Formel einfach für sich, ist sie auch noch für zwei entgegengesetzte und gleichermaßen absurde Lesarten offen.

Die eine absurde, besonders starke Lesart heißt: Was immer wir noch nicht erfahren haben, wird haargenau so sein wie das, was wir schon kennen. Von den allgemeinen Hinsichten wäre dann deshalb gar nicht erst die Rede, weil ohnehin alle möglichen Hinsichten eingeschlossen sein sollten. Das meint natürlich mit gutem Grund niemand, denn das wäre so, als wollte man Gleichheit ohne jeden inhaltlichen Zusammenhang herbeibeten. Schon die bisherige Erfahrung zeigt ja nicht bloß Wiederkehr des Gleichen, sondern geradesogut Veränderung, nicht nur Gleichheit, sondern auch Verschiedenheit. Und die Annahme, daß der Lauf der Ereignisse just an der epistemischen Grenze zwischen Erfahrung und Nicht-Erfahrung die objektive Grenze des Neubeginns einer qualitativ genau gleichen Sequenz habe, wäre eine maßlose Überschätzung der Unterscheidung zwischen bereits und noch nicht Erfahrenem und blamierte sich zudem mit jeder bekannten Ausdehnung des Feldes des bereits Erfahrenen. Mindestens also ist anzunehmen, daß bekannte und unbekannte Fälle *Fälle des Gleichen* schon sein müssen, um überhaupt in den Bereich des Prinzips zu gehören. Von Disparatem wird das Prinzip kaum Gleichheit fordern.

Nach der anderen Seite jedoch ist das Prinzip offen für eine ebenso absurde, diesmal besonders schwache Lesart: Was in *einer* Hinsicht einem anderem gleicht, das gleicht ihm in *dieser* Hinsicht. Diesmal kollabieren die vorausgesetzte und die geforderte Gleichheit, und das Prinzip verliert das Waghalsige des vorigen Übergangs. Wenn das Prinzip allerdings *so* von Gleichen Gleichheit fordert, bleibt von der Forderung nichts übrig. Wo wir keinen Übergang vollziehen, erübrigt sich ein Prinzip, welches das Übergehen begründete.

An dieser Stelle wird der Leser verständlicherweise ungeduldig werden und einwenden: Natürlich geht es dem Prinzip der Gleichförmigkeit des Naturlaufs weder darum, die Tautologie zu beschwören, daß Gleiches gleich sei, nämlich in dem, worin es gleich ist, noch um die halsbrecherische Behauptung, daß Gleichheit in irgendeiner Hinsicht notwendig Gleichheit in allen möglichen anderen Hinsichten mit sich führe. Es ist ja auch aus dem Kontext der *konstanten Verbindung* klar, worum es eigentlich geht: Zwei Einzelne, die einander in *einer* Hinsicht gleichen, müssen einander auch in *gewissen anderen* Hinsichten gleichen. Und welches die anderen Hinsichten sind, dafür liefert die Erfahrung der konstanten Verbindung genau das vermißte allgemeine Kriterium: solche, die sich schon in der bisherigen Erfahrung als mit der ersten verbunden gezeigt haben.

An diesem Einwand, aber auch erst mit ihm zeigt sich, daß es gar nicht so dumm war, das Prinzip zunächst von seinem Kontext zu isolieren. Wenn wir das Prinzip jetzt nämlich unter Aufnahme des Einwands ausführen, heißt es:

Wenn in der bisherigen Erfahrung Fälle eines Allgemeinen stets von Fällen eines anderen Allgemeinen begleitet waren, so werden auch alle neuen Fälle des ersten Allgemeinen von Fällen des zweiten Allgemeinen begleitet sein.

Das aber hat keinen anderen Inhalt als die Frage, zu deren Beantwortung das Prinzip beitragen sollte. Es ist dann nichts anderes als die in die Behauptung über die Welt übersetzte Verfahrensweise selbst, die doch eines Grundes bedurfte.

Soll das Prinzip nicht schlicht und einfach als gegeben behaupten, was in Frage stand, muß das Kriterium der Gleichförmigkeit also vom Rückgriff auf unsere Erfahrung, die bisher erfahrene konstante Verbindung, noch einmal unterscheidbar sein. (Das könnte auch eine Erklärung dafür sein, daß Hume neben die Formulierung in Termini unserer Erfahrung die Wendung setzt: „/.../ und daß der Lauf der Natur stets uniform der gleiche bleibt".) Gesucht ist nicht die Erfahrung selbst, sondern etwas, das erlaubt, solche Erfahrungen als Ausdruck, natürliche Zeichen einer gegen die Grenze bisheriger Erfahrung gleichgültigen, das heißt: *allgemeinen* konstanten Verbindung zu lesen. Was könnte das sein? Doch wohl die Notwendigkeit, der Gesetzescharakter der Verbindung. Wie lautet das Prinzip, wenn diese Folgerung integriert wird? Es heißt dann:

Nicht-erfahrene Fälle eines gesetzmäßigen Zusammenhangs müssen erfahrenen Fällen eines gesetzmäßigen Zusammenhangs gleichen.

Das aber ist eine neue Tautologie. Wenn der Zusammenhang schon gesetzmäßig, notwendig, ist, dann gilt er selbstverständlich überall da, wo das Antezedens, das Anfangselement, gegeben ist. Darüber hinaus drückt das Prinzip dann nur noch ganz richtig aus, daß die Differenz zwischen erfahrenen und nichterfahrenen Fällen überhaupt keine Rolle spielt für den vorausgesetzten gesetzmäßigen Zusammenhang.

Damit ist die Frage der Übertragung oder des Rechts der Übertragung von bekannten auf unbekannte Fälle verschwunden. Sind die bekannten Fälle selbst schon als Fälle eines allgemeinen Zusammenhangs vorauszusetzen und ebenso die neuen Fälle, um überhaupt in den Anwendungsbereich des Prinzips zu gelangen, dann bedarf es keines eigenen, weiteren Subsumtionsgrundes für die neuen Fälle. Das Prinzip setzt also nicht notwendige Verknüpfung hinzu, wo vorher keine war, sondern setzt sie voraus.

Wie ist es dahin gekommen? Nach der Abgrenzung gegen prinzipienlose Gleichmacherei und erste Tautologie durch Wiederholung derselben Hinsicht haben wir eine *objektive* Einschränkungsklausel der relevanten Hinsichten gesucht: Zwei Einzelne, die einander in einer Hinsicht gleichen, gleichen einander auch in *gewissen* anderen, nämlich in solchen Hinsichten, die notwendig mit der ersten verknüpft sind. Die Voraussetzung objektiven Bestehens notwendiger Verknüpfung für sich rettet dabei den fragwürdigen Übergang von bisher konstanten Folgen (oder Koinzidenzen) zu neuen Fällen nicht. Denn es gehört in die Ausgangsbeschreibung der Fragwürdigkeit des Übergangs, daß an sich, von dem her, was sie selbst sind, die Verknüpften nicht notwendig verknüpft sind. Es hilft nichts, die notwendige Verknüpfung nun der Natur zu inkorporieren: Damit wird nur der Widerspruch notwendiger Verknüpfung an sich nicht Verknüpfter vom erkennenden Subjekt auf die Natur übertragen, und die erträgt ihn nicht besser als jenes.

Was also ist von einem Prinzip zu halten, das statuiert: Was in den vielen bekannten Fällen (ausnahmslos) verbunden war, wird auch in den unbekannten wieder verbunden sein? Die elementare Einsicht scheint zu sein: Man kann es in dieser Fassung weder bejahen noch verneinen. Die beste Stellungnahme lautet: Das kommt ganz auf die *Art* der Verbindung an. Darin liegt die negative Einsicht: Das Problem stellt sich nicht so, daß wir von den bekannten Einzelfällen des verbundenen Auftritts zweier Allgemeiner (sei es als zeitlich geordnetes Paar, sei es simultan) alles wüßten, was es über sie zu wissen gibt, und die einzig offene Frage die wäre, ob sich die noch unerforschten Fälle des einen Allgemeinen hinsichtlich des zweiten Allgemeinen geradeso verhalten werden wie die bekannten Fälle des ersten.

Tatsächlich hängt die Ungewißheit hinsichtlich neuer Fälle des ersten Allgemeinen damit zusammen, daß die Art und Weise der Verbindung zwischen dem Auftritt beider Allgemeiner schon an den bekannten Fällen nicht eindeutig bestimmt ist. Es ist nicht ausgemacht, ob das für Kausalverhältnisse definitorische Element notwendiger Verknüpfung zur Sachausstattung der bekannten Fälle bislang konstanter Verbindung gehört oder nicht. Insofern hat die Fassung des Problems in Termini von Extrapolationsrechten von bekannten auf unbekannte Fälle, so vertraut und naheliegend sie ist, etwas Mißverständliches.

Die eigentlich offene Frage liegt nämlich darin, *wovon* genau die Fälle, die bekannten nicht weniger als die unbekannten, Fälle sind. Ist der Übergang zum bestimmten Gesetz erst einmal vollzogen, ist diese Frage beantwortet. Solange dieser Übergang jedoch nicht vollzogen ist, sind die bekannten Fälle auch nicht unzweideutig als Stellvertreter aller oder beliebiger Fälle heranzuziehen. In gewisser Weise kehrt sich damit die Optik um: Im Licht des expliziten allgemeinen, gesetzmäßigen Zusammenhangs sind die bekannten Gleichförmigkeiten neu zu fassen – eben als Fälle des fraglichen Gesetzes. Nicht aber läßt sich umgekehrt das Gesetz als Resultat der Extrapolation, der einfachen Ausdehnung des schon Gewußten auf epistemisches Neuland weiterer Fälle konzipieren.

Es scheint des weiteren nicht Zufall und nicht Flüchtigkeit zu sein, wenn Hume unspezifiziert von der Gleichförmigkeit des Naturlaufs, der Ähnlichkeit unbekannter mit bekannten Fällen spricht. (Das war ja der eingangs problematisierte Zug der Unbestimmtheit der Formel.) Der eben angezeigte Rückweg zur Untersuchung der bekannten Fälle – zufällige Gleichförmigkeit oder Gesetz? – ist durch die vorbereitende Argumentation Humes bereits ausgeschlossen: Dieser Weg ist abgeschnitten durch die Identifikation des *Wesens*, der intrinsischen Bestimmung der Verbundenen, mit unserer jeweiligen *allgemeinen Idee* von ihr. Unter dieser Voraussetzung verspricht der Rückgang auf den bekannten Fall tatsächlich keine weitere Aufklärung. Es steht ja bereits fest, daß das, was die Verbundenen *an sich* sind, keinen Aufschluß über etwaige notwendige Verknüpfungen mit Andersartigem gibt. Im Gegenteil steht bereits fest, daß die Verbundenen an sich *nicht* notwendig verknüpft sind. Das Prinzip der Gleichförmigkeit des Naturlaufs ist so der konsequente, nur eben: objektivierte Reflex des unterstellten Sich-Verlassen-Müssens auf in ihrer Notwendigkeit nicht begreifbare Zusammenhänge. *Gleichförmigkeit* ist das, was bleibt, wenn die notwendige Verknüpfung bloß Verschiedener, also zufällig aneinander Gekoppelter, so gedacht werden soll, daß die Zufälligkeit der Kopplung bewahrt bleibt.

2.1.3.2 Das Induktionsprinzip als methodische Regel

Das Induktionsprinzip kann nicht nur in objektivierter Fassung als Annahme über eine Konstanz-Eigenschaft der Natur auftreten, sondern auch in der methodischen Fassung einer erkenntnisleitenden Regel. In dieser Fassung führt etwa Nicolas Rescher das einfache Verallgemeinerungen leitende Prinzip wie folgt ein:

Gesetzt, alle Stichproben, die innerhalb der Menge der *Z*'s vorgenommen wurden, ergaben das Zukommen einer Bestimmung *F*. Logisch ist das mit zwei Konstellationen verträglich: damit, daß *alle Z*'s *F* sind, und damit, daß *manche Z*'s *F* sind und *manche nicht*. Ungeachtet dieser logischen Offenheit, Indeterminiertheit lassen wir die Entscheidung zugunsten einer Seite ausfallen. Dabei aktualisieren wir das *Prinzip der Uniformität*. In Reschers Formulierung lautet es:

> „In Abwesenheit expliziter Gegenanzeigen ist eine These über nicht untersuchte Fälle, die sich mit der Uniformität der uns zur Verfügung stehenden Daten in Übereinstimmung befindet, plausibler als jede Alternative, die dieser Regelhaftigkeit zuwiderläuft; und je ausgeprägter diese Gefügekonformität ist, desto plausibler ist auch die genannte These." (Rescher 1984, 54)

Stellen wir nicht gleich die allfällige Frage nach dem Recht oder Geltungsgrund des Prinzips, sondern bleiben bei ihm selbst. Das Prinzip faßt die bekannten Fälle doppelt, zum einen als je isoliert zu Betrachtendes: Dieses ist ein Z und zugleich ein *F*, und daneben auch jenes, und so in allen weiteren bekannten Einzelfällen. Zum anderen aber, zusammen betrachtet, ergeben sie der Tendenz nach etwas mehr, eine Regelhaftigkeit. Keines für sich, aber alle zusammen, erzeugen eine Reihe, ein Muster – etwas also, dem ein nächster und übernächster Fall *entsprechen* oder aber *zuwiderlaufen* könnte. Nimmt man die Reihe der bekannten Koinzidenzfälle auseinander und steckt jedes ihrer Glieder im Geist in ein extra Kabinett, dann ist es bei jedem so Vereinzelten ganz merkwürdig, zu sagen: „Dieses Z ist ein *F*. Also wäre es passender – oder auch: plausibler, anzunehmen –, das nächste Z wäre auch ein *F*." Solange wir so inhaltsneutral über den Kopf von Z und *F* hinwegreden, ist das überhaupt nicht naheliegend. Wem oder was – außer der zugesetzten Erwartung – sollte es dann zuwiderlaufen, wenn das nächste *Z* kein *F* wird? Solange der Einzelfall für sich steht und bei ihm einfach die Nachbarschaft von Z und *F* registriert ist, ist einfach gar nichts hinsichtlich anderer *Z*'s nahegelegt.

Das soll sich nun ändern, sobald man die Trennwände zwischen den bekannten Fällen hochzieht und des Umstands gewahr wird, daß in dieser Hinsicht bisher lauter gleiche Einzelfälle registriert wurden.

Nun kann der in dieser Hinsicht ungleiche Fall, der bunte Hund, nur einem einzigen Sachverhalt wirklich zuwiderlaufen: der Gleichheit aller Fälle. Dazu verhält er sich ausschließend, unpassend. Aber dieser Gegensatz liegt nicht vor, und die Gleichheit aller Fälle dürfen wir umso weniger voraussetzen, als uns die Anwendung des Prinzips erst dahin bringen soll, auf der Grundlage vieler *F/Z*- und keiner *Non-F/Z*-Kombinationen die anderen *Z*'s hinsichtlich *F* homogen zu vermuten.

Indem wir die bekannten Fälle in der Zusammenschau als etwas annehmen, dem ein anders gestricktes *Z* zuwiderlaufen könnte, müssen wir sie *zuvor* als Indikatoren einer Regel, eines allgemeinen Zusammenhangs *gedeutet* haben. Sonst haben wir eben nebeneinander viele gleiche und daneben ein anders verfasstes Einzelnes. Verschiedenheit, Anders-Sein anderer Fälle für sich bildet auch für die Zusammenschau keinen Gegensatz aus. Schließlich geht es bei neuen Fällen ja auch um andere Fälle, nicht um die alten. Daß die altgedienten Fälle einander gleichen, konstituiert allein noch überhaupt keinen Maßstab für die neuen – es sei denn, sie sind unter der Hand und zusätzlich als paradigmatische Fälle, Exemplifikationen eines allgemeinen Zusammenhangs angenommen. Sonst stört die Gleichheit der einen die Verschiedenheit anderer in keiner Weise.

Es ist also nicht erst das Uniformitätsprinzip gewesen, was hier die Brücke zu vergleichsweise plausiblen Annahmen über unbekannte *Z*-Fälle schlagen läßt. Das Prinzip greift entweder nicht – wo der Befund einfach der vieler gleicher war – oder es kommt einen Schritt zu spät – wo die bisherigen Fälle schon als Indikatoren einer Regel genommen sind, von der der nächste Fall überhaupt erst abweichen, an der gemessen er überhaupt Ausnahmecharakter annehmen könnte.

Zur Illustration führe ich ein Beispiel[12] an, in dem das Prinzip nicht greift: Aus einer zuvor gut gefüllten Lostrommel seien alle Lose bis auf fünf gezogen. In dieser Lotterie gibt nur einen Gewinn (der dafür extra üppig ausfällt). Alle bisher gezogenen Lose sind Nieten gewesen. Wenn man das weiß und an die Lostrommel kommt, wird man das Uniformitätsprinzip Prinzip sein lassen und die letzten Lose kaufen. Unter diesen Voraussetzungen ist die Gleichartigkeit der bisher bekannten Fälle sicher kein guter Grund dafür, von den verbleibenden Fällen Fortsetzung des Gleichen zu erwarten.

Das ist ein Hinweis darauf, daß es darauf ankommt, *welchen Inhalt* *Z* und *F* jeweils haben. Jenseits dieses Inhalts bleibt nur die quantitative Seite, und die verhält sich konsequenterweise neutral zu der Frage, wie die nächsten Fälle beschaffen sind.

Nun könnte man Reschers Prinzip damit verteidigen, daß in seine Formulierung der Ausschluß solcher Fälle wie der des Lotterie-Beispiels eingegangen ist. Das Prinzip soll ja nur greifen, *sofern nicht Gegenanzeigen auftreten*. Wenn damit nicht nur gemeint ist: falls unterdessen keine andersartigen Fälle auftreten,

---

[12] Das Beispiel ist eine Abwandlung des bekannten „Lotterieparadoxes", das – auch von Nicolas Rescher – zur Widerlegung der Identifikation epistemischer oder logischer mit statistischer Wahrscheinlichkeit angeführt wird.

dann schließt es ein, daß wir an der Charakteristik der bekannten Fälle nicht auf Hindernisse dafür gestoßen sein dürfen, die Fälle als Indikatoren eines bestimmten allgemeinen Zusammenhangs zu lesen. Aber dann hängt wiederum vom Uniformitätsprinzip gar nichts ab, und die ganze Frage ist die, ob der an den bekannten Fällen erhobene Inhalt Hinweise dafür oder dagegen enthält, das beobachtete Zusammenauftreten von *Z* und *F* für bloße Koinzidenz oder für den Ausdruck eines allgemeinen Zusammenhangs oder auch für ein Indiz des zu erwartenden Auftritts qualitativ divergenter Fälle von *Z* zu halten.[13]

[13] Man kann diese Kritik auf Reschers Induktionstheorie überhaupt ausweiten. Zu seinen zentralen Thesen gehört die Annahme: Die Verfahrensregeln, denen wir in der Induktion folgen, sind identisch mit Kriterien der Kohärenz oder Systematizität. Diese These hat etwas Zirkuläres. Das Kriterium, welche Hypothese sich besser dazu eignet, das versammelte bisherige Wissen plus neuer Hypothese zu einem einigen System von Wissen zu machen, setzt wiederum das bisherige Wissen als Systemteil, als in einem allgemeinen Zusammenhang stehend voraus.

2.2 Empirische Allheit und objektive Allgemeinheit – Hegels Theorie des induktiven Schlusses

2.2.1 Warum gerade Hegel?

Das Ergebnis der Prüfung der drei möglichen Vervollkommnungen des induktiven Schlusses fällt zunächst negativ aus: Die Komplettierung der zweiten Prämisse zum Allsatz hebt, jedenfalls in manchen Versionen, den Schluß auf; die Ablösung der Einzelfallsammlung durch ein Gesetz hat den in Frage stehenden Aufstieg vom Partikularen zum Allgemeinen schon hinter sich gelassen; und das allgemeine Induktionsprinzip taugt nicht zur Stützung des Schlußverfahrens, eben weil es das Prinzip dieses Verfahrens adäquat in Satzform bringt.

Dennoch hat sich auch abgezeichnet, daß die Gründe, die zum Ausschluß der Vervollkommnungsvarianten führen, positive Hinweise für das Verständnis des fraglichen Aufstiegs vom Partikularen zum Allgemeinen enthalten. Sie deuten darauf hin, daß die Problemdefinition selbst veränderungsbedürftig ist, und zwar in folgender Richtung:

Im Ausgangspunkt haben wir – in guter Gesellschaft vieler, wenn nicht der meisten Theoretiker der Induktion – den fraglichen Übergang von Prämissen zu Konklusion ganz abstrakt gefaßt, nämlich als Frage der Extrapolation, der Ausweitung der Subjektsphäre eines beliebigen und als feststehend unterstellten Prädikats. *Was* wir *wie* von den endlich vielen bekannten Fällen wissen, wurde eingangs nicht in Betracht gezogen; was wir vor uns hatten, war ein umfangslogisches Problem. Es bleibt auch dabei: Solange wir die Sache so betrachten, hilft kein Gott und keine Beschwörung der Weltverfassung darüber hinweg, daß *manche* nun einmal nicht *alle* Fälle sind. Es hat sich aber mehrfach ergeben, daß die Frage nach den „Übertragungsrechten" für ein Prädikat noch einmal zurückverweist auf die damit verknüpfte, aber davon auch unterschiedene Frage, was eigentlich von den bekannten Fällen gewußt wird. Mit anderen Worten: Es zeigte sich, daß es nicht nur um die *quantitative* Differenz zwischen manchen und allen Fällen geht, sondern geradeso um eine *qualitative* Differenz, die schon am bekannten Fall das vereinzelte Beobachtungswissen von einem Wissen unterscheidet, in dem der Einzelfall tatsächlich allgemein, d. i.: stellvertretend für seinesgleichen, figuriert. Der Aufstieg zum Allgemeinen muß eine Veränderung der theoretischen Fassung des Einzelnen enthalten, ein Überschreiten des Einzelnen am Einzelnen.

In der bisherigen Darstellung wurde dieses Ergebnis allerdings durch eine in gewisser Weise äußerliche Überlegung erreicht, aus dem Blickwinkel der Suche nach dem Bindeglied, das den induktiven Schluß logisch salonfähig machen könnte. Was zur Klärung des eigentlichen Stellenwerts der so erreichten Ergebnisse noch aussteht, ist die Rückbeziehung auf die Natur des induktiven Schlusses selbst. Bislang blieb ja offen, ob Induktion überhaupt so etwas wie einen eigenen Typ des Schlusses darstellt oder bloß eine Schwundstufe anderer, gültiger, Schlußtypen oder ein Drittes. Ebenso bestimmungsbedürftig blieb das Doppelverhältnis, das die Induktion zu vollständigen Fallreihen einerseits und zu gesetzesförmigen allgemeinen Zusammenhängen andererseits unterhält.

Zur Beantwortung dieser Fragen wende ich mich an die Adresse, von der oben schon das Eingangsbeispiel des induktiven Schlusses bezogen war, also an Hegels Bestimmung des „Schlusses der Induktion" in der Schlußlehre der *Wissenschaft der Logik*.[1] Hegels Behandlung des Induktionsschlusses verspricht zunächst, schon ihrem Aufbau nach, Aufschluß für die zuletzt genannte Frage: Hegel erschließt nämlich im Ausgang von einer allgemein gehaltenen Charakteristik des Schlusses der Induktion zuerst einen Grund für die Restriktion von *allen* auf bloß *manche* Fälle eines Begriffs, um in einem nächsten Schritt die Unterstellung freizulegen, auf die hin wir manchmal das Wissen über *manche* Fälle als Wissen über *alle* Fälle gelten lassen. Hegel geht damit derselben Zweideutigkeit des Induktionsschlusses auf den Grund, die sich im Gegensatz unserer beiden ersten „Lückenbüßer" – vervollständigte Einzelfallsammlung einerseits, Gesetz andererseits – schon gezeigt hat; und seine Behandlung verspricht einen Fortschritt über das bisher Erreichte hinaus, weil er nicht mit der Frage beginnt, was dem Induktionsschluß fehlt, sondern mit der Frage, was er ist. Des weiteren verspricht Hegels Behandlung der Induktion Aufschluß hinsichtlich der Frage ihrer Einordnung in die Gattung des Schlusses. Der Schluß der Induktion folgt nämlich im Rahmen der Hegelschen Schlußlehre auf die von Hegel so genannten „formellen" oder „Verstandesschlüsse", die man – ohne darin schon ihre vollständige Bestimmung geleistet zu haben – als formal gültige, also wahrheitserhaltende Syllogismen ansprechen kann. Auf die Stellung des Induktionsschlusses zu seinen in dieser Hinsicht wohlgeratenen Vorgängern werde ich im Lauf der Eingangsbetrachtung des Induktionsschlusses eingehen (Kap. 2.2.2), um schließlich am Ende dieses Abschnitts die Sonderstellung dieses Schlusses noch einmal allgemeiner zu bestimmen (Kap. 2.2.5).

Ehe wir an Hegels Behandlung des Induktionsschlusses selbst gehen, ist eine Vorbemerkung am Platz. Es geht im folgenden nicht um eine treue Exegese der entsprechenden Passagen der *Wissenschaft der Logik*, sondern nur darum, Antworten auf die eben genannten Fragen zu gewinnen. Entsprechend frei fällt die Anlehnung an den Text aus. Die erste Freiheit, die ich mir dabei herausnehme, betrifft die Charakterisierung der Terme des Schlusses. Hegel geht zwar von dem traditionellen Dreierschema der Terme eines syllogistischen Schlusses aus – die zwei Außenterme treten in der Konklusion zusammen, in den zwei Prämissen getrennt auf, während der Mittelterm in beiden Prämissen, aber nicht mehr in der Konklusion auftritt; aber er gibt diesem Schema durchgängig, also für alle Schlüsse, jeweils eine nähere Charakterisierung in Gestalt der Unterscheidung des Einzelnen (E), des Besonderen (B) und des Allgemeinen (A) mit

---

[1] Zu Hegels Bestimmung des Schlusses der Induktion vgl. auch: Dirk Stederoth: *Hegels Kritik der Induktion und ihre Bedeutung für (s)eine Kritik der Erfahrungswissenschaften*, in: A. Arndt/Ch. Iber/G. Kruck (Hg.): *Hegels Wissenschaft der Logik – Die Lehre von Begriff, Urteil und Schluß*, Berlin (im Erscheinen).

auf den Weg. Diese Unterscheidung fällt dabei nicht einfach mit der Unterscheidung der zuvor genannten Positionen im Schluß zusammen. Das ist daran abzulesen, daß Einzelnes, Besonderes und Allgemeines im Gang der Hegelschen Schlußlogik – mehrfach – jede der drei Stellen des Schlusses besetzen. Im Rahmen der Hegelschen Begriffslogik haben das Einzelne, das Besondere und das Allgemeine nun vor ihrem Auftritt im Induktionsschluß eine lange Bestimmungsgeschichte hinter sich, die ich im folgenden einfach abgeblendet lasse. Wenn von *E* die Rede ist, so ist dementsprechend von mir anfangs nichts weiter gemeint als derjenige Term des Schlusses, der unter jeden der beiden anderen subsumiert ist. Das kann, muß aber nicht heißen, daß es sich um ein konkretes Individuum handelt, also etwas, was selbst nichts anderes subsumiert. Die Bezeichnung „*E*" oder „das Einzelne" legt nicht den *absoluten* Status des so Bezeichneten fest, sondern seinen *relativen* Status gegenüber den beiden anderen Schlußtermen. „*A*" und „*B*" sind entsprechend Bezeichnungen für das, worunter *E* subsumiert wird, und zeigen darüber hinaus das bilaterale Verhältnis der beiden Subsumierenden zueinander an: Der Umfang von *A* schließt den Umfang von *B* entweder als echte oder als unechte Teilmenge ein. Daß wir mit dieser vereinfachenden Voraussetzung wesentliche Pointen des Induktionsschlusses verpassen, ist jedoch m. E. nicht zu befürchten: Im Verlauf der Überlegungen selbst wird sich nämlich die Notwendigkeit ergeben, die Ausgangsbestimmungen von *E*, *B* und *A* zu modifizieren.

2.2.2 Die Ausgangsbeschreibung des Schlusses der Induktion

Kommen wir damit zu Hegels erster, allgemeiner Fassung des Induktionsschlusses. Sie lautet sinngemäß:

Indem die Einzelnen (*E*) eines bestimmten Allgemeinen (*A*) ein weiteres Prädikat (*B*) an sich haben, erweist sich dieses Prädikat als zu jenem Allgemeinen gehörend. Die Außenterme des Schlusses, die in der Konklusion Zusammenzuschließenden, sind also jenes Allgemeine auf der einen, dieses Prädikat auf der anderen Seite; und vermittelt sind sie durch die zweifache Bestimmung der Einzelnen: sowohl die Einzelnen jenes Allgemeinen zu sein als auch das fragliche Prädikat zu haben. (Damit schließt Hegel direkt an die Fassung des induktiven Schlusses an, den Aristoteles in den Analytica priora gegeben hatte.[2]) Der Schlußsatz, der allen Fällen eines Allgemeinen das Prädikat zuspricht, ist also jedenfalls durch Verhältnisse der Koinstantiierung erschlossen: Dieselben, die Fälle von *A* sind, sind auch Fälle von *B*. Daß es dabei auf die Sammlung der Einzelnen, d. h. eine Konjunktion von Einzelfallbefunden, ankommt, drückt Hegel schematisch mittels der Ersetzung des abstrakteren Schemas „*A* – *E* – *B*" durch das induktionsspezifische Schema aus:

[2] Vgl. oben Teil 2, Einleitendes zur Induktion.

$$\begin{array}{c} e \\ e \\ A - - B \\ e \\ e \\ \text{ins Unendliche.} \end{array}$$[3]

Ausgeschrieben in syllogistischer Drei-Satz-Form heißt das:

A ist ($e_1 + e_2 + e_3 ... +e_n$).
e_1 ist *B*. e_2 ist *B*. e_3 ist *B*. ... e_n ist *B*. – Oder: ($e_1 + e_2 + e_3 ... +e_n$) sind *B*.
Also: *A* ist *B*. – Oder: Alle *A* sind *B*.

Schon an dieser Stelle zeigt sich ein erster Klärungsbedarf hinsichtlich der Besetzung der drei Termstellen des Schlusses mit *A*, *B* und *E*. Wenn *B* hier ein Prädikat sein soll, das *A* zukommt, indem es allen ihm Subsumierten zukommt, so ist damit nicht entschieden, daß umgekehrt auch alle *B*'s *A*'s sein müssen. (An Hegels schon herangezogenem Beispiel aus der *Enzyklopädie* läßt sich das leicht nachvollziehen: Wenn alle Metalle leitfähig sind, sind darum noch lange nicht alle leitfähigen Stoffe Metalle.) Das scheint aber meiner Einführung von *A* und *B* zu widersprechen: Nach dieser müßten die *B*'s ja eine (echte oder unechte) Teilmenge der *A*'s sein. Dieser Widerspruch löst sich jedoch auf, wenn wir das Umfangsverhältnis zwischen *A* und *B* nicht absolut verstehen, sondern relativ zum dritten Term, d. h. zur Sphäre derer, die zugleich die einzelnen *A*'s sind. Dann ergibt sich: Ob außer dieser Sphäre *B*'s auftreten oder nicht, ist für den spezifischen Kontext des induktiven Schlusses nicht von Belang und ist auch nicht maßgeblich für die Charakterisierung der beiden Außenterme als *A* respektive *B*. Was für diese Charakterisierung einzig zählt, ist, daß im Raum der jeweils zu betrachtenden *e*'s das fragliche Verhältnis zwischen *A* und *B* besteht. In diesem Raum kommen die *B*'s mindestens als echte Teilklasse und höchstens als dem *A* Umfangsgleiches vor; und ob letzteres der Fall ist, entscheidet der induktive Schluß.

Dessen erste und allgemeinste Bestimmung scheint, wenn wir Hegels Fassung folgen, einfach mit der Bestimmung perfekter, d. h. vollständiger enumerativer Induktion zusammenzufallen. Hegel beginnt ja nicht sogleich mit dem Problem des Übergangs von manchen zu allen Fällen, sondern rechnet in der Eingangsfassung zunächst einmal mit der vorausgesetzten *Allheit* der relevanten Einzelbefunde. (Allerdings kündigt sein eigenes Schema in dieser Frage bereits eine Zweideutigkeit an: Das Schema läßt offen, ob die Formel „ins Unendliche" – in anderen Darstellungen Hegels auch als „usf." wiedergegeben – nur der Abkürzungsabsicht der theoretischen Darstellung solcher Schlüsse verdankt ist oder zu ihrem Inhalt, zum Dargestellten selbst, gehört. Doch Hegels Erläuterungen zu diesem Schema entscheiden diese Zweideutigkeit zunächst einmal klar zugunsten der Allheit, also Vollständigkeit, der Einzelnen von *A*.) Dieser Ausgangspunkt sieht nun nicht besonders vielversprechend aus. Indem er – unrea-

[3] *TW* 6, 384. Vgl. *Enz.* § 190 Zusatz.

listisch, wie Idealisten wohl so sind – von buchstäblich *allen* Einzelnen des Allgemeinen ausgeht, scheint sich Hegel ja sowohl um das eigentliche Problem als auch um die eigentliche Leistung der Induktion zu drücken. Man könnte sich – in Erinnerung an Mills Kritik des Vollständigkeitsanspruchs – fragen, was denn unter diesen Vorzeichen der Schlußsatz gegenüber der zweiten Prämisse Neues enthalten soll. Gibt es überhaupt eine Pointe der Ersetzung der Form des Subjektausdrucks „$e_1 + e_2 + e_3 \ldots + e_n$" durch die Form „*A*" oder „alle *A*"? Immerhin haben wir schon Fälle kennengelernt, in denen diese Ersetzung ohne Pointe bleibt – man denke etwa an die gleichzeitig in einem Raum versammelten Personen, das einschlägige Beispiel aus Kap. 2.1.1. Und für die spannenden, aber auch problematischen Fälle, in denen Vollständigkeit entweder nicht vorliegt oder nicht gewußt wird, scheint der Perfektionsfall kaum Aufschluß zu bieten.

So allerdings hätten wir die Rechnung ohne Hegels entscheidenden zweiten Schritt gemacht, in dem er zu zeigen beansprucht, daß und wie das eingangs angesetzte „alle *A*" im Rahmen des induktiven Schlusses zurückgeht auf das bescheidenere „alle bis dato bekannten", logisch also auf „manche *A*", um in einem dritten Schritt diejenige Unterstellung des Schlusses zu erschließen, kraft deren „manche" manchmal so gut wie alle sind. Die Hegelsche Darstellung bietet also, wie angekündigt, erstens einen Grund für die Restriktion des Vermittelnden an, d. i. einen Grund für jene Spannung zwischen Beweisziel und Beweismittel, die für induktive Schlüsse charakteristisch zu sein scheint; und zweitens läßt sie es nicht bei dem Befund der „Lücke" bewenden, sondern bringt am Ende mit der Freilegung der Unterstellung des induktiven Schlusses eine Veränderung der Perspektive auf das Allgemeine ins Spiel, die sich als essentialistische Unterfütterung induktiver Schlüsse erweisen und in Hegels Konzept von *„objektiver Allgemeinheit"* terminieren wird.

Um den zweiten Schritt, d. i. die Überführung der perfekten in die unvollständige Induktion, nachzuvollziehen, müssen wir zunächst die Eingangsbestimmung des induktiven Schlusses näher betrachten. Hegel charakterisiert zunächst dessen Terme, also Außenbegriffe – von ihm „Extreme" genannt – und Mittelbegriff: „[d]as *eine Extrem* ist irgendein Prädikat, das allen diesen Einzelnen gemeinschaftlich ist"; „[d]as *andere Extrem* kann die unmittelbare Gattung sein, wie sie in der Mitte des vorigen Schlusses oder im Subjekte des universellen Urteils vorhanden ist und welche in den sämtlichen Einzelnen oder auch Arten der Mitte erschöpft ist"; „die Mitte ist hier: *„Alle Einzelnen*; der Satz *A* – *E*, welcher das objektive Allgemeine oder [die] Gattung als zum Extrem ausgeschieden, als Subjekt enthält, hat ein Prädikat, das mit ihm wenigstens von gleichem Umfange, hiermit für die äußere Reflexion identisch ist" (*TW* 6, 384f.).

Lassen wir Hegels vergleichende Rückbezüge und damit auch die nähere Qualifizierung des *A* als Gattung oder als eines objektiven Allgemeinem zunächst außer acht, so bleibt jedenfalls die zweimalige ausdrückliche Bestimmung des Verhältnisses von *A* und *E* zu verzeichnen: Die Einzelnen erschöpfen den Begriffsumfang von *A*, mit anderen Worten: die Liste der im Schluß auftretenden Fälle oder auch Arten von *A* ist als vollständige Liste zu denken. Wenn das so ist, so haben wir natürlich stärkere Voraussetzungen als nur die an manchen *A*-Fällen konstatierte Koinzidenz zweier allgemeiner Bestimmungen, die verallgemeinert werden müßte. Der Schluß stellt sich so zunächst auch nicht in der Form dar:

$e_1 + e_2 + e_3 ... + e_n$ sind *A*.
$e_1 + e_2 + e_3 ... + e_n$ sind *B*.
Also sind *einige A B*.

Daß Hegel das auch so meint, geht aus einem Vergleich hervor, den er der oben zitierten Charakterisierung des Mittelterms beifügt und den wir nun kurz betrachten müssen. Der zuletzt zitierte Satz lautet nämlich vollständig:

„Die zweite Figur des formalen Schlusses, *A* – *E* – *B*, entsprach dem Schema darum nicht, weil in der einen Prämisse *E*, das die Mitte ausmacht, nicht subsumierend oder Prädikat war. In der Induktion ist dieser Mangel gehoben; die Mitte ist hier: Alle Einzelnen; der Satz *A* – *E*, welcher das objektive Allgemeine oder [die] Gattung als zum Extrem ausgeschieden, als Subjekt enthält, hat ein Prädikat, das mit ihm wenigstens von gleichem Umfange, hiermit für die äußere Reflexion identisch ist." (*TW* 6, 384f.)

Der Schlußtyp, den Hegel hier zum Vergleich heranzieht, lautet:

e ist *A*.
e ist *B*.
Also sind einige *A B*.[4]

Ein Beispiel wäre:

Kupfer ist ein Metall.
Kupfer leitet.
Also leiten einige Metalle.

Das Charakteristikum dieses zum Zweck der Abgrenzung herangezogenen Schlusses besteht also darin, daß *ein* Einzelnes, indem es sowohl eine allgemeine Bestimmung (*A*) aufweist als auch eine besondere Bestimmung (*B*), die besondere Bestimmung als an einigen *A*'s (nämlich mindestens einem *A*) vorkommend zu erschließen erlaubt.

Die Grundlage des Vergleichs dieses Schlusses mit dem Schluß der Induktion liegt in der beiden Schlüssen gemeinsamen Besetzung des Mittelterms mit dem Einzelnen und, entsprechend, der Außenterme mit dem Allgemeinen und Besonderen. Beidemale wird ein Zusammenhang von *A* und *B* vermittelt durch ihre Koinstantiierung in Einzelnen. Das „Schema", von dem Hegel in der eben zitierten Passage spricht, ist das der mittelbaren, aufstufenden Subsumtion: Ein Erstes ist einem Zweiten subsumiert, indem es ganz einem Dritten subsumiert ist, das seinerseits ganz dem Zweiten subsumiert ist.[5] Und der „Mangel" jenes Schlusses liegt dann darin: Ein Einzelnes subsumiert nicht die Bestimmung, der

[4] Die zweite Figur des formalen Schlusses wird ausführlich behandelt in *TW* 6, 365-369.
[5] Das Schema ist formuliert in Aristoteles' Grundbestimmung des Syllogismus und, extensional, im *Dictum de omni*.

es umgekehrt subsumiert ist – deshalb restringiert sich die Konklusion, die aus einzelner Koinstantiierung resultiert, zur partikularen. Ob *A* und *B* auch noch in anderen Fällen von *A* einerseits, *B* andererseits koinstantiiert sind, steht nach diesem Schluß dahin. Die Koinstantiierung alias der Umstand, daß zwei allgemeine Bestimmungen dasselbe Objekt subsumieren, macht ihren Zusammenhang nicht zum allgemeinen, nicht zu einem, der zwischen ihnen besteht, woran und wie auch immer sie realisiert sein mögen.

Gegenüber dieser einfacheren Vergleichsform weist der Schluß der Induktion eine Veränderung auf, die in der Erweiterung des zweifach subsumierten Einzelnen zu „alle *A*" liegt. Steht anstelle des *einen* Einzelnen die Reihe *aller* Einzelnen eines Allgemeinen, ist das Verhältnis von *A* und *B* allgemein geworden – das ist die Modifikation zwischen dem zweiten formalen und dem Schluß der Induktion.

Warum dieser Unterschied von Hegel gerade in Termini von Mangel und Fortschritt gefaßt wird, läßt sich m. E. so beantworten: Wenn schon die Koinstantiierung zweier Prädikate benutzt werden soll, um ihr Verhältnis – ich lasse offen, ob in Termini ihrer Umfänge oder ihrer Inhalte – zu bestimmen, dann müssen die in Anspruch genommenen Einzelnen eines der Prädikate auch wirklich repräsentieren können. Und die erste und einfachste Weise, diese Repräsentanz des Allgemeinen im Einzelnen zu denken, ist die Ausweitung auf alle Einzelnen des Allgemeinen, sozusagen die Ausleuchtung jener unbestimmten Restsphäre dessen, was das Allgemeine außer dem zufällig betrachteten einen *A*-Fall sonst noch subsumiert. Gerade die Ausweitung der Perspektive von *einem* auf *die* Fälle des Allgemeinen verspricht damit die Klärung der im ersten Schluß ganz offen bleibenden Frage, ob denn die Koinzidenz der zwei Bestimmungen im selben Einzelnen *nur* ein Einzelfall gewesen sei.

Dieser Unterschied des Schlusses der Induktion zu einem Schluß, der mit einer vereinzelten Koinstantiierung operiert, schlägt sich in der Stellung des Einzelnen im Schluß nieder.

Die Reihe der Einzelnen hat nach dieser Ausgangsbeschreibung nicht nur die Funktion, sondern auch die syntaktische Position des Mittleren. Es ist nicht zweifaches Subjekt der Prämissen, sondern tritt in der ersten Prämisse an Prädikatstelle auf. Entsprechend tritt das *A* in der ersten Prämisse nicht als Prädikat von etwas, sondern als das Subjekt, das zu Bestimmende, auf. Rein syntaktisch betrachtet, gleicht ein solcher Schluß wieder dem Modus Barbara, genügt also dem Schema der zweifachen aufstufenden Subsumtion (schematisch: Alle *F* sind *G*; alle *G* sind *H*; also sind alle *F H*).

Zugleich läßt sich sowohl an Hegels Ausgangsschema wie an den zitierten Erläuterungen ablesen, daß sich der Schluß der Induktion von jener Stammform der positiven Schlüsse, von Modus Barbara, auch unterscheidet. In der aufstufenden Subsumtion mit drei allgemeinen Urteilen wiederholt sich in den drei Urteilen ein und dasselbe Verhältnis zwischen Subjekt und Prädikat. Das Prädikat ist jedesmal das Subsumierende, das Subjekt jedesmal das Subsumierte. Diesen Parallelismus der Urteile weist der Schluß der Induktion nicht auf. In seiner ersten Prämisse wird nicht der Umfang eines Begriffs als im Umfang eines anderen Begriffs (echt oder im Sinn der Umfangsgleichheit) enthalten behauptet, und das Prädikat liefert nicht eine weitere allgemeine Bestimmung für einen zuvor begrifflich spezifizierten Gegenstandsbereich. *A* wird in der ersten Prämisse nicht durch Merkmale bestimmt, sondern bestimmt durch die Angabe derer, die unter es fallen. Genau genommen, ist in der ersten Prämisse also nicht das Subjekt durch ein Prädikat bestimmt, „das mit ihm wenigstens von gleichem Umfange" (*TW* 6, 385) ist, sondern ein Prädikat wird durch seinen eigenen Umfang bestimmt. Die erste Prämisse des Schlusses der Induktion ist kein subsumierendes Urteil, sondern die Umkehrung eines solchen. Darin liegt eine spezifische Differenz des Schlusses der Induktion gegenüber dem Modus Barbara, die, wie wir eben sahen, auch dann auftritt, wenn wir die Reihe der Einzelnen als hinsichtlich *A* vollständige, erschöpfende Fallreihe ansetzen.

Das Spezifische des Schlusses der Induktion in Abgrenzung gegen die aufstufende Subsumtion nach Art von Modus Barbara besteht demnach in der Nutzanwendung der *doppelten Zugänglichkeit* desselben, derselben Klasse: ihrer Bestimmbarkeit durch einen Begriff, eine allgemeine inhaltliche Bestimmung (*A*), einerseits und ihrer Bestimmbarkeit in Termini des extensionalen Gegenwerts (e_1-e_n) andererseits.

Zusammengenommen ist der Schluß der Induktion nun doppelt charakterisiert: Erstens steht die Art und Weise der induktiven Vermittlung – nach wie vor – als Koinstantiierung fest; daran hat die Modifikation gegenüber dem partikularen Fall nichts geändert, und dies hat der Schluß der Induktion mit dem einfacheren Vergleichsmodell, das mit nur einem Einzelnen operiert, gemein. Zweitens ist der Schluß der Induktion durch die Konversion eines subsumierenden Urteils charakterisiert und damit durch die vollständige Determination einer intensional bestimmten Klasse in Termini ihrer Elemente. Der Schluß realisiert, daß vom Allgemeinen gilt, was von allen seinen Einzelnen gilt, beutet also den Sachverhalt aus, daß der Subjektbereich eines Prädikats nicht dadurch verändert wird, wie er gegeben wird – durch Aufzählung der in den Umfang des Begriffs Gehörenden oder durch Kennzeichnung mittels des Begriffs selbst.

2.2.3 Zurück zur Unvollständigkeit

Damit sind schon alle Momente versammelt, die für Hegels Schluß auf die notorische Unterschreitung der Vollständigkeitsforderung maßgeblich sind, und damit kommen wir nun zur zweiten Etappe der Bestimmung des induktiven Schlusses, d. i. zu der Frage: Warum tritt unter den genannten Bedingungen eigentlich die Vollständigkeitsforderung auf, und warum tritt Vollständigkeit *nur* als geforderte, als nicht erreichte auf? Die Antwort findet sich kurzgefaßt in dieser Textpassage:

„Die Mitte sind die einzelnen in ihrer Unmittelbarkeit; das Zusammenfassen derselben in die Gattung durch die Allheit ist eine *äußerliche* Reflexion. Um der bestehenden *Unmittelbarkeit* der Einzelnen und um der daraus fließenden *Äußerlichkeit* willen ist die Allgemeinheit nur Vollständigkeit oder bleibt vielmehr eine *Aufgabe.*" (*TW* 6, 385)

Noch einmal und langsam, heißt das: Daß die im Schlußsatz anvisierte Allgemeinheit (Alle *A* sind *B*) nur Aufgabe bleibt, hat damit zu tun, daß die Allgemeinheit selbst vorläufig so gefaßt ist, daß sie bestenfalls Vollständigkeit wäre. Und daß Allgemeinheit vorläufig genau so gefaßt ist, hat wiederum damit zu tun, wie die Einzelnen sich hier zu demjenigen Allgemeinen verhalten, als dessen Einzelne sie – in der ersten Prämisse (A ist $e_1 + e_2 + e_3 \ldots + e_n$) – eingeführt werden. Die erste Prämisse ist nichts weiter als ein umgekehrtes Subsumtionsurteil; sie gibt keine inhaltliche oder kriteriale Antwort auf die Frage „Was ist *A* (Metall z.B.)?", sondern eine Kandidaten-Antwort. Sie sagt nicht, was etwas sein muß, um so ein *A* zu sein, sondern, wer oder was das dazugehört, wer oder was das Kriterium erfüllt – wenn *A* überhaupt durch inhaltliche Kriterien definiert ist. Dies allerdings, die Voraussetzung einer *inhaltlichen* Bestimmung des Allgemeinen, läßt sich an dieser Stelle schon als Bedingung des induktiven Schlusses erheben, nämlich als Bedingung dafür, daß überhaupt von einem Schluß die Rede sein kann. Wäre das Allgemeine allein und abschließend durch die Disjunktion der aufgereihten Einzelnen bestimmt, bliebe die Übertragung des Prädikats, des *B*, von der Einzelfallreihe an *A*, an sie als alle *A*'s, eine rein nominelle Ersetzung. Wenn das Allgemeine nicht durch Inhalte bestimmt ist, sondern allein durch seinen Umfang, dann erübrigt sich nicht nur die Frage, wie sich denn andere *A*'s hinsichtlich des Prädikats *B* verhalten, sondern dann entfällt zugleich die Pointe des Übergangs von der zweiten Prämisse zur Konklusion. Es kommt also vielmehr darauf an, daß die Einzelnen als Repräsentanten eines von ihnen auch unterscheidbaren, d. i. selbständig artikulierbaren, also inhaltlich bestimmten Allgemeinen auftreten.

Nun verhält sich der Inhalt dieses Allgemeinen zu den unter es Subsumierten im Ausgangspunkt offenbar nur als *eines* unter vielen anderen möglichen Kriterien der Subsumtion: Die Zusammenfassung unter gerade dieses Allgemeine sagt über die so Zusammengefaßten noch nichts weiter aus. Ihr ganzer Zusammenhang ist erst einmal nur, *unter anderem* – und abgesehen von gleich möglichen anderen Subsumtionskriterien mit gleich möglichen anderen Subsumtionsergebnissen – diesem Allgemeinen unterstellt zu sein. Daß das Allgemeine im Ausgangspunkt gerade so zu fassen ist, zeigt sich daran, daß weitere inhaltliche Bestimmungen dieses Allgemeinen nur mittels des Rekurses auf Einzelfallsammlungen erhoben werden. Das Allgemeine hat also zunächst die nähere Bestimmung einer *Gemeinsamkeit ansonsten Verschiedener*, deren Unterschiede voneinander unterstellt, aber außer Betracht gelassen sind. So bleibt „das Zusammenfassen derselben", d. i. der Einzelnen, „eine *äußerliche* Reflexion".

Die Kehrseite davon ist dann das, was Hegel „die bestehende *Unmittelbarkeit* der Einzelnen" nennt. Wie diese Einzelnen abgesehen von dieser einen Gemeinsamkeit sonst noch bestimmt sind, fällt jedenfalls jenseits dieser

Gemeinsamkeit und entscheidet sich jeweils am betreffenden Einzelnen. Entsprechend sind wir, wenn wir etwaige weitere Gemeinsamkeiten derselben Einzelnen erheben wollen, von der schon verbuchten ersten Gemeinsamkeit weg zurück an das Durchmustern der Einzelnen verwiesen. „Unmittelbar" bleiben die Einzelnen so sowohl im Verhältnis zum Ausgangsallgemeinen, dem Gesichtspunkt ihrer Zusammenfassung, als auch im Verhältnis zueinander. In der zweiten Prämisse treten sie ja ausdrücklich gesondert auf. Jedes von ihnen zeigt das Prädikat auf eigene Rechnung, unabhängig von jedem Verhältnis zu seinen Klassenbrüdern. Und für das Zukommen jenes Prädikats bleibt die Zusammenfassung der Einzelnen unter das Ausgangsallgemeine funktionslos. Mit dem Ausgangsallgemeinen ist so zwar der relevante Untersuchungsbereich abgesteckt, aber Durchführung und Ergebnis der Untersuchung sind dadurch in keiner Weise bestimmt.

Unter diesen Vorzeichen ist für den Schluß auf das Allgemeine die Vollständigkeit der Aufzählung tatsächlich zugleich gefordert und nicht erreichbar. Gefordert ist sie deshalb, weil es darum geht, das Prädikat als im allgemeinen zukommend zu erheben, ohne das Ausgangsallgemeine selbst für diese Frage mobilisieren zu können. Nicht erreicht wird sie aus demselben Grund. Wenn die Vertreter des Ausgangsallgemeinen abgesehen von dieser einen Allgemeinheit einfach unabsehbar variieren, die Sphäre dieses Allgemeinen also ins Unbestimmte diffundiert, dann gibt es auch kein allgemeines Kriterium der Vollständigkeit und keinen Grund, jemals festzuhalten: Das sind nicht nur alle, die wir kennen, sondern alle, die in Frage kommen, wenn es um Vertreter dieses Allgemeinen im allgemeinen, um das Allgemeine selbst, geht.

Unter den Vorzeichen selektiv äußerlicher Zusammenfassung Einzelner zu Vertretern eines Allgemeinen – und das sind bis jetzt die Vorzeichen des induktiven Schlusses – bricht der Schluß selbst an seiner Mitte in zwei unverbundene Stücke auseinander. Die Mitte sollten die einzelnen Vertreter des Allgemeinen bilden, und sie sollten in diese Scharnierfunktion eingesetzt sein a) durch ihre zweifache Subsumierbarkeit: unter *A* einerseits, *B* andererseits, und b) durch ihre Repräsentationsfunktion für *A*. Solange aber die einzige Weise, wie sie hinsichtlich des *B* für *A* repräsentativ sein können, in ihrer Vollständigkeit liegt, repräsentieren sie immer auch nicht, was sie repräsentieren sollen.

An dem schon herangezogenen Beispiel läßt sich das eben Gesagte so ausführen: Dort geht um die Frage, ob Metall im allgemeinen elektrisch leitfähig ist. Beantwortet werden soll die Frage im Rückgang auf einzelne Metalle, auf Gold, Silber, Kupfer, Blei. An jedem gesondert wird Leitfähigkeit festgestellt, und zwar unabhängig voneinander und unabhängig von Rekursen auf ihren vorausgesetzten gemeinsamen Charakter als Metall. (So jedenfalls will es der Steckbrief des Schlusses der Induktion. Als Wiedergabe der tatsächlichen Entdeckungsgeschichte wäre das wohl eine falsch.) Dann lautet das Ergebnis entsprechend: Gold, Silber, Kupfer und Blei haben *abgesehen* von den gewußten Gemeinsamkeiten, die für ihre Zusammenfassung zu Metall maßgeblich gewesen sind, *noch eine* Gemeinsamkeit aufzuweisen. Ein ausgewiesener inhaltlicher Zusammenhang zwischen Metall und Leitfähigkeit ist das sicher nicht. Dann fällt nämlich der Umstand, daß Gold etc. leitend sind, einfach *neben* den Umstand, daß sie Metalle sind. Aber es ist auch keine Antwort auf die vermeintlich einfachere Frage, ob alle Metalle leiten. Solange unsere Metalldefinition nur ein paar an Einzelnem selektiv erhobene Züge versammelt, deren Verhältnis zu qualitativ anderen vorderhand ganz ungeklärt bleibt, wissen wir auch nicht, in welchen und wievielen Kombinationen diese hervorgehobenen Züge mit anderen vorkommen. Also wissen wir auch nicht, ob die Metalle, die wir kennen, alle Metalle gewesen sind.

2.2.4 Ein Zirkel und seine Auflösung

Daß die Konklusion, der anvisierte Allsatz, damit problematisch bleibt, hält Hegel fest, interessanterweise aber nicht, um sich mit dem problematischen Charakter des Induktionsschlusses abzufinden oder den rechten Umgang mit dem als bleibend vorausgesetzten Problem zu suchen. In einem *dritten* Schritt schließt er vielmehr, sehr kurz und bündig, auf eine Unterstellung der Induktion: In dem unerfüllbaren Antrag auf unendliche Fortsetzung der Einzelfallsammlung setze die Induktion nämlich voraus, „daß die Gattung mit ihrer Bestimmtheit *an und für sich* zusammengeschlossen ist.“ (*TW* 6, 386) Das läßt den Schluß der Induktion zwar, wie Hegel sogleich festhält, zirkulär geraten – die Induktion „setzt damit eigentlich ihren Schlußsatz vielmehr als ein Unmittelbares voraus“ (*TW* 6, 386) –, soll ihm zufolge jedoch gerade darin eine fortgeschrittene, qualitativ neue Fassung von Allgemeinheit freilegen, auf der der induktive Schluß selbst beruht und die Hegel die *„objektive“* Allgemeinheit nennt (*TW* 6, 386).

Diese Wendung ist alles andere als selbstverständlich. Sie konkurriert wenigstens mit einer viel verbreiteteren Fortsetzung: Aus der Nicht-Realisierbarkeit der Vollständigkeitsforderung sei die praktische Konsequenz epistemischer Bescheidenheit zu ziehen und das Resultat eines induktiven Schlusses sei bleibend als problematisches festzuhalten. Wie die weitere Theoriegeschichte gezeigt hat, führt diese geläufige Wendung auch nicht schon das Ende jeglicher Theorie der Induktion herbei. Auf der Basis der Einsicht in den nicht notwendigen Charakter der Induktion eröffnen sich immerhin ganz neue Felder der Forschung: etwa Versuche zur quantifizierenden Bestimmung der Differenz von Sein und Sollen, Verfahren der Fixierung des Bestätigungsgrades (Carnap) oder pragmatische Rechtfertigungen der Überbrückung der Kluft zwischen Partikularität und Allheit (Rescher). Doch ehe man sich dieser Wendung anschließt, lohnt es sich, Hegels Schluß auf die genannte Unterstellung näher nachzugehen.

Wie also setzt die Forderung unendlicher Fortsetzung der Reihe von Bestätigungsfällen voraus, die Gattung sei an und für sich mit ihrer Bestimmtheit zusammengeschlossen? Zunächst einmal drückt die Forderung als Forderung ein *Ungenügen* der in der zweiten Prämisse versammelten Einzelbefunde aus. Dieses

Ungenügen liegt nicht darin, daß die Befunde im einzelnen, isoliert genommen, zweifelhaft wären – das kann natürlich auch noch sein, fällt aber jenseits unseres Problems. Vielmehr gelten die Einzelbefunde als ungenügend *relativ* zu der Zielbestimmung des induktiven Schlusses, relativ zu der entscheidenden Frage, ob alle *A B* sind – an unserem Beispiel: ob alle Metalle leiten, Metall im allgemeinen leitet. Jede beliebige Konjunktion einzelner Sätze der Art „Gold leitet“, „Silber leitet“, Kupfer leitet“, mag sie so wahr sein wie sie will, bleibt für sich hinter der zugedachten Rolle des Mittelglieds eines induktiven Schlusses zurück: Jede Konjunktion braucht den Zusatz: „... und das sind alle Metalle gewesen“. Jede beliebige Konjunktion von Einzelfallbefunden über leitende Metalle erscheint, zählt somit nicht nur als sie selbst, sondern als Teil, als Beitrag. Dasselbe gilt von den einzelnen Gliedern der Konjunktion: Der einzelne Befund „e_i ist *B*“ – „Gold leitet“, zum Beispiel – steht im Kontext des induktiven Schlusses zwar einerseits für sich, aber andererseits entscheidet sich sein Beitrag zur Erschließung der Konklusion eindeutig nicht an ihm allein. Was er dafür zählt, entscheidet sich jenseits seiner an den übrigen relevanten Einzelbefunden. Vorausgesetzt ist so zuerst einmal die Perspektive, in der die vereinzelt aufgeführten Befunde der zweiten Prämisse ins Verhältnis zueinander gesetzt sind, mit anderen Worten, der *Maßstab* der zu erschöpfenden Sphäre, und diese Voraussetzung fällt auf die Seite des Allgemeinen. Auch wenn wir nicht einmal wissen, welche Arten von Metall überhaupt noch über die einmal bekannten hinaus vorkommen, die Sphäre extensional für uns also ins Unbestimmte verschwimmt, liegt in der allgemein formulierten Frage die Voraussetzung einer, nämlich: allgemeinen Bestimmtheit der Sphäre. Und erst im Horizont der allgemeinen Frage – ob denn Metall leitet? – hat das diagnostizierte Ungenügen jeder beliebigen Reihe von Einzelbefunden den Maßstab ihres Ungenügens.

Damit ist freilich erst die Hälfte der fraglichen Unterstellung eingeholt: Vorausgesetzt ist bis jetzt noch nicht, daß dem Allgemeinen, *A*, *wirklich* die fragliche Bestimmung, *B*, zugehört, sondern vorausgesetzt ist derselbe propositionale Inhalt in Gestalt der *Frage*, die an die Einzelnen ergeht, in Gestalt des *Maßstabs*, dem sie genügen müssen, wenn sie die ihnen zugedachte Mittlerrolle erfüllen sollen. Tatsächlich aber ist auch jene zur Affirmation verstärkte Voraussetzung im Desiderat unendlich fortgesetzter Einzelfallsammlung enthalten. Das Desiderat enthält ja neben der begründeten Unzufriedenheit mit jeder beliebigen erreichten Konjunktion von Einzelbefunden auch die fortgeschriebene Anweisung, den allgemeinen Zusammenhang in Form von Einzelbefunden zu erheben. Die Einzelbefunde sind in einer Weise für ungenügend befunden, die zeigt, daß *zugleich* auf Einzelbefunde gesetzt wird. Die Forderung hat nicht den Abbruch und den Neubeginn bei etwas ganz anderem zum Inhalt, sondern: *Fortsetzung des gleichen Verfahrens*. Und der Schluß selbst emanzipiert sich in seinem letzten Schritt auch noch von der Diagnose der Unvollkommenheit seiner Prämissen. Wenn trotz perennierender Unabgeschlossenheit der Reihe der Schluß auf die Konklusion gezogen wird, dann ist der Ausschluß von Gegenfällen antizipiert, der Zusammenhang von *A* und *B* – die Leitfähigkeit von Metallen – nicht mehr nur problematisch, als Frage, sondern kategorisch, als wahre Aussage, vorausgesetzt:

„Eine Erfahrung, die auf Induktion beruht, wird als gültig angenommen, *obgleich* die Wahrnehmung zugestandenermaßen nicht vollendet ist; es kann aber nur angenommen werden, daß sich keine *Instanz gegen* jene Erfahrung ergeben könne, insofern diese *an und für sich* wahr sei." (*TW* 6, 386)[6]

Damit ist der Zirkel ausgesprochen: Daß die Reihe vorläufig bleibt, die Reihe der schon Untersuchten unabsehbar hinter der Reihe aller *A*'s zurückbleibt, ist genau dann kein Hinderungsgrund gegen den Übergang zur Behauptung vom Typ „Alle *A* sind *B*", wenn diese unabhängig von diesem Schluß vorauszusetzen, der Übergang also keiner mehr ist.

Für den Schluß der Induktion ist das eine betrübliche Nachricht, und zwar eine, die wir auf anderem Weg schon erhalten haben: Wenn wir um den Zusammenhang im allgemeinen schon wissen müssen, um die Induktion zu perfektionieren, dann wird sie dadurch nicht perfektioniert, sondern überflüssig.[7] Das Ergebnis lautet bis dahin einfach: Was wir durch den Schluß der Induktion beweisen wollten, wissen wir entweder ohne ihn oder gar nicht. Dieses Ergebnis scheint entweder Wasser auf die Mühlen des Apriorismus zu leiten oder denjenigen recht zu geben, die für Erfahrungswissenschaften ermäßigte Standards von Wissen und Beweis veranschlagen.[8]

---

[6] Die Unterscheidung zwischen Wahrnehmung und Erfahrung lese ich als epistemisches Pendant zu der zwischen Einzelfall und allgemeinem Satz, also zwischen den einzelnen Gliedern der zweiten Prämisse und der Konklusion des Schlusses der Induktion. Wahrnehmungen sind nach dieser Lesart solche Kenntnisse, die wir von etwas erwerben können, ohne Anleihen bei Parallelbefunden seinesgleichen oder bei Definitionen seiner Art aufnehmen zu müssen. Erfahrungen hingegen sind dann erste *allgemeine* Kenntnisse, Urteile über Typen von Einzelnem auf der Basis vorausgesetzter Wahrnehmungen. *Erste* allgemeine Kenntnisse sind sie, indem sie unmittelbar, d.i. ohne Ausführung eines inhaltlichen Grundes, solche Bestimmungen festhalten. Beispiele wären etwa: „Ringförmige Hautrötung ist ein Symptom von Borreliose" oder „Marktwirtschaft verläuft in Konjunkturzyklen" oder eben das alte Beispiel „Metall leitet". Auf eine etwas anders akzentuierte, für den Zusammenhang von Wahrnehmung und Erfahrung besonders relevante Vergleichsstelle im Werk Hegels sei wenigstens hingewiesen: *Enz.* § 420; *TW* 10, 208-210.

[7] Vgl. oben 2.1.2.

[8] Was ich mit der ersten Alternative meine, läßt sich gut an einem Beispiel aus der Logik von Port-Royal illustrieren. Unter der Überschrift „Eine allgemeine Schlußfolgerung aus einer mangelhaften Induktion ziehen" wird dort die Verallgemeinerung auf der Grundlage gleichförmiger Erfahrung mit vielen verhandelt, diese auch als Beginn aller unserer Kenntnisse festgehalten, um gleich im Anschluß wie folgt abgekanzelt zu werden: „Gleichwohl ist es wahr, daß die Induktion allein niemals ein sicheres Mittel ist, eine vollkommene Erkenntnis zu erlangen /... /, da die Betrachtung der einzelnen Dinge unserem Geist nur als Anlaß und Gelegenheit dient, seine Aufmerksamkeit auf seine natürlichen Ideen, nach denen er die Wahrheit der Dinge überhaupt beurteilt, zu richten." (Arnauld/Nicole 1685/1994, 251) Die „Betrachtung der einzelnen Dinge" spielt nach diesem Zitat eindeutig nicht die Rolle des Mittelterms für Allgemeinwissen, sondern nur noch die einer heuristischen Realbedingung für die Hinwendung zu selbständig vorausgesetzten Allgemeinideen.

Hegel wiederum schlägt weder den einen noch den anderen Weg ein. Lassen wir ihn an dieser entscheidenden Stelle etwas ausführlicher zu Wort kommen:

„Die Grundbestimmung der Induktion ist, ein Schluß zu sein; wenn die Einzelheit als wesentliche, die Allgemeinheit aber nur als äußerliche Bestimmung der Mitte genommen wird, so fiele die Mitte in zwei unverbundene Teile auseinander, und es wäre kein Schluß vorhanden; diese Äußerlichkeit gehört vielmehr den Extremen an. Die *Einzelheit* kann nur Mitte sein *als unmittelbar identisch* mit der *Allgemeinheit*; eine solche Allgemeinheit ist eigentlich die *objektive, die Gattung*." (*TW* 6, 386)

Offenbar zieht Hegel hier nicht die Lehre: Wo es um allgemeine Zusammenhänge, um Urteile der Form „*A* ist *B*", geht, da kann den Einzelnen, die solche Zusammenhänge dann instantiieren, keine tragende Rolle im Beweis zukommen. (Das wäre der negativ zum Einzelfall definierte Apriorismus.) Er sagt nicht, daß das Einzelne nicht als Mittelterm in Frage kommt, sondern bestimmt, wie das Einzelne gefaßt sein muß, um diese Rolle spielen zu können. Diese Zusatzqualifikation des Einzelnen liegt nach seinen Worten in dessen unmittelbarer Identität mit dem Allgemeinen. Was ist damit gemeint? Erinnern wir uns daran, daß die erste Prämisse des induktiven Schlusses im Ausgangspunkt schon einmal Gleichheit zwischen *A* und *E* enthielt. Dort hieß das: Die einzelnen *e*'s machen zusammen den Umfang des Allgemeinen aus. Diese Gleichheit kann jetzt nicht mehr gemeint sein. Gerade unter dem Vorzeichen bloßer Gleichheit, d. h. unter der Voraussetzung, daß dies das einzige für den Schluß relevante Verhältnis von *A* und *E* sei, hat sich diese anfängliche Gleichung zur Ungleichung entwickelt, die Vollständigkeit zur Unvollständigkeit zurückgebildet. Wie Identität von *A* und *E* hier dagegen gemeint ist, spricht der Anfang des Zitats auch aus: Auf die Einzelnen kann es nicht nur abgesehen vom Inhalt des Allgemeinen ankommen, als dessen Einzelne sie im Schluß der Induktion firmieren. Solange sich das fragliche Prädikat bloß auch noch, neben dem Allgemeinen an ihnen findet, „wäre kein Schluß vorhanden". Soll sich der Schluß nicht in die von Belegexempeln umrankte einfache Behauptung des Schlußsatzes auflösen, müssen die beiden zuvor getrennt betrachteten, in den beiden unabhängigen Prämissen artikulierten Qualifikationen des Einzelnen intern verbunden sein: a) der Umstand, daß sie selbst das fragliche Prädikat, *B*, aufweisen, und b) der Umstand, daß sie *A* repräsentieren. Die Einzelnen müssen Repräsentanten von *A* nicht nur auch noch, außerhalb der Untersuchungen sein, die sie als *B* feststellen. Mit anderen Worten: Die Repräsentanzfunktion des Einzelnen für das Allgemeine ist nicht erst aus der Umfangserschöpfung zu erwarten, wo sie jedem Einzelnen für sich einfach extern bleibt, sondern ist als den Einzelnen internalisiert zu denken. Das heißt: Die Einzelbefunde, die wir haben, sprechen für die Befunde, die wir nicht haben, mit, wenn sich in ihnen das Einzelne als paradigmatischer Fall, als typischer Vertreter des Allgemeinen verhält.

Die Unterstellung des induktiven Schlusses ist dann nicht mehr die Konklusion selbst. Am Beispiel ausgedrückt: Die heimliche Mitte des Schlusses auf die Leitfähigkeit von Metall heißt nicht mehr: „Weil ich ohnehin voraussetze, daß Metalle leiten, erspare ich mir die Vervollständigung der Reihe", sondern eher:

„Indem ich Gold (oder Silber, oder Kupfer) jeweils auf Leitfähigkeit untersuche, untersuche ich Metalleigenschaften."

Damit läßt sich auch angeben, inwiefern die vordem formelle Allgemeinheit zu einer „objektiven Allgemeinheit" geworden ist: Objektiv heißt sie an dieser Stelle sicher nicht schon einfach deswegen, weil das Allgemeine Erfüllungsfälle hat. Das gehörte ja schon zu den Anfangszügen des induktiven Schlusses. Dennoch hat das Prädikat „objektiv" offensichtlich etwas mit dem Verhältnis des Allgemeinen zu seinen Erfüllungsfällen zu tun. Zum objektiv Allgemeinen qualifiziert sich, wenn ich recht sehe, ein Allgemeines dann, wenn es nicht nur die funktionslos mitlaufende Unterstellung bei der Erhebung von Prädikaten seiner Erfüllungsfälle bleibt, sondern für das Zukommen von Prädikaten von Belang ist. Objektiv ist ein Allgemeines, das das unter es Subsumierte in dessen Beschaffenheiten, Reaktionsweisen, in dem, wie es ist, und in dem, wie es sich zu anderem verhält, tatsächlich bestimmt.

Wie weit dieses Bestimmen reicht und wie es sich im bestimmten Fall zu erkennen gibt, ist damit freilich noch nicht ausgemacht. Die Einzelnen eines Allgemeinen sind hier sicher nicht als in jeder qualitativen und relationalen Hinsicht gleiche, nur noch numerisch unterschiedene anzunehmen. Dann stellt sich natürlich die Anschlußfrage, wie sich die Unterschiede zwischen den Art- oder Gattungs-Gleichen zu jener Identität, ihrer objektiven Allgemeinheit, verhalten. Der Schluß auf ein mit seinem Allgemeinen unmittelbar identisches Einzelnes kann also sicher nicht das letzte Wort gewesen sein – und ist es auch in Hegels Schlußlehre nicht. Der Nachfolger des induktiven Schlusses, der *Schluß der Analogie*, zeigt das recht deutlich: In ihm tritt die eben erschlossene Unterstellung der Induktion explizit als Mitte auf: Weil ein Einzelnes stellvertretend für sein Allgemeines steht, werden Eigenschaften, die sich an diesem Einzelnen finden, auf andere Vertreter desselben Allgemeinen übertragen. Daß solche Schlüsse gehörig daneben gehen können, hält Hegel ausdrücklich fest. Die Triftigkeit der Analogie entscheidet sich, wie schon die Güte der Induktion, jenseits der Form des Schlusses: „/.../ denn wenn zwar das eine Subjekt dieselbe allgemeine Natur hat als das andere, so ist es unbestimmt, ob dem einen Subjekt die Bestimmtheit, die auch für das andere erschlossen wird, vermöge seiner *Natur* oder vermöge seiner *Besonderheit* zukommt" (*TW* 6, 389). Die Frage, was einem Einzelnen sub specie seines Allgemeinen und was ihm abgesehen davon zukommt, ist nicht dadurch beantwortet, daß sie abstrakt als beantwortet vorausgesetzt wird. In diesem Sinn leistet das Ende der Bestimmung des Schlusses der Induktion weder an sich noch bei Hegel dogmatischen Wesensbehauptungen Vorschub.

2.2.5 Resumée

Nachdem wir Hegel bis zum Resultat des induktiven Schlusses gefolgt sind, wird es Zeit, die vorgestellten Überlegungen ausdrücklich auf die Fragen zu beziehen, die am Anfang dieses Ausflugs in die Hegelsche Logik standen: Wie verhält sich der Schluß der Induktion eigentlich zur Forderung komplettierter Einzelfallreihen – kurz: Allheit – einerseits, zu Allgemeinheit im Sinn gesetzmäßiger Zusammenhänge andererseits, also zu den eingangs vermuteten fehlenden Prämissen? Und, allgemeiner, kann der induktive Schluß die Form eines formal gültigen Schlusses annehmen, und wenn nicht, verdient er dann überhaupt, in eine Reihe mit formal gültigen Schlüssen gestellt zu werden?

Ich fasse dazu die wesentlichen Punkte kurz zusammen: Am Anfang stand der allgemeine Steckbrief des induktiven Schlusses: Von einem Allgemeinen wird eine weitere Bestimmung erschlossen mittels des Sachverhalts, daß die Einzelnen jenes Allgemeinen je für sich diese zweite Bestimmung aufweisen. Entscheidend wird dann die Beobachtung, daß ein solcher Schluß drei unterscheidbare Bestimmungen des Verhältnisses zwischen Allgemeinem, Einzelnem und Besonderem enthält:

Erste Bestimmung: *B* und *E* sind unabhängig von *A* aufeinander bezogen: Indem erst die Einzelnen, und zwar in vereinzelten, voneinander unabhängigen Erhebungen, den Zusammenhang zwischen Allgemeinem und Besonderem (Metall-Sein und Leitfähigkeit) liefern sollen, das Verhältnis dieser beiden in den einzelnen Erhebungen abgeblendet bleibt, wird der anvisierte allgemeine Zusammenhang zu einer Frage der Vollständigkeit positiver Einzelbefunde und zugleich Vollständigkeit zum nicht realisierten Ideal.

Zweite Bestimmung: Der Zusammenhang zwischen Allgemeinem und Besonderen tritt dann in erster Konsequenz als einfach vorausgesetzter auf. *A* und *B* sind unabhängig von *E* aufeinander bezogen. Die Einzelnen verlieren ihre Erschließungsfunktion, der Schluß der Induktion bleibt weder Schluß noch Induktion.

Dritte Bestimmung: Indem den Einzelbefunden nichtsdestoweniger überhaupt Erschließungsfunktion vindiziert ist, müssen die einzelnen Erhebungen selbst schon als für das Allgemeine sprechend angenommen sein. Damit ist eigentlich erst erreicht, was die Form des induktiven Schlusses verhieß: *A* und *B* sind in *E* aufeinander bezogen. Darin ist zugleich die in der ersten Betrachtungsweise offen gehaltene Möglichkeit, zwei Bestimmungen *A* und *B*, verhielten sich *nur* im Einzelnen, im Einzelnen also gleichgültig zueinander, ausgeschlossen. Das Einzelne gibt in seinen Bestimmungen Aufschluß über das Allgemeine genau dann, wenn jene Bestimmungen solche des Allgemeinen sind, das Einzelne also *als* Einzelnes jenes Allgemeinen diese Bestimmung hat. Die Antwort auf die Frage, weshalb „manche" manchmal für „alle" gilt, fand sich am Ende in jenem Bestimmungsverhältnis zwischen Allgemeinem und Einzelnem, das Hegel „objektive Allgemeinheit" nennt.

Wie verhält sich Hegels Gedankengang nun zu der zuvor angestrengten Suche nach Perfektionierungen des induktiven Schlusses? Wir erhalten dadurch im Ausgang von der einfachen, allgemeinen Fassung des induktiven Schlusses eine Erklärung für das Oszillieren der Suche zwischen zunächst zwei entgegengesetzten Extremen: der vollständigen Aufzählung einerseits, dem Gesetz andererseits. Die beiden ersten Kandidaten zeigen sich als Durchführung der ersten bzw. der zweiten Bestimmung, nur in absoluter, gegen die andere Seite verselbständigter Fassung:

Hält man sich *einerseits* strikt an die im induktiven Schluß enthaltene Seite, daß die Einzelnen des Allgemeinen *unmittelbar*, abgesehen vom Rekurs auf das erste Allgemeine, das fragliche Prädikat an sich haben müssen, um dieses mit jenem zu vermitteln, dann kippt der Schluß tatsächlich und endgültig in die einfache Aufzählung und deren unbestimmteres Resumée zurück. Auf diesem Weg geraten Sequenzen wie „In diesem Zimmer befinden sich jetzt nur Hans und Peter; Peter ist über 30, und Hans ist über 30; also befinden sich in diesem Zimmer jetzt nur über 30-jährige" in die Induktionsdiskussion, aus der sie dann nur mit Mühe, wenn überhaupt, wieder hinauskomplimentiert werden. Sie geraten nicht ganz zufällig in die Diskussion: Auf die Umfangserschöpfung respektive -gleichheit kommt es an. Aber sie gehören auch nicht hinein: Auf die Umfangserschöpfung kommt es hier um eines näheren Grundes willen an, nur darum, weil es unterstellterweise um einen inhaltlichen Zusammenhang zwischen den allgemeinen Bestimmungen geht; und ein Umfang, der als zufällig gleicher gewußt wird, ist das Gegenteil eines inhaltlichen Zusammenhangs.

Hält man sich *andererseits* und gegen den ersten Standpunkt strikt daran, daß es hier um allgemeine Zusammenhänge *und nicht* um Fallsammlungen geht, landet man bei der zirkulären Voraussetzung des erst zu erschließenden Zusammenhangs. Der Schluß löst sich auf, übrig bleibt die unbewiesene Behauptung dessen, was seine Konklusion sein sollte.

Die beiden entgegengesetzten Kandidaten waren gewissermaßen Zerfallsprodukte der beiden Seiten des induktiven Schlusses. Er selbst läßt, wie wir gesehen haben, von keiner der beiden Seiten ab: Auf die Einzelnen kommt es in ihm sehr wohl an (gegen den Standpunkt der zweiten Bestimmung), aber auf die Einzelnen als Vertreter ihres Allgemeinen (gegen den Standpunkt der ersten Bestimmung). Wenn wir auf die Weise des induktiven Schlusses schließen, dann dementieren wir gerade die Unterstellung des Ausschlußverhältnisses zwischen einer Vermittlung im allgemeinen und einer Vermittlung durch Einzelnes.

Nur kommt es offensichtlich darauf an, *wie* dieses Ausschlußverhältnis dementiert wird. Ich komme damit zu der Gretchenfrage: Ist der Schluß der Induktion überhaupt ein Schluß sui generis? Eines steht fest: Das Kennzeichen formal gültiger Schlüsse – wahrheitserhaltend zu sein – hat die vorangehende Betrachtung dem Schluß der Induktion nicht revindiziert. Daß im Fall konkreter Einsetzung die Zusammenfassung unter ein Allgemeines nicht nur äußerliche Zusammenfassung, nicht nur irgendeine Subsumtion, sondern tatsächlich die Angabe des „objektiv Allgemeinen" jener Einzelnen war, ist durch die Form des Schlusses nicht garantiert. Die Auflistung positiver *A*-*B*-Fälle entscheidet diese Frage nicht. Sie entscheidet nicht die Alternative: Gehört das als zugehörig gefundene Prädikat den Einzelnen an, insofern sie sich von dem vorausgesetzten ersten Gemeinsamen *unterscheiden* – oder gehört es ihnen zu, insofern sie Varianten *dieses Einen* sind?

Vom Standpunkt formal gültigen Schließens aus ist dann der Endbefund nahegelegt: Hier haben wir Übergänge vor uns, bei denen der Schritt von den Voraussetzungen zum Resultat zumindest auch von inhaltlichen Zusatzqualifikationen der involvierten Begriffe abhängt. Ein Schluß in logischem Sinn kann damit nicht mehr vorliegen; denn für den Schluß in logischem Sinn darf von der besonderen inhaltlichen Besetzung gar nichts und muß von der syntaktischen Konstellation alles abhängen. Diesen Standpunkt kann man einnehmen. Allerdings habe ich den Eindruck, daß man damit von einer Eigentümlichkeit dieser Form des Übergehens absieht, die sich schon in deren ersten allgemeinen Charakterisierung zeigte: In der ersten Prämisse war – längst vor Hegels Rückschluß auf objektive Allgemeinheiten – bereits das Verhältnis von Intension und Extension, Inhalt und Umfang eines Begriffs thematisch. (Darin lag ja eine qualitative Differenz zum formal gültigen *Modus Barbara.*) Daß sich solche Übergänge dann rein extensionaler Betrachtung entziehen, ist nicht verwunderlich. Mir scheint darin ein Fall vorzuliegen, in dem Form und Inhalt eines Schlusses nicht getrennt verhandelbar sind.

Darum scheinen mir Eigenart und Problem dieses Schlusses unterbestimmt zu bleiben, wenn man ihn als nicht gültigen Übergang von „manche *A*" zu „alle *A*", sozusagen als gewagte Kreuzung von *Darapti* und *Barbara* faßt. Man rückt ihm m. E. näher zu Leibe, wenn man ihn – mit Hegel, nur in einfacheren Worten – als Kippfigur zwischen dem *Belegen* und dem *Beweisen* eines Zusammenhangs bestimmt. Sein Widerspruch liegt, zusammenfassend gesagt, darin, daß er das erste leistet, aber das zweite beansprucht.

Er *leistet* das erste: Indem einfach Positivfälle eines Zusammenhangs vorgewiesen werden, geschieht nichts anderes als eben das Belegen dieses Zusammenhangs. Der Positivfälle können dann viele sein, beeindruckend viele; dadurch wird der Zusammenhang nicht allgemein. Er *beansprucht* das zweite: Das Resultat soll unrestringiert fallübergreifend behauptbar sein.

Das ist keine besonders neue Erkenntnis. Die entscheidende Frage stellt sich erst im Anschluß daran. Es gibt an dieser Stelle nämlich nicht nur eine, sondern zwei mögliche Fortsetzungen: Die eine heißt: Will man nicht bloß belegen, sondern beweisen, so verlasse man, belehrt durch den Schiffbruch der Fallsammlung, das Einzelne, das Empirische und suche den fraglichen Zusammenhang aus Allgemeinerem, schließlich aus Definitionen, zu deduzieren. Diesen Rat würde schon unser alter Goldgräber Adam mit Dank quittieren: Er weiß nur zu gut, woraus sein Artbegriff gebildet ist, er hat schon eine Definition – er hat sie ja gerade nach Art einer Steckverbindung aus selektiv abgezogenen Wahrnehmungseigenschaften gebildet. Und er weiß um den Zuschuß von Zufälligkeit, Willkürlichkeit dieses Begriffs. Wenn er mit diesem Begriff zum Einzelnen zurückgeht, dann ist das gerade der Versuch, die als einseitig gewußte Abstraktion dieses Begriffs zu korrigieren. Also wird er den Teufel tun und diese Definition zur sakrosankten Prämisse erklären. Die entscheidende Pointe liegt nun m. E. darin, daß er damit nicht alternativlos auf Belegen zurückverwiesen ist. Die Alternative liegt darin, an den Einzelnen über die vergleichende Betrachtung hinaus und dem Zusammenhang der vorgefundenen Bestimmungen auf den Grund zu gehen.

Das ist natürlich leichter gesagt als getan. Es stellt sich sogleich die Frage, wie das funktioniert, wenn es denn funktioniert. An diesem Punkt bleibe ich die Antwort schuldig. Entschuldigen kann ich das nur mit dem Verweis auf die beschränkte Optik meiner eigenen Rahmenfrage: Dabei ging es nicht um eine durchgeführte Logik der Forschung, sondern, bescheidener, um den Nachweis einer internen Verbindung zwischen Induktion und Ansprüchen, die an Art- oder Gattungsbegriffe zu stellen sind. Dieser Nachweis scheint mir mit den voranstehenden Überlegungen im Windschatten Hegels allerdings tatsächlich erbracht.

Die Frage, was das erreichte Ergebnis für die Einschätzung von Induktion heißt, läßt sich nun so beantworten: *Entweder* wir fassen Induktion in einem engen Sinn, nämlich genau im Sinn von Hegels Schluß der Induktion. Dann ist der erschlossene Ausblick auf die Neufassung des Allgemeinen als des objektiv Allgemeinen nicht rückwirkend zur Ehrenrettung der Induktion zu mobilisieren, und zwar deshalb, weil dann die gegen das Allgemeine verselbständigte Betrachtung des Einzelnen, also das Verfahren des Belegens, per definitionem zur Induktion gehört. *Oder* wir fassen Induktion in einem weiteren Sinn, als Aufstieg vom Einzelnen zum Allgemeinen, als Erschließen allgemeiner Zusammenhänge in der Untersuchung konkreter Fälle. Dann sind die Akten über Induktion mitnichten geschlossen, sondern gerade erst eröffnet.

Damit ist zugleich ein für die allgemeine Frage dieser Arbeit entscheidendes Ergebnis erreicht. Auf den induktiven Schluß kam die Rede ja im Ausgang von einer bestimmten Fassung des Art- oder Gattungsallgemeinen: der Locke'schen Nominalessenz. Die Position, mit der wir probeweise begonnen haben, war: Die Begriffe einer Art oder Gattung sind nichts weiter als Abstraktionsprodukte. Manches als gemeinsam, aber auch als unterscheidend Registrierte findet – relativ zum Kenntnisstand und relativ zu praktischen Interessen – Eingang in unsere allgemeinen Definitionen. Was darüber hinaus Exemplaren einer Art oder Arten einer Gattung gemeinsam ist, fällt definitiv außer die Bestimmung jenes Allgemeinen; solche weiteren – unterscheidenden – Gemeinsamkeiten zu erheben, ist Sache der Erfahrung. So kamen wir zur Frage der Induktion. Die Behandlung der Induktion hat das Bild verändert. Nicht darin, daß nun etwa nach dem Muster von Nominalessenzen gebildete Artbegriffe als unrealistisch, als Chimären, Erfindungen des Erkenntnistheoretikers abgetan wären; sondern darin, daß die Setzung solcher Artbegriffe als epistemischer Ausgangspunkte selbst weiterverweist auf die Unterstellung eines Allgemeinen, das a) an Einzelfällen, b) nicht tautologisch – in *diesem* Sinn: synthetisch – und c) strikt allgemein oder notwendig zu bestimmen ist. Negiert ist damit im Rückblick auf den Ausgangspunkt die Fixierung bloßer Gemeinsamkeiten als der endgültigen und einzigen Fassung des Allgemeinen einer Art oder Gattung. Damit ist die essentialistische Option im Gang empirischer Erkenntnis eines Allgemeinen – und das heißt bislang nichts anderes als: im Schluß der Induktion – wiedererstanden.

2.3 Humes Induktionsskepsis

2.3.1 Das induktionsskeptische Argument der *Enquiry* im Überblick

Hegels Diagnose des Schlusses der Induktion ist für die Diskussion nicht gerade prägend geworden. Hegel erschloß aus der Unerreichbarkeit empirischer „Allheit" (kompletter Fallsammlung) die „objektive Allgemeinheit" als das interne Ziel des Aufstiegs vom Besonderen zum Allgemeinen – d. h. Art- und Gattungsbegriffe, die in der Erschließung von Eigenschaften oder Verhaltensweisen von Exemplaren dieser Art oder Gattung die Rolle des *Terminus medius*, des Sach- und Erklärungsgrundes, spielen. Diese Wendung gehört nicht zu den gängigen Ansichten über induktive Schlüsse. Bestimmend ist hingegen, quer durch Schulen, Disziplinen und Epochen, der negative Befund geblieben: Ein wahrheitserhaltender Übergang von der Sammlung besonderer Fälle zur Allgemeinheit der Fälle einer Art ist nicht möglich. Solche Übergänge sind, logisch gesehen, sprung- oder lückenhaft, und es gibt keine zwingende Weise, den Sprung zu vermeiden oder die Lücke zu schließen. Für diese Ansicht gibt es einen ausgezeichneten Gewährsmann, dessen Name in diesem Zusammenhang in der Regel auch fällt: David Hume.

Wenn ich mich im folgenden seiner als induktionsskeptisch bekannt gewordenen Argumentation zuwende, so geschieht das unter dem beschränkenden Blickwinkel der Frage (einer Frage, die nicht auch die für Hume maßgebliche gewesen sein muß): Entlarvt sich die Aussicht auf das, was Hegel „objektive Allgemeinheit" genannt hat, angesichts der Hume'schen Argumentation als haltlos, genauer als eine Aussicht, die immer dann trügt, wenn einschlägige Erfahrungen erst gesammelt worden sein müssen, ehe es zur Formulierung allgemeiner Gesetzmäßigkeiten kommt? Allgemeiner gefragt: Ist Humes Argumentation geeignet, beweisbare allgemeine Urteile, die zugleich nicht trivial sind, für empirische Wissenschaften auszuschließen?

Die folgenden Überlegungen bleiben weitgehend auf den vierten Abschnitt der *Enquiry Concerning Human Understanding* – „Skeptische Zweifel in betreff der Verstandestätigkeiten" – konzentriert. Sich hier vornehmlich an der *Enquiry*, weniger an *Treatise* und *Abstract* zu orientieren, ist sicher nicht zwingend, liegt aber für die Verfolgung des Themas Induktion nahe. Anders als im *Treatise*, der das Thema Kausalität, genauer: die Genealogie der Idee notwendiger Verknüpfung, ins Zentrum stellt und Fragen der Induktion ein- und untergeordnet abhandelt, bestimmen Schlüsse vom Beobachteten auf das Nicht-Beobachtete in der skeptischen Betrachtung der *Enquiry* selbst den thematischen Rahmen. Auf die skeptischen *Zweifel* Humes – im Unterschied zur skeptischen *Auflösung* derselben und im Unterschied zu Humes positiver These zur Genese der Idee notwendiger Verknüpfung – beschränke ich mich deshalb, weil gerade in den Gründen des Zweifels die Herausforderung an die oben skizzierte Aussicht liegt – und weil eine skeptische Auflösung des Zweifels, die, wie bei Hume, jenseits der angezweifelten Verstandestätigkeiten angesiedelt ist, dieser Aussicht ohnehin nicht wird helfen können.

Beginnen wir mit einem groben Überblick über den Argumentationsgang in *Enquiry* IV.

Zum Stoff oder Gegenstand hat Hume darin *Schlüsse auf Tatsachen* (im folgenden auch kurz „Tatsachenschlüsse" genannt). Es geht um die Frage, was uns des Bestehens von Sachverhalten versichert sein läßt, die zum Zeitpunkt der Überzeugungsbildung nicht beobachtet wurden, also wohl erschlossen sein müssen. Dabei gehört es elementar zum Schluß auf eine Tatsache, daß er an ein der Wahrnehmung aktuell Gegebenes anknüpft. Gedacht ist an Situationen, in denen wir etwas wahrgenommen haben, auf dessen Rechnung wir dann ein zweites, nicht wahrgenommenes Faktum setzen. Auf seiten der nicht-beobachteten, erschlossenen Sachverhalte ist an solche zu denken, die sich *dem Typ nach* nicht von beobachteten Sachverhalten unterscheiden. Sie sind dem tatsächlich Wahrgenommenen epistemisch typengleich, also selbst durch Wahrnehmung feststellbar.

Die Frage nach Eigenart und Grundlage des Tatsachenschlusses wird von Hume vor dem Hintergrund einer Einteilung aller Gegenstände des Denkens und Forschens entwickelt.[1] Auf der einen Seite der Einteilung stehen „Beziehungen von Vorstellungen" (*relations of ideas*), auf der anderen „Tatsachen" (*matters of fact*).[2] Fälle der ersten Art bilden die Sachverhalte bzw. Sätze der Mathematik. Hume führt als Beispiele den Hypotenusen-Satz und die Gleichung „3 x 5 = 30 : 2" an. Ein typisches Beispiel der zweiten Art hingegen ist für ihn die Vorhersage „Morgen wird die Sonne aufgehen".[3] Weitere Beispiele der zweiten Art lassen sich aus dem Fortgang des Textes entnehmen: „In diesem Raum befindet sich eine Person" – geurteilt im Dunklen aufgrund des Vernehmens artikulierter Rede (*Enquiry* IV.i, 37); oder: „Dieses Stück Brot wird mich ernähren" (vgl. *Enquiry* IV.ii, 44) – geurteilt angesichts eines Stücks Brot vor dem Verzehr.

Versucht man die Unterscheidung allgemein zu fixieren, so lassen sich aus den Einführungen der Unterscheidung in *Enquiry* und *Treatise* drei, offenbar aufeinander bezogene Unterschiede zwischen beiden Klassen entnehmen, nämlich erstens ein allgemeiner inhaltlicher Unterschied der Sachverhalte, zweitens ein Unterschied in deren modaler Qualifikation und drittens ein Unterschied in den zugeordneten Erkenntnisweisen:

Erstens: Die Sachverhalte selbst unterscheiden sich in der Art und Weise der Beziehung ihrer Pole. Fälle der ersten Klasse enthalten Beziehungen, die *unveränderlich* bestehen, solange die Ideen, zwischen denen sie bestehen, sind, was sie

---

[1] Einen direkten Vorläufer hat diese Einteilung in Buch IV von Lockes *Versuch über den menschlichen Verstand* („Vom Wissen und von der Wahrscheinlichkeit"); vgl. besonders *Essay* IV.ii und IV.xv. Vgl. auch in dieser Arbeit das Unterkapitel 2.1.3.1 und den Abschnitt 4.1.
[2] Siehe *Enquiry* IV.i, 35; zitiert hier und im folgenden nach: David Hume: *Eine Untersuchung über den menschlichen Verstand*, hg. v. Raoul Richter, Leipzig [9]1928.
[3] Vgl. *Enquiry* IV.i, 36.

sind. Fälle der zweiten Klasse enthalten Beziehungen, die *wechseln* können, während die Bezogenen konstant bleiben.[4]

Zweitens: Sachverhalte der ersten Art sind notwendig, ihr Gegenteil ist unmöglich, einen Widerspruch einschließend. Sachverhalte der zweiten Art sind möglich, aber nicht notwendig, ihr Gegenteil ist ebenfalls möglich, widerspruchsfrei.[5]

Drittens: Die Entdeckung von Sachverhalten der ersten Art verlangt im Gegensatz zu der von solchen der zweiten Art keine Bezugnahme auf Existenzfeststellungen.[6] Sachverhalte der ersten Art werden entweder durch Intuition oder durch Demonstration erkannt, während die der zweiten Art zugeordnete Erkenntnisweise in den entsprechenden Untersuchungen von *Treatise* bzw. *Enquiry* erst noch bestimmt werden muß.[7]

Im Rahmen dieser Dichotomie gilt Humes Interesse nun der zweiten Seite. Vor dem Hintergrund dieser Zweiteilung der Gegenstände des Denkens und Forschens zeichnet sich schon das Rätsel ab, das Schlüsse auf Tatsachen aufwerfen. In einer Hinsicht kommen die fraglichen Tatsachenüberzeugungen mit dem Wissen um Ideenbeziehungen überein: Auch sie emanzipieren sich in gewisser Weise vom Zeugnis der Sinne, indem sie über das als vorliegend Wahrgenommene hinausgehen. Wenn wir von solchen Tatsachen wissen, dann nach Voraussetzung nicht durch Wahrnehmung. Aber zugleich sind die fraglichen Beziehungen nach dem erstgenannten Kriterium der Einteilung dadurch bestimmt, daß der Begriff, den wir von den Bezogenen jeweils haben, das Bestehen der Beziehung nicht begründet. Mit der Einteilung scheint von Anfang an ausgeschlossen, daß eine allgemeine Begründung mittels der Definitionen der Bezogenen mobilisiert werden könnte, um die Emanzipation von der Beobachtung des Einzelfalls erklärlich zu machen.

Am Ende von *Enquiry* IV, dem negativen Teil der Untersuchung von Tatsachenschlüssen, wird das Rätsel in einer Hinsicht gelöst sein und das Ergebnis lauten: Tatsachenschlüsse sind nicht schlüssig oder, näher am Text, sie sind Schlüsse, die *„nicht* auf einem Denkakt oder sonst irgend einem Verstandes-

---

[4] „Diese Relationen [d.i. die zuvor aufgezählten philosophischen Relationen; F.S.] können in zwei Klassen eingeteilt werden, nämlich in solche, welche durchaus durch die Natur der Vorstellungen bedingt sind, die wir miteinander vergleichen /.../, und solche, welche sich verändern können, ohne irgend welche gleichzeitige Veränderung in den betreffenden Vorstellungen." (*Treatise* I.iii.1; hier und im folgenden zitiert nach: David Hume: *Ein Traktat über die menschliche Natur*. Buch I: *Über den Verstand*, übs., m. Anm. u. Reg. vers. v. Theodor Lipps, m. neuer Einf. hg. v. Reinhard Brandt, Hamburg 1989)

[5] Vgl. *Enquiry* IV.i, 35f.

[6] „Sätze dieser Art sind durch die reine Tätigkeit des Denkens zu entdecken, ohne von irgend einem Dasein in der Welt abhängig zu sein. Wenn es auch niemals einen Kreis oder ein Dreieck in der Natur gegeben hätte, so würden doch die von Euklid demonstrierten Wahrheiten für immer ihre Gewißheit und Evidenz behalten." (*Enquiry* IV.i, 35)

[7] Allerdings hält Hume schon in der Einführung der Unterscheidung fest, daß Tatsachen „nicht in gleicher Weise als gewiß verbürgt" würden wie Ideen-Beziehungen (*Enquiry* IV.i, 35).

vorgang beruhen" (*Enquiry* IV.ii, 43).[8] Hume selbst gliedert seine Argumentation in zwei große Teile: Der erste Teil (IV.i) motiviert die Notwendigkeit des

[8] Über die Bestimmung des Ziels von Humes Argumentation (hier und in analogen Passagen des *Treatise*) gehen die Meinungen der Interpreten auseinander. Ich habe drei divergierende Ansichten darüber gefunden, was Hume eigentlich zu zeigen beabsichtigt.

1. Die bis vor kurzem durchgesetzte Ansicht: Hume möchte zeigen, daß induktives Vorgehen keiner rationalen Rechtfertigung fähig ist – und zwar auch dann nicht, wenn rationale Rechtfertigung nicht auf den Typ formal gültiger Schlüsse aus wahren Prämissen beschränkt wird. Nach dieser Ansicht ist Hume also genereller und strikter Induktionsskeptiker. Beispiele für diese Ansicht finden sich u.a. in: Popper 1994, 4 u. 319f.; Popper 1998, 91; William Kneale: *Probability and Induction*, Oxford 1966 (Erstauflage 1949), 55; Georg Henry von Wright: *The Logical Problems of Induction*, London 1957, 153. Eine neuere, sehr detaillierte Analyse von *Enquiry* IV, die sich auch mit den Positionen 2 und 3 ausführlich auseinandersetzt, nähert sich dieser Ansicht wieder an: P.J.R. Millican: *Hume's Argument Concerning Induction: Structure and Interpretation*, in: Stanley Tweyman (Hg.): *David Hume. Critical Assessments*, Bd. II: *Induction and Scepticism*, London/New York 1995, 91-144. Dagegen wird mittlerweile im Sinn zweier einander entgegengesetzter Interpretationen argumentiert, nämlich:

2. Hume will tatsächlich zeigen, daß induktives Vorgehen keiner rationalen Rechtfertigung fähig ist. Aber es ist eine anachronistische Rückprojektion, in seiner Argumentation eine explizite Stellungnahme zu Argumentationsformen zu sehen, die im heutigen Sinn „wahrscheinlich" sind. Zu Argumenten, die a) nicht deduktiv gültig, aber b) dennoch rational gerechtfertigt sind, hat Hume nämlich nicht Stellung bezogen. Sein Standard rationaler Rechtfertigung fällt einfach mit dem Standard gültiger Deduktion aus wahren Prämissen zusammen. Daran mißt er induktives Vorgehen, daran sieht er es scheitern, und dieses Scheitern ist für ihn das definitive Scheitern der Rechtfertigung von Tatsachenschlüssen. Diese Position wurde führend von D.C. Stove vertreten; u.a. in: *Hume, Probability, and Induction*, jetzt in: Tweyman 1995, 29-43; zuerst in: Philosophical Review 74 (1965), 160-177. Vgl. auch: ders.: *Probability and Hume`s Inductive Scepticism*, Oxford 1973. Gegen 1 und 2 wendet sich eine dritte Interpretation:

3. Hume möchte gar nicht zeigen, daß induktives Vorgehen keiner rationalen Rechtfertigung fähig ist. Sein Thema in den als induktionsskeptisch apostrophierten Passagen ist nämlich nicht Induktion selbst, sondern eine bestimmte, rationalistische Ansicht über Induktion, und zwar eine, derzufolge manche Induktionen deduktiven Standards genügen. Gegen diese Ansicht will Hume zeigen: Reine Vernunft kann nicht Tatsachen demonstrieren und umgekehrt erbringt Induktion nicht demonstrativ gewisses Wissen. Nirgends aber hat Hume in eigener Person verlangt, daß Induktion genau diesen Standards entsprechen müßte, um als gerechtfertigt gelten zu können. Diese Position vertreten u.a. T.L. Beauchamp/T.A. Mappes in: *Is Hume Really a Sceptic About Induction?* in: Tweyman 1995, 73-90.

Die Interpretationen 2 und 3 sind sich einig darin, daß der Sache nach über die Rationalität induktiver Verfahren in Humes Argument nicht entschieden wird. Uneins sind sie in der Frage, ob Hume selbst das auch so gesehen hat. – Die folgenden Überlegungen sind nun nicht darauf hin gearbeitet, Humes Intentionen herauszufinden. Ich frage nicht, wie Hume sich entschieden hat, sondern welche Entscheidungen auf Basis seiner Argumente möglich oder notwendig sind. Dennoch bleibt die Verfolgung meiner Frage nicht ohne Bezug zur Diskussion um die richtige Art, Hume zu lesen. Wenn ich recht sehe, stellt diese Diskussion das exegetische Parallelstück zu der in den vorigen Abschnitten behandelten Frage dar, ob oder ob nicht induktive Verfahren deduktiven Maßstäben unterliegen.

Rekurses auf einschlägige Erfahrung, der zweite (IV.ii) zeigt das logisch Unzureichende eines Tatsachenschlusses auf Basis solcher Erfahrung.[9]

IV.i: Die *Erfahrungsabhängigkeit* des Tatsachenschlusses wird zusammengefaßt so begründet:

1. Schlüsse auf Tatsachen basieren auf Kausalannahmen.
2. Kausalannahmen ihrerseits sind nicht aus dem Begriff dessen, was jeweils die Rolle der Ursache oder die der Wirkung spielt, abzuleiten, sondern setzen voraus, daß Gegenstände der einen Art als auf Gegenstände der zweiten folgend beobachtet wurden.

Also sind 3. Schlüsse auf Tatsachen erfahrungsabhängig.

Die zweite These wird in zweifacher Weise begründet:

2.1 Entzieht man einen Ursache-Wirkungs-Zusammenhang der Beobachtung, geben die verbleibenden Beobachtungsinformationen hinsichtlich der beteiligten Gegenstände keinen Aufschluß über den fraglichen Zusammenhang.

2.2 Stattdessen schließt die Trennbarkeit der Vorstellungen eines als Ursache und eines als dessen Wirkung Konzipierten voneinander aus, daß ihr Zusammenhang je demonstriert werden könnte: Ursachen sind ohne ihre Wirkungen distinkt vorstellbar und umgekehrt. Das distinkt Vorstellbare ist möglich. Das Demonstrierbare hat aber zu seinem Gegenteil das Unmögliche. Also kann das Bestehen des Ursache-Wirkungs-Zusammenhangs kein demonstrierbarer Sachverhalt sein.

Mit dem Resultat 3 hat der Schluß auf Tatsachen dann eine Bestimmung sicher: Er ist ein Schluß aus Erfahrung.

IV.ii: Auf dieser Basis fragt Hume nach der *Grundlage* solcher Schlüsse aus Erfahrung oder danach, was entsprechende Erfahrungen in den Status versetzt, über sich hinaus für andere Fälle zu sprechen, und kommt in IV.ii zu dem negativen Ergebnis: Auch *mit* solcher Kausal-Erfahrung im Rücken wird aus dem Schluß auf Tatsachen kein Vernunftschluß oder entbehrt der Schluß auf Tatsachen einer logischen Mitte.[10] Was Erfahrungen solch allgemeine Tragweite ver-

---

[9] Die folgende Zählung, gesondert für IV.i und IV.ii, ist nicht Humes eigene, sondern von mir der Übersicht halber eingeführt.

[10] Die Argumentation von *Enquiry* IV läßt sich insgesamt sub specie der empirischen Ausgangsbasis des Tatsachenschlusses untergliedern. Insgesamt ergeben sich dabei in systematischer Abfolge drei Varianten solcher Ausgangspunkte: In der *ersten* Variante enthält der Ausgangspunkt keine Kenntnis über das relevante Kausalverhalten des einzelnen Gegenstands. Der Begriff des Gegenstands bleibt beschränkt auf die Vereinigung einiger beobachteter sinnlicher Qualitäten abzüglich dessen, was später als Wirkung gefaßt wird. In der *zweiten* Variante enthält der Ausgangspunkt bereits einzelne Beobachtungen faktischen Zusammenhangs. Daß ein einzelner Gegenstand jedenfalls in einem einzelnen Fall eine bestimmte Wirkung an anderem hervorgebracht oder von anderem erfahren hat, wird auf dieser Stufe vorausgesetzt. In der *dritten* Variante schließlich gehen in den Ausgangspunkt gleichlautende Erfahrungsbefunde mit vielen Gegenständen des jeweiligen Typs ein. Für alle drei epistemischen Ausgangspunkte, von der vereinzelten Kenntnis einiger sinnlicher Qualitäten eines Gegenstands bis zur angereicherten Kenntnis gleichsinnigen kausalen Verhaltens vieler Gegenstände einer Art, ergibt sich der negative Befund der Nicht-Erschließbarkeit genereller Urteile über das kausale Verhalten von

leiht, kann jedenfalls nicht von der Art eines Mittelglieds in Vernunftschlüssen sein. Die entscheidenden Schritte zu diesem Ergebnis sind die folgenden:

1. Zunächst bestimmt Hume die epistemische Kondition, unter der der zum Erfahrungsschluß weiterbestimmte Tatsachenschluß steht, und charakterisiert ihn auf dieser Basis. Der Tatsachenschluß verläßt sich auf Kausalzusammenhänge; aber er erfolgt unter Konditionen, in denen (in meinen Worten) diese Zusammenhänge hinsichtlich ihrer Pole und hinsichtlich ihres Inhalts unterbestimmt sind:

„Es muß sicherlich eingeräumt werden, daß die Natur uns in großem Abstand von all ihren Geheimnissen hält und uns nur die Kenntnis weniger oberflächlicher Eigenschaften der Dinge ermöglicht, während sie jene Kräfte und Prinzipien vor uns verbirgt, von denen allein der Einfluß abhängt, den diese Dinge ausüben." (*Enquiry* IV.ii, 43)

Der Übergang erfolgt demnach, obwohl die Gründe des angenommenen und – nach Darstellung der *Enquiry* – in Einzelfällen durchaus erfahrenen Kausalzusammenhangs nicht gewußt werden. Dessenungeachtet erwarten wir dort, wo wir gewisse „äußere" Gemeinsamkeiten, Gemeinsamkeiten in Gestalt „sinnlicher Qualitäten", mit Fällen bemerken, in denen bestimmte Wirkungen eingetreten sind, wiederum den Eintritt einer gleichartigen Wirkung. Solche Übergänge enthalten ein *non sequitur*. Der wunde Punkt liegt in der Fragwürdigkeit des Zusammenhangs der beiden Hinsichten der Ähnlichkeit, der ersten Ähnlichkeit, auf die hin die Annahme des nicht beobachteten Sachverhalts erfolgt, und der zweiten, eben jener nicht beobachteten. Wer in solchen Fällen von logischer Konsequenz (Hume sagt „Folgerung" und „Ableitung") sprechen möchte, muß wenigstens den Bedarf „eines Mittelgliedes" (*Enquiry* IV.ii, 45) einräumen. Dieser Vermittlungsbedarf zumindest tritt zutage, wenn man die allgemeine Fassung solcher Übergänge in der Form von Prämisse und Konklusion darstellt. Hume gibt zwei Versionen dieser schlußförmigen Zwei-Satz-Fassung:

Erstens: *„[I]ch habe gefunden, daß ein solcher Gegenstand immer von einer solchen Wirkung begleitet gewesen ist"* – *„[I]ch sehe voraus, daß andere Gegenstände, die in der Erscheinung gleichartig sind, von gleichartigen Wirkungen begleitet sein werden."* (*Enquiry* IV.ii, 45)

Eine zweite Fassung wird später unter Aufnahme der (nach wie vor unbekannten) kausalen Kräfte formuliert:

„[I]ch habe in allen vergangenen Fällen solche sinnlichen Eigenschaften mit solchen geheimen Kräften in Zusammenhang gefunden". – *„[G]leichartige sinnliche Eigenschaften werden immer mit gleichartigen geheimen Kräften in Zusammenhang stehen"*. (*Enquiry* IV.ii, 48)

Daß ein entsprechendes Mittelglied erst zu erbringen wäre, die Beweislast also auf seiten dessen liegt, der Erfahrungsschlüsse als Folgerungen halten will, ist

---

Gegenständen solcher Art und damit auch der Nicht-Erschließbarkeit entsprechender nichtbeobachteter Tatsachen.

jedoch nur die eine Hälfte der Kernargumentation. Die zweite besteht in Humes anschließendem Nachweis, daß es ein solches Mittelglied nicht geben kann.[11]

2. Wer meint, zwischen diesen beiden Sätzen könne es wohl noch eine logische Vermittlung, ein Mittelglied geben, das nur noch nicht gefunden sei, für den hält Hume im Anschluß ein Argument in der Form einer vollständigen Induktion bereit: Gibt es ein solches Mittelglied, dann gibt es auch einen Beweis für die Schlüssigkeit des Erfahrungsbeweises. Daß es aber keinen Beweis geben kann, läßt sich unter Zugrundelegung der anfangs vorgetragenen Einteilung

[11] An dieser Stelle verstehe ich den Text etwas anders als zumindest einige Interpreten Humes. Ihnen zufolge läßt Hume die Frage nach Kandidaten für ein solches Mittelglied nicht offen, sondern identifiziert eines: das Uniformitätsprinzip oder die Ähnlichkeitsthese. Die anschließende zweiteilige Argumentation (nach meiner Zählung: 2.1 und 2.2) wird dann gelesen als Nachweis der Nicht-Beweisbarkeit dieser These oder dieses Prinzips bei gleichzeitig bestehender Beweispflicht dafür. Nun treten innerhalb der zweiteiligen Argumentation und auch im Anschluß daran wirklich Formulierungen auf, die als Formulierungen dieser These oder dieses Prinzips gelesen werden können: So spricht Hume in 2.2 davon, „daß /.../ alle unsere Erfahrungsschlüsse von der Voraussetzung ausgehen, daß die Zukunft mit der Vergangenheit gleichförmig sein werde" (*Enquiry* IV.ii, 46); und am Ende des Abschnitts steht der Befund, „daß nicht Vernunfttätigkeit uns zu der Annahme bestimme, die Vergangenheit habe Ähnlichkeit mit der Zukunft, und zu der Erwartung gleichartiger Wirkungen von anscheinend gleichartigen Ursachen" (*Enquiry* IV.ii, 51). Zusätzlich findet sich in *Treatise* I.iii.6 eine Argumentation an systematisch gleicher Stelle, die das Uniformitätsprinzip genau so ins Spiel bringt wie von den Interpreten der *Enquiry* angenommen. (Vgl. oben 2.1.3.1) Dennoch bin ich von dieser Lesart im Fall der *Enquiry* nicht restlos überzeugt. Das hängt nicht nur damit zusammen, daß Hume sagt, wie ein solches Mittelglied aussehen könnte, übersteige sein Verständnis, sondern vor allem mit der Aufgabe, mit der das Mittelglied hier betraut ist. Es soll zeigen, daß wir vergangener Erfahrung nicht nur tatsächlich vertrauen, sondern auch vertrauen können, oder anders gesagt: „daß der eine Satz mit Recht aus dem anderen abgeleitet werden kann" (*Enquiry* IV.ii, 45). Das heißt m.E. nicht einfach: Finde und begründe einen zweiten Satz, aus dem plus dem ersten der letzte abgeleitet werden kann. Es heißt: Zeige mir, wie der erste Satz Beweisgrund des zweiten ist. Der Erfahrungsschluß soll nicht intern ergänzt, sondern als ganzer begründet werden. Angesichts dieser Aufgabe scheint es mir ein kluger Schachzug von Hume, solche Begründungsversuche nicht erst selbst zu spezifizieren. Der Zuschuß des Uniformitätsprinzips wäre dieser Aufgabe jedenfalls nicht gewachsen, und zwar unabhängig von seiner Beweisbarkeit. Wenn ich vergangener Erfahrung beim Urteil über zukünftige Fälle deshalb vertrauen kann, weil „die Zukunft mit der Vergangenheit gleichförmig ist", dann vertraue ich der Erfahrung unter einer Bedingung, die unabhängig von ihr erfüllt sein muß. Wenn ich Hume recht verstehe, dann fragt er an dieser Stelle nicht nach zusätzlichen Bedingungen, sondern nach einem Argument, das *an* der Erfahrung, also absolut, zeigt, weshalb über sie in der beschriebenen Weise hinausgegangen werden kann. – Am negativen Ausgang der zweiteiligen Argumentation ändert sich durch diese Interpretation nichts; insbesondere das Zirkelargument für die Alternative eines Erfahrungsbeweises bleibt bestehen. Nur lautet es dann nicht: Ich muß das Uniformitätsprinzip als Prämisse seines Beweises unterstellen, sondern: In einen Erfahrungsbeweis für die Vertrauenswürdigkeit der Erfahrung müßten wir das Vertrauen schon investiert haben, das durch ihn als gerechtfertigt ausgewiesen werden soll. (Eine ausführliche Fassung der angesprochenen alternativen Lesart findet sich in Millican 1995. Sie unterscheidet sich von gängigeren Versionen darin, das Uniformitätsprinzip nicht nur als Prämisse eines *gültigen*, sondern auch als die eines *Wahrscheinlichkeits*-Schlusses zu interpretieren.)

beweisen. Der Beweis müßte entweder die Form einer Demonstration oder die des Erfahrungsschlusses haben. Für jede der beiden Alternativen unternimmt Hume nun den Beweis der Unmöglichkeit. Weder ein Beweis der einen noch einer der anderen Form ist möglich:

2.1 Der Übergang kann nicht demonstrativ erfolgen. Den Grund dafür liefert eine Version des in IV.i schon eingesetzten Arguments aus der Vorstellbarkeit des Gegenteils: Daß ein Ding, das einem anderen, von dem wir schon Erfahrung haben, „anscheinend" gleicht, „von andersartigen oder widerstreitenden Wirkungen begleitet sei", ist klar und deutlich vorstellbar, enthält keinen Widerspruch, ist also möglich (*Enquiry* IV.ii, 46). Das aber widerspricht den Anforderungen an ein demonstrativ einholbares Resultat.

2.2 Der Übergang kann andererseits nicht noch einmal durch einen Erfahrungsschluß begründet werden. Diese Möglichkeit scheitert an der Zirkularität: Erfahrungsschlüsse setzen schon voraus, daß unbekannte Fälle bekannten Fällen gleichen werden, können also nicht zur Begründung der Annahme dieser Gleichheit mobilisiert werden.[12]

Die entscheidenden Begründungsschritte von IV.ii sind damit m. E. vollzogen: Wenn gezeigt werden konnte, daß Tatsachenschlüsse auch mit erweiterter empirischer Basis, also als Erfahrungsschlüsse, ein *non sequitur* enthalten, das nicht durch Beibringen logischer Mittelglieder zu überwinden ist, dann sind Tatsachenschlüsse allgemein keine gültigen Schlüsse. Es bleibt dabei: „Von Ursachen, welche gleichartig erscheinen, erwarten wir gleichartige Wirkungen. Dies ist die Summe all unserer Erfahrungsschlüsse." (*Enquiry* IV.ii, 47)

3. Drei selbständige Argumente zur Verteidigung dieses Resultats beschließen die „Skeptische[n] Zweifel in betreff der Verstandestätigkeiten":

3.1 Zum einen wendet Hume die Verwiesenheit auf iterierte Erfahrung der fraglichen Zusammenhänge direkt gegen die Ansicht, Erfahrungsschlüsse gehörten zu den Vernunftschlüssen. Wären sie Vernunftschlüsse, müßte der Schluß auch aus einem einzigen Fall gezogen werden können.

3.2 Zweitens diskutiert Hume einen scheinbar möglichen Ausweg: Aus der bisherigen gleichförmigen Erfahrung werde der notwendige Zusammenhang zwischen bestimmten sinnlichen Qualitäten (den prospektiven Reidentifikationszeichen) und den unbestimmten, an den Wirkungen abgelesenen kausalen Kräften erschlossen – wiederum unter Beibehaltung der Ausgangskondition des Nicht-Wissens darum, worin diese denn bestehen. Das führt aber nur zu der oben schon zitierten Version des *non sequitur*. *„[I]ch habe in allen vergangenen Fällen solche sinnlichen Eigenschaften mit solchen geheimen Kräften in Zusammenhang gefunden"*. – *„[G]leichartige sinnliche Eigenschaften werden immer mit gleichartigen geheimen Kräften in Zusammenhang stehen"*. (*Enquiry* IV.ii, 48) Der Übergang von der Prämisse zur generalisierten Fassung ist denselben kritischen Rückfragen ausgesetzt wie die zuvor betrachtete einfachere Version: Er ist erstens beweisbedürftig; er ist zweitens nicht durch die nachgelieferte Notwendigkeit des Zusammenhangs zwischen diesen sinnlichen Eigenschaften und jenen

[12] Vgl. *Enquiry* IV.ii, 46f.

verborgenen Kräften zu begründen; und er ist drittens aufgrund der schon bekannten Zirkularität nicht in Form eines Erfahrungsbeweises zu beglaubigen.

3.3 Die Argumentation von IV.ii schließt mit der Erwägung des Einwands, die Grundlosigkeit des Übergangs sei mit dem doppelten negativen Nachweis der Nicht-Demonstrierbarkeit und der Nicht-Beweisbarkeit aus Erfahrung noch nicht abschließend nachgewiesen. Daß er auf diese beiden Weisen nicht begründet werden kann, zeige noch nicht, daß er überhaupt nicht begründet werden könne.[13] Die vollständige negative Antwort setzt – wie Hume einräumt – die Vollständigkeit der Alternative Demonstration – Erfahrungsbeweis voraus, und diese Voraussetzung wird in der Argumentation zwar gebraucht, aber nicht bewiesen. Diesen Einwand pariert Hume jedoch mit dem Verweis darauf, daß Übergänge der fraglichen Art schon von kleinen Kindern vollzogen werden. Entweder verfügt das Kind dann über einen Beweis – den einzusehen dann so schwierig nicht sein kann, wenn er schon dem Kind zu Gebote steht; oder – wovon Hume auch seinen Kritiker ausgehen läßt – das Kind verfügt nicht über einen derartigen Beweis. Dann zeigt das, was für Hume zu zeigen war, nämlich „daß nicht Vernunfttätigkeit uns zu der Annahme bestimme, die Vergangenheit habe Ähnlichkeit mit der Zukunft, und zu der Erwartung gleichartiger Wirkungen von anscheinend gleichartigen Ursachen." (*Enquiry* IV.ii, 50f.)

Daß dieses negative Resultat von Hume nicht als Absage an Erfahrungsschlüsse verstanden worden ist, geht aus dem Text eindeutig hervor – nicht erst aus der hier nicht mehr betrachteten Fortsetzung, sondern schon innerhalb des betrachteten Abschnitts: „[N]ur ein Narr oder Wahnsinniger [wird] je das Ansehen der Erfahrung bestreiten oder diesen großen Führer durch das Menschenleben abweisen wollen." (*Enquiry* VI.ii, 47) Doch wie sich im weiteren Verlauf die Erfahrung hilft, wenn sie der Vernunftschluß erst einmal verlassen hat, sei dahingestellt; das negative Ergebnis und der Weg dorthin reichen als Herausforderung völlig aus.

Wie verhält sich Humes Argumentation nun zu den Ergebnissen der zuvor angestellten Überlegungen zum Schluß der Induktion? Ehe wir die kritische Potenz des einen für das andere untersuchen, ist zuerst nach der Kontinuität in Themen- und Problemstellung zu fragen. Zweifel daran könnten sich nämlich angesichts zweier augenfälliger Unterschiede einstellen:

Erstens gilt Humes Augenmerk nicht vorrangig dem Schluß der Induktion. Der Übergang von vielen einer Art zu allen dieser Art kommt wohl vor, allerdings erst gegen Ende (die vielen gleichsinnigen Fälle bilden den dritten und empirisch reichsten Ausgangspunkt des Übergangs) und eingeordnet in das übergreifende Thema des Schlusses auf Tatsachen. Und im Rahmen dieses Themas ist das anvisierte Resultat nicht ein generelles Urteil, sondern ein einzelnes Tatsachenurteil. Darin liegt offenkundig eine Differenz im Gegenstand, doch eine, die nicht die thematische Kontinuität überhaupt aufhebt. Die Übertragung auf den bestimmten neuen Fall („Wird dieses Stück Brot wiederum seinen Mann ernähren?") ist ja so organisiert, daß sie die Kehrseite allgemeiner

[13] Vgl. *Enquiry* IV.ii, 50.

Urteile bildet: Was vom bestimmten neuen Fall bekannt sein muß und für den Übergang benutzt wird, ist der Umstand, daß er Fall desselben Ausgangsallgemeinen ist wie bekannte andere Fälle (in diesem Beispiel: Brot). In anderer Hinsicht kommt er nicht in Betracht. Wenn er aber nur als Fall dieses einen Allgemeinen interessiert, weitere und nähere Bestimmungen, die ihn erst zum unterschiedenen, bestimmten Fall machen, außer Betracht bleiben, dann zählt der bestimmte Fall eben als ein beliebiger, austauschbarer Fall. Ist seine sonstige Bestimmtheit zu vernachlässigen, zählt er als einer unter seinesgleichen – darin ist der Übergang schon allgemein gedacht, im Beispiel: als ein Übergang für Brot im allgemeinen.

Zweitens aber ist Humes Betrachtung des Tatsachenschlusses mit einer Frage verflochten, von der in meinen bisherigen Überlegungen zur Induktion noch gar nicht die Rede war, der Frage nach *Kausalzusammenhängen* und deren Erkenntnis. Manche Interpreten Humes sind der Meinung, Humes Einsichten zum Induktionsproblem ließen sich ohne Verlust von seiner Theorie kausaler Annahmen separieren. Manche halten die getrennte Behandlung überdies für einen theoretischen Gewinn, da auf diese Weise Humes negative Einsicht zur Induktion von seinen psychologisierenden Fehlannahmen zur Genese der Kausalvorstellung befreit werde.[14] Dem Plädoyer für Trennung oder wenigstens

---

[14] Für die Möglichkeit einer vom Kausalthema unabhängigen Behandlung des Hume'schen Induktions-Arguments votiert etwa P.J.R. Millican in seiner Studie zu *Enquiry* IV.i. Er kommt dort zu dem Ergebnis, Kausalität sei für das Gesamtargument von *Enquiry* IV.i einzig zum Zweck der Begründung der These eingesetzt, daß Schlüsse über aktuelle oder erinnerte Wahrnehmungsbefunde hinaus stets auf Erfahrung basieren. Diese These sei aber ihrerseits auch ohne den Rekurs auf Kausalität plausibel: "Hume's argument, therefore, can apparently be reconstructed without any essential mention of causation." (Millican 1995, 117) Die Preisgabe einer essentiellen Verbindung zwischen Tatsachenschluß und Kausalität erlaube dann auch die Einbeziehung von Tatsachenschlüssen aus dem Zeugnis anderer Beobachter, die offensichtlich keinen kausalen Charakter haben. (Vgl. ebd.) Mir scheint allerdings umgekehrt die Trennung zwischen den Anforderungen an Phänomene, die als natürliche Anzeichen anderer gefaßt werden sollen, und denen an die Glaubwürdigkeit eines Berichts der Behandlung des Themas angemessener zu sein als die Trennung zwischen Tatsachenschlüssen und den Anforderungen an Phänomene, auf die hin solche Schlüsse vollzogen werden.

Besonders nachdrücklich spricht sich Karl Popper für die Trennung zwischen Humes negativer Auflösung des Induktionsproblems und seiner Theorie der Kausalvorstellung aus (wobei Popper sich den Zitaten zufolge eher am *Treatise* samt *Abstract* als an der *Enquiry* orientiert. Das – von ihm als logisch apostrophierte – Problem der Induktion sei rein die Frage nach der Berechtigung, „von beobachteten Fällen, wie viele es auch sein mögen, auf unbeobachtete Fälle zu schließen", und Humes negative Antworten auf diese Frage sind „die logischen Perlen", die aus dem „psychologischen Schlamm" von Humes subjektivistischer Suche nach dem Ursprung der Idee notwendiger Verknüpfung zu bergen sind (Popper 1998, 86-93, hier: 91). Nun ist Humes Suche nach dem aparten Eindruck am Grund der Idee notwendiger Verknüpfung vielleicht nicht sein bester Einfall gewesen; aber die Kritik der – m. E. tatsächlich psychologisierenden – Wendungen in *Treatise* und *Enquiry* hat nichts zu tun mit der Frage, ob Induktionen in Poppers Sinn auf unterstellte notwendige Zusammenhänge verweisen oder nicht. Daß sie es nicht tun, folgt jedenfalls nicht daraus, daß Hume falsche Theorien dazu ent-

Trennbarkeit beider Themen steht jedoch entgegen, daß Hume den Zusammenhang beider auf eine Weise explizit herstellt, die m. E. nicht so leicht abzuwiegeln ist. Daß Tatsachenschlüsse und Kausalannahmen zusammengehören, entscheidet sich sehr früh, im ersten eigentlich argumentativen Schritt von *Enquiry* IV:

„Alle Denkakte, die Tatsachen betreffen, scheinen sich auf die Beziehung von *Ursache* und *Wirkung* zu gründen. Einzig mit Hilfe dieser Beziehung können wir über die Evidenz unseres Gedächtnisses und unserer Sinne hinausgehen. /.../ All unsere Gedankengänge, die Tatsachen betreffen, sind von derselben Art; es wird hier beständig vorausgesetzt, daß zwischen der gegenwärtigen Tatsache und der aus ihr abgeleiteten eine Verknüpfung besteht. Wäre kein Band zwischen ihnen vorhanden, so wäre die Ableitung völlig haltlos." (*Enquiry* IV.i, 36f.)[15]

Der Rekurs auf Kausalzusammenhänge kommt an dieser Stelle demnach so ins Spiel: Der Schluß auf eine Tatsache erfolgt stets von einem wirklich Wahrgenommenen aus, auf das hin ein weiterer, nicht wahrgenommener Sachverhalt angenommen wird. Soll das Mit-Setzen des zweiten auf Rechnung des ersten nicht willkürlich ausfallen, muß unterstellt sein, daß im Vorliegen von Sachverhalten der einen Art das Vorliegen von solchen der zweiten mitentschieden ist. Mit anderen Worten: Die Indikatorfunktion, die wir der einen, wahrgenommenen Tatsache geben, verlangt eine objektive Kehrseite. Die beiden Arten von Tatsachen müssen an sich in der geeigneten Weise zusammenhängen, und das heißt: notwendig verknüpft sein, so verknüpft eben, daß die eine – wahrgenommene – nicht ohne die andere – nicht wahrgenommene – vorliegen kann.

Es soll hier nicht präjudiziert werden, daß die Kausalbeziehung und nur sie die passende gedankliche Form jener objektiven Kehrseite darstellt. Gewiß ist sie nicht die einzige Ausführung des Gedankens notwendigen Zusammenhangs; auch das Paar Substanz-Akzidenz ist eine Ausführung davon. Daß Hume hier sogleich und ausschießlich an Kausalverhältnisse denkt, scheint mir jedoch nicht zufällig zu sein. Diese Eingrenzung hängt m. E. mit der theoretischen Funktion zusammen, die notwendige Zusammenhänge im engeren Rahmen des Tatsachenschlusses erfüllen sollen. Ausgangspunkt und Endpunkt eines Tatsachenschlusses soll jeweils ein einzelnes Wahrnehmbares sein, etwas, was mit den Mitteln der Wahrnehmung als vorliegend erkannt werden kann. Nun werden die Termini Ursache und Wirkung nicht nur, aber auch, namentlich in frühen Stadien des Erklärens, in einer Weise gebraucht, die dieser Anforderung entgegenkommt. Beispiele wären: „Der heftige Regenschauer ist die Ursache dafür gewesen, daß die Weizenhalme nun geknickt sind" oder „Die magere Weizenernte ist die Ursache des Steigens des Brotpreises gewesen". In solchen Fällen liegen

---

wickelt hat, was es heißt, die Vorstellung notwendiger Verknüpfung (oder überhaupt: Vorstellungen) zu haben.

[15] Der *Treatise* bietet dazu folgende Parallelstelle: „Nur die *Ursächlichkeit* schließt eine Verknüpfung in sich, die so beschaffen ist, daß wir aus der Existenz oder Tätigkeit eines Gegenstandes die Gewißheit schöpfen können, es sei ihr eine andere Existenz oder Tätigkeit gefolgt oder vorangegangen;" (*Treatise* I.iii.2; vgl. auch *Treatise* I.iii.6).

die Besetzungen der Pole der angenommenen Kausalrelation auf theoretisch gleichem Niveau, nämlich dem des Faktums. Was als Antwort auf die Warum-Frage eingesetzt wird, die Ursache, ist dann geradeso ein konstatierbares, erfahrbares Faktum wie die Wirkung. So gefaßte Zusammenhänge unterstellt, läßt sich dann im Einzelfall das Vorliegen des einen als Indikator des Vorliegens des anderen gebrauchen, und genau so ist der Schluß auf Tatsachen ja gedacht.

Festhalten läßt sich jedenfalls eine allgemeinere Fassung desselben Gedankens, und diese allgemeine Fassung zeigt durchaus Parallelen zu den voranstehenden Überlegungen zum Schluß der Induktion. Die allgemeine Fassung lautet: Wenn ein wahrgenommener Einzelfall, in Humes Worten: eine Tatsache, gleich noch für das Bestehen einer nicht wahrgenommenen Tatsache bürgen soll, dann ist ein Zusammenhang zwischen der einen und der anderen Art von Tatsachen unterstellt. Damit vollzieht Hume schon im ersten Schritt, noch vor der Erweiterung der empirischen Basis zu in einem oder vielen Fällen beobachteten Abfolgen, jene Wendung, auf die meine Überlegungen abzielten: Es kommt nicht nur darauf an, *daß*, sondern auch *wie* der einzelne Fall gewußt wird, wenn ihm Indikatorfunktion zugetraut wird. Hegels Schluß auf die Unterstellung objektiver Allgemeinheit lieferte dazu die konkretere Fassung: Der einzelne Vertreter eines Allgemeinen zeigt sich in seinem Verhalten als aufschlußreich für alle seinesgleichen genau dann, wenn das gewählte Allgemeine nicht bloß irgendeinen äußeren Vergleichsgesichtspunkt abgibt, sondern sich im jeweils thematischen Verhalten seiner Einzelnen bestimmend geltend macht. Die Parallele zwischen diesen Überlegungen und Humes Rekurs auf die Kausal-Form liegt dabei im Rückschluß auf ein Erkennen des Einzelnen, das der Art nach über das Quittieren eines Faktums hinausgeht. Auf seiten Humes hat dieser Rückschluß die Form: Eine Tatsache, auf die hin eine andere angenommen wird, kann nicht irgendeine andere, sondern muß eine sein, die Ursache oder Wirkung der zweiten ist.

Allerdings enthält dieser gemeinsame Boden zugleich den Grund eines Gegensatzes beider Positionen, der Humes und der von mir vertretenen. Denn offensichtlich hat diese Wendung bei Hume eine ganz andere Stellung im Argumentationsgang: Die Wendung zu Annahmen notwendiger Verknüpfung ist bei ihm der Eröffnungszug in einer Untersuchung mit insgesamt negativem oder skeptischem Ausgang für die Möglichkeiten des Verstandes auf diesem Feld. Woran das liegt, ist im folgenden genauer zu untersuchen. Die Richtung läßt sich aus der obigen Paraphrase schon erkennen: Das der Art nach neue Erkennen, das heißt für Hume: die Kausalerkenntnis, erweist sich, wenn wir ihm folgen, selbst als Fall dessen, wofür es als Vermittlungsgrund fungieren sollte. Allgemeine Kausalannahmen verlangen Beweise, lassen aber keine Demonstrationen aus dem Begriff zu, sind also auf Erfahrungsbeweise angewiesen. Damit aber sind sie Fälle ebensolcher Generalisierungs- oder Extrapolationsverfahren, als deren Unterfütterung sie zugleich in Anspruch genommen werden. Für Hume also führt jener Schritt, der in meiner Darstellung den Aufbruch zu neuen Ufern verheißt, selbst noch einmal zum Induktionsproblem zurück. Darin liegt die kritische Herausforderung, die Hume für mein voriges Resultat bereithält. Ob es sie übersteht, ist nun in Auseinandersetzung mit den dafür entscheidenden Schritten und Voraussetzungen von Humes Argumentation zu klären.

Nicht alle Schritte dieser Argumentation sind für diese Frage gleich relevant. Im Blick auf diese Frage konzentrieren sich die anschließenden Überlegungen auf folgende Punkte: *Zuerst* betrachte ich Humes erstes Plädoyer für die Nicht-Ableitbarkeit von Kausalzusammenhängen aus den Begriffen, die wir von Ursachen/Wirkungen *vor* der Erfahrung des Kausalzusammenhangs[16] beider haben (nach der Zählung oben: 2.1 in IV.i). *Zweitens* sollen die Bedingungen bestimmt werden, unter denen auch *mit* Erfahrungen einschlägiger Zusammenhänge Allgemeinheit nur als Resultat einfacher Verallgemeinerung gedacht werden kann (nach der Zählung oben: 1 in IV.i). Erst *an dritter Stelle* wird das (von mir so genannte) Argument aus der Vorstellbarkeit des Gegenteils thematisiert, das sowohl in IV.i als auch in IV.ii auftritt (2.2 in IV.i; 2.1 in IV.ii). Es gesondert und an dritter Stelle vorzunehmen, scheint mir deshalb sinnvoll, weil dieses Argument allgemein, Konstellationen mit und ohne Erfahrung übergreifend, Demonstrationen notwendigen Zusammenhangs aus dem Begriff der Zusammenhängenden ausschließt. *Viertens* schließlich werden Gemeinsamkeiten, Unterschiede und mögliche Gegensätze zwischen der Induktionskritik Hume'scher und der Hegel'scher Prägung versammelt und beurteilt.

2.3.2 Die Nicht-Ableitbarkeit kausaler Zusammenhänge aus der sinnlichen Erscheinung

Der erste für meine Frage relevante Schritt hängt mit Humes These von der Erfahrungsabhängigkeit der Erkenntnis von Kausalbeziehungen zusammen: Solange wir Gegenstände der einen Art nicht auf Gegenstände der anderen Art haben folgen sehen, können wir nichts von einer Kausalbeziehung zwischen beiden wissen. Das negative Pendant der Erfahrungsabhängigkeit ist dabei der Ausschluß des *A priori*: Die Kenntnis von Kausalbeziehungen wird „in keinem Falle durch Denkakte a priori gewonnen" (*Enquiry* IV.i, 37). Hume motiviert diese These nun zunächst durch eine Art Gedankenexperiment, an dessen Ausgang es für ihn wenig zu deuteln gibt:

> „Es werde einem Manne von noch so starker natürlicher Vernunft und Begabung ein Gegenstand vorgelegt – ist dieser ihm gänzlich fremd, so wird er selbst bei der genauesten Prüfung der sinnlichen Eigenschaften desselben nicht imstande sein, irgend welche von seinen Ursachen oder Wirkungen zu entdecken." (*Enquiry* IV.i, 37)

Dieses Gedankenexperiment illustriert er anschließend durch ein Beispiel:

---

[16] Die Rede von der *Erfahrung* eines *Kausal*zusammenhangs enthält durch ihre Kürze eine Schwierigkeit, von der weiter unten noch die Rede sein wird. (Vgl. unten 2.3.3) Nicht impliziert ist dabei, daß die Erfahrung den Kausalzusammenhang auch schon *als* Kausalzusammenhang, d. h. als notwendige Verknüpfung, zeigt.

„Gesetzt den Fall, Adam hätte anfänglich durchaus vollkommene Vernunftkräfte besessen, so hätte er doch aus der Flüssigkeit und Durchsichtigkeit des Wassers nicht schließen können, daß es ihn ersticken, noch aus der Helligkeit und Wärme des Feuers, daß es ihn verzehren würde.“ (*Enquiry* IV.i, 37)

Warum das so sein muß, soll m. E. erst das Argument aus der Vorstellbarkeit des Gegenteils zeigen. Daß es so ist, scheint aber schon vor dieser Erklärung eingesehen werden zu können, nämlich einfach dadurch, daß man sich in Gedanken in die vorgestellte epistemische Lage versetzt und diese mit der Aufgabe der Ableitung vergleicht. Worin besteht nun genau das Gefälle zwischen beiden? Betrachten wir dazu Humes allgemeines Fazit: „Kein Gegenstand enthüllt jemals durch die Eigenschaften, die den Sinnen erscheinen, die Ursachen, die ihn hervorgebracht haben, noch die Wirkungen, die aus ihm entspringen werden.“ (*Enquiry* IV.i, 38) Woraus soll die Ableitung hier unternommen werden? Wie ist die Ausgangsbasis beschaffen, wie beschränkt soll sie sein? Der zitierte Satz weist hier in zwei Richtungen; in beiden lassen sich leicht Beschränkungen denken, die bestimmte Ableitungen zum Scheitern verurteilen. Es kann aber nichts schaden, sie zu unterscheiden:

Erstens: Auf der einen Seite gehört zum Ausgangspunkt, dem Fundus der Prämissen, offenbar eine *Isolierung* des Gegenstands gegen seinen Kontext. Ursache-Wirkungsverhältnisse gehören, wenn wir dem Satz folgen, dem Außenverkehr des Gegenstands an; hervorgebracht ist er durch anderes, und ebenso gehören die erfragten Wirkungen anderen Gegenständen an. (Dieser Zug kehrt in den Einzelillustrationen wieder: Man fragt für das *Feuer*, ob es *Adam* verbrennt usw.) Das vorausgesetzt, läßt sich eine Weise der Einschränkung zugelassener Ausgangsinformationen denken, die trivialerweiser keine bestimmten Annahmen über Zusammenhänge mit anderem zu erschließen erlaubt: Man muß dazu nur alle Informationen darüber abblenden, *womit* der betrachtete Gegenstand (Feuer, Wasser, Brot) ins Verhältnis gesetzt werden soll. Dann ist der negative Ausgang von Ableitungsversuchen garantiert, und zwar einfach darum, weil die Frage auf Kausalverhältnisse zwischen Gegenständen zielt. Ob Wasser erstickend wirkt, Feuer verbrennt oder Brot ernährt, sind Fragen, die schon die Spezifikation der Gegenpole voraussetzen, eine Bestimmung desjenigen, an dem die Wirkung sich zeigen soll: Lebewesen, die atmen, und zwar in bestimmter Weise (für Fische fällt die Antwort anders aus als für Adam), Lebewesen, die sich ernähren, und zwar in bestimmter Weise (manche Hunde scheinen jedenfalls davon überzeugt zu sein, daß Brot sie nicht ernährt) usw. Diese Restriktion des Ausgangspunktes wäre offenkundig zu weitgehend, und so scheint sie auch nicht gedacht. Sie würde ja nicht nur die Ausgangsbasis für die Antwortversuche beschränken, sondern die Fragen selbst unbestimmt werden lassen. Also nehmen wir an, der Kontext sei in diesem Sinn spezifiziert. Dann haben wir auf der einen Seite den auf sein kausales Verhalten hin zu befragenden Gegenstand und auf der anderen die hinreichend spezifizierten Umstände, für die sein Verhalten bestimmt werden soll; was wir nicht in der Ausgangsbasis haben, ist die beobachtete Zusammenführung beider, die Probe auf's Exempel.

Zweitens: Damit ist die Beschränkung der Ausgangsbasis aber offenbar noch nicht genau so wie von Hume gedacht. Dazu gehört nämlich noch der Hinweis auf „sinnliche Eigenschaften" oder „die Eigenschaften, die den Sinnen erscheinen" (ebd.). Eine Spezifikation dessen, *was* wir oder *wie* wir vom Gegenstand wissen, gehört also auch zur Bestimmung der Ableitungsbasis. Die Rede von den *sinnlichen Eigenschaften* changiert nun zwischen einer Unterscheidung auf seiten der Bestimmungen des Gegenstands und einer Unterscheidung auf seiten der Weise ihrer Erfassung; sie greift Eigenschaften mittels der Weise ihrer Erfassung auf. Nehmen wir den Hinweis als Einschränkung hinsichtlich des epistemischen Modus, liest sich die Aufgabe so: Halte den Gegenstand (das Wasser, das Feuer, das Brot; desgleichen die Umstände) genau so fest, wie er sich dir in der Wahrnehmung präsentiert; und dann sieh zu, ob du aus diesem epistemischen Stand unmittelbar Rückschlüsse auf das kausale Verhalten des Gegenstands in qualitativ anderen Hinsichten ziehen kannst. Daß man an dieser Aufgabe scheitert, scheint mir sehr plausibel. Wer mit einem für ihn gänzlich neuartigen Gegenstand gerade erst sehend, hörend, tastend, riechend, schmeckend Bekanntschaft geschlossen hat, wer des weiteren keine vergangene Erfahrung, nichts, was den Stempel empirischen Wissens trägt, zu Rate ziehen kann, wird sich freilich schwer tun, zu sagen, wie dieser Gegenstand in veränderten Kontexten verändert wird oder zur Veränderung anderer Gegenstände beiträgt. Und von Adam, für den alles gänzlich neuartig ist, zu verlangen, seine ersten Wahrnehmungskenntnisse als Ableitungsgründe für Kausalprognosen über die Gegenstände seiner Anschauung zu gebrauchen, scheint ebenso übertrieben. In dieser Fassung kann Humes Nicht-Ableitbarkeitsthese m. E. auf breite Zustimmung rechnen, nicht zuletzt von rationalistischer Seite, wo die sinnliche Wahrnehmung ohnehin als nicht-deutliche oder verworrene Erkenntnis verbucht wird.

In Licht dieser Nicht-Ableitbarkeitsthese stellt sich die Alternative von „durch Denkakte a priori" alias „durch Vernunft erschlossen" und „auf Erfahrung angewiesen" nun aber in eigentümlicher Weise dar. Die erste Seite ist dann nicht mehr im Sinn der Hume'schen Einteilung in Wissen und Wahrscheinlichkeit bestimmt, und die Negation „apriorischer" Erkenntnis lautet hier nicht: Für sinnlich wahrnehmbare Gegenstände sind keine Ideen (Begriffe) erreichbar, die Zusammenhänge zwischen solchen Gegenständen als notwendig bestehend zu beweisen erlauben. Das einzige, was bisher negiert wurde, ist der Anspruch, *unmittelbar aus der Anschauung gezogene* Begriffe in diese Rolle einzusetzen. Das heißt auf der anderen Seite nicht, daß die Anschauung und die unmittelbar aus ihr gezogenen Begriffe nichts zu denken und nichts zu folgern gäben. Aber sie tun es auf ihre Weise – weniger als Erklärungsgründe als darin, daß sie sich als erklärungsbedürftig erweisen.

Nun ist sehr die Frage, ob Hume seine Nicht-Ableitbarkeitsthese auch in diesem Sinn gemeint hat. Er selbst formuliert sein Fazit in zwei verschiedenen Fassungen. Einmal werden Vernunft und Erfahrung in Opposition gesetzt: Ursachen und Wirkungen sind „nicht durch die Vernunft, sondern durch die Erfahrung zu entdecken"; zweitens aber wird ihr Verhältnis als eines möglicher

Ergänzung gefaßt: Vernunft „ohne Beistand der Erfahrung" wird begründete Kausalannahmen nicht zuwege bringen (*Enquiry* IV.i, 38). Die erste, strikte Fassung folgt jedenfalls nicht aus der eben festgehaltenen Nicht-Ableitbarkeitsthese. Für diese war die Beschränkung in der epistemischen Dimension konstitutiv. Die Betonung lag darauf: Solange wir erst so – anschauend und abstrahierend – vom Gegenstand wissen, wissen wir nicht genug, um die geforderten Rückschlüsse ziehen zu können. Ein Urteil über „Vernunft", die Möglichkeit, überhaupt solche Rückschlüsse ziehen zu können, ist darin nicht ausgesprochen. Der Text gibt auch keine Hinweise darauf, daß Hume an dieser Stelle den Terminus „a priori" nicht im Sinn seiner Rahmen-Einteilung verstanden wissen wollte. Aber wir müssen an dieser Stelle auch nicht klären, wie Hume sich tatsächlich entschieden hat. Festzuhalten ist, daß in der Sache ein Entscheidungsbedarf besteht: Ist aus dem Hume'schen Gedankenexperiment die Folgerung zu ziehen: Kausalannahmen sind also nicht demonstrierbar – das Gedankenexperiment zeigt, daß sie in Humes Einteilung nicht auf die Seite des Wissens alias der demonstrierbaren Wahrheiten gehören? Oder ist diese Folgerung nicht zu ziehen? Dann bleibt es bei dem schwächeren Ergebnis: *So* – unter den angegebenen epistemischen Beschränkungen – lassen sich Kausalzusammenhänge nicht demonstrieren.

Meine These dazu lautet: Man kann nicht zugleich die Plausibilität des Gedankenexperiments behalten und ihm das erkenntnistheoretische Gewicht der stärkeren Folgerung beimessen. Aus Humes Einteilung des Erkennbaren wissen wir: Eine Beziehung, die demonstrierbar ist, muß so beschaffen sein, daß sie eine unveränderliche Mitgift dessen ist, was die Bezogenen für sich genommen oder absolut sind. Sie blieben nicht, was sie sind, wenn nicht dieses Verhältnis zwischen ihnen herrschte. Ihre eigenen Identitätsbedingungen setzen das Verhältnis mit, das zwischen ihnen zu beweisen ist; und gerade weil das so ist, läßt sich auch das Bestehen des Verhältnisses als notwendig und allgemein bestehend beweisen. Der direkte Bezug des Gedankenexperiments auf die Rahmeneinteilung setzt dann aber die *Kommensurabilität* der Ideen, die Adam zugestanden sind, und der Ideen, die als Terme einer Demonstration fungieren, voraus. Der Beweis a priori, die Demonstrierbarkeit der Kausalbeziehung ist mit dem Hinweis auf Adams epistemisch unzureichende Lage nur dann ausgeschlossen, wenn die in Beobachtungstermini buchstabierte Ausgangsansicht gedacht wird als das passende Pendant zu solchen Ideen, aufgrund deren tatsächlich notwendige Beziehungen erschlossen werden. Die erste Sammlung von Beobachtungskenntnissen – vor allem Ausprobieren, schon gleich: vor dem Experiment – müßte dann als dasjenige genommen werden, was den fraglichen Gegenstand an sich oder absolut ausmacht, oder kurz: als sein Wesen.[17]

[17] Dieser Gedanke ist an einer Stelle im *Treatise* auch angespielt: „Man überzeugt sich leicht, daß bei der gedanklichen Verwirklichung dieser Beziehung [d.i. des Übergangs von einem Beobachteten zu einem davon verschiedenen Nicht-Beobachteten; F.S.] der Schluß von der Ursache auf die Wirkung sich nicht ergibt aus einer bloßen Betrachtung der Gegenstände, die in dieser Beziehung stehen; nicht daraus, daß wir in ihr Wesen uns versenken und dabei etwa

Trägt man diese Identifikation in die Diskussion des Tatsachenschlusses ein, so ergibt sich die Position: Ein Begriff, der, mit Hume gesprochen, einige sinnliche Qualitäten versammelt, ist der einzige aussichtsreiche Kandidat auf dem Posten eines Erklärungsgrundes für das kausale Verhalten eines Gegenstandes, an dem diese sinnlichen Qualitäten abgelesen wurden. Dann liest sich das Ganze so: Was Adam, der wenig weiß, aber umso schärfer denkt, in Humes Beispiel von Wasser weiß, fällt zusammen mit dem, was es in absoluter Betrachtung über Wasser zu wissen gibt. Wenn also sein Wissen keine Kausalbeziehungen zu erschließen erlaubt, dann gibt es überhaupt kein Wissen über das, was Wasser ist, das a) die Kausalbeziehung nicht schon explizit enthält und b) sie zu erschließen erlaubt. Und da Adams Wissen den Schluß nicht erlaubt, sind Kausalbeziehungen nicht zu erschließen. Das ist die vollblütige These der Nicht-Demonstrierbarkeit.

Genau diese Unterstellung, die erste Prämisse dieses Schlusses, macht die Sache aber unplausibel. In den Spuren des Gedankenexperiments fragen wir: Welche Wirkungen wird ein Gegenstand mit folgenden sinnlichen Qualitäten wohl auf jenen zweiten haben? Welche Wirkungen von bestimmten anderen Gegenständen wird er zulassen? Zu den Bedingungen des Experiments gehört, wie wir gesehen haben, die Beschränkung des Ausgangspunkts, dessen, woraus zu schließen ist, auf das, was es unmittelbar an diesen Gegenständen selbst wahrzunehmen gibt, ehe sie zueinander in Kontakt gesetzt werden. Für die These der Nicht-Demonstrierbarkeit müssen wir dann annehmen: Was es unmittelbar an diesem Gegenstand selbst wahrzunehmen gibt, bildet den Umkreis derjenigen Bestimmungen, die dem Gegenstand selbst zukommen, vor seinem Zusammenhang mit seinen raum-zeitlichen Nachbarn. Was ihn selbst betrifft, wie und was er selbst ist, wissen wir schon, wenn wir ihn wahrgenommen haben. Was wir nicht wissen, betrifft davon geschiedene Außenverhältnisse des Gegenstandes. In diesem Sinn sind dann die sinnlichen Qualitäten als die absoluten (nicht-relativen) von relativen, das kausale Verhältnis zu anderen

---

die Abhängigkeit des einen vom anderen entdecken. Kein Gegenstand schließt die Existenz eines anderen in sich, /.../ so lange wir nur eben diese Gegenstände betrachten und unseren Blick nicht über die Vorstellungen, die wir uns von ihnen machen, hinaus richten.“ (*Treatise* I.iii.6)

In dieser Passage überlagern einander zwei gedankliche Linien, nämlich: 1. Die Abhängigkeit eines Gegenstands von einem anderen ergibt sich nicht aus dem, was der eine Gegenstand und was der andere Gegenstand für sich genommen *sind*. Beide haben ein Wesen, und das können wir auch betrachten, aber dieses Wesen verhält sich neutral zu den Außenbeziehungen der Gegenstände. 2. Die Abhängigkeit eines Gegenstands von einem anderen ergibt sich nicht aus den *Ideen*, die wir vom einen und vom anderen haben, bevor wir sie in Interaktion erlebt haben. Da Hume diese Thesen offenbar nicht unterscheidet, ist anzunehmen, daß er voraussetzt, die Betrachtung des Wesens sei abschließend identisch mit der Rekapitulation der Vorstellungen, die wir von Gegenständen haben, ehe wir sie in Interaktion erlebt haben. Was heißt es dann, das Wesen von etwas zu untersuchen? Es heißt, unter Abblendung unterstellter Außenbezüge diejenige abstrakte Vorstellung zu fixieren, die schon vorhanden ist, ehe wir solche Bezüge kennenlernen. Genau darin liegt m.E. eine Fehlidentifikation vor, die Verwechslung eines Abstraktionsprodukts mit der Natur der Sache.

betreffenden Bestimmungen des Gegenstands unterschieden. Genau dann besetzt der Begriff vom Gegenstand in Termini sinnlicher Qualitäten den Posten, den in der Vergleichsabteilung demonstrierbarer Wahrheiten die Ideen besetzen, die dort die fraglichen Relationen bestimmen.

Aber diese Identifikation übersieht, daß die Unterscheidung zwischen *absoluten* Bestimmungen von etwas und *Relationen* desselben *zu anderem* selbst eine relative Angelegenheit und keine auf dem ersten epistemischen Stand abschließend fixierte Unterscheidung ist. Es sind nämlich die sinnlichen Qualitäten selbst, die im nächsten Schritt als außenabhängige Modifikationen des Gegenstandes auftreten. Ein und derselbe Inhalt tritt einmal auf als einfache Bestimmung des Gegenstands – als Antwort auf die Frage, wie *er* denn ist – und das andere Mal als Produkt kausalen Wirkens. Diese Neufassung sinnlicher Qualitäten braucht nicht erst von außen erinnert zu werden; der Text selbst enthält sie.[18] Unter diesen Rahmenbedingungen steht ja das Gedankenexperiment: Die Tatsachen, die, wiewohl unbeobachtet, doch auf das Bestehen qualitativ anderer hin, als bestehend erschlossen oder behauptet werden, sind selbst der Art nach beobachtbar, sinnlich wahrnehmbare Zustände oder Zustandsveränderungen eines Gegenstands. Dann sind also sinnliche Qualitäten gar nicht mehr einfach von Außenverhältnissen des Gegenstands geschieden und diesen bloß gegenübergestellt als dasjenige, was der Gegenstand in einsamer Isolation wäre. Sie selbst sind dann rekonzeptualisiert als Weisen, wie sich ein Gegenstand im Außenverkehr zeigt.

Antworten auf die Frage, was einem Gegenstand *an sich* zukommt und was auf die Seite seiner *Verhältnisse zu anderem* gehört, variieren also mit der epistemischen Ebene, auf der die Frage gestellt wird. Solange nur festgehalten wird: gegeben sind Gegenstände mit je eigenen sinnlichen Qualitäten, und solche Gegenstände treffen wir nach- und nebeneinander an, verläuft die Grenzziehung zwischen absoluter und relativer Bestimmung entlang unterstellter äußerer, raum-zeitlicher Grenzen der Gegenstände. Als absolut, einfach ihm zugehörig, erscheinen dann die sinnlichen Qualitäten, die ihm zugeschrieben werden, und als relativ Fragen nach raum-zeitlichen Verhältnissen und Vergleichsfragen („Dieser Gegenstand befindet sich oberhalb von jenem", „Dieser Gegenstand ist dunkler als jener" etc.). Die Qualitäten des einen sind dann eben Qualitäten dieses einen und gehen den raum-zeitlichen Nachbarn nichts an. Genau solche einfachen Qualitätszuschreibungen werden aber tangiert, sobald der Gedanke auftritt, daß das an Verschiedenem Wahrgenommene in Zusammenhängen der Abhängigkeit steht. Mit Aufnahme dieses Gedankens zieht in die Fassung desselben Phänomens, das zuvor als einfache Qualität des Gegenstands gedacht war, Relationalität ein.

Das hat Folgen für die Einschätzung von Humes Gedankenexperiment: Was Adam wahrnehmend an dem für ihn neuartigen Gegenstand unterscheidet,

---

[18] So spricht Hume von Hitze und Helligkeit des Feuers, also den Bestimmungen, aus denen Adam die verheerenden Wirkungen des Feuers auf sich nicht wird ableiten können, zuvor schon als von „Parallelwirkungen des Feuers" (*Enquiry* IV.i, 37).

hat dann jedenfalls nicht abschließend den Status einer internen Untersuchung des Gegenstands in Abgrenzung zu Untersuchungen, die ihn ins Verhältnis zu anderem setzen würden. Die Isolierung, die in Termini der Wahrnehmung oder auch schon: der Beobachtung verläuft, ist nicht zu verwechseln mit einer theoretischen Scheidung an sich zukommender von relativen Bestimmungen, die unternommen wird, wenn danach gefragt wird, wie der Gegenstand *sein* muß, um so *wirken* oder so *verändert werden* zu können. Gemessen an dieser zweiten Isolierung wäre die Restriktionsanweisung des Gedankenexperiments künstlich. Wie sich der beobachtete Gegenstand unter dessen Bedingungen zeigt, enthält nämlich längst – nur in nicht unterschiedener Weise – Außenverhältnisse desselben. Dann kann das Gedankenexperiment auch nicht zeigen, daß Begriffe dessen, was der Gegenstand als seinen Außenbeziehungen vorausgesetzter ist, keinen Rückschluß auf Beziehungen erlauben, die der Gegenstand unterhält; denn ein so bestimmter Begriff steht unter den Konditionen des Experiments gar nicht zur Verfügung.

Fassen wir zusammen: Wer die Frage der Demonstrierbarkeit notwendiger Zusammenhänge an dieser Stelle für abschließend negativ entschieden hält, muß implizit die Beobachtungsansicht überfordern. Verlangt ist dann eine Ansicht, die zum einen nicht schon von der Erfahrung des Verhaltens des beobachteten Gegenstandes in bestimmten Umständen geprägt ist; denn was bestimmte Umstände für den Gegenstand bedeuten und er umgekehrt für diese, hat ja die Stelle des erst noch Abzuleitenden. Zum anderen wird die zugrundegelegte Ansicht schon enthalten müssen, was und wie der Gegenstand selbst ist. Zusammengenommen ergibt sich also die Forderung einer gegen Außenverhältnisse isolierten und dabei die interne, nicht-relative Verfassung des Gegenstands treffenden Vorstellung desselben. Die Art und Weise, eine der Forderung entsprechende Ansicht zu gewinnen, soll nun nach Voraussetzung in der isolierten Beobachtung liegen: Die wahrnehmende Erfassung bleibt konzentriert auf den Gegenstand selbst. In diesem Schritt von der Forderung zur Durchführung liegt aber ein Quidproquo: Es ist nicht der Fall, daß die isolierte Beobachtung den Gegenstand auch schon dekontextualisiert zeigen würde, so nämlich, wie er Zusammenhängen mit anderem vorgängig zu denken wäre. Was die isolierte Beobachtung zeigt, ist nichts anderes als ein Ausschnitt des Gegenstandes in bestimmten Umständen. Sie zeigt nicht einen seinen Umständen vorausgesetzten, sondern den in Umstände eingelassenen Gegenstand. Das ist in der starken Version der These der Nicht-Demonstrierbarkeit implizit negiert. Im Übergang zu dieser These müssen, mit anderen Worten, Beobachtungsansichten vom Gegenstand mit der abschließenden Definition desselben fehlidentifiziert worden sein.

Der Rückbezug des Gedankenexperiments auf die Einteilung in Wissen und Wahrscheinlichkeitserkenntnis vollzieht damit einen schiefen Vergleich, einen Vergleich von Inkommensurablem. Zieht man ihn zurück, bleibt die schwächere Nicht-Ableitbarkeitsthese im oben erläuterten Sinn. Sie schließt sowohl die Möglichkeit aus, sinnliche Qualitäten aus dem Stand, ohne einschlägige Erfahrung, als *Anzeichen* eines Kausalzusammenhangs zu lesen, als auch die Möglichkeit, sinnliche Qualitäten als *Erklärungsgrund* eines solchen Zusammenhangs einzusetzen. Was sie nicht ausschließt, ist die Möglichkeit, auf der Grundlage von Erfahrung solche Erklärungsgründe zu finden und in Schlüssen einzusetzen. Erst solche Schlüsse sind dann wieder auf Humes Einteilung zurückbeziehbar. Erst sie können dem Anspruch genügen, Zusammenhänge als notwendig und allgemein bestehend einzusehen aufgrund dessen, was die Pole des Zusammenhangs an sich – oder in Humes Worten: aufgrund der Natur der Ideen, die wir von beiden haben – sind.

2.3.3 Sinnliche Erscheinung – kausale Kräfte

Wie sich Humes eigene Position zu dieser Analyse des Ableitungsexperiments letztlich verhält, werde ich hier nicht verfolgen. Aus der Fortsetzung seiner Argumentation geht eines jedenfalls eindeutig hervor: Wie stark oder schwach der Nachweis der Nicht-Ableitbarkeit ohne Erfahrung immer gedacht sein mag – die Möglichkeiten, Tatsachen wirklich zu erschließen, sind für ihn damit noch nicht erschöpft. Das zeigt sich darin, daß er nun, in einem zweiten und längeren Durchgang, den Tatsachenschluß mit reicheren Voraussetzungen zum Thema macht. Erst beide Durchgänge zusammen ergeben dann seinen negativen allgemeinen Befund der Nicht-Schlüssigkeit des Schlusses auf Tatsachen.

Auf seiten der vorauszusetzenden Kenntnisse hat sich angesichts des Rückschlusses auf die Rolle der Erfahrung die Szenerie erweitert: Der alte Adam hat Brot probiert und nahrhaft gefunden, seinen Kopf unter Wasser gehalten und dabei das Atmen unmöglich gefunden und dergleichen mehr. Vorausgesetzt wird nun ein Erfahrungsschatz, der Sequenzen von Veränderungen von Gegenständen eines Typs bei raum-zeitlichem Kontakt mit Gegenständen eines bestimmten anderen Typs enthält. Fassen wir diese Erweiterung gleich vollständig, so gehört die wiederkehrende und als wiederkehrend bemerkte Erfahrung solcher Sequenzen ebenfalls schon auf die Seite der Kenntnisse, auf die hin nun der Schluß auf neue Tatsachen erfolgen soll.

Erst mit dieser Erweiterung der empirischen Basis nimmt die Darstellung des Tatsachenschlusses für Hume realistische Züge an. So, meint Hume, schließen wir wirklich: Wir finden, daß bisher Dinge mit bestimmten sinnlichen Qualitäten stets mit einer bestimmten Wirkung verbunden gewesen sind. Und von dort gehen wir umstandslos über zu Annahmen der Art, daß andere, „scheinbar ähnliche" Dinge ebenfalls mit „scheinbar ähnlichen" Wirkungen verbunden sein werden.

Als erste für uns klärungsbedürftige Besonderheit ist zu verzeichnen, daß nun – mit einschlägigen Erfahrungen im Rücken – der Tatsachenschluß der Form nach als *Extrapolation* auftritt:

„Das Brot, das ich früher gegessen, ernährte mich; das heißt, ein Körper mit solchen sinnlichen Eigenschaften war zu jener Zeit mit solchen geheimen Kräften begabt. Folgt aber daraus, daß anderes Brot mich zu anderer Zeit auch ernähren muß, und daß gleiche sinnliche Eigenschaften immer von gleichen geheimen Kräften begleitet sein müssen? Diese Folgerung scheint keineswegs notwendig." (*Enquiry* IV.ii, 44)

Was Hume nicht, jedenfalls nicht explizit angreift, ist die theoretische Fassung der vorausgesetzten empirischen Befunde in Termini kausalen Zusammenhangs: Daß hier schon mit Kausalbeziehungen, darin also auch mit dem Gedanken *notwendiger Verknüpfung* operiert wird, läßt Hume ebenso ohne Einspruch passieren wie die Rückreflexion auf den Gegenstand, mit dem die Wirkung verbunden war, in Termini von entsprechenden *Kräften*. Ausdrücklich ins Visier genommen wird hingegen die Übertragung von erfahrenen auf nicht-erfahrene Fälle.

Ob die für die erfahrenen Fälle zugelassene Voraussetzung von Kausalbeziehungen und Kräften von Hume nur um des Arguments willen oder im Ernst zugelassen wird, lasse ich wiederum offen. Konsequenterweise dürfte es nur um des Arguments willen geschehen sein. Daß x Ursache von y war, kann nach Humes Argumentation in *Enquiry* und *Treatise* nur die rückwirkende Interpretation des davon zu unterscheidenden tatsächlich Beobachteten sein, seine Interpretation im Licht der als zwingend erlebten Erfahrungs-Summe, der Erfahrung konstanter Verbindung. Die Möglichkeit, notwendige Verknüpfung buchstäblich am Einzelfall zu erfahren, ist damit ausgeschlossen. Lassen wir mit Hume diesen Zug zunächst kommentarlos passieren und fragen: Wie kommt es dazu, daß der Einbezug des Gedankens notwendigen Zusammenhangs zwischen qualitativ unterschiedenen Phänomenen die Übertragungsfrage nicht überwindet und erübrigt, sondern selbst ein problematischer Fall von Übertragung wird? Meine These dazu lautet: Sowohl die Unerläßlichkeit als auch die Gewagtheit der Übertragung gehen auf Restriktionen des Wissens um notwendige Zusammenhänge zurück. Diese Restriktionen bestehen aber nicht in der Sache, sondern in einseitigen Ansichten darüber.

Worin besteht, zunächst, die Übertragung? Wenn wir Hume folgen, so gehört zu ihr *erstens* ein Beziehungsgrund zwischen als bekannt vorausgesetzten und neuen Fällen, und dieser Beziehungsgrund ist in Termini übereinstimmender sinnlicher Qualitäten definiert. Brot wird als Brot artidentfiziert aufgrund gewisser sinnlicher Qualitäten, und das neue Stück muß fraglos genau diese sinnlichen Qualitäten aufweisen, wenn der Schluß in Gang kommen soll. *Zweitens* fragen wir nicht nach diesem Beziehungsgrund – er ist unterstellt –, sondern nach Gleichheit in einer anderen Hinsicht, nämlich hinsichtlich eines bestimmten kausalen Verhaltens. Und *drittens* besteht das Problem darin, daß sich der gewußte Beziehungsgrund für uns zufällig und äußerlich zu der Frage verhält, die für den neuen Fall beantwortet werden soll. Es ist die epistemische Trennbarkeit zwischen den sinnlichen Erkennungszeichen und den kausalen Kräften, die die Übertragung problematisch macht. Zugleich, wenn wir uns erinnern, ist es dieselbe Trennbarkeit, die den Rekurs auf erfahrene Fälle unverzichtbar machte. Die Wiedererkennungsmale der Art werden als Indikatoren für anderes gelesen; für sich, ihrem Inhalt nach genommen, geben sie den Zusammenhang, so er denn besteht, nicht zu erkennen. Das war der Ertrag des ersten Durchgangs (*Enquiry* IV.i). In Indikatorfunktion werden die sinnlichen Qualitäten erst durch einen Zusatz erhoben: durch die iterierte Erfahrung des Zusammenauftritts mit jenem anderen Zug, von dem aus die Rückrechnung auf den Gegenstand erfolgt. (Dieses Brot ernährt – dieses Brot besitzt also, wie auch immer, *Ernährungskräfte*.) Was diese sinnlichen Qualitäten für uns sind, hat nach wie vor nichts mit ihrer Indikatorfunktion zu tun. Dieser Zusammenhang fällt in die einfache Kopräsenz oder Koinstantiierung: Gegenstände, die so ausgesehen, gerochen, geschmeckt haben, waren *auch noch* solche, die mich ernährt haben.

Was Hume hier beschreibt, ist ein mit den Mitteln der einfachen Fallsammlung aufgerüsteter Schluß der Analogie. Von einem Schluß zu reden, hat durchaus einen Grund am Beschriebenen: Die Bewegung vom Ausgangspunkt zum Resultat verläuft durch Mittelglieder. Das Vermittelnde liegt in den anderen Einzelnen, bei denen die fraglichen sinnlichen Qualitäten in Koinzidenz mit der für den neuen Fall erfragten Wirkung auf anderes aufgetreten sind. Doch diese Mitte des Schlusses ist eine, die sich als Mitte sogleich aufhebt. Sie fällt nämlich in zwei für den Betrachter getrennte Bestandsstücke auseinander. Die einzige Einheit zwischen dem Vorliegen dieser sinnlichen Qualitäten und dem Vorliegen jener kausal wirksamen Faktoren alias jener Kräfte besteht darin, daß gewisse Gegenstände sowohl das eine als auch das andere aufweisen. Manches hat sich als unter beides subsumierbar gezeigt. Die Mitte dieses Schlusses ist das *unbegriffene Einzelne* geblieben. In diesem Punkt unterscheidet sich dieser Schluß nicht von dem Versuch, von beobachteten sinnlichen Qualitäten direkt auf das Kausalverhalten des Gegenstands zu schließen, dem diese Qualitäten zugeschrieben werden.

Betrachten wir das neu hinzugekommene zweite Bestandsstück des Wissens hinsichtlich bekannter Fälle näher: die Rede von *kausalen Kräften*. Anders als die ersten, der Beobachtung des Gegenstands angehörenden Teil-Kenntnisse ist mit diesem zweiten Bestandteil die Ebene der Beobachtung überschritten. Die Kräfte, die ihm hier zugeschrieben werden, sind an ihm nicht beobachtet worden. Sie sind, wie Hume regelmäßig hinzusetzt, „geheime" Kräfte. Worin bleiben sie geheim oder verborgen? Man könnte zunächst antworten: Verborgen sind sie genau deswegen, weil sie nicht beobachtet wurden. Das scheint mir aber nur die halbe Wahrheit zu sein: Gesucht kann an dieser Stelle nicht einfach noch ein Zug sein, der zur sinnlichen Erscheinung des Gegenstands gehört. Geheim sind sie vielmehr erst einmal durch ihren eigenen Begriff:

Einerseits sind sie natürlich gefaßt als Bestimmungen des Gegenstandes, dem sie zugeschrieben werden. Sie sind von ihren Äußerungen, dem Wirken und der Wirkung unterschieden, nicht diese, sondern der dem Gegenstand unabhängig vom Zusammentreffen mit passenden anderen Gegenständen einbeschriebene Grund dafür, daß unter Bedingungen solchen Zusammentreffens das als Wirkung gefaßte Phänomen auftritt. Als das am Gegenstand im Kausalverhältnis *Vorausgesetzte* stehen die Kräfte auf seiten absoluter Bestimmungen des Gegenstands. Doch *was* es denn ist, das den Gegenstand so ins Verhältnis zu anderem setzt, bleibt in dieser Fassung ganz unbestimmt. Alles, was eine Bestimmung dieses Typs, was eine kausale Kraft von anderen und von ihresgleichen unterscheidet, ist nämlich *andererseits* ganz in Termini der Äußerungen oder Wirkungen definiert. Abgesehen davon liegt keine positive, unterscheidende Bestimmung vor. Dem Inhalt nach sind sie also nicht absolut, sondern relativ gefaßt. Genau so sind Kräfte Geheimsachen: Die relative inhaltliche Erfüllung entspricht noch gar nicht der absoluten Fassung. Solche Konzeptionen zeigen sich als *Anweisungen* auf erst noch zu leistende positive Bestimmungen, d. h. auf Antworten auf die Frage, was diesen Gegenstand mit jenen Außenbedingungen ins Verhältnis setzt.

Diese Antworten bleibt Humes Naturforscher schuldig. Seine Konzeptionen kausaler Kräfte bleiben ohne Rückkopplung zu dem, was der Gegenstand ist. Damit bleibt der Schritt, der am beobachteten Gegenstand über die Beobachtung hinausführen sollte, ein leerlaufendes Zusatzmoment. Solange das am Gegenstand in behaupteten Wirkungen Vorausgesetzte rein formell als – nun eben das dazu Vorausgesetzte gefaßt ist, emanzipieren sich konsequenterweise auch die Zuschreibungen solcher Kräfte nicht vom beobachteten Auftritt entsprechender Wirkungen. Diese, wenn überhaupt etwas, sind dann die einzigen Identifikationsmittel für das Vorliegen solcher Kräfte.

Unter der Aufgabenstellung des Tatsachenschlusses soll die Richtung der Erschließung nun aber umgekehrt verlaufen: Das als Wirkung, als Äußerung verborgener Kräfte konzipierte Phänomen hat selbst den Posten des zu Erschließenden inne. Humes Naturforscher hat dafür auch ein Auskunftsmittel. Nicht alles an demjenigen Gegenstand, der korrelativ als Ursache konzipiert werden müßte, ist Geheimsache. Er weiß etwas über ihn: Sein Wissen besteht in dem vorausgesetzten, in Termini sinnlicher Qualitäten abgefaßten Bestandsstück. Aber diese, ihm zugekehrte Seite des Gegenstands ist mit den fraglichen Kräften weder identisch noch zeichnet sich zwischen ihr und diesen Kräften ein allgemeiner Zusammenhang ab. Die sinnlichen Qualitäten selbst sind nicht als der Gegenpol des notwendigen Zusammenhangs einzusetzen.

Damit liegt der vollständige Grund dafür vor, daß der Rekurs auf notwendige Zusammenhänge an dieser Stelle in Analogie plus einfache Generalisierung zurückfällt. Begonnen hatten wir, mit Hume, mit der schlichten, m. E. nach wie vor gültigen Überlegung: Wenn auf dem Rücken einer Tatsache andere Tatsachen, die denselben Gegenstand involvieren, mitgesetzt werden, so wird die Güte dieses Schritts davon abhängen, ob Tatsachen der einen Art mit Tatsachen der zweiten Art in Zusammenhang stehen. Nun sind die Tatsachen beider Arten näher bestimmt als Kenntnisse darüber, wie etwas aussieht, sich anfühlt usw., als ein in Termini der fünf Sinne abgefaßtes Wissen. Tatsachen der zweiten Art sind darüber hinaus näher bestimmt als Wirkungen, Äußerungen – darin als abkünftige Phänomene, Endpunkte eines unterstellten notwendigen Zusammenhangs. Doch der notwendige Zusammenhang ist mittlerweile nicht mehr als einer zwischen den beiden Arten von Tatsachen bestimmt. Am Gegenstand, der die Rolle der Ursache ausfüllen sollte, ist nicht der im Tatsachenschluß mobilisierte Inhalt der Gegenpol des notwendigen Zusammenhangs. Der Gegenstand steht in notwendigem Zusammenhang mit jener Wirkung nicht, indem er so und so aussieht etc., sondern indem er jene Kräfte besitzt, die ihrerseits vorderhand nur durch ihre Äußerungen spezifiziert sind. Der im Tatsachenschluß wirklich mobilisierte Inhalt hat nur die Rolle des fragwürdigen Indikators für den Besitz der relevanten Gegenpole notwendiger Zusammenhänge.

Zusammengenommen ergibt sich für die bekannten Fälle eine Doppelansicht, die gewissermaßen eine Mimikry von Kausalerklärungen und von Erklärungen überhaupt darstellt. Sie realisiert zwei Anforderungen an Erklärungen, aber auf getrennte und widersprüchliche Weise. Von Erklärungen erwartet man zum einen *inhaltliche Differenz* zwischen Explanans und Explanandum; ein Erklärungsgrund, der sich vom zu Erklärenden nur formell unterscheidet, erklärt nichts. Diese Forderung der inhaltlichen Differenz wird in unserer Doppelansicht auch erfüllt, nämlich im Verhältnis zwischen den Wahrnehmungsqualitäten, auf die hin das Vorliegen qualitativ anderer Phänomene angenommen wird, und diesen Phänomenen selbst. (Dieses da sieht so und so aus, schmeckt so und so – also wird es seinen Mann nicht vergiften, sondern ernähren.) Andererseits genügt bloße Differenz auch nicht zur Erklärung: Der Erklärungsgrund will auch als solcher bewährt sein, indem gezeigt wird, wie aus ihm das zu Erklärende hervorgeht. Erklärungen verlangen aufweisbare *Kontinuität* zwischen Explanans und Explanandum. Auch diese Seite wird in der Doppelansicht bedient: Es ist keine Kunst, zwischen etwas, das als Kraft, x hervorzubringen, bestimmt ist und x einen notwendigen Zusammenhang aufzufinden – die Pole sind ja formell aufeinander zugearbeitet. Mehr als eine Mimikry, ein Als-Ob des Erklärens kommt aber nicht zustande. Die beiden Seiten, Differenz und Kontinuität, werden gegeneinander zusammenhanglos erfüllt und so, daß jeweils eine Forderung auf Kosten der anderen erfüllt wird. Auf der ersten Seite wird aus der Differenz kein Zusammenhang mehr, auf der zweiten bleibt der Zusammenhang ohne selbständige Bestimmung der zusammen Gedachten, ohne inhaltlich ausgeführte Differenz. Für den Schritt zur notwendigen Verknüpfung bleiben die sinnlichen Qualitäten funktionslos, und umgekehrt bleibt die tautologische Rückrechnung von der Wirkung auf die Kraft funktionslos für die sinnlichen Qualitäten, die bekannte an unbekannte Fälle knüpfen.

Daß die Übertragung auf neue Fälle unter diesen Vorzeichen nicht zwingend ausfällt, sondern die Gewagtheit bloßer Analogie behält, scheint mir nach dem Gesagten hinreichend deutlich. Daß es nicht möglich sein sollte, diese Vorzeichen zu überwinden, scheint mir damit nicht entschieden. Die Richtung solcher Überwindung ist in der von Hume zugrundegelegten Doppelansicht schon vorgezeichnet: Es müßten die vorderhand erst formell, eigentlich als epistemische Leerstellen mitgeführten so genannten „Kräfte" bestimmt werden. Genauer genommen stellen sich für den Tatsachenschluß zwei Bestimmungsaufgaben. Er unterstellt ja zwei notwendige Zusammenhänge: zwischen der vorderhand nicht selbständig bestimmten Eigenart, die als kausaler Faktor fungiert, und dessen Wirkung einerseits; zwischen derselben Eigenart und jenen sinnlichen Qualitäten, die im Tatsachenschluß als Merkmal ihres Vorliegens fungieren, andererseits. Beides muß der Sache nach nicht zusammenfallen. Es kann sein, muß aber nicht sein, daß die als auffällig und unterscheidend registrierten Wahrnehmungseigenschaften auf gerade jenen Zug an der Sache zurückgehen, der eine bestimmte Wirkung auf anderes hervorbringt. Wo dieser doppelte Zusammenhang vorliegt, eignet sich der dafür eingesetzte Wahrnehmungszug als Merkmal der Wirkung, wo nicht, nicht.

Diese Richtung wird nun von Hume selbst keineswegs eingeschlagen. Entweder hat das seinen Grund darin, daß er unabhängig von der hier betrachteten Argumentation Pessimist in Sachen Theoriebildung gewesen ist; oder die noch nicht aufgenommenen Argumentationsschritte enthalten einen Grund für diese Enthaltsamkeit. Ein Argument, das im folgenden untersucht werden soll, scheint mir für diese Frage von besonderer Bedeutung.

2.3.4 Die Vorstellbarkeit des Gegenteils

In *Enquiry* IV.ii entwickelt Hume ein bislang von mir nicht betrachtetes Argument dafür, daß sich auch auf bereicherter Erfahrungsbasis (also unter den Konditionen, die wir gegenwärtig diskutieren) kein *demonstrativer* Beweis für allgemeine Kausalzusammenhänge wird finden lassen. Ich nenne es im folgenden das Argument aus der Vorstellbarkeit[19] des Gegenteils. Zusammen mit dem Ausschluß der Möglichkeit des Erfahrungsbeweises führt es zu Humes abschließendem skeptischen Befund: Auch mit einschlägigen Erfahrungen im Rücken bleiben die in Tatsachenschlüssen unterstellten allgemeinen Annahmen ohne zureichende Begründung. Ich konzentriere mich im folgenden auf die erste Hälfte der Begründung dieses negativen Resultats und damit auf das Argument aus der Vorstellbarkeit des Gegenteils. Diesem Argument hat Hume selbst offenbar einiges Gewicht beigemessen, tritt es doch nicht nur zweifach in *Enquiry* IV auf, sondern – in leicht variierten Fassungen – ebenso in *Treatise* und *Abstract*.[20] Für unseren Zusammenhang wird dieses Argument deshalb besonders wichtig, weil es nicht selbst von negativen Antworten auf die Frage abzuhängen scheint, ob die Identifikation kausaler Kräfte oder, mit anderen Worten, die Überführung der Rede von Kräften in inhaltsvollere Erklärungen, gelingt oder nicht. Eben habe ich ja dafür plädiert, Nicht-Wissen in dieser Hinsicht von abschließendem Nicht-Wissen-Können zu unterscheiden und nicht unversehens

---

[19] Mit „Vorstellbarkeit“ übersetze ich hier Humes Terminus “conceivability”; auf diesen Terminus werde ich gleich noch eingehen.

[20] In *Enquiry* IV.i, 40 setzt Hume es ein, um die Nicht-Ableitbarkeit von Kausalzusammenhängen unabhängig von Erfahrung zu zeigen. Im *Treatise* wird es sowohl zum Beweis der Nicht-Demonstrierbarkeit des Kausalprinzips (Was einen Anfang seiner Existenz in der Zeit hat, hat notwendig eine Ursache) als auch, parallel zu *Enquiry* IV, zum Beweis der Nicht-Demonstrierbarkeit bestimmter Kausalannahmen eingesetzt. (Vgl. *Treatise* I.iii.3, 106f. bzw. I.iii.6, 116f.; vgl auch *Abstract* [in: David Hume: *A Treatise of Human Nature*, ed.. L.A. Selby-Bigge, 2nd ed. P.H. Nidditch, Oxford 1978, 650-653].)

vom ersten zum zweiten überzugehen. Für Zweifel solcher Art hat Hume auch durchaus Verständnis. Gerade für jemanden, der nicht sagen möchte, „eine Begründung existiere deshalb nicht wirklich, weil sie sich seiner Nachforschung entzieht“ (*Enquiry* IV.ii, 45), geht er den Kasus noch einmal vollständig, d. h. in den beiden seiner Einteilung entsprechenden Möglichkeiten der Demonstration und des Erfahrungsbeweises, durch.[21] Das Argument aus der Vorstellbarkeit des Gegenteils trägt darin den selbständigen Nachweis der Nicht-Demonstrierbarkeit. Es lautet:

„Daß keine demonstrativen Begründungen in unserem Fall vorhanden sind, erscheint einleuchtend; denn es liegt kein Widerspruch darin, daß der Naturlauf wechsle und daß ein Gegenstand, der anscheinend Dingen gleicht, die wir durch Erfahrung kennen gelernt haben, von andersartigen oder widerstreitenden Wirkungen begleitet sei. Kann ich mir nicht klar und deutlich vorstellen, daß ein Körper, der aus den Wolken fällt und in jeder anderen Hinsicht dem Schnee ähnlich ist, doch wie Salz schmeckt oder sich wie Feuer anfühlt? Gibt es einen verständlicheren Satz als die Behauptung, daß alle Bäume im Dezember und Januar blühen und im Mai und Juni welken werden? Nun enthält aber das, was verständlich ist, und sich deutlich vorstellen läßt, keinen Widerspruch und kann durch keinerlei demonstrative Begründung oder abstrakten Gedankengang a priori je als falsch bewiesen werden.“ (*Enquiry* IV.ii, 46)

Die Argumentation läßt sich in einen übergreifenden Schluß und einen logisch vorgelagerten Schluß auf den Untersatz von dessen Prämisse gliedern. Der übergreifende Schluß, der mit der angezielten Konklusion endet, lautet:

(I) Was demonstrierbar ist, dessen Gegenteil enthält einen Widerspruch (und ist in diesem Sinne unmöglich).
(II) Das Gegenteil von erfahrenen (ich ergänze nach dem Vorigen: kausalen) Verknüpfungen enthält keinen Widerspruch (und ist in diesem Sinne möglich).
(III) Verknüpfungen sind nicht demonstrierbar.

(II) wird nun eigens so begründet:

(II.1) Was verständlich und deutlich vorstellbar ist, das enthält keinen Widerspruch.
(II.2) Gegenteile von erfahrenen Verknüpfungen sind verständlich und deutlich vorstellbar.
(II) Also enthalten Gegenteile von erfahrenen Verknüpfungen keinen Widerspruch (und sind in diesem Sinne möglich).

Der Untersatz (II.2) wird seinerseits durch Beispiele belegt.

Um das Argument beurteilen zu können, brauchen wir eine Vorklärung: Sie betrifft die Rede von „verständlich und deutlich vorstellbar“. Dabei werde ich mich aus folgendem Grund auf das Kriterium der deutlichen Vorstellbarkeit

---

[21] Allerdings geht es bei der fraglichen Begründung nicht mehr um den Nachweis bestimmter notwendiger Zusammenhänge, sondern um die generelle Begründung der Geltung von Erfahrungsbeweisen. Dessenungeachtet tangiert Humes Entgegnung auch die von mir verteidigte Möglichkeit des Nachweises bestimmter Zusammenhänge, und zwar darin, daß sein Argument aus der Vorstellbarkeit des Gegenteils seinerseits ganz generell solche aus der Sache zu schöpfenden Beweise ausschließt.

beschränken: Die Verständlichkeit eines Satzes als Anzeige seiner Widerspruchsfreiheit aufzufassen, scheint mir entweder nicht plausibel zu sein oder Zusatzqualifikationen zu verlangen, die die Verständlichkeit als selbständige Anzeige von Widerspruchsfreiheit entwerten. Fassen wir sie einfach im Sinne des für die Wahr-Falsch-Beurteilung verlangten, aber mit dieser nicht identischen sprachlichen Satz-Verstehens auf, dann wird die Anzeige zu stark: In diesem Sinn sind auch logische Negationen demonstrierbarer Sätze verständlich.[22] Wenn verständliche Sätze eo ipso widerspruchsfrei sind, das Gegenteil demonstrierbarer Sätze zugleich weiterhin widerspruchsvoll bleiben soll, dann entleert sich auch die Klasse demonstrierbarer Sätze um alle, deren Gegenteil im elementaren Sinn verstanden werden kann. Denkt man sich Unverständlichkeit hingegen anspruchsvoller, im Sinn interner Widerlegbarkeit, büßt die so verstandene Verständlichkeit ihre Funktion als selbständige Anzeige der Widerspruchsfreiheit ein. So bleibt die – vom Satzverstehen zu unterscheidende – deutliche Vorstellbarkeit als Indikator der Widerspruchsfreiheit und so der Möglichkeit übrig. Es liegt dann nahe, die Vorstellbarkeit selbst in Abgrenzung vom Satzverstehen als *anschauliche* Vorstellbarkeit aufzufassen.[23]

Diese Eingrenzung scheint für das Argument auch durchaus aussichtsreich zu sein. Immerhin lassen sich auf dem Feld intuitiv einsichtiger und demonstrierbarer Wahrheiten Beispiele finden, in denen die Grenzen der Nicht-Imaginierbarkeit mit den Grenzen des Widersprüchlichen oder Unmöglichen konvergieren. Der Satz „Es gibt geschlossene dreiseitige Figuren in der Ebene, die mehr als drei Winkel haben“ mag so verständlich sein wie er will – eine bildliche Ein-

---

[22] Bei Kritikern und Verteidigern des Hume'schen Arguments aus der Vorstellbarkeit des Gegenteils findet sich übereinstimmend die Ablehnung dieses Übergangs von der Verständlichkeit zur Widerspruchsfreiheit. William Kneale, ein Kritiker des ganzen Arguments, erläutert das entstehende Problem anhand der Goldbach'schen Vermutung, einem Beispiel aus dem Feld also, das nach Humes Anfangsklassifikation demonstrierbare Aussagen enthält. (Vgl. Kneale 1966, 79f.) Die Annahme, daß jede gerade Zahl, die größer als Zwei ist, sich als Summe zweier Primzahlen darstellen läßt, sei bisher weder bewiesen noch widerlegt; alle bisher untersuchten geraden Zahlen größer Zwei verhalten sich so. In diesem Stadium, so Kneales Argument, läßt sich die Einstellung der Mathematiker zu Goldbachs Vermutung so charakterisieren: "Goldbach´s conjecture looks like a theorem, but it may conceivably be false“ (Kneale 1966, 80). Ehe der Beweis für oder gegen die Vermutung erbracht ist, muß der Mathematiker eben mit Wahrheit *und* Falschheit, mit beiden Möglichkeiten rechnen, und wenn man mit beiden Möglichkeiten rechnet, müssen ja wohl auch beide Alternativen erfaßt, wenn auch noch nicht: beurteilt, werden können. – Edward Craig, der Vorstellbarkeitstests ansonsten gegen Kneales Kritik in Schutz nimmt, teilt die Kritik bezogen auf diese Version von Vorstellbarkeit, entnimmt dem aber, anders als Kneale, den Auftrag, strengere Auflagen für Vorstellbarkeit zu erlassen. (Vgl. Edward Craig: *David Hume. Eine Einführung in seine Philosophie*, Frankfurt a.M. 1979, 70)

[23] Dieser Lesart kommt eine Stelle in *Treatise* I.iii.3 entgegen, an der Hume die Vorstellbarkeit als Trennbarkeit für die *Einbildungskraft* (*imagination*) erläutert. Allerdings scheint es mir angesichts von Humes notorischer Nicht-Unterscheidung zwischen bildlicher, begrifflicher und propositionaler Erfassung kaum möglich, ihm eindeutig die vorgeschlagene Lesart im Gegensatz zur propositionalen Lesart zusprechen zu wollen.

zelvorstellung von etwas, das sowohl der einen als auch der anderen Beschreibung entspricht, bringen wir nicht zustande. Von daher scheinen Imaginationsversuche prima facie aussichtsreichere Mittel dafür zu sein, die Frage der Widerspruchsfreiheit auch ohne Beweis klären zu können.

Daß sie es jedenfalls im Kontext des eben vorgestellten Arguments doch nicht sind, möchte ich im folgenden zeigen. Auf dem Prüfstand steht also die Teilargumentation für These (II), der Schluß auf die *Widerspruchsfreiheit* oder *Möglichkeit* von Sachverhalten, die sich in relevanter Hinsicht von bisherigen Kausalbefunden unterscheiden (mit der entsprechenden Generalisierung von Kausalbefunden also unvereinbar sind), aus der *Vorstellbarkeit* solcher gegenläufigen Sachverhalte. Beginnen wir mit Humes Anleitung dazu, was da vorgestellt werden kann:

Vorausgesetzt, nicht imaginiert, wird, daß für manche Exemplare einer Art von Gegenständen (im ersten Beispiel: Schnee) schon, vorsichtig gesprochen, gewisse konstante Verbindungen einzelner Wahrnehmungszüge, oder, weniger vorsichtig gesprochen, gewisse notwendige Verknüpfungen erhoben wurden. (Tatsächlich geht das Argument von der weniger vorsichtigen Fassung aus. Die Möglichkeit der Verbundenseins mit anderen *Wirkungen*, von der Hume im Zitat spricht, unterstellt die Wirklichkeit des Verbundenseins mit diesen Wirkungen. Wie im vorigen Abschnitt läßt Hume die Kausalfassungen für die *erfahrenen* Fälle ungeschoren passieren.) Auf dieser Grundlage behalte man in der Imagination alle Charakteristika und Verbindungen bei bis auf einen Zug, der gegenüber dem sonst konstant gehaltenen Verbund von Wahrnehmungszügen variiere. (Stell dir einen Gegenstand vor, der sonst dem Schnee gleicht, aber schmeckt wie Salz!)

Daß die Anweisung auch befolgt werden kann, scheint mir kein Problem darzustellen. Hume muß nicht erst Ergebnisse durchgeführter Imaginationsproben abwarten und Gegenfälle fürchten. Das Faustpfand der Durchführbarkeit hat er schon in der Hand: Der Tatsachenschluß verläuft vom beobachteten zum nicht beobachteten Pol eines angenommenen Kausalzusammenhangs. Also sind die Pole für die Wahrnehmung jedenfalls trennbar. Und wenn der Zusammenhang einer von für die Wahrnehmung trennbaren Zügen gewesen ist, dann sind diese Züge auch für die Imagination trennbar.

Humes Qualifikation der Vorstellung als *deutlicher* Vorstellung („deutlich" steht für "distinct"), weist m. E. in dieselbe Richtung. Ich nehme an, daß Hume dieses Attribut nicht in Descartes' und Leibniz', sondern in Lockes Sinn verwendet: Deutlich oder distinkt in diesem Sinn ist eine Idee dann, „wenn der Geist sie von allen anderen, die er wahrnimmt, unterscheiden kann" (Locke, *Essay* II.xxix.4). Die Qualifikation der Vorstellung als deutlich hat, so verstanden, die Pointe: Die Trennung von einem konstanten Begleiter läßt die Bestimmtheit des Rest-Bildes intakt. Was von der iterierten tatsächlichen Wahrnehmung ins imaginierte Bild identisch übernommen werden soll, kann auch so übernommen werden. Dessen Unterscheidbarkeit von anderem nimmt in der Imagination keinen Schaden. Man muß sich nicht fragen, ob die imaginierten

Züge auch wirklich noch den aus der Wahrnehmung bekannten gleichen, *obwohl* sie doch mit anderen als zuvor kombiniert wurden. Daß hier kein „Obwohl" eintritt, ist, wenn ich recht sehe, einfach die Gratisgabe dessen, daß auch in den erfahrenen Fällen der Zusammenhang für die Wahrnehmung einer von qualitativ oder zeitlich geschiedenen Zügen war.

Weniger problemlos scheint mir der Schritt von (II.2) zu (II), der Schritt von der Möglichkeit der variierenden *Vorstellung* zur Möglichkeit des vorgestellten *Sachverhalts*, und damit (II.1), die allgemeine These der Objektivierung der Trennbarkeit: Was sich in der Vorstellung trennen läßt, sei auch an sich trennbar.

Erste Bedenken dagegen stellen sich ein, wenn man sich des alten Adam, d. h. Humes Argument für die Nicht-Ableitbarkeit kausaler Sachverhalte, erinnert.

Adam war in die Verlegenheit versetzt, aus der Beobachtung eines ihm ansonsten unbekannten Gegenstands Schlüsse auf dessen kausales Verhalten ziehen zu sollen. Ihm blieb Hume zufolge nur zu sagen: Daraus, wie dieses Wasser hier aussieht und sich anfühlt, kann ich nicht schließen, wie es mir bekommt, wenn ich den Kopf unter Wasser halte. Er hätte auch sagen können: *Möglich*, daß es mir bekommt. Aber diese Möglichkeit fällt einfach mit der Anzeige des Nicht-Beurteilen-Könnens zusammen. Sollte es nun so sein, daß derselbe Adam in denselben Konditionen nur seine Phantasie zu Rate ziehen und das Ding als gut zu atmen anschaulich vorstellen muß, um zu einer ganz anderen, nämlich für die Sache relevanten Auskunft der Art zu kommen: Dieses Ding (Wasser) ist ein mögliches Medium für menschliche Atmung? Das wäre eine interessante Weise, der Verlegenheit abzuhelfen und das „Vielleicht" des Nicht-Wissens in Wissen zu übersetzen.

Lassen wir den alten Adam und betrachten das Argument selbst. Nehmen wir die Sache genau und fragen, ob der imaginierte Gegenstand gegenüber der Erfahrung desselben tatsächlich in *allen* Hinsichten abzüglich der einen sinnlichen Qualität wird gleichbleiben dürfen. Eine Hinsicht wird sicher nicht gleichbleiben können: die bei Auftritt der als Wirkung konzipierten sinnlichen Qualität angenommene kausale Kraft, dieselbe hervorzubringen. Lassen wir dem vorgestellten Gegenstück unseres Erfahrungsgegenstandes diese Kraft, tut sie, wozu sie angestellt ist: Sie bringt die Wirkung hervor. Sie dem Gegenstand unter den neuen Bedingungen der Vorstellung zuzuschreiben, brächte einen Widerspruch mit sich. Also ziehen wir sie ab. Was wir da abgezogen haben, von dem wissen wir allerdings nur in einer Hinsicht: Seine Anwesenheit ist mit der Abwesenheit jener Wirkung unverträglich. Was es ansonsten ist, womit es ansonsten zusammenhängt, wissen wir nicht. Wenn das so ist, können wir auch nicht wissen und nicht an der Vorstellung ablesen, was wir, indem wir diese Kraft mitsamt ihrer einen Wirkung abgezogen haben, sonst noch mit abgezogen haben. Der Versuch, an der Vorstellung abzulesen, welche Sachverhalte bezüglich eines gleichen Gegenstands möglich und welche widerspruchsträchtig sind, macht die Rechnung ohne den Wirt. Solange unklar ist, was an einem Gegenstand, der auch noch so und so ausgesehen hat, eine bestimmte Wirkung hervorgebracht hat, ist auch das Verhältnis, das diese Unbekannte unter anderem zum Aussehen des Gegenstands hat, ganz unbestimmt.

Richtig bleibt: Das Aussehen ist nicht der Ableitungsgrund des Verhaltens. Das schließt weder aus noch ein, daß sich die beiden Erklärungswege: Warum sieht das unter den und den Konditionen so aus? Warum folgt ihm dies und das auf dem Fuße? im Erklärungsgrund treffen. Ob die Wege beider Erklärungen einander kreuzen, wissen wir nicht, solange weder der eine noch der andere Weg beschritten ist. Es wäre ein Mißverständnis, dieses Nicht-Wissen in Möglichkeiten oder Unmöglichkeiten objektiver Sachverhalte übersetzen zu wollen.

Es sei denn, man wollte annehmen, die verursachenden Kräfte folgten in ihrer Bestimmtheit den Unterschieden, die die Wahrnehmung kennt, wie der Hund dem Herrn, und es gäbe pro Wahrnehmungszug je eine Kraft zu veranschlagen, die dann geradeso gleichgültig gegen andere Kräfte wäre wie die wahrgenommenen Phänomene verschieden voneinander. Das wäre eine Ad-hoc-Annahme, die Hume auch gar nicht vorbringt. Auf sie verfällt man aber, wenn man versucht, den Objektivierungsschritt von (II.1) gegen den Vorwurf zu verteidigen, man wisse nach wie vor zu wenig, um Widersprüche auszuschließen. Um dem zu begegnen und den Ausschluß von Widersprüchen auch mit Rücksicht auf das unterstellte kausale Innenleben des Gegenstands vertreten zu können, kommt man nicht umhin, ins Innere der Natur einzudringen oder wenigstens so zu tun, als wäre man schon dort gewesen.

Der Rekurs auf die Imagination bringt also keine Resultate hervor, die die Frage nach der Bestimmung der Kräfte, der Ursächlichkeit der Ursache, obsolet machen würden. Umgekehrt wird aus der freien Rekombinierbarkeit wahrgenommener Züge in der Vorstellung nur dann eine freie Rekombinierbarkeit an sich, wenn solche Bestimmungen schon als bekannt vorausgesetzt werden.

In der vorgetragenen Fassung scheint dieser Einwand gegen den Schritt von der Vorstellbarkeit zur Möglichkeit allerdings für einen Gegeneinwand offen. Ignoriert der Einwand nicht selbst die Pointe der Hinwendung zur Imagination, jene Pointe, die gerade in der Emanzipation von Meinungen oder Mutmaßungen über verborgene Kräfte liegt? Anders formuliert: Wenn es um nicht mehr geht als um die Widerspruchsfreiheit, also nur die *logische* Möglichkeit alternativer Kombinationen von Wahrnehmungszügen, ist es da nicht unangemessen, an Gründe oder Ursachen solcher Kombinationen zu erinnern, den Blick auf *reale* Möglichkeiten zu lenken? Der Gegeneinwand enthält also die Anweisung, die Phänomene allein, nicht sie plus die sie hervorbringenden Kräfte auf Kombinierbarkeit hin zu befragen.

Nun liegt m. E. der Reiz der Wendung zur Imagination tatsächlich in der Emanzipation von der Ebene der Gründe oder Ursachen. Aber das ist, wie mir scheint, nur die halbe Wahrheit. Auf jeden Fall soll ja ein Schritt über die Vorstellbarkeit selbst hinaus erfolgen: Nicht schon die Möglichkeit der Vorstellung ist das Ziel des Arguments für (II), sondern die Möglichkeit entsprechender Sachverhalte: Widerspruchsfrei, also logisch möglich soll sein, daß etwas aussieht wie Schnee und schmeckt wie Salz. Ohne diesen Schritt verliert der Rekurs auf die Imagination ebenfalls seine Pointe. Wenn nun für die Feststellung dieser logischen Möglichkeit belanglos sein soll, was etwas so aussehen und was etwas so schmecken läßt, dann erfordert die Annahme dieser Belanglosigkeit eine neue allgemeine Voraussetzung: die Voraussetzung, daß das Hervorbringende (Humes kausale Kräfte) seinerseits logisch trennbar ist vom Hervorgebrachten, das Hervorgebrachte logisch unabhängig vom Hervorbringenden. Ohne diesen Zusatz läßt sich die Widerspruchsfreiheit der alternativen Phänomenkombinationen wiederum nicht mehr einfach an der Vorstellung solcher Kombinationen ablesen. Der Zusatz seinerseits folgt der Vorstellbarkeit nicht nach, sondern gehört zu den vorausgesetzten Anweisungen für deren Interpretation. Und er ist stark genug, Imagination und Imaginierbarkeit einfach überflüssig zu machen: Wenn Wirkungen von entsprechenden kausalen Kräften logisch unabhängig sind, dann enthält die Annahme der Trennung des als Wirkung einer Kraft Konzipierten von dieser Kraft ohnehin keinen logischen Widerspruch.

Allerdings läßt sich der Gegeneinwand noch in einer Hinsicht verschärfen. Man könnte an dieser Stelle die Position einnehmen: Der Schritt von der Vorstellbarkeit alternativer Phänomenkombinationen zu deren Möglichkeit ist gedeckt, weil das, was die Wahrnehmung festzuhalten erlaubt, einfach abschließend darüber entscheidet, was das Wahrgenommene ist. Der ganze Begriffsapparat von Ursachen und Kräften und notwendigen Verknüpfungen, den Humes Fassung des Arguments mitführt – damit natürlich auch die Konzeption eines Phänomens als Wirkung, überhaupt als eines Abkünftigen, aus anderem erst noch zu Erklärenden – wäre suspendiert. Wo der erste Gegeneinwand die Fassung des einen Phänomens als Wirkung noch bestehen läßt, aber für folgenlos erklärt, negiert der zweite also genau diese Fassung. Unter diesen Vorzeichen emanzipierte sich das Argument aus der Vorstellbarkeit des Gegenteils mit einem Schlag von allen Annahmen über logische und/oder reale Beziehungen zwischen jenen Kräften und diesen Wirkungen; und so wäre das Einfallstor für den Einwand, die anschauliche Vorstellung allein lasse nicht über logische Möglichkeiten des Vorgestellten entscheiden, geschlossen.

Beide Gegeneinwände zehren von Annahmen über das Verhältnis von Phänomenen zu einem angenommenen, nicht wahrgenommenen „Innenleben" des Gegenstandes, an dem die Phänomene abgelesen wurden. Das gilt auch für den zweiten Gegeneinwand: Indem er das Innenleben negiert, stellt er sich zu ihm. Darin zeigen sie aber beide contre coeur, daß nicht einfach die Vorstellbarkeit des Gegenteils, sondern erst die theoretische Gewichtung der Vorstellbarkeit, nicht die Vorstellung allein, sondern die erkenntnistheoretisch interpretierte Vorstellung, Urteile über Widerspruchsfreiheit und Demonstrierbarkeit hervorbringt.

Kehren wir damit abschließend zum Argument aus der Vorstellbarkeit des Gegenteils selbst zurück. Das Argument selbst bezieht ebenfalls Stellung zum epistemischen Gewicht der Vorstellung, und zwar eine eigentümlich doppelte. Das Argument aus der Vorstellbarkeit des Gegenteils handelt Wahrnehmung und Imagination, zusammengenommen: sinnliche Vorstellung, zugleich sehr hoch und sehr niedrig: Als *Beweismittel* traut es der freien Rekombinierbarkeit von Wahrnehmungseigenschaften sehr viel zu: Die Möglichkeit der Vorstellung verbürgt die Möglichkeit des Vorgestellten. Zugleich traut dasselbe Argument den Wahrnehmungseigenschaften auch nicht über den Weg: Es hat gerade zum *Beweisziel*, zu zeigen, daß sie keine Beweisgründe für das sonstige Verhalten des Gegenstands sind. So wie sie gehen und stehen, verbürgen sie nicht die Anwesenheit gewisser kausaler Kräfte an dem Gegenstand, an dem sie abgelesen wurden. Dann aber, das war der Einwand, verbürgen sie auch nicht die Möglichkeit ihrer Abwesenheit.

2.3.5 Resumée

Welche Lehren sind nun – mit oder gegen Hume – aus dem betrachteten gesamten Argumentationsgang zu ziehen?

Ich beginne mit dem einfachen gemeinsamen Ausgangspunkt: Wer auf das Bemerken von x hin das nicht bemerkte y als vorliegend annimmt, unterstellt einen Zusammenhang der Form: „x wäre nicht ohne y". Die Annahme eines solchen Zusammenhangs in der Sache nehme ich als selbstverständlichen Gemeinplatz auf. Weniger selbstverständlich ist dann Humes Eingrenzung der Art des unterstellten Zusammenhangs: Für Übergänge vom bemerkten Einzelnen x zum nicht bemerkten Einzelnen y kommen nur Kausalbeziehungen in Frage. Das Recht dieser Einschränkung lasse ich dahingestellt. Für die Erreichung von Humes skeptischem Ergebnis scheint mir nämlich erst die weitere Spezifizierung von Belang: die näher bestimmte Art und Weise, in der nun Kausalbeziehungen gedacht werden. Da sowohl die Fassung als auch die Tragweite des skeptischen Ergebnisses m. E. in dieser spezifischen Bestimmung von Kausalität ihren Grund haben, fasse ich deren Eigenart an dieser Stelle noch einmal zusammen:

Wenn Hume im skeptischen Argument der *Enquiry* von Ursachen spricht, so denkt er an etwas, was auf zwei divergente Weisen bestimmt ist. Es gibt *eine* Weise seiner Erfassung, die unmittelbar mit seiner Funktion als Ursache verknüpft ist: der Gegenstand als Träger einer Kraft, die den Auftritt eines als Wirkung gefaßten Phänomens hervorbringt. Dieses Phänomen kann an anderen Gegenständen oder – wie das Schneebeispiel zeigt – auch an dem als Ursache angesprochenen Gegenstand selbst auftreten. Was diese Kraft und damit inwiefern der Gegenstand Ursache ist, läßt diese Fassung unbestimmt. *Daß* er als Träger dieser Kraft Ursache ist, hält sie fest; *wie* er es ist, dazu verhält sie sich stumm. Daneben gibt es eine *zweite* Weise seiner Erfassung. Die zweite Weise faßt denselben Gegenstand, aber diesmal ohne Rekurs auf seine Ursächlichkeit und stattdessen anhand an ihm wahrgenommener Züge – nur eben nicht gerade der Züge, die als Wirkung des Gegenstands erschlossen werden sollen. Der springende Punkt dabei ist: Diese beiden Weisen der Erfassung unterhalten kein als notwendig einsehbares Verhältnis zueinander. Die kausalen Rollen des

Gegenstands, so wie diese dann erfaßt sind, bleiben gleichgültig gegen den Gegenstand, so wie er in der zweiten Weise erfaßt ist.

Diese Doppelkonzeption der Ursachen ist, wenn ich recht sehe, bereits maßgeblich für die Diskussion der Wahrscheinlichkeitserkenntnis im *Treatise*. Bezieht man sie ein, läßt sich nämlich ein Widerspruch lösen, der dort auf den ersten Blick zwischen der Definition der Kausalbeziehung einerseits und ihrer Einordnung andererseits besteht. Es sollte gelten: Relationen zwischen Ideen sind Relationen, die zwischen ihren Polen – dem Inhalt der jeweiligen Ideen – aufgrund der Natur dieser Pole bestehen. Darin bestehen diese Relationen notwendig; von dem, was in ihnen bezogen ist, sind sie nicht trennbar. Auf dem Feld der Tatsachen haben wir es auch mit Relationen zu tun, aber diesmal mit Relationen, die nicht aufgrund der Natur dieser Pole bestehen. Der Inhalt des einen Pols und der des anderen können bleiben, was sie sind, ob die Relation nun besteht oder nicht. Kausalbeziehungen werden dem zweiten Typ von Relation zugeordnet. Zugleich hält Hume eingangs *notwendige Verknüpfung* als definitorisches Moment von Kausalität fest. (Die Elemente dieser Eingangsbestimmung sind: Kontiguität [raum-zeitlicher Kontakt], gerichtete Aufeinanderfolge und nicht zuletzt notwendige Verknüpfung.[24]) Vergleicht man Einordnung und Bestimmung von Kausalität miteinander, ergibt sich unmittelbar ein Widerspruch, nämlich zwischen der durch die Einordnung gegebenen *Externalität* der Relation auf der einen und dem Moment der *notwendigen* Verknüpfung auf der anderen Seite. Folgen wir der Einordnung, ergibt sich: Wie immer die Kausalbeziehung näher zu denken ist, jedenfalls ist sie keine Beziehung, die aufgrund der Natur der in Beziehung gesetzten Pole besteht. Die Beziehung liegt außer dem, was sie sind, sie ist eine Beziehung, die als irreduzibles Addendum zu dem, was die Pole für sich sind, hinzutritt. Jeder der beiden Pole kann bleiben, was und wie er ist, wenn die Verbindung nicht besteht. Wie aber kann die Verbindung dann zugleich notwendig sein? War die Notwendigkeit einer Relation nicht eben die Kehrseite ihrer Internalität gewesen?

Dieser Widerspruch hat eine Auflösung, die besonders durch die genaueren Formulierungen der *Enquiry* zu Tage tritt: Die Lösung liegt in der eben beschriebenen Doppelkonzeption von „Ursache". Auf die Seite der Externalität verweist die epistemische Fassung, die wir von dem als Ursache beanspruchten Gegenstand *abgesehen* von seiner Ursächlichkeit haben. Wie er sich dann darstellt, nämlich als Versammlung von sinnlichen Qualitäten, gibt nicht zu erkennen, wofür er als Ursache verantwortlich zeichnet. Anzeigen dieser Differenzierung gibt es auch im *Treatise*: „Es gibt keine, sei es noch so einfache Wirkung, welche aus den Eigenschaften der Gegenstände, *so wie sie sich uns darstellen*, ohne weiteres begreiflich wäre, oder ohne Hilfe der Erinnerung oder der Erfahrung vorausgesehen werden könnte." (*Treatise* I.iii.1, 94; Hervorhebung F.S.) Das ist verträglich mit der Annahme: Wirkungen gehen notwendig aus ihren Ursachen hervor. Im letzteren Satz ist dann nicht mehr Bezug genommen auf die Weisen, wie sich Gegenstände oder ihre Eigenschaften der Wahrnehmung

[24] Vgl. Treatise I.iii.2.

darstellen, sondern auf die Gegenstände oder ihre Eigenschaften *als* Ursachen. Der Widerspruch umgekehrt ergibt sich, wenn man davon ausgeht, daß von dem, was einmal veränderlich und dann wieder notwendig verknüpft sein soll, beide Male in gleicher Weise die Rede ist.

Unter den Voraussetzungen dieser Spezifizierung unterstellter notwendiger Zusammenhänge ergibt sich ein zweiter Punkt der Übereinstimmung: Hume hat m. E. ganz recht, wenn er den Schritt von der eben vorgestellten Doppelansicht für bekannte Fälle zu den neuen Ufern unbekannter Fälle definitiv als nicht schlüssig charakterisiert.

Zugleich hat sich ein in den vorigen Kapiteln mit und ohne Hegel erhobenes Resultat bestätigt: Wo Allgemeinheit als Frage der Übertragbarkeit auftritt, da ist diese Frage die Kehrseite eines inhaltlichen Problems des Wissens über schon bekannte Fälle. Es ist auch unter den von Hume vorgestellten Bedingungen durchaus nicht so, daß das Wissen über die bekannten Fälle problemlos und nur seine Fortschreibung problematisch wäre. Vorgestellt wird ein Stand, der eindeutig weitere Klärung verlangt. Schon am bekannten Einzelfall fallen positive Bestimmungen und kausal-relative einfach auseinander. Was als Ursache angesprochen wird, ist nicht auch schon als Ursache spezifiziert. In die positiven Bestimmungen des als Ursache apostrophierten Gegenstands können Bestimmungen eingemischt sein, die gar nichts mit dem als Wirkung betrachteten Phänomen zu tun haben, und geradesogut andere, die in mittelbarem Zusammenhang damit stehen. Die zweite Weise der Bestimmung unterscheidet das nicht, gibt, wenn sie als inhaltliche Füllung der Ursache eingesetzt wird, eine grobschlächtige, nicht hinreichend unterscheidende Fassung derselben. Das heißt nicht nur, daß der Einzelfall dann, mit und ohne seinesgleichen, einen unsicheren Übertragungsgrund abgibt. Als Theoretiker hat Humes Naturforscher auf diesem Stand gar nicht die erste Sorge, diese Art von Wissen auf andere Fälle auszudehnen. Ehe er Wissen dieser Art mitsamt seinem Mangel auf alles Wasser, auf alles Brot ausbreitet, wird er sich an den Fällen, die ihm zu Gebote stehen, um einen Fortschritt in der Art seines Wissens kümmern müssen. Wenn das, was er außer der formellen Rückrechnung von Außenverhältnissen auf interne Bestimmungen vom Gegenstand weiß, keinen, jedenfalls keinen erkennbaren Zusammenhang mit jenen nur formell internen Bestimmungen erhält, dann löst sich auch die Rückrechnung wieder auf in den einfachen Befund: Ein Gegenstand mit diesen sinnlichen Qualitäten befand sich in unmittelbarer Nachbarschaft eines Gegenstands mit jenen sinnlichen Qualitäten, und gleich darauf hat sich an einem von beiden ein qualitativer Zustandswechsel vollzogen.

Die einzelne Kausalbehauptung bleibt also von der Unbestimmtheit des Zusammenhangs nicht unberührt. Darin ist das Desiderat des Schritts zu objektiver Allgemeinheit unter Hume'schen Vorzeichen jedenfalls enthalten. Es besteht, obenhin und allgemein gesprochen, darin, herauszufinden, wie Brot oder Wasser oder Metall sein müssen, um sich in ihren Außenverhältnissen so und so geltend zu machen.

Umgekehrt erscheint dieses Desiderat als uneinlösbar, wenn man den von Hume thematisierten epistemischen Stand als den Endstand empirischer Erkenntnis sistiert. Unerfüllbar wird das Desiderat dann, wenn für das, was es ist, Wasser (oder Brot oder Metall etc.) zu sein, abschließend nur die beiden Sorten von Wissen bleiben, die in Humes Konstellation auftreten. Beide Seiten sind dann zwar schon mit den Zeichen der Vorläufigkeit versehen. Doch wenn wir unter Fortschreibung dieser Bedingung dem Mangel abhelfen wollen, sind wir geradewegs auf die andere Seite mit deren Mangel verwiesen. Wollen wir die Unbestimmtheit der angenommenen verborgenen Kräfte überwinden, bleibt nur der Griff in den Fundus anderweitig festgestellter sinnlicher Qualitäten. Von ihnen kann und soll aber nicht behauptet werden, sie seien die positive Erfüllung jener Kräfte oder auch nur allgemein kovariant mit ihnen. Auf der anderen Seite gelten die sinnlichen Qualitäten auch nicht als befriedigende Antworten auf die Frage, was es denn ist, Wasser (oder Brot oder Metall) zu sein. Was in einigen, auch: in vielen sinnlichen Qualitäten übereinkommt, in kausalem Verhalten hingegen deutlich abweicht, soll nicht für artgleich gelten: Sinnliche Qualitäten sind als oberflächliche Ähnlichkeiten, Scheinähnlichkeiten, charakterisiert. Theoretisch weiter bestimmt werden sie selbst schon, nämlich als Explananda kausaler Erklärungen. Aber dieser Schritt in die Theorie vollzieht sich nur auf formelle Weise: Bestimmt werden sie als Wirkungen ihnen zugeordneter, ansonsten unbekannter Kräfte.

Die auf Dauer gestellte Restriktion auf diese zwei Sorten Wissen läßt uns wirklich in der Verlegenheit, das Explanans unbestimmt zu lassen oder in Termini *anderer*, auf gleicher Ebene wie die ursprünglichen angesiedelter *Explananda* zu unternehmen. Die Restriktion erzwingt das Kurzschlußverfahren. Was aber erzwingt die auf Dauer gestellte Restriktion? Der Sache nach kann man, wenn ich recht sehe, aus dem bisher Gesagten schon eine negative Antwort folgern: Wäre das Festschreiben dieses Standes notwendig, dann dürfte er nicht zugleich den Widerspruch enthalten, den er nach dem Bisherigen tatsächlich enthält. Bleibt es dabei, daß die Rede von kausalen Kräften nicht der Anlauf zur Erklärung gewesen ist, sondern alles, was es über den Erklärungsgrund selbst zu sagen gibt, dann löst sich die Form der Erklärung auf. So wird es scheinbar leicht mit dem Erklären. Für jede wahrgenommene Zustandsänderung läßt sich eine formell darauf zugeschnittene Kraft an irgendeinem raum-zeitlichen Nachbarobjekt und/oder am Gegenstand selbst vermuten, die jedenfalls dann vorhanden ist, wenn sie wirkt, von der wir aber sonst nichts wissen. Nur ist diese leichte Übung keine Erklärung gewesen: Über das als Wirkung angesetzte Phänomen wissen wir dann so viel wie vorher. Darin zeigt sich der vorgestellte Stand als einer, bei dem es ohnehin nicht bleiben kann.

An dieser Stelle trennt sich Humes Weg von dem in den vorigen Kapiteln verfolgten, und zwar zunächst nicht in den Positionen, die bezogen werden, sondern im Thema. Seine Frage nach der aufweisbaren Mitte bleibt streng im Rahmen der einmal angenommenen epistemischen Konstellation. Wonach er fragt, ist die Vermittlung zwischen zwei Urteilen folgender Art: 1. Gegenstände, die folgende sinnliche Qualitäten (Erscheinung) aufweisen, waren bisher immer von folgender Wirkung begleitet. 2. Gegenstände, die diese sinnlichen Qualitäten aufweisen (in der Erscheinung gleichartig sind), werden von der gleichen Wirkung begleitet sein. (Vgl. *Enquiry* IV.ii, 45) oder kürzer: Was begründet die „Erwartung gleichartiger Wirkungen von anscheinend gleichartigen Ursachen" (*Enquiry* IV.ii, 51)?

Darin, die Frage nach der Mitte *allgemein* zu stellen, liegt die Vorentscheidung, die epistemische Ausgangskonstellation fortzuschreiben. Sonst müßte man sagen: Ob – und gegebenenfalls, wie – die als Beziehungsgrund benutzten Eigenschaften oder manche oder eine dieser Eigenschaften mit der zu erschließenden Eigenschaft zusammenhängt, ist eine Frage, die erst bearbeitet werden kann, wenn bestimmte Einsetzungen vorliegen. Stellt man die Frage nach der Mitte *allgemein*, so müßte diese Mitte eine sein, die selbst *allgemein* irgendwelche Eigenschaften mit irgendwelchen anderen verbindet, wenn diese nur ausnahmslos zusammen beobachtet wurden. Wenn Hume die Aussichten auf diese Mitte, die Mitte dafür, skeptisch beurteilt, hat er wiederum recht. Nur ist dieser Zusammenhang auch gar nicht so, daß man ihm eine Mitte auch nur wünschen könnte. In ihm sind die Vorläufigkeiten und Mängel eines Zwischenstandes des Erkennens einfach zum Prinzip erhoben. Der Satz „Anscheinend gleichartige Ursachen haben gleichartige Wirkungen" leidet primär nicht an einem Mangel an Beweisen, sondern an sich selbst: Wo der Beziehungsgrund schon unter dem Vorbehalt steht, anscheinend zu sein – also vielleicht ein Beziehungsgrund, vielleicht auch nicht –, liegt es nicht nahe, die Beziehungsgründe anscheinend bleiben *und* allgemein in Geltung zu lassen.

Bis zu diesem Punkt müssen Humes induktionsskeptisches Ergebnis und Hegels Wendung zu objektiver Allgemeinheit einander nicht ausschließen. Humes und Hegels Gedanken zu induktiven Schlüssen verhalten sich dann so zueinander: Hume untersucht die epistemischen Möglichkeiten eines Aufstiegs zum Allgemeinen, die jemand hat, dessen Artbegriffe vor und in diesem Aufstieg genau so sind und bleiben wie in der Ausgangskonstellation beschrieben. Hegels Überlegungen führen zu dem Ergebnis, daß sich Artbegriffe inhaltlich verändern müssen, wenn der Aufstieg einer zum Allgemeinen werden soll. Diese Notwendigkeit wird von dem Ausfall der Mitte, die Hume konstatiert, erst einmal nicht dementiert, sondern bestätigt. Dieses Desiderat ist dem Satz „Anscheinend gleichartige Ursachen haben gleichartige Wirkungen" selbst direkt zu entnehmen: Wer nach diesem Verfahren Wirkungen erschließt, dem gebricht es ja offenbar an Begriffen, die nicht nur die anscheinende, sondern die jeweils relevante Gleichartigkeit explizit machen.

Ein Gegensatz der Positionen Humes und Hegels entsteht allerdings dann, wenn die epistemischen Konstellationen, für die Humes Kritik entwickelt ist und gilt, von Hume als die endgültigen Konstellationen festgehalten werden, als Konstellationen, die den Rahmen nicht nur seines Themas, sondern auch der danach so genannten empirischen Wissenschaften diktieren. Es spricht einiges dafür, daß Hume dieser Meinung gewesen ist. Nicht zuletzt das Argument aus der Vorstellbarkeit des Gegenteils weist in diese Richtung.[25] Wie wir gesehen haben, lebt dieses Argument von der Absolutsetzung sinnlicher Anschauung. Man muß schon der Meinung sein, die Anschauung entscheide abschließend über die Bestimmung des Angeschauten, um immer da, wo die Anschauung gleichgültige qualitative Verschiedenheit verbucht, widerspruchsfreie Kombinierbarkeit der Angeschauten annehmen zu können. Wenn gilt: Was die Farbe des Schnees ist, weißt du abschließend, wenn du sie gesehen hast, und was der Geschmack des Schnees ist, weißt du abschließend, wenn du ihn geschmeckt hast – dann ist diese Farbe an sich mit anderen Geschmäckern verbindbar. Gibt die Anschauung abschließenden Bescheid über diese Schnee-Eigenschaften, dann sind alternative Kombinationen in diesem Fall einfach durch die Differenz zwischen den Sphären der Anschauung (zwischen Sehen und Schmecken) vor Widerspruch geschützt.

Wenn wir diese Voraussetzung annehmen, ziehen wir also die epistemische Differenz zwischen Erscheinung und Wesen von Eigenschaften der Gegenstände ein. Für uns sind diese Eigenschaften, sind Humes „sinnliche Qualitäten" dann eben nur so bestimmt, wie sie sich der Wahrnehmung zeigen. Ob diese Position für sich aussichtsreich ist, lasse ich dahingestellt. Für den gegenwärtigen Kontext scheint mir aber zweierlei von entscheidender Bedeutung: Erstens läßt sich – wenn die bisherigen Überlegungen zu Humes skeptischer Argumentation richtig gewesen sind – diese Position nicht als dieser Argumentation abgewonnenes Resultat verbuchen. Wenn überhaupt, so kommt sie als von außen zugeschossene Prämisse ins Spiel. Zweitens und vor allem aber trägt sie selbst nichts dazu bei, das Induktionsproblem zu verstetigen. Im Gegenteil löst sich das Problem auf oder kommt, besser gesagt, gar nicht erst zustande. Wenn Begriffe in Termini der Wahrnehmung definitiv angeben, was das in diesen Begriffen Gefaßte ist, dann sind auch die einzigen Zusammenhänge, die es zwischen so Begriffenem gibt, Zusammenhänge der Wahrnehmung. Wo uns die Wahrnehmung Koinstantiierung zeigt, liegt dann Koinstantiierung vor und sonst nichts, wo die iterierte Wahrnehmung iterierte Koinstantiierung zeigt, liegt dann iterierte Koinstantiierung vor und sonst nichts. Es gibt dann keinen Grund mehr, ein bemerktes x als *Anzeichen* eines nicht bemerkten y zu behandeln, wohl aber einen Grund dagegen, so vorzugehen. Wenn die Eigenschaften tatsächlich gleichgültig verschieden gegeneinander, also ohne inhaltlichen Zusammenhang sind, sobald die Anschauung sie so zeigt, dann sind sie auch nicht Indikatoren füreinander.

Die eben betrachtete Position löst das Induktionsproblem auf, indem sie die Wahrnehmung gleich die Theorie ersetzen läßt. Sie kennt in diesem Sinn keinen

---

[25] In dieselbe Richtung weist natürlich vor allem seine Ideentheorie selbst. (Vgl. *Treatise* I.i.1 und *Enquiry* II) Einfache Ideen sind dem Inhalt nach Reproduktionen von Eindrücken, unterschieden nur durch die in der Reproduktion gelegene Abschwächung. Sind Ideen ihrem Inhalt, d.i. den einfachen Elementen dieses Inhalts, nach ausnahmslos die schwächeren Nachzügler sinnlicher Eindrücke, ist der Schritt zur Bildung theoretischer Begriffe, sind Begriffe, die sich qualitativ von Begriffen der Wahrnehmung unterscheiden, ausgeschlossen.

Aufstieg zum Allgemeinen. Daraus folgt, daß man nicht zugleich diese Position zugrundelegen und den Aufstieg zum Allgemeinen fordern kann. Das läßt sich im Anschluß an Humes Text noch einmal verdeutlichen. Ich kontrastiere dazu den Befund der *Enquiry* mit einer leicht variierten Fassung.

Der Befund lautete: *Es gibt keine Beweisgründe dafür, daß anscheinend gleichartige Ursachen auch gleichartige Wirkungen haben.*

Die variierte Fassung lautet: *Es gibt keine Beweisgründe dafür, daß gleichartige Ursachen auch gleichartige Wirkungen haben.*[26]

Die Variation besteht also darin, daß die Qualifikation „anscheinend" weggelassen wird. Soll das nicht die elliptische Fassung desselben sein, fällt das Ergebnis notgedrungen grundsätzlicher und einschneidender aus. Die Ausgangsfassung äußert sich nicht explizit zu Fällen qualitativ fortgeschrittenen Kausalwissens. Sie besagt nicht: Auch die in ihrer Ursächlichkeit gewußte und bestimmte Ursache enthält keinen als notwendig einsehbaren Zusammenhang mit ihrer Wirkung. Der Satz ist dann formuliert im Hinblick auf die zuvor abgemachte Voraussetzung, daß die beiden Erfassungsweisen von Ursachen sich genauso unterscheiden wie beschrieben. Mit anderen Worten: Der Satz diagnostiziert etwas für einen bestimmten epistemischen Stand. Er spricht nicht über jemanden, der erklären kann, warum Schnee so schmeckt wie er schmeckt, sondern über jemanden, der das nicht kann und sich auf diesem Stand auf erfahrene Zusammenhänge verläßt. Er schließt also den Schritt zur Erklärung nicht aus.

In der variierten Fassung hingegen ist das Ergebnis nicht mehr relativ zu einem epistemischen Stand formuliert, eben einem, auf dem Ursachen als Ursachen inhaltlich noch nicht bestimmt sind, inhaltliche Erklärungen also noch gar nicht vorliegen. Jetzt tritt das Ergebnis absolut auf. So gelesen, würde es Hegels Wendung vom Schluß der Induktion zur dort unterstellten objektiven Allgemeinheit, also auf Artbegriffe, die Erklärungsgründe für den Auftritt, die Veränderung, den Wechsel von Eigenschaften der Exemplare der betreffenden Art enthalten, tatsächlich entwerten, die Aussicht darauf zu einer scheinbaren Aussicht machen, die sich der Ignoranz gegenüber den Sonderkonditionen empirischer Wissenschaft verdankte. Aber zu dieser absoluten Fassung ist von der relativen Fassung aus nur zu kommen durch Zuschuß einer Prämisse, die die Vorbegriffe allgemein zu endgültigen Begriffen erklärt. Diese Prämisse läßt dann aber nicht mehr die Kausalbeziehung stehen, sondern löst sie mit auf – behält man sie bei, erhält man den Widerspruch der notwendigen veränderlichen Relation, und zwar diesmal ohne Auflösung.

---

[26] Solche Fassungen finden sich auch bei Hume. Ein Beispiel bietet die dem Traktat nachgereichte Zusammenfassung (*Abstract*): „/.../ but no inference from cause to effect amounts to a demonstration. Of which there is this evident proof. The mind can always *conceive* any effect to follow from any cause, and indeed any event to follow upon another: whatever we *conceive* is possible, at least in a metaphysical sense: but wherever a demonstration takes place, the contrary is impossible, and implies a contradiction. There is no demonstration, therefore, for any conjunction of cause and effect." (*Abstract*, a.a.O., 650f.)

Nun sind es gerade solche verstärkten Fassungen, die als Humes große Herausforderung für die Theorie von Erkenntnis und Wissenschaften aufgenommen worden sind. Seine eigene skeptische Auflösung des Problems wie einschlägige Stellungnahmen anderer Autoren zeigen, daß das Ergebnis eher so gesehen wird: Wenn in einem Feld der Forschung Zusammenhänge erst einmal, in den Anfangsstadien der Forschung, empirisch – und das heißt: an Einzelfällen – bekannt geworden sein müssen, ehe allgemeine Sätze, kausale oder andere Gesetze, formuliert werden können, dann können diese Gesetze nicht mehr Gesetze von strenger Allgemeinheit und Notwendigkeit sein. Die Lehre, die aus Humes skeptischer Argumentation zu ziehen ist, wäre demzufolge: Anfänglich bestehende Erfahrungsabhängigkeit schließt den Fortschritt zu allgemeinen, notwendigen und als solchen auch beweisbaren Urteilen aus. Ehe man sich in die Phalanx der Anhänger dieser Position einreiht, gibt es etwas zu bedenken: Faßt man Erfahrungsabhängigkeit so allgemein, überspringt man die näher bestimmte Weise, in der Humes Naturforscher in seinen Schlüssen über das Erfahrene von Erfahrung abhängig bleibt. *Seine* Erfahrungsabhängigkeit verhält sich tatsächlich ausschließend zu Ansprüchen auf Allgemeinheit und Notwendigkeit. Aber das liegt nicht daran, daß er Zusammenhänge erst einmal hat erfahren müssen, sondern wie und zu welchem Ende bei ihm Erfahrung eingesetzt wird. Bei ihm hat Erfahrung nämlich die nicht selbstverständliche Stellung, die Theorie zu ersetzen. Das hängt damit zusammen, daß er die Theorie nur als Formalie mitführt: Hat er einmal herausgefunden, daß gewisse Phänomene regelmäßig in Verbindung aufgetreten sind, geht er nicht dazu über, den Grund jener Verbindung zu bestimmen. Für die erfahrenen Fälle gibt er sich mit dem Surrogat eines Grundes durchaus zufrieden. Was den Inhalt angeht, beläßt er es bei dem Befund, die Phänomene hingen *irgendwie* zusammen, und ergänzt seinen gesammelten Erfahrungsbefund um den Zusatz: Das eine Phänomen hat wohl noch etwas an sich oder bei sich, was das andere Phänomen nach sich zieht. Dieses Etwas läßt er als Unbekannte stehen und macht sich damit sogleich an die Extrapolation dieses Befundes. Deshalb bleibt sein Hinausgehen über die Erfahrung einfach Extrapolation und darin bleibend von Erfahrung abhängig. Seine allgemeinen Urteile bleiben erfahrungsabhängig, weil sein Schritt von der Erfahrung zur Theorie so halbherzig ausgefallen ist, und nicht deshalb, weil es überhaupt Erfahrung braucht, um zur Theorie zu kommen.

2.4 Das neue Rätsel der Induktion

Die Theorie der Induktion ist seit den Tagen Humes nicht stehen geblieben. Zu ihren wichtigsten Entwicklungen zählt die maßgeblich von Rudolf Carnap und Carl Gustav Hempel initiierte Theorie der logischen Wahrscheinlichkeit bzw. der Bestätigung. Mit einem zentralen Ausschnitt dieser besonders im zweiten Drittel des letzten Jahrhunderts geführten Diskussion beschließe ich die Behandlung des Themas Induktion.

Die Beziehung der Bestätigung ist konzipiert als eine Beziehung zwischen Aussagen, die induktiven Schlüssen in vergleichbarer Weise zugeordnet sein sollte wie die Folgerungsbeziehung deduktiven Schlüssen. Nur ist die Bestätigungsbeziehung als logisch schwächeres Analogon der Folgerungsbeziehung gedacht. Wo die Folgerungsbeziehung gültige, also wahrheitserhaltende Schlüsse erlaubt, da erlaubt die Bestätigungsbeziehung einen analogen, aber nicht wahrheitserhaltenden Übergang von Ausgangsaussagen zu einer neuen Aussage. Wahre Prämissen eines solchen Schlusses beweisen nicht dessen Konklusion, sondern legen sie nahe, erhöhen deren Glaubwürdigkeit. Die grundlegende Aufgabe war nun, diese Beziehung zwischen Aussagen zu bestimmen und damit Regeln gültigen induktiven Schließens zu formulieren.[1] Im Zug der Bearbeitung dieser Aufgabe tauchten nicht geringe Probleme auf, darunter eines, das alles bis dahin Erreichte umzustürzen drohte – Nelson Goodmans „neues Rätsel der Induktion".[2] Mit diesem Rätsel, seinen theoretischen Voraussetzungen und seinen Tücken werde ich mich im folgenden befassen.

Die Auseinandersetzung mit diesem Ausschnitt neuerer Induktions-Theorie liegt angesichts des erreichten Standes aus folgendem Grund nahe: Gelegentlich der Schürzung des Rätsels treten in *Tatsache, Fiktion, Voraussage* Formulierungen auf, die der oben gezogenen Konsequenz sehr nahe stehen oder jedenfalls zu stehen scheinen. Wenn Goodman auf die Unterscheidung zwischen *gesetzesartigen* Hypothesen und *zufälligen allgemeinen* Aussagen dringt und die Aussichten einer Theorie der Bestätigung von der Explizierbarkeit dieser Unterscheidung abhängen sieht, dann scheint sich das aufs beste mit dem oben erschlossenen Desiderat eines notwendigen Zusammenhangs zwischen den beteiligten inhaltlichen Bestimmungen zu fügen. Zugleich ist unverkennbar, daß Goodman nicht daran denkt, sich dieser Konsequenz anzuschließen. Sein Weg führt ihn nicht zum Gedanken einer in der allgemein bestimmten Sache, der Art, gelegenen Notwendigkeit, sondern zur Theorie der Verankerung, der in Termini erfolgter Fortsetzungen bestimmten Fortsetzbarkeit von Prädikaten. Mit dieser

[1] Mit der zweiten Aufgabe, der sich Theoretiker der Bestätigung oder der logischen Wahrscheinlichkeit widmeten, d.i. der Metrisierung der angenommenen Aussagenbeziehung, werde ich mich hier nicht befassen.

[2] Die folgenden Ausführungen orientieren sich an der Diskussion des Rätsels in: Nelson Goodman: *Tatsache, Fiktion, Voraussage*, Frankfurt a.M. 1988 (orig. *Fact, Fiction and Forecast* [1954]; im folgenden abgekürzt „*TFV*").

Wendung zu Fortsetzungsgeschichten verlagert sich das Thema der Induktion von Rückfragen nach sachlichen Gründen auf das Feld des faktischen Umgangs einer Sprachgemeinschaft mit Prädikaten. Goodmans Argumentation bleibt darin der Grundidee eines jenseits erkennbarer inhaltlicher Zusammenhänge angesiedelten Stützungsverhältnisses zwischen Einzelfallbericht und allgemeinem Urteil treu – treu bis in die Konsequenz der vollkommenen Deobjektivierung der Grundlagen des Stützungsverhältnisses selbst.

Es geht im folgenden darum, Identität und Divergenzen zwischen diesem Weg und dem oben eingeschlagenen zu bestimmen und die Gründe dafür freizulegen, daß beide Wege anscheinend an einem Punkt konvergieren und dennoch weit auseinandergehen. Natürlich wird es nicht nur darum gehen, diesen Scheideweg zu beschreiben, sondern auch darum, Argumente für die Wahl der von mir favorisierten Abzweigung zu formulieren, Argumente, die m. E. auf dem Boden der Bestätigungstheorie selbst erwachsen. Es entspricht dieser besonderen Perspektive auf Goodmans Rätsel, daß die folgenden Überlegungen weder einen erschöpfenden Kommentar zu Goodmans Abhandlung noch eine ausgeführte Auseinandersetzung mit der reichen Anschluß-Literatur enthalten. Wie schon im Falle Humes sind es auch hier die elementaren Eröffnungszüge, die den Gegenstand der Untersuchung bilden. Deren Anfang macht eine kommentierte Skizze der theoretischen Vorgeschichte des Rätsels, orientiert an Kapitel 3 aus *Tatsache, Fiktion, Voraussage* (Kap. 2.4.1). Es folgt die Schürzung des Rätsels in zwei Teilen, nämlich zum einen die Entdeckung des Desiderats, die Eigenart gesetzesartiger Aussagen zu bestimmen (Kap. 2.4.2; in diesem Teil werden auch die darin leitenden Explikationsmittel, die später so genannten Goodman'schen Prädikate, betrachtet), zum zweiten die (wirkliche oder scheinbare) Unmöglichkeit, dieses Desiderat einzulösen (Kap. 2.4.3; in diesem Teil wird, wenn auch nur kurz, Goodmans eigene Konsequenz zur Sprache kommen).

2.4.1 Der Aufstieg des Konzepts der Bestätigung

Der Weg zum neuen Rätsel der Induktion nimmt seinen Ausgang von der Verabschiedung eines alten. Dieses alte Rätsel bestand in der Frage, wie bekannte Tatsachen uns auch noch mit Wissen über nicht-bekannte Tatsachen versorgen können, und dieses Rätsel ist Goodman zufolge kein echtes Rätsel, sondern die Betätigung einer falschen Unterstellung. Aus Tatsachenaussagen folgen nicht Aussagen über andere – künftige oder, im weiteren Sinn, unbekannte – Tatsachen. Die Frage, wie Tatsachenaussagen aus von ihnen verschiedenen folgen, ist also so zu beantworten, daß sie sich nicht stellt. Mit diesem Eingangszug bezieht sich Goodman explizit und zustimmend auf Hume zurück.

„Wie Hume zeigte, entsteht das Problem der Geltung von Urteilen über zukünftige oder unbekannte Fälle dadurch, daß solche Urteile weder Berichte über Erfahrungen sind noch logisch aus solchen folgen. Voraussagen beziehen sich eben auf noch Unbeobachtetes. Und sie lassen sich nicht logisch aus dem ableiten, was beobachtet wurde; denn was geschehen *ist*, erlegt dem, was geschehen *wird*, keinerlei logische Einschränkungen auf. Humes Behauptung, es gebe keine notwendigen Verknüpfungen zwischen Tatsachen, ist zwar gelegentlich angezweifelt worden, hat aber allen Angriffen standgehalten." (*TFV* 81)

An diesem Rückbezug fällt eine Differenz zu Humes eigener Behandlung des Themas auf: Goodmans Abschlußbericht nimmt den Ausgriff auf nicht erfahrene Tatsachen abzüglich des Rekurses auf die Versetzung von Erfahrungsbefunden in Kausalform auf. Mit diesem Hume'schen Zwischenschritt ist auch die allgemeine Wendung, deren spezifische Durchführung Humes Rekurs auf Kausalzusammenhänge ist, ausgefallen, nämlich der Rückschluß auf (sei's berechtigte, sei's unberechtigte) Unterstellungen inhaltlicher Zusammenhänge. Erschlossenes Tatsachen-Wissen läge Goodmans abschließendem Befund zufolge genau dann vor, wenn Aussagen über Unbeobachtetes logisch ableitbar wären aus Berichten über Erfahrungen. Daß das Erfahrene selbst auf qualitativ unterschiedenen epistemischen Ebenen gefaßt werden und seine Rolle in induktiven Schlüssen mit dieser Ebenendifferenz verbunden sein könnte, kommt nicht in Betracht. Am Ende des Zitats zeichnet sich im Gegenteil die Ansicht ab, daß mit dem Ausfall einer direkten Ableitungsbeziehung zwischen Erfahrungsbericht und neuer Tatsachenaussage auch die Annahme notwendiger Verknüpfungen zwischen den Tatsachen selbst widerlegt sei.

Dieser negative Befund ist nicht der einzige Punkt, an dem Goodman Übereinstimmungen mit Hume verzeichnet. Er begrüßt zweitens die allgemeine Art und Weise, in der Hume auf Basis dieses negativen Befundes das Thema der Induktion positiv weiterverfolgt, geleitet nämlich von der Frage: Woran entscheidet sich denn im allgemeinen und *tatsächlich*, in der wirklichen Praxis induktiven Schließens, ob ein Tatsachenschluß gezogen, für geltend gehalten oder zurückgezogen wird? Weniger einsichtsvoll als die Frage scheint Goodman freilich die Antwort Humes: die subjektive Nötigung auf Basis der zur Gewohnheit geronnenen Erfahrung bestimmter Regelmäßigkeit. Goodman vermißt in dieser Antwort die Rücksicht auf Unterschiede zwischen Regelmäßigkeiten, auf die hin Extrapolationen gewagt werden, und anderen, die nicht so eingesetzt werden.[3] Aber die allgemeine Richtung der Antwort scheint ihm vielversprechend.

Er verteidigt sie gegen jene, die darin die Mißachtung einer strikt zu denkenden Scheidung zwischen Fragen der *Genese* von Meinungen und Fragen ihrer *Rechtfertigung* sehen. Der Grundgedanke seiner Verteidigung besteht in folgendem: Die Rechtfertigung eines einzelnen Schlusses – eines deduktiven wie eines induktiven – liegt im Aufweis seiner Konformität mit einer Schlußregel; die Rechtfertigung der Schlußregel selbst erfolgt jedoch im Rückbezug auf als gültig vorausgesetzte einzelne Schlüsse. In diesem Rückbezug ist das Recht der Regel selbst abhängig von ihrer Adäquation an eine vorausgesetzte Praxis des Unterscheidens gültiger von ungültigen Schlüssen, und in diesem Sinn ist die Theorie

[3] In diesem Punkt wird Goodman seinem Gewährsmann Hume allerdings nicht gerecht. Überlegungen in die von Goodman angemahnte Richtung finden sich auch bei Hume. Vgl. *Treatise* I.iii.15 („Regeln, nach denen Ursachen und Wirkungen erkannt werden").

der Regeln alias der Rechtsgründe von Fällen und Gründen des Für-gültig-Haltens nicht zu trennen.[4] Goodman entwickelt diesen Gedanken zunächst im Ausgang von deduktiven Schlüssen, um ihn im nächsten Schritt für induktive Schlüsse geltend zu machen: Was einen einzelnen induktiven Schluß rechtfertigt, ist seine Übereinstimmung mit Regeln der Induktion, die ihrerseits in Orientierung an vorausgesetzten Fällen guter Induktion zu eruieren sind, um dann wiederum zur Entscheidung umstrittener oder fraglicher Fälle herangezogen zu werden. Gedacht ist also an eine wechselseitige Rektifizierung von Fall und Regel.

Bis zu diesem Punkt sind drei entscheidende Annahmen getroffen, zwei sachliche und eine methodische: *Erstens* steht für das folgende der skizzierte negative Befund fest: Zwischen Aussagen, die verschiedene Tatsachen fixieren, besteht keine Folgerungsbeziehung. *Zweitens* aber ist mit einer analogen Beziehung, sozusagen einem kleineren Bruder der Folgerungsbeziehung, zu rechnen: der Beziehung der Bestätigung. Und *drittens* steht fest, wie die Theorie der Bestätigung, zunächst einmal: die Suche nach einer Definition der Bestätigungsbeziehung, zu entwickeln sei. Gesucht sind die allgemeinen Unterscheidungszeichen zwischen guten und vermeintlichen Induktionen. Diese Suche weiß diesen Unterschied von Anfang an als von formaler Gültigkeit emanzipiert und setzt ihn zugleich außer sich voraus in Gestalt von Einzelfällen, die die Definition aus- beziehungsweise einzuschließen, denen sie gerecht zu werden hat.

Vorentschieden ist damit, daß der Begriff der Bestätigungsbeziehung jedenfalls etwas begreift, daß es Fälle gibt, in denen Tatsachenaussagen nicht logisch in ihnen enthaltene Tatsachenaussagen und nicht logisch in ihnen enthaltene allgemeine Aussagen tatsächlich bestätigen. Diese Vorentscheidung wird uns im weiteren Verlauf wiederbegegnen: Es scheint für Goodman ausgemacht, daß die Tatsache, daß alle bisher bekannten Smaragde grün sind, die allgemeine Annahme, alle Smaragde seien grün, glaubwürdiger macht, und dasselbe wird angenommen für das Verhältnis zwischen der Tatsache, daß ein gegebenes Stück Kupfer leitet, und der allgemeinen Annahme, daß alles Kupfer leitet. Freilich wird am Ende eine Theorie stehen, die den Grund solcher Beziehungen nicht in den Aussagen selbst lokalisiert, sondern in unserem Umgang mit ihnen und mit ihren Elementen, den Prädikaten und Subjektausdrücken, und damit wird der eingangs in Analogie zum deduktiven Schluß nahegelegte Gedanke, Bestehen oder Nicht-Bestehen der gesuchten Beziehung entscheide sich einfach an dem, was die Aussagen selbst sind, erheblich revidiert. Aber nicht revidiert wird die Voraussetzung, daß es unterscheidbar gute und schlechte Fälle einfacher Verallgemeinerung gibt, daß also einfache Verallgemeinerung auf den Unterschied von ge- und mißlungen reagiert.

Das ist nicht selbstverständlich – auch nicht im Rahmen wirklicher induktiver Praxis, an der die Theorie nach Goodman ja orientiert bleiben soll. Solange Erfahrungsberichte über Farbeigenschaften von Smaragden einfach generalisiert werden, gibt es im Rahmen dieser Praxis eine gängige Diagnose. Sie lautet: „Nun

---

[4] Vgl. *TFV* 85-87.

haben Sie aber verallgemeinert!" – und das ist als Kritik gemeint und wird als Kritik verstanden. Daß viele nicht alle sind und nicht unmittelbar für alle sprechen, gehört m. E. bereits zu den gewußten Rahmenkonditionen der Praxis, nicht erst der Theorie der Induktion. – Im Licht des in dieser Arbeit entwickelten Standpunktes wiederum müßte man sagen: Gut sind diejenigen Verallgemeinerungen, die keine einfachen Verallgemeinerungen sind, das heißt solche, bei denen die Darstellung als einfache Verallgemeinerung nur das abstrakte Stenogramm einer Erschließung des allgemeinen Zusammenhangs an Fallvarianten abgibt. Ob dieser Fall vorliegt, ist vor der Durchführung oder dem Nachvollzug solcher Erschließungen nicht zu entscheiden.

Die Bestätigungstheorie in Goodmans Sinn führt so jedenfalls von Anfang an eine unbefragte Voraussetzung mit: daß manche einfachen Generalisierungen als nach allen Regeln der Kunst gerechtfertigt anzunehmen sind, zumindest von jedem, der nach den Regeln dieser Kunst fragt. Der – nach Goodman: unproblematische – Zirkel der wechselseitigen Anmessung zwischen Schlußregel und Anwendungsfällen verlangt in der Tat solche Voraussetzungen. Das scheint mir jedoch kein guter Grund zu sein, sie zu teilen. Gewiß wird eine Theorie des deduktiven oder des induktiven Schlusses das Schließen nicht erfinden; das muß sie auch nicht. Darin stimme ich Goodman vollkommen zu. Aber das heißt noch nicht, daß die allgemeine Bestimmung einer Schlußform oder die Formulierung einer Schlußregel unter der Vorgabe stünde, Schlüsse dieser Form – Anwendungsfälle dieser Schlußregel – zu rechtfertigen, auch dann nicht, wenn sie üblicherweise für geltend gehalten werden. Die Freilegung des Allgemeinen einer Klasse einzelner Schlüsse muß keinen dieser Schlüsse rechtfertigen.[5]

Wie sich noch zeigen wird, führt die schrittweise Rektifizierung einer ersten Roh-Definition der Bestätigung für Goodman selbst nicht zu einer Definition, die alle guten Fälle ein- und alle schlechten Fälle ausschließt. In den Ausgangs-

[5] Daß ein Schlußtyp in einer Regel oder einer Schlußform adäquat dargestellt sein kann und Schlüsse dieser Form für gültig gehalten werden, schützt weder die Schlüsse noch die Form vor Kritik. Man denke etwa an Kritiken auch deduktiver Schlußformen wie z.B. des Modus Barbara oder des Modus Darapti. (Zur Kritik des ersten Modus vgl. John Stuart Mill, *System of Logic*, Buch II, Kap. iii, § 1; zur Kritik des letzteren vgl. Bertrand Russell, *Philosophie des logischen Atomismus*, Vorlesung 5) Solche Kritiken bestreiten weder die Darstellung der Schlußform noch die Möglichkeit, passende Beispiele dafür beizubringen. Sie bestreiten vielmehr die Gültigkeit der Schlußform wie der Beispiele. Damit sind sie sicher nicht durch den Hinweis zu entkräften, daß die Schlußform akkurat die Form der Fälle wiedergibt. Es erscheint mir überhaupt zweifelhaft, ob das Verhältnis zwischen Fall und Regel als eines der Rechtfertigung zu verstehen ist. Es so zu verstehen, scheint mir dieses Verhältnis mit dem zwischen Prämisse und Konklusion zu vermischen. Die Schlußregel ist keine zusätzliche Prämisse, die dem zuvor enthymematischen Schluß Gültigkeit beibrächte; sie kann es nicht sein, weil sie sonst selbst dauerhaft unvollständig wäre. Ist der einzelne Schluß als Schluß zweifelhaft, ist es auch seine Regel. Ist er es nicht, dann auch nicht seine Regel. Sie stehen und fallen zusammen, mit anderen Worten: die Frage der Gültigkeit des Falls ist nicht an die Regel zu delegieren und umgekehrt.

schritten jedoch scheint das methodische Konzept aufzugehen.[6] Eine erste Definition der Bestätigung wird der Probe an Beispielen und Gegenbeispielen ausgesetzt, der Frage unterzogen, ob sie spezifisch genug sei, Fälle schlechter Induktion auszuschließen, und weit genug, Fälle guter Induktion einzuschließen. Die Qualifizierung der zur Probe auf's Exempel herangezogenen Fälle als schlechte beziehungsweise gute Fälle ist dabei jeweils vorausgesetzt. Ich gebe diese ersten Schritte sehr abgekürzt wieder, um zügig zum Kernproblem, dem neuen Rätsel der Induktion, zu kommen.

Zu Beginn steht, gewissermaßen als weiterer Feinarbeit bedürftiger Rohling, die Idee, die Bestätigungsbeziehung einfach als Umkehrung der Folgerungsbeziehung zu definieren. (Eine Aussage q bestätige eine Aussage p genau dann, wenn q aus p folgt.) Daß die Idee einschränkungsbedürftig ist, folgt sogleich. Läßt man – einleuchtend genug – die Bestätigung einer Aussage auch als mittelbare Bestätigung aller Folgerungen dieser Aussage gelten, verhält sich die Eingangsidee zu liberal, nämlich: nicht unterscheidend. Setzt man für die zu bestätigende Aussage eine Aussagenkonjunktion ein, so bestätigt das eine Glied der Konjunktion mittelbar auch das andere, womit jede Aussage jede andere bestätigen würde.

Im zweiten Schritt wird konsequent eine Einschränkung vollzogen. Nicht jede Folgerung jeder Aussage kann als deren Bestätigung gelten. Bestätigungsverhältnisse liegen nur da vor, wo sich Folgerung (bestätigende Aussage) und Prämisse (zu bestätigende Aussage) zueinander grob gesagt wie Anwendungsfall zu allgemeiner Hypothese verhalten. Was die Hypothese für alle Objekte behauptet, muß die sie bestätigende Konjunktion von Datenaussagen für eine durch Aufzählung gegebene endliche Klasse von Objekten behaupten.[7]

Ihre nächste Prüfung hat diese Definition in Goodmans Darstellung am Auftritt des Raben-Paradoxes zu bestehen. Da nach wie vor bei Bestätigung einer Aussage deren Folgerungen mitbestätigt werden, läßt sich jede allgemeine Aussage vermittels ihrer Konverse durch Fälle bestätigen, die weder die eine noch die andere Bestimmung aufweisen, also nach landläufiger Auffassung mit der zu bestätigenden Aussage nichts zu tun haben. Der hier auftretende Gegen-

---

[6] Vgl. *TFV* Kap. 3.3. Die ersten Schritte unternimmt Goodman explizit im Anschluß an Vorarbeiten Carl Gustav Hempels. Er selbst verweist auf dessen Schriften *A Purely Syntactical Definition of Confirmation*, in: Journal of Symbolic Logic 8 (1943), 122-143 und *Studies in the Logic of Confirmation*, in: Mind 54 (1945), 1-26 und 97-121, wiederveröffentlicht in: Carl. G. Hempel: *Aspects of Scientific Explanation and Other Essays in the Philosophy of Science*, New York/London 1965, 3-46.

[7] Goodman bezieht sich hier offenbar auf Hempels Definition der Bestätigung in *Studies in the Logic of Confirmation*. Sie lautet:

"(Df.) An observation report *B* directly confirms a hypothesis *H* if *B* entails the development of *H* for the class of those objects which are mentioned in *B*.

(Df.) An observation report *B* confirms a hypothesis *H* if *H* is entailed by a class of sentences each of which is directly confirmed by *B*." (Hempel 1965, 37)

Unter der „Entwicklung" einer Hypothese ist dabei ihre Einschränkung auf eine endliche Klasse von Individuen verstanden. (Vgl. Hempel 1965, 36)

satz zwischen Definition und intuitiver Einschätzung wird jedoch ohne Rücknahme oder Modifikation der Definition gelöst, der Anschein des Paradoxen auf Mißverständnisse zurückgeführt. Der Grund dieses Anscheins wird nämlich in der „stillschweigenden und unberechtigten Heranziehung von Tatsachen" (*TFV* 94) lokalisiert, von Tatsachen, die jenseits des explizit in Anspruch genommenen „Datenmaterials" liegen.[8]

Schließlich zeigt sich in Goodmans systematisierter Kurz-Geschichte die Definition selbst als einer Erweiterung bedürftig: Sie muß um die Forderung ergänzt werden, das *gesamte* vorliegende Datenmaterial zu berücksichtigen, und zwar vor dem Urteil über bestätigte allgemeine Aussagen.[9] Ansonsten stellt sich die mißliebige Konsequenz ein, daß zwei Datenaussagen, deren Generalisierungen einander ausschließen, zusammen eine widersprüchliche Aussage bestätigen. Soll das Resultat einer Verallgemeinerung als durch Einzelfälle bestätigte gelten, so hat die Verallgemeinerung nicht im Ausgang von gegeneinander isolierten Einzelfällen zu erfolgen, sondern im Ausgang von der Gesamtmenge bekannter Fälle.

Nach diesen Modifikationen zeichnet sich als „Grundgedanke einer verbesserten Definition" ab, „daß innerhalb gewisser Grenzen etwas, das für den engeren Gegenstandsbereich der Datenaussagen gilt, für den gesamten Gegenstandsbereich bestätigt wird" (*TFV* 96).

Bis dahin scheint das Unternehmen, die Grundidee durch zusätzliche Klauseln zur hinreichend unterscheidenden und hinreichend allgemeinen Definition auszubauen, auf gutem Weg zu sein. Jedoch – „unsere Freude währt nicht lange. Es zeichnen sich neue große Schwierigkeiten ab." (*TFV* 96)

2.4.2 Des Rätsels erster Teil: Keine Bestätigung ohne Gesetzesartigkeit

Wir kommen damit zum neuen Rätsel der Induktion. Dieses Rätsel – ein echtes, diesmal – schürzt sich in zwei größeren Etappen: Zunächst wird ein Unterscheidungsbedarf auf seiten allgemeiner Aussagen aufgewiesen. Nicht alle allgemeinen Aussagen kommen als durch ihnen entsprechende Fallaussagen bestätigbare in Frage. Nur *gesetzesartige*[10], nicht aber *zufällige* Tatsachen-Aussagen können

---

[8] Daß das Raben-Paradox eine viel eingehendere Würdigung verdient, ist mir bewußt. Um der hier gewählten Beschränkung auf Goodmans neues Rätsel der Induktion willen begnüge ich mich jedoch mit dem Verweis auf die Hempel'sche Originalversion, an die Goodmans bereits abkürzende Darstellung wiederum anknüpft: Vgl. Hempel 1965, 14-20.

[9] Vgl. Rudolf Carnap: *On the Application of Inductive Logic*, in: Catherine Z. Elgin (Hg.): *Nelson Goodman's New Riddle of Induction*, New York/London 1997, 1-15, hier: 6-9.

[10] Den Terminus „gesetzesartig" führt Goodman bereits im Rahmen einer früheren, ebenfalls in *TFV* aufgenommenen, Abhandlung ein: „Der Einfachheit halber nenne ich Sätze ‚gesetzesartig', die, ob sie nun wahr oder falsch sind, die übrigen Bedingungen der Definition des Gesetzes erfüllen. Ein Gesetz ist also ein Satz, der gesetzesartig und wahr ist, doch ein Satz kann wahr und nicht gesetzesartig sein, wie ich gezeigt habe, oder gesetzesartig und nicht wahr, wie

durch ihre jeweiligen positiven Fälle bestätigt werden. Von dieser Unterscheidung hängt die Theorie der Bestätigung elementar ab. Soll die Definition der Bestätigungsbeziehung überhaupt zwischen Vorliegen und Ausfall dieser Beziehung unterscheiden können, muß der Unterschied zwischen gesetzesartigen und zufälligen allgemeinen Aussagen allgemein artikuliert werden. In einem zweiten Schritt jedoch zeigt sich der verlangte Unterschied als sehr widerstandsfähig gegen Versuche, ihn zu bestimmen. Damit steht die Theorie der Induktion bzw. ihres Korrelats, der Bestätigung, vor einer Aufgabe, die sich ihr ebenso notwendig wie unlösbar stellt, und darin hat sie ihr neues Rätsel.

Den beiden Etappen entsprechend, werde ich im folgenden zunächst Goodmans Begründung des Unterscheidungsbedarfs näher betrachten und im Anschluß daran die Frage behandeln, was genau die Fassung des anvisierten Unterschieds gesetzesartiger von zufälligen allgemeinen Aussagen so erschwert. Meine These dazu lautet: Die Unterscheidung wird deshalb so schwierig, weil sie im Rahmen und im Dienst der Bestätigungstheorie gesucht wird. Die Schwierigkeiten hängen zusammen mit der Art und Weise, in der zuvor in der ersten Etappe der Unterscheidungsbedarf erhoben und fixiert worden ist.

In dieser ersten Etappe spielen jene Prädikate eine tragende Rolle, die als „Goodman'sche" oder auch „zerrüttete", „kranke" Prädikate bekannt geworden sind. An die Einführung dieser Prädikate hat sich eine umfangreiche und anhaltende Diskussion geknüpft, die sich in Teilen auch vom Kontext der Induktionstheorie emanzipiert. Mich interessieren sie an dieser Stelle allein in diesem Kontext. Sie werden von Goodman hier exemplarisch eingeführt einzig zu dem Zweck, aufzuzeigen, daß die Bestätigungstheorie tatsächlich auf Gedeih und Verderb gesetzesartige von anderen allgemeinen Aussagen unterscheiden können muß.[11]

Goodman führt das am bekannten Beispiel der „groten Smaragde" vor:
Zuerst denken wir uns einen harmlosen und positiven Fall von Bestätigung im Sinn der zuvor entwickelten Grundidee der Bestätigung. Die Bestätigungsbasis bilden Beobachtungen respektive Datenaussagen, die zusammen besagen: „Alle vor einem bestimmten Zeitpunkt *t* untersuchten Smaragde sind grün." Gemäß Bestätigungsdefinition bestätigen diese Gesamtdaten zum Zeitpunkt *t* die allgemeine Hypothese: „Alle Smaragde sind grün."

Nun aber variieren wir diesen Fall in einem einzigen Punkt. Man ersetze das Prädikat „grün" in den Aussagen der Ausgangsgeschichte durch das Prädikat „grot", von dem gelte: Es „trifft auf alle Gegenstände zu, die vor dem Zeitpunkt *t*

---

wir oft genug mit Bestürzung feststellen." (*TFV* 39) Als das führende spezifische Kennzeichen gesetzesartiger Sätze gilt im Rahmen dieser Abhandlung ihr Einsatz für Voraussagen.

[11] Entsprechend bereitet Goodman den illustrierenden Einsatz solcher Prädikate so vor: „Solange es nur um den Ausschluß einiger weniger seltsamer und unerwünschter Fälle zu gehen scheint, die unsere Definition der Bestätigung versehentlich zuläßt, könnte das Problem als nicht besonders schwierig oder dringend erscheinen. Wir erwarten ohne weiteres, daß sich kleinere Mängel an unserer Definition herausstellen werden und die notwendigen Verfeinerungen geduldig eine nach der anderen angebracht werden müssen. Doch einige weitere Beispiele werden zeigen, daß die vorliegende Schwierigkeit viel schwerwiegender ist." (*TFV* 97f.)

untersucht wurden, wenn sie grün sind, aber auf andere Gegenstände dann, wenn sie rot sind" (*TFV* 98). Für die Datenbasis, die ja nicht über den Zeitpunkt *t* hinausreicht, ist „grot" genau dann anwendbar, wenn „grün" anwendbar ist. Formulieren wir die Beobachtungsbefunde mittels des neuen Prädikats, dann bestätigen diese Aussagen zusammen ganz entsprechend die Verallgemeinerung „Alle Smaragde sind grot." Für den Gegenstandsbereich jenseits *t* jedoch trennen sich die Wege von Grün und Grot: Für erstmalig nach *t* untersuchte Smaragde schreiben wir mit „grot" nicht Grün, sondern Rot zu. Es stellt sich damit das Resultat ein, daß zwei Mengen von Datenaussagen, die genau dieselben Beobachtungsbefunde kolportieren, zwei miteinander unverträgliche allgemeine Aussagen bestätigen oder jedenfalls auf der Grundlage der vorausgesetzten Konzeption von Bestätigung zu bestätigen scheinen.

Das bedeutet: Halten wir diese Konzeption fest, erscheint jeder noch so homogene Korpus von Beobachtungstatsachen als indifferent gegen Verallgemeinerungen. Damit steht die Grundidee der Konzeption selbst auf dem Spiel. Wenn zwei konsistente Datenaussagen, die zusammen wahr oder zusammen falsch sind, zwei miteinander inkonsistente allgemeine Aussagen bestätigen, dann ist jede dieser allgemeinen Aussagen geradesogut als von diesen Datenaussagen bestätigte wie als von ihnen entkräftete anzusehen. Die Bestätigungsbeziehung ist also so gefaßt, daß Fälle ihres Bestehens zugleich als Fälle ihres Nicht-Bestehens zu verbuchen sind.

Zwei Fragen stellen sich im Anschluß an die bisher vorgestellte Argumentation. *Erstens*: Was sind und welche Rolle spielen Kunstprädikate wie „grot" darin? *Zweitens*: Was hat es mit dem von Goodman gefolgerten Desiderat einer allgemeinen Unterscheidung zwischen gesetzesartigen Aussagen und anderen auf sich? Wie ist dieses Desiderat durch seine Begründung bestimmt?

Zur ersten Frage:

Im Gefolge der vorgestellten illustrativ operierenden Argumentation Goodmans entwickelte sich eine lebhafte Diskussion darüber, wie „grot" und Konsorten allgemein zu charakterisieren seien.[12] Hätten wir erst einmal deren allgemeine Unterscheidungszeichen, so hätten wir auch begründete Aussichten auf die Formulierung von Regeln, die solche Prädikate von der Zulassung auf Extrapolation allgemein wieder ausschließen. Das Konzept der Bestätigung selbst bliebe intakt und würde ergänzt um Regeln der Nicht-Zulassung genau jener Prädikate, deren Gebrauch sich so verheerend auf die Bestätigungsbeziehung auswirkt. Die gesuchten allgemeinen Unterscheidungszeichen müßten unter diesen Vorzeichen jedenfalls zwei Bedingungen erfüllen: Sie dürften zum einen nicht einfach in der Wiederholung jener verheerenden Wirkungen bestehen. Es wäre wenig hilfreich, über die Beziehung der Bestätigung nur zu erfahren, sie bestehe genau dann, wenn die Bedingungen obiger Definition erfüllt sind – es sei denn, die verwendeten Prädikate seien zur Bestätigung nicht geeignet. Zum anderen müßten diese Unterscheidungszeichen freilich alle solchen und nur solche Prädikate herausgreifen, die jene verheerenden Wirkungen zeitigen. Mit diesem

[12] Diese Diskussion ist gut dokumentiert in Elgin 1997.

Ausgangspunkt verhält man sich zu „grot" und seinesgleichen wie zu einer neu entdeckten und gefährlichen Spezies von Prädikaten, die sich zwar im Feld von Bestätigungsfragen besonders unangenehm geltend machen, aber den Grund dieser Unannehmlichkeiten schon an sich haben. Diesen Grund, diese allgemeine Eigentümlichkeit gilt es zu isolieren, um solche Prädikate allgemein und begründet in Quarantäne nehmen zu können.

In einer Hinsicht scheint mir diese Suche merkwürdig zu sein. Sie stellt sich „grot" und Konsorten als gegen den Kontext der Bestätigungstheorie verselbständigtes oder verselbständigbares Studienobjekt gegenüber oder stellt, anders gesagt, die Frage nach der Eigentümlichkeit solcher Prädikate als eine zwar im Dienst der Bestätigungstheorie, aber selbständig, im Vorfeld, zu bearbeitende Frage. Merkwürdig scheint mir das deshalb, weil „grot" recht offenkundig genau für den Widerspruch der Bestätigungsdefinition konstruiert ist. Das Konstruktionsprinzip von „grot" und damit die Eigentümlichkeit seinesgleichen ist kein Rätsel. Es erschließt sich im Ausgang von der theoretischen Funktion, die es im Rahmen von Goodmans Kritik dieser Bestätigungsdefinition hat:

Die Definition besagt: Wahre Datenaussagen bestätigen eine allgemeine Hypothese genau dann, wenn die Datenaussagen ausnahmslos positive Einzelfälle des allgemein Ausgesagten sind und die Datenaussagen alle bis dato bekannten Einzelfälle einbeziehen. Sind diese Bedingungen erfüllt, haben wir gemäß Bestehen der Bestätigungsbeziehung einen hinreichenden Grund dafür, auf die Gesamtdatenaussage hin die Generalisierung zu vertreten und entsprechende Vorhersagen zu treffen.

Nun ist Goodmans neu eingeführtes Prädikat darauf angelegt, im Einklang mit dieser Definition bei identischer Tatsachenbasis Generalisierungen und Prognosen herbeizuführen, die mit anderen, per definitionem einwandfreien Generalisierungen und Prognosen unverträglich sind. Wie muß dann ein Prädikat verfaßt sein, das diese theoretische Funktion erfüllt? Es muß *erstens* genau dann auf die Gegenstände der Datenaussagen zutreffen, wenn das ursprüngliche Prädikat auf sie zutrifft. Und es muß *zweitens* in der Extrapolation jenseits der Grenze der bekannten Fälle entgegengesetzte Ergebnisse zeitigen. Beides wird erreicht, indem die vorausgesetzte epistemische Grenze – der Zeitpunkt t, der nach Voraussetzung das Terrain des Bekannten vom Neuland des Unbekannten scheidet – zum Umkehrpunkt einer prädikativen Disjunktion erhoben wird. Derselbe Zeitpunkt, der im (vermeintlich) harmlosen Ausgangsfall jene epistemische Grenze darstellt, die auf dem Rücken der Bestätigungsbeziehung als überschreitbar behandelt wird, erhält so im Handstreich sachliche Relevanz, fungiert als Kriterium dafür, ob die Zuschreibung des neuen Prädikats mit der Zuschreibung des alten zusammenfällt oder davon divergiert. Das scheint mir, zusammengefaßt, die Bauanleitung für Goodman-Prädikate zu sein. Daß solche Prädikate disjunktiv sind, gehört demnach zu ihren notwendigen Zügen, spezifiziert sie aber noch nicht hinreichend. Die besondere Weise der Disjunktion besteht vielmehr erst in der Bezugnahme auf Einteilungsgesichtspunkte, die zugleich als mögliche epistemische Grenzen zu denken sind. Daß solche Prädikate die problematischen Gegenstücke zu als harmlos vorausgesetzten Verallgemeinerungen oder Prognosen generieren, bestimmt in dieser Weise, wie mir scheint, ihren ganzen Begriff.

Es ist in diesem Zusammenhang erhellend, sich einen nahen Verwandten von Goodmans Illustration anzusehen, gewissermaßen den Vorläufer der Prädikat-Version: Wer das Prädikat „grot“ charakterisierend und projizierend verwendet, verhält sich in Projektionsfragen genau so wie jemand, der, ohne „grot“ zu verwenden, angesichts der versammelten grünen Smaragde und ungerührt von so viel Grün rote Smaragde prognostiziert. Entsprechend dient die Einführung von „grot“ derselben theoretischen Absicht wie die Einspielung solcher nicht-konservativen Induktionen. Wer mit letzteren operiert, braucht allerdings eine theoretische Durchführung, die durch Goodmans Prädikate jedenfalls prima facie erspart wird. Der Unterschied liegt darin: Wer in Termini der gewöhnlichen Prädikate jenseits *t* rote Smaragde prognostiziert, verhält sich unmittelbar gegen den Wortlaut der zugrundegelegten Bestätigungsdefinition. Er sagt nicht *dasselbe* im allgemeinen, was die Datenaussagen von einer endlichen Ausschnittklasse besagen. Entsprechend genügt es nicht, die Definition mit einem Beispiel solcher mutwillig nicht-konservativer Induktion zu konfrontieren. Ein Argument gegen die Definition wird daraus erst, wenn man zeigen kann, daß solche Beispiele zwar gegen den Wortlaut, aber auch im Geist der Definition gebildet sind. Dafür läßt sich m. E. auch argumentieren: Es ist ja ganz im Sinn der Definition, wenn wir uns die Datenbasis als Sammlung von Befunden einfacher faktischer Kopräsenz zweier Prädikate vorstellen. An diesem Verhältnis wird sich auch für die Klasse der jeweils nicht bekannten Gegenstände nichts ändern; die Konzeption sieht jedenfalls keine Änderung vor. Man kann also davon ausgehen, daß auch die entsprechende allgemeine Aussage – z.B. „Alle Smaragde sind grün“ – nichts anderes enthält als faktische Kopräsenz. Wenn das gilt – warum sollte das erste Prädikat nicht ebensogut Koalitionen mit Prädikaten eingehen, die das zweite ausschließen? Solange über faktische Kopräsenz nicht hinausgegangen wird, kann unsere Datenbasis ebensogut einen Ausschnitt aus einer Menge ausnahmslos grüner Smaragde repräsentieren wie einen Ausschnitt aus einer Menge grüner und blauer oder grüner und roter oder .... Diese Kritik lenkt auf oben schon beschrittene Pfade zurück. Entweder das Verhältnis beider Bestimmungen ist dem Inhalt nach mehr als faktische Koinzidenz gewesen oder die Reihe bisher versammelter gleichförmiger Befunde enthält keine Anweisung auf die bestimmte Richtung ihrer Fortsetzung.

Die Kunstfigur des mutwillig nicht-konservativ Induzierenden will also erst eigens als Gegenbeispiel nachgewiesen sein, und dieser Nachweis fällt mit einer allgemeinen Kritik der Definition zusammen. Im Unterschied dazu treten Beispiele, die mit Goodmans Kunstprädikaten gebildet sind, unmittelbar als Gegenbeispiele auf: Sie entsprechen der Definition darin, daß in ihnen formell die Identität des Prädikats vor und jenseits der epistemischen Grenze gewahrt bleibt. Goodman-Prädikate bleiben gerade darin in Zuschreibungen diesseits und jenseits dieser Grenze mit sich identisch, daß sie hier und dort Verschiedenes zuschreiben. Smaragde, die vor *t* untersucht und für grün befunden wurden, sind nicht mehr und nicht weniger grot als solche, die erst nach *t* untersucht und für rot befunden wurden. Die Einführung solcher Prädikate entspricht so Goodmans explizit angekündigter Methode: Definitionen mit Anfangsplausibilität durch die Kontrastierung mit Fallbeispielen zu prüfen. Dieses Verfahren behält er auf diese Weise auch noch an der Stelle bei, an der er nicht die Verfeinerung der Definition anmahnen, sondern ihr grundsätzliches Problem vorführen möchte.

Im Einsatz solcher Prädikate nimmt Goodman gewissermaßen das Konzept der Bestätigung beim Wort: Es sollte im Rahmen des Konzepts von der inhaltlichen Besetzung der Terme nichts abhängen und von der extensionalen Frage des Vorkommens an Einzelnem alles. Um bestätigender Fall einer allgemeinen Hypothese zu werden, ist es für eine Datenaussage hinreichend, bei Abwesenheit bekannter Gegenfälle am selben Gegenstand nebeneinander die beiden Bestimmungen festzuhalten, die die allgemeine Hypothese in ihrem Vorder- bzw. Nachsatz enthält. Der einzige Zusammenhang der Bestimmungen, der in Betracht kommt, ist der des Vorkommens am selben Gegenstand. Wenn an die Bestimmungen selbst eine Bedingung gestellt ist, dann die der eindeutigen Entscheidbarkeit. Dieser Bedingung genügen aber auch Goodmans Prädikate. Wenn aber die Frage nach Inhalt und Konstitution der Prädikate als für den Kasus der Bestätigung gleichgültig anzunehmen ist, warum dann nicht auch Prädikate wählen, die durch Zusammenfassung in ein Wort der Zusammenhanglosigkeit die äußere Form des Einen geben?

Für Verteidiger des zugrundegelegten Konzepts liegt angesichts von Goodmans exemplarischem Einsatz solch ungewöhnlicher Prädikate allerdings der Einwand nahe, die Kontinuität des Extrapolierten falle bei solchen Prädikaten bloß formell aus, es werde ja doch nur ein eindeutiger Bruch mit der vorausgesetzten Datenbasis in ein Wort verpackt, so daß zwar der Wortlaut, aber nicht der Geist der Bestätigungsdefinition gewahrt bleibe. Damit ist dann das Feld der oben beschriebenen Frage nach einem Grund der Unzulässigkeit solcher Prädikate eröffnet. Dieser Fortsetzung kommt, wie wir gleich sehen werden, Goodmans eigene Diagnose auch entgegen.

Zur zweiten Frage:

Inwiefern zeigt sich nun für Goodman im Einsatz von Prädikaten wie „grot“ der Bedarf, zwischen zufällig allgemeinen und gesetzesartigen Aussagen zu unterscheiden?

„[Es] werden nur die Voraussagen wirklich bestätigt, die unter gesetzesartige Hypothesen fallen; doch wir haben noch kein Kriterium der Gesetzesartigkeit. Und jetzt erkennen wir, daß ohne ein solches Kriterium unsere Definition nicht bloß ein paar unerwünschte Fälle einschließt, sondern völlig unbrauchbar ist und praktisch nichts ausschließt.“ (*TFV* 99)

Der Bedarf scheint so aus der Kombination zweier Thesen zu erwachsen: *Erstens*: Die zugrundegelegte Definition von Bestätigung kann den Unterschied zwischen Bestehen und Nicht-Bestehen von Bestätigung nicht fassen; sie läßt jeden Fall von Bestätigung zugleich als Fall von Nicht-Bestätigung erscheinen. Das hat der Einsatz von „grot" und seinesgleichen gezeigt. *Zweitens*: Aber den Unterschied gibt es nach wie vor. Aus der bunten und inkonsistenten Truppe anscheinend bestätigter Fälle setzen sich in Wahrheit die wirklich bestätigten Aussagen von allen anderen, die nicht bestätigt werden, ab. Davon geht Goodman offensichtlich aus: „Alle Smaragde sind grün" wird bestätigt, nicht hingegen das kapriziöse Gegenstück „Alle Smaragde sind grot".[13]

Aus dieser Kombination zieht Goodman offenbar den Schluß: Also ist der Unterschied zwischen Positiv- und Negativfällen von Bestätigung nicht allein anhand der Definition des *Verhältnisses zwischen Aussagen*, der Bestätigungsbeziehung selbst, zu fixieren, sondern muß auch bezogen sein auf eine dem Verhältnis vorausliegende *Eigenart von Aussagen*, die sie dazu prädestiniert, bestätigt werden zu können. Die zu stützenden Aussagen selbst müssen den Grund der Möglichkeit ihrer Bestätigung mit sich führen. Analog gilt dann für die andere Seite, die unerwartet inflationierten „unerwünschten" Fälle: Nicht die Definition kann sie ausschließen; wir sehen aber doch unmittelbar, daß sie von Bestätigung ausgeschlossen sind; also muß der Ausschlußgrund an ihnen selbst, vor der Konfrontation mit Datenaussagen liegen. Allgemeine Aussagen müssen sich also selbst als Ausschluß- oder Ermöglichungsgründe von Bestätigung verhalten. So ist dann die Rede von „zufällig" und „gesetzesartig" wohl auch gemeint: Wir suchen einen Zug X, der potentielle Kandidaten auf Bestätigung vorsortiert in solche, die bestätigt werden können, und solche, die das nicht können. Erst unter dieser Voraussetzung, mit ihr aber schon, kann die Frage nach wirklicher Bestätigung wieder greifen.

Bei aller Radikalität, mit der Goodman Ergänzungen, bloße An- und Umbauten der Definition zwecks Anpassung an vorausgesetzte Fallunterscheidungen an dieser Stelle ablehnt, verhält sich seine Diagnose zugleich durchaus konservativ. Der Hauptbau soll nicht abgerissen und ersetzt, sondern auf ein Fundament, eine Voraussetzung gestellt werden. Und es deutet nichts darauf hin, daß er selbst dann noch einmal saniert werden müßte.

Daß und woran dieser Konservierungsversuch scheitert, soll nun gezeigt werden. Dieser Nachweis entfernt sich von Goodmans Darstellung und führt zu anderen Konsequenzen. Meine These lautet: Der Unterschied zwischen zufälliger und gesetzesartiger Allgemeinheit muß nicht an sich dunkel sein; aber er wird es, wenn er funktional auf das Konzept der Bestätigung bezogen bleiben soll. Die folgende Argumentation teilt sich in zwei Anläufe: Im ersten Teil wird eine Bestimmung des Unterschieds angeboten und gezeigt, weshalb sie einer Theorie der Bestätigung nicht integriert werden kann. Im zweiten Teil versuche ich allgemein zu zeigen, daß der gesuchte Unterschied, wie immer er bestimmt sein mag, das Konzept der Bestätigung aufhebt.

---

[13] Vgl. *TFV* 99.

2.4.3 Des Rätsels zweiter Teil und Goodmans Lösung: Keine Gesetzesartigkeit ohne Bestätigung

Warum ist es eigentlich so schwierig, das gesuchte Kriterium der Unterscheidung zwischen zufällig allgemeinen und gesetzesartigen Aussagen zu finden?

Isolieren wir für den Augenblick die Frage nach diesem Unterschied von ihrer Genese in Goodmans Gedankengang. Für sich genommen, lenkt sie auf einen Punkt zurück, der in den vorangehenden Abschnitten schon thematisch war. Erinnern wir uns etwa an Mills Kritik des Ideals der vollständigen (n. b. aufzählenden) Induktion.[14] Im Zuge dieser Kritik fällte Mill das prima facie befremdliche Urteil, gewisse allgemeine Aussagen seien nicht eigentlich allgemein. Gedacht war an Aussagen, die auf vollständiger Aufzählung beruhen und deren Ergebnis zusammenfassen – die von ihm so genannten „abkürzenden Aufzeichnungen". Mein Vorschlag war, die Differenz zwischen allgemeinen Urteilen, denen Mill Allgemeinheit im gesuchten Sinn abspricht, und allgemeinen Urteilen, denen solche Allgemeinheit zukommt, im Fehlen bzw. Vorliegen eines inhaltlichen Zusammenhangs zwischen Subjekt- und Prädikatbegriff zu lokalisieren. Goodmans Frage nach dem Unterschied zwischen gesetzesartigen und zufälligen Hypothesen zielt nun auf eben die Differenz, die Mill vorschwebt, wenn er abkürzende Aufzeichnungen von Urteilen „echter" Allgemeinheit scheidet. Auf beiden Seiten stehen jeweils Aussagen, die unstrittig der Form nach allgemein sind: Allaussagen. Und sowohl bei Mill als auch bei Goodman hat die gesuchte interne oder einfache Differenz zwischen Allaussagen des einen und des anderen Typs etwas damit zu tun, wie sie sich jeweils zu bestimmten singulären Aussagen verhalten. Mill bestreitet dem Schritt von der vollständigen Aufzählung zur abkürzenden Aufzeichnung den Charakter eines induktiven Schlusses; Goodman hält, parallel dazu, den Ausfall eines Bestätigungsverhältnisses zwischen zufälliger Hypothese und deren positiven Einzelfällen fest. Auf der anderen Seite hält Mill für „echt" allgemeine Aussagen nicht-analytischer Art am induktiven Aufstieg von Einzelfällen fest und identifiziert Goodman gesetzesartige Aussagen als diejenigen, die durch ihre Einzelfälle bestätigt werden.[15]

---

[14] Vgl. oben 2.1.1 „Die Vervollständigung".

[15] Ein weiterer Bezugspunkt besteht hinsichtlich der von Mill und Goodman gegebenen bzw. betrachteten Antworten. Mill lokalisiert den Grund uneigentlicher Allgemeinheit in der Einschränkung des Prädikats auf bestimmte Individuen, und Goodman führt als „beliebteste[n] Lösungsversuch" die Betrachtung an, „daß zufällige Hypothesen charakteristischerweise eine räumliche oder zeitliche Einschränkung zu enthalten scheinen oder auf bestimmte Individuen Bezug nehmen" (*TFV* 102). Goodman kritisiert den Versuch, gesetzesartige Aussagen entsprechend durch den Ausschluß des bestimmten Bezugs auf Einzelnes zu definieren, mit dem Hinweis auf die Möglichkeit, Kennzeichnungen, die mit Bezugnahmen auf Einzelnes operieren, durch koreferentielle qualitative Alternativen zu ersetzen, und ebenso auf die umgekehrte Möglichkeit, Kennzeichnungen, die keine Bezugnahmen auf Einzelnes enthalten, durch solche zu ersetzen, die sie wieder enthalten. (Vgl. *TFV* 103)

Wenn wir uns auf dem Boden derselben Frage bewegen, sollte auch dieselbe Antwort greifen. Goodmans Beispiele kommen der oben vorgeschlagenen und eben erinnerten Antwort auch entgegen. Er illustriert den gesuchten Unterschied mit folgendem Kontrastpaar: Während „Dieses Kupferstück leitet" die allgemeine Aussage „Kupfer leitet" bestätige, blieben formal gleich gebaute Aussagen unbestätigt:

> „Die Tatsache, daß ein bestimmter Mann, der sich jetzt in diesem Zimmer befindet, ein dritter Sohn ist, erhöht nicht die Glaubwürdigkeit von Aussagen, daß andere Männer, die sich jetzt in dem Zimmer befinden, auch dritte Söhne sind, und bestätigt also nicht die Hypothese, daß alle Menschen, die sich jetzt in diesem Zimmer befinden, dritte Söhne sind." (*TFV* 97)

Was unterscheidet die erste Hypothese von der zweiten? Die Antwort scheint auf der Hand zu liegen: Der Aufenthalt in einem Zimmer steht nicht in Zusammenhang mit dem Umstand, wie viele ältere Geschwister man hat, während die Materialeigenschaften von Kupfer mit der Leitfähigkeit kupferner Gegenstände zusammenhängen. Auch angesichts des Beispiels liegt es also nahe, den gesuchten Unterschied als den zwischen einfacher Kopräsenz am selben Einzelnen und einem Zusammenhang der Bestimmungen an sich zu fassen. Die Antwort mag roh und ausbaubedürftig sein; für Goodman jedoch kommt sie nicht einmal als erste Idee, als weiter zu bearbeitender Rohling in Frage – und das ist kein Zufall.

Daß des neuen Rätsels Lösung nicht auf diese Weise gesucht wird, hat *erstens* damit zu tun, wie zuvor mit dem alten abgeschlossen wurde. Zu diesem Abschluß gehört die eindeutige Absage an die Möglichkeit, der Ausgriff auf unbekannte Tatsachen oder auf's Allgemeine könnte je ein Fall von Wissen werden.

Mir scheint, daß der gesuchte Unterschied tatsächlich nicht in dem Kriterium eingefangen ist, ob ein Allsatz Benennungen oder Beschreibungen von Einzelnem enthält. Es kommt darauf an, wie sich die Einschränkung zu den beteiligten allgemeinen Hinsichten verhält. Verhält sie sich gleichgültig zu ihnen, dann spricht der formal allgemeine Satz keinen allgemeinen Zusammenhang aus, und zwar auch dann, wenn die Einschränkung ohne Bezugnahme auf Einzelnes, wenn sie qualitativ erfolgt. Nun verhalten sich Einschränkungen auf Einzelnes in der Regel tatsächlich gleichgültig zu den beteiligten allgemeinen Hinsichten. Goodmans Beispiel ist ein Fall davon: „Alle Männer *in diesem Zimmer* sind dritte Söhne" – ein Allsatz mit Lokalangabe, mit Bezugnahme auf Einzelnes also. Der Gesichtspunkt der Einschränkung ist hier zugleich gleichgültig gegen das Prädikat. Es ist diese Beziehungslosigkeit zwischen den beteiligten Bestimmungen, zwischen Ortsangabe und Geschwisterstand, was den Satz zum zufällig allgemeinen macht. Das entscheidet sich aber nicht an einer Bestimmung allein, sondern an deren Verhältnis zu anderen Bestimmungen, die im selben Urteil gebraucht werden. (Zum Vergleich: „Alle unter dem Zeichen des Widder Geborenen sind widerborstig." Das ist zwar hanebüchen, macht aber sichtlich den Anspruch darauf, ein Gesetz zu sein, ungeachtet des Bezugs auf Einzelnes.)

An Goodmans Kritik wiederum fällt die (nicht erst an dieser Stelle eingeführte) Voraussetzung auf, der Gesetzescharakter bleibe ja wohl bei beliebigem Austausch koreferentieller Ausdrücke gegeneinander erhalten. Das ist ein unübersehbares Zeichen dafür, daß er nicht gedenkt, die Gesetzesartigkeit am Inhalt des Satzes dingfest zu machen. Ersetzt man nämlich die Aussage eines inhaltlichen Zusammenhangs durch *irgend*ein Äquivalent, wird es ganz zufällig, ob das Resultat gesetzesartig ausfällt oder nicht.

Die Lehre war: Der Ausgriff bleibt Vermutung, ein Urteil auf Kredit, aber nicht jede Kreditabsicherung ist gleich gut. Für die Beziehung zwischen partikularer Tatsachenaussage und allgemeiner Aussage sollte die – offenbar als vollständig gedachte – Alternative gelten: Entweder die Tatsachen- oder Datenaussagen enthalten, so wie sie gehen und stehen, logisch die allgemeine Aussage; oder sie enthalten sie nicht, dann legen sie sie höchstens nahe. Goodmans Abschlußbericht hat so die Möglichkeit, am Bekannten vom Erfahrungsbericht zu theoretischem Wissen überzugehen, gleich mit ad acta gelegt.

Entsprechend kommt an späterer Stelle der Vorschlag zur Bestimmung der spezifischen Differenz gesetzesartiger Aussagen nicht mehr in Betracht. Im Licht dieses Endes und dieses Neubeginns, im Licht des Übergangs vom deduktiven Ideal zur Bestätigung, erscheint dieser Vorschlag als Rückfall hinter den Ausgangspunkt der Bestätigungstheorie. Der Vorschlag enthält nämlich die These, daß der sachliche Grund des Ausgriffs vollständig in den bekannten Fällen enthalten und so auch aus ihnen extrahierbar sein kann. Er enthält freilich nicht die These, daß dieser Grund in Form von Erfahrungsberichten offen zu Tage liegt. Aber wenn mit einer qualitativen Veränderung des Wissens über den Einzelfall an den bekannten Einzelfällen nicht gerechnet wird, ist der Vorschlag scheinbar nicht zu unterscheiden von einem Plädoyer für die Rückkehr zur Direktableitung von Erfahrungsurteilen aus Erfahrungsurteilen.

Daß mit einem am Einzelfall erst noch freizulegenden Grund ohnehin nicht gerechnet wird, dokumentiert sich zweitens im positiven Konzept der Bestätigung selbst. Es ist selbst durch und durch als Ersatz der Einsicht in inhaltliche Zusammenhänge komponiert. Das läßt sich wie folgt zeigen:

Die Beziehung der Bestätigung war näher bestimmt durch die Bestimmung der Aussagen, die in dieser Beziehung stehen. Auf der einen Seite steht die allgemeine Aussage. Sie ist gefaßt als allquantifizierte materiale (zusammen: als formale) Implikation, ist also charakterisiert durch die Form: $(\forall x)$ $(Fx \rightarrow Gx)$. Die materiale Implikation selbst drückt keineswegs die Bestimmungen F und G als an sich aufeinander bezogen aus, und daran soll sich auch für die formale Implikation nichts ändern. Was entschränkt von allen Gegenständen eines Bereichs ausgesagt wird, ist wahrheitsfunktional festgelegt und erschöpft in bestimmten Kombinationen des Vorkommens und Nicht-Vorkommens von F und G an den Gegenständen des Bereichs. Ausgeschlossen ist die Variante *F/Non-G*, affirmiert ist die Disjunktion *F/G – Non-F/G – Non-F/Non-G*. Darin ist die allgemeine Aussage selbst singulären Aussagen, die einzelnen Gegenständen bestimmte Kombinationen zuschreiben, unmittelbar kommensurabel oder gleichartig. Gewiß gibt es einen Unterschied: Die allgemeine Aussage schreibt keinem einzigen Gegenstand ihres Bereichs eine bestimmte Kombination zu. Sie legt keinen Fall fest. Aber was sie als für alle geltend, sagen wir: als Gesetz des ganzen Bereichs, festlegt, sind Alternativen und Ausschlüsse faktischer Kombinationen. Sie hat ihre ganze Wahrheit in dem, was an faktischen Kombinationen vorliegt. Der Wahrheitsanspruch einer so gedachten allgemeinen Hypothese wird, wenn er eingelöst wird, vollständig eingelöst von nicht nach

Zufall oder Notwendigkeit befragten Fällen. Ob sie zusammen vorkommen oder nicht vorkommen, ist die einzige Frage, die an die Bestimmungen gestellt wird, und gerade darin sind die Fälle so unmittelbar zur Entscheidung über die Hypothese selbst berufen.

Denken wir uns nun dieses Konzept einfach um den obigen Vorschlag bereichert. Bezüglich der allgemeinen Aussage ergänzen wir die Bedingung: *F* muß Erkenntnis- oder Realgrund von *G* sein, ausgedrückt etwa in der Ergänzung des Schemas der allgemeinen Aussage durch die Notwendigkeitspartikel. Sogleich gerät die Ergänzung in Gegensatz zum Konzept der Bestätigung selbst. Die Ergänzung hebt nämlich die Kommensurabilität von bestätigender und zu bestätigender Aussage auf. In der einfach belassenen Faktenaussage, einzeln oder im Verbund eines Gesamtdatums, ist die Frage nach Grund und Notwendigkeit einfach nicht entschieden. Dafür ist sie ja Faktenaussage und nicht Theorie. Wollte man die Kommensurabilität wiederherstellen, indem man die vormalige Faktenaussage selbst in die Aussage eines notwendigen Zusammenhangs verwandelte, hätte man die Idee der Bestätigung wiederum aufgehoben. Wenn der Einzelfall den notwendigen Zusammenhang seiner Bestimmungen schon enthält, antizipiert er den allgemeinen Satz und scheidet damit entweder als Widerlager und Testinstanz der Hypothese aus, weil er in derselben Hinsicht bestätigungsbedürftig wird wie sie, oder er erübrigt die Hypothese, weil er sie schon enthält.

Darin macht sich ein einfacher, aber grundlegender Sachverhalt geltend: Im Rückbezug der Gesetzesaussage auf Einzelfälle *verändern sich* Ansichten und Aussagen über diese. Etwas als Fall eines Gesetzes annehmen heißt nicht mehr einfach: die Bestimmungen, die im Gesetz vorkommen, am Einzelfall als nebeneinander vorfindlich aussagen. Auch für Aussagen über den Einzelfall ist man darin über das Konstatieren von Kopräsenzen hinausgegangen; solche Aussagen sind dann nicht mehr genau dann wahr, wenn der Fall einer Prädikatkombination entspricht, wie sie die einfache allquantifizierte materiale Implikation fordert.

In das Konzept der Bestätigung läßt sich der Gedanke an Zusammenhänge zwischen den Bestimmungen selbst um dieses Sachverhaltes willen nicht integrieren. Er widerspricht dessen Grundzug, das Verhältnis von Faktensammlung und allgemeinem Urteil als ein Verhältnis der Konfrontation von unmittelbar Vergleichbaren zu denken.

Mit diesem Ergebnis muß der Versuch, die Eigenart gesetzesartiger Aussagen dem Konzept der Bestätigung einzuverleiben, vielleicht noch nicht gescheitert sein. Es war ja nur *ein* Vorschlag auf dem Tisch, diese Eigenart zu spezifizieren, und dabei noch nicht einmal einer der gängigeren und auch nicht Goodmans eigener. Ich schlage nun eine Abkürzung ein: Anstatt weitere Vorschläge zu diskutieren, möchte ich zeigen, daß jeder Versuch, Goodmans neues Rätsel zu lösen, sich in ähnliche Fallstricke verwickelt wie der eben probeweise unternommene.

Es bleibe ganz offen, wie der Unterschied zwischen gesetzesartigen und zufälligen allgemeinen Aussagen näher gedacht wird; ganz unbestimmt ist er allerdings nicht. Durch das Rätsel, die Aufgabenstellung selbst, sind Anforderungen an ihn artikuliert, und in dieser Ausgangsbestimmung soll er nun aufgenommen und betrachtet werden. Der Unterschied muß, wenn er im Rahmen der Bestätigungstheorie fungieren soll, Aussagen der einen Art die Eigenschaft verleihen, durch entsprechende Datenaussagen bestätigt werden zu können, und Aussagen der anderen Art diese Eigenschaft entziehen. Außerdem muß der Unterschied einer sein, der sich in der Form des Allsatzes – $(\forall x)\ (Fx \rightarrow Gx)$ – nicht abbildet; denn diese Form ist beiden Arten allgemeiner Aussagen gemeinsam. Also ist dasjenige X, das gesetzesartige Aussagen auszeichnet, jedenfalls ein Überschuß über diese Form; und genau dieser Überschuß soll den Grund dafür liefern, daß ein Satz, der ihn aufweist, von seinen Fällen gestützt wird – natürlich nur unter der Bedingung, daß es solche Fälle gibt. Auf das Vorliegen der Fälle erstreckt sich der Grund natürlich nicht mehr. Er ist Grund der Möglichkeit, nicht der Wirklichkeit von Bestätigung.

Nun stellt sich für die bestätigenden oder Daten-Aussagen eine vollständige Alternative: Entweder die bestätigenden Aussagen verhalten sich ihrerseits neutral zu diesem Überschuß, enthalten ihn selbst nicht; oder aber sie enthalten ihn.

Für beide Seiten der Alternative lassen sich Gründe anführen, Gründe, die dem Konzept der Bestätigung selbst zu entnehmen sind.

Für die *erste* Annahme spricht: Datenausagen sind zu denken als das, was gesetzesartige Aussagen stützt, nicht als dasjenige, was selbst gesetzesartig ist, sondern als dasjenige, womit man solche Aussagen konfrontieren kann. Um diese Funktion erfüllen zu können, müssen Datenaussagen logisch selbständig gegenüber den Aussagen bleiben, die sie, je nachdem, stützen oder nicht. Ihre Wahrheit muß festgestellt werden können, ohne sie als Fall eines Gesetzes zu fassen und darin das Gesetz schon vorauszusetzen. Das entspricht dem elementaren Grundzug des Konzepts: Aus den Datenaussagen ist die allgemeine nicht zu folgern; eine Beziehung der Bestätigung mißt sich nicht an der Beziehung der Folgerung. Also wird man zur Annahme geführt: Gegen den Unterschied von zufällig versus gesetzesartig verhalten sich die Datenaussagen selbst neutral. Das heißt: Was immer manche allgemeinen Aussagen zufällig und andere gesetzesartig macht, hat keine Entsprechung auf der Ebenen der singulären oder Daten-Aussagen.

Für die *zweite* Annahme spricht: Wenn eine allgemeine Aussage überhaupt von etwas gestützt wird, dann von ihren Fällen. Hatte nicht gegolten, daß die allgemeine Hypothese für alle Gegenstände *das gleiche* aussagt wie die Datenaussagen für einzelne? Andernfalls ergeben sich zudem bedenkliche Konsequenzen für die Bestätigungs- oder Stützungsbeziehung selbst. Verhalten sich die Datenaussagen neutral zu jenem Moment X, das manche allgemeinen Aussagen gesetzesartig macht, so beziehen sie sich bestätigend auf die Aussage als eine, die von einer zufälligen allgemeinen Aussage nicht unterschieden ist. Die wirkliche Stützung erfolgt dann an jenem Moment vorbei; dann kann dieses Moment (was immer es ist) nicht der Grund der Möglichkeit der Stützung gewesen sein, weil sich das Stützende als stützendes auf dieses Moment gar nicht bezieht.

Es ergibt sich zusammengefaßt folgender Widerspruch: Wie immer die Eigenart gesetzesartiger Aussagen bestimmt ist – sobald sie als Grund der Möglichkeit eines Bestätigungsverhältnisses fungieren soll, muß sie sich auf die Datenaussagen mit erstrecken und darf sich nicht auf sie erstrecken. Als dieser Grund ist sie ja einerseits dasjenige, was die Daten zwar nicht herbeizwingt, aber, wenn sie vorliegen, zum Sprechen bringt. Aber wenn diese Eigenart auch Datenaussagen annehmen können, dann sind sie an sich selbst als Fälle einer gesetzesartigen Aussage bestimmt und verlieren die Stellung der neutralen und selbständigen Basis.

Man kann dieses Dilemma der Bestätigungstheorie auch anhand der an Goodmans Darstellung anknüpfenden Frage verfolgen, wodurch sich Prädikate wie „grot" denn zum schlechteren von Prädikaten wie „grün" unterscheiden. Zunächst einmal bietet sich ein Unterschied an: Goodmans Prädikate konterkarieren die Vorstellung der *Einheit* eines mit dem Prädikat Zugeschriebenen, die Vorstellung, ein Prädikat verschiedenen Gegenständen zuschreiben bedeute, diese Gegenstände als in einer bestimmten Hinsicht ähnliche zu fassen. Diese Vorstellung erstreckt sich übrigens auch auf disjunktive Prädikate: in Gestalt der Erwartung eines Beziehungsgrundes der beiden Seiten der Disjunktion. Das Prädikat „grot" hingegen unterscheidet zuoberst zwischen dem vor *t* Untersuchten und allem anderen und darunter, jeweils in einer dieser beiden wechselseitig disjunkten Großklassen, das Grüne vom Nicht-Grünen beziehungsweise das Rote vom Nicht-Roten. Es kombiniert also zwei Einteilungsgesichtspunkte, die nichts miteinander zu tun haben: den Zeitpunkt der Untersuchung und die Farbe des Untersuchten. (Daß die Beziehung beider Einteilungsgesichtspunkte willkürlich ist, bedarf an dieser Stelle keines Beweises. Wer die Erwartung roter Smaragde jenseits der Grenze des Bekannten für ungereimt hält, der weiß auch den einen Gesichtspunkt als nicht auf den anderen bezogen.)

Es ist aber nicht möglich, die Lehren dieser Unterscheidung in die ansonsten unveränderte Bestätigungstheorie einzutragen. Mit dieser Unterscheidung kommt nämlich der Gesichtspunkt inhaltlicher Zusammenhänge, der Komposition eines prädikativen Gehalts aus seinen definitorischen Elementen ins Spiel, und dieser Gesichtspunkt war in der Bestätigungstheorie gerade ersetzt durch die extensionale Frage des Vorkommens an Einzelnem. Ob ein allgemeiner Zusammenhang mit Recht angenommen werden kann, ist im Rahmen der Bestätigungstheorie eindeutig an empirische Tests des Vorkommens delegiert. Wollten wir nun, in Reaktion auf Goodmans Prädikate, im Vorfeld von Bestätigungsfragen prädikative Gehalte auf das Verhältnis ihrer Teilgehalte befragen, um willkürliche Kombinationen auszusortieren, dann müßten wir ein Wissen um allgemeine Zusammenhänge zwischen Bestimmungen requirieren, das wir nach den Voraussetzungen der Bestätigungstheorie gerade nicht haben, sondern in Bestätigungsverhältnissen substituieren.

Betrachten wir zum Schluß Goodmans eigene Fortsetzung. Angesichts (hier nicht diskutierter) Versuche der Bestimmung des gesuchten Grundes der Bestätigbarkeit, die ihm allesamt erfolglos scheinen, entwickelt er in Kapitel 4

(„Möglichkeiten einer Theorie der Fortsetzung“) seine eigene Antwort. Sie ist durch eine entscheidende Richtungsänderung der Suche charakterisiert: Jene Bestimmung von Aussagen, die sie zur Bestätigung geeignet macht, ist nicht länger an der Aussage selbst (der bestätigten oder der bestätigenden) und auch nicht an deren prädikativen Elementen selbst zu suchen. Die Suche verlagert sich in die Vorgeschichte des induktiven Umgangs mit Prädikaten und Aussagen. Ob ein Prädikat für Bestätigungszusammenhänge in Frage kommt oder nicht – seine „Fortsetzbarkeit“ – soll dadurch entschieden sein, ob und wie oft dieses Prädikat bisher dazu benutzt wurde, Voraussagen zu treffen und allgemeine Aussagen im Stand der Kenntnis ausnahmslos positiver, aber nicht ausnahmslos aller Fälle zu behaupten. Kurz: Die Fortsetzbarkeit eines Prädikats wird bestimmt von der Anzahl seiner bisherigen Fortsetzungen, der Wettstreit zwischen „grün“ und „grot“ entscheidet sich zugunsten des ersten, weil es im Gegensatz zum zweiten längst etabliertes Element induktiver Praxis gewesen ist. Die Antwort entfernt sich also erstens vom Inhalt der Prädikate: Daran, was es heißt, grün oder grot zu sein, haftet der Unterschied nicht. Zweitens wird die Frage der Befähigung zur Verwendung in Induktionen eine zweifach relative Frage, relativ zur eigenen Verwendungsgeschichte und relativ zu Verwendungsgeschichten konkurrierender Prädikate.[16]

Gewiß sind das erst die elementaren Eröffnungszüge der Goodman'schen Fortsetzungstheorie; doch auch ohne ins Detail einzutreten, kann man ihre allgemeine Stellung zum zuvor geschürzten Rätsel bereits ersehen. Stellen wir die Rätselfrage noch einmal in der vorigen Fassung: Mit welchen Prädikaten kann man gute, d. i. zur Bestätigung geeignete Verallgemeinerungen bilden? Wenn die Antwort nun (abgekürzt) lautet: Mit solchen, die oft genug, vergleichsweise oft, schon dazu benutzt worden sind – so kann dieses „dazu“ unmöglich mehr heißen: dazu eben, *gute*, *bestätigbare* Verallgemeinerungen zu bilden. Just diese Eigenart soll ja durch die „Fortsetzbarkeit“ genannte Eigenart des Prädikates erläutert werden. Also kann die Antwort nur noch heißen: Ausgezeichnet sind solche Prädikate, die oft genug, vergleichsweise oft, dazu benutzt wurden, (und nun ohne Qualifikation:) *Verallgemeinerungen* zu bilden. Der Blick auf die Fortsetzungsbilanz muß sich also des Urteils über die Güte, die Fortsetzbarkeit des Prädikats enthalten. Sobald man fragt: War das Prädikat, das tatsächlich fortgesetzt wurde, auch fortsetzbar? – hebt sich der ganze Rekurs auf die Geschichte tatsächlicher Fortsetzungen auf, und es bleibt bloß noch übrig: gute Prognosen und Allgemeinaussagen lassen sich mit genau solchen Prädikaten aufstellen, die dafür geeignet sind.

Wie sieht nun aber die Kehrseite aus? Jetzt verschafft hinreichend häufiger induktiver Einsatz dem Prädikat die Fähigkeit, auch künftig so eingesetzt zu werden. Das ist nicht das gewöhnliche Erfolgsargument der Art: „Mit solchen

[16] „Ein Grundsatz für die Ausscheidung nicht fortsetzbarer Fortsetzungen lautet also: Eine Fortsetzung ist auszuscheiden, wenn sie der Fortsetzung eines wesentlich besser verankerten Prädikats widerspricht.“ (*TFV* 123) Die „Verankerung“ eines Prädikats ist die Bilanz seiner bisherigen Fortsetzungen. (Vgl. *TFV* 121)

Prognosen haben wir bisher immer Erfolg gehabt, und der bisherige Erfolg zeigt ja wohl, daß die Erfolgsaussichten gut sind."[17] Goodmans Rekurs auf vergangene induktive Einsätze von Prädikaten ist nicht das Winken mit bisherigen Erfolgen oder Bewährungen, auch kein Rückschluß von der Wirklichkeit auf die Möglichkeit (nach dem Motto: was so oft fortgesetzt wurde, muß ja wohl fortsetzbar sein!). Erfolg genügt an dieser Stelle nämlich schon lange nicht mehr. Gewiß darf eine Aussage auf dem Prüfstand nicht schon durch Gegeninstanzen zu Fall gebracht sein. Aber innerhalb des Raums des nicht, vielleicht: noch nicht zu Fall Gebrachten gibt es längst zu viele Anwärter auf zu wenig Posten; und hier, in diesem Raum, hilft der Verweis auf Erfolge nicht weiter. Alle Erfolge, die „grün" bisher hat feiern können, kann sich „grot" ebenso auf die Fahne schreiben. Also entscheidet nicht der Erfolg, sondern schlicht das *Faktum*, welches von beiden tatsächlich induktiv verwendet wurde und welches nicht oder welches häufiger induktiv verwendet wurde und welches eher selten.

Tatsächlich streicht diese Antwort eigentlich die Frage. Daß es für Induktionen verwendet wurde, gibt dem Prädikat selbst keine neue Qualität und keine neue Potenz. Und die faktische Verwendung ist auch nicht gedacht als Indikator einer solchen verborgenen Qualität und Potenz. Etwas dieser Art war aber Gegenstand der Rätselfrage: Dort ging es noch um eine Begründung des Vorzugs von „grün" gegen „grot", um Argumente, die zeigen sollten, warum es vernünftig sei, das eine dem anderen vorzuziehen. Goodmans Antwort gibt in diesem Sinn sicher keine Begründung, und so ist sie auch nicht vorgetragen. Sie hat eher den Ton und den Charakter der Erklärung eines Verhaltens. *An sich*, sagt uns diese Antwort, ist in induktiven Fragen „grot" so gut oder so schlecht und keines von beiden wie „grün". Bezieht man Goodmans Unterscheidungskriterium auf den Grund des Unterscheidungsbedarfs zurück, so ergibt sich: Von diesem Grund, der darin lag, daß dieselben Fakten, alternativ, aber mit gleicher Wahrheitswertzuteilung beschrieben, entgegengesetzte und beliebige Verallgemeinerungen rechtfertigen, ist Goodmans Antwort gar nicht entfernt. Sie hat sich von diesem Befund nicht entfernt, sondern ihn ergänzt um den Hinweis: Außerdem ist eine faktische Vorsortierung am Werk. Daß aber diese Vorsortierung den Unterschied zwischen Bestehen und Nicht-Bestehen einer Bestätigungsbeziehung *begründen* würde, ist de facto und scheint auch dem Anspruch nach preisgegeben. Der genannte Unterschied bezieht sich zwar einerseits noch auf eine vorgestellte Praxis von Induktion. Doch andererseits ist der Unterschied so beschaffen, daß er sich auf die Eignung zu künftiger Induktion gar nicht bezieht. Er ist, wenn überhaupt, ein Grund der Erklärung der Weiterverwendung von Prädikaten in induktiven Zusammenhängen, nicht der Grund der Eignung des dazu Verwendeten.

Daß das Rätsel diese Wendung nimmt, entbehrt nicht der Konsequenz. Wenn erstens gilt: Bestätigungsbeziehungen sind an sich hinsichtlich ihres Bestehens und ihres Nicht-Bestehens nicht zu unterscheiden, man dann zweitens nach einem Grund fragt, der eben diese Beziehungen ermöglicht, hat man

[17] Von diesem Erfolgsargument grenzt sich Goodman auch explizit ab; vgl. *TFV* 111.

mit der Frage die Antwort schon ausgeschlossen. Dem gesuchten Grund ist dann das Unmögliche aufgegeben, den Begriff der Beziehung zu lassen wie er ist, also nicht-unterscheidend, und die Fälle dieses Begriffs gleichwohl unterschieden sein zu lassen. Beides zusammen ist nicht zu haben – oder höchstens noch auf Goodmans Weise: durch einen für die Aussagen-Beziehung nur noch äußerlichen Unterschied.

Aus der Betrachtung sowohl des Rätsels als auch der Lösung Goodmans folgt damit m. E. die Konsequenz: Wer wissen möchte, ob alle Smaragde grün sind, muß entweder alle Smaragde kennenlernen oder einen Zusammenhang beider Bestimmungen erkennen. Wenn auf der Basis von manchen Einzelfällen allgemeine Befunde begründet werden sollen, führt nach wie vor kein Weg daran vorbei, den Einzelfällen auf den Grund zu gehen. Die von Goodman behandelte und in pragmatischer Weise zu Ende geführte Theorie der Bestätigung zeigt sich demgegenüber als Versuch, den Mangel des Schlusses der Induktion nicht zu überwinden, sondern zu verteidigen und handhabbar zu machen. Daß sich dieser Mangel in diesem Versuch und gegen ihn wiederum geltend macht, war zu zeigen.

Necessity resides in the way we talk about things, not in the things we talk about.
Willard Van Orman Quine, *The Ways of Paradox*

3 Notwendige Allgemeinheit

Zu Beginn des vorangegangenen zweiten Teils waren wir probeweise von der Annahme ausgegangen: Allgemeine Urteile über eine Art von Gegenständen (in weitem, logischem Sinn) teilen sich in zwei Lager. Ist ein Artbegriff nach dem Muster einer Locke'schen Nominalessenz gegeben, gebildet durch Selektion einzelner, regelmäßig als verbunden registrierter Züge an Einzelnem oder durch freie Rekombination einzelner Züge, so werden manche allgemeinen Urteile über Exemplare dieser Art über diesen gegebenen Begriff hinausgehen, während andere in dessen Umkreis bleiben, d. h. die zu Kriterien der Artzugehörigkeit erhobenen Züge ganz oder auszugsweise wiederholen. Urteile der zweiten Art sind nicht nur wahr, sondern notwendig wahr, während die ersten höchstens wahr, aber – zumindest nicht in univokem Sinn – notwendig sein können; letzteres scheint auf einfache Weise ausgeschlossen durch die Erweiterung des Zugesprochenen über den jeweiligen Artbegriff hinaus.

Mit dem Thema Induktion schienen wir uns eingangs klar auf der ersten Seite dieser Einteilung zu bewegen. Unter der Voraussetzung, daß Begriffe einer Art nicht nur registrierte unterscheidende Gemeinsamkeiten fixieren, sondern auch Felder künftiger Forschung abstecken, stellte sich die einfache Frage, wie Artbegriffe um neue Elemente bereichert werden können, und das hieß: ob und, wenn ja, wie Einzelfallbefunde aufschlußreich für die betreffende Art im allgemeinen sind oder werden können.

In der Verfolgung dieser Frage zeichnete sich nun ein Befund ab, von dem die eben erinnerte Zweiteilung unmittelbar tangiert wird. Es hat sich gezeigt, daß die Frage, was es ist, Exemplar einer bestimmten Art zu sein, neben der ersten Auslegung als Frage nach vorausgesetzten – und eben: von uns gesetzten – Kriterien der Artzugehörigkeit eine zweite Dimension (nicht haben muß, aber) haben kann, und das war die Frage nach dem „objektiven Allgemeinen", einer Bestimmung der Art, die den sachlichen Grund für regelmäßige Verbindungen auf jener Bestimmungsebene abgibt, auf der die Artdefinition ursprünglich gebildet wurde. Von diesem Ergebnis ist unsere anfängliche Einteilung in folgender Weise betroffen: Sie ist, wie leicht zu sehen ist, selbst um den Artbegriff zentriert. Das Verhältnis des Prädikats zu einem gegebenen Artbegriff bildet ja die allgemeine Hinsicht der Unterscheidung. Nun läßt sich angesichts der zweiten Dimension des Artbegriffs auch die Einteilung selbst in zweierlei Weise verstehen. Neben die oben skizzierte Version tritt eine zweite des Inhalts: Wie verhält sich eine gegebene prädikative Bestimmung zu jenem objektiven Allgemeinen? Gehört sie, unmittelbar oder mittelbar, zu jenem Allgemeinen oder nicht? Der negative Fall differenziert sich weiter: Ist die fragliche Bestimmung Folge einer Interferenz dieses objektiven Allgemeinen mit gewissen, allgemein spezifizierbaren Umständen oder ist sie eine Bestimmung, die sich zum gegebenen objektiven Allgemeinen einfach gar nicht verhält? Im zuletzt angegebenen Fall erhalten wir Urteile, die zu denen gehören, von denen Mill gesagt hatte, sie seien nicht wirklich allgemein. Sie sind zufällig allgemeine, nicht überführbar in Urteile der Form: *Was immer* Exemplar dieser Art ist, wird diese Bestimmung haben.

Die beiden Einteilungen lassen sich nun nicht einfach aufeinander abbilden: Urteile, die im ersten Sinn bloß allgemein, aber nicht notwendig, weil erweiternd, sind, können im zweiten Sinn auf die Seite der notwendigen Urteile zu stehen kommen. Nehmen wir einen Begriff von Kupfer an, der älter ist als die Entdeckung von Elektrizität, also auch als die Frage nach der elektrischen Leitfähigkeit von Metallen. Dann ist das Urteil „Kupfer leitet" im Sinn der ersten Einteilung erweiternd und nicht notwendig, kann aber im Sinn der zweiten durchaus notwendig sein (und wird es sein, wenn Metalleigenschaften die Leitfähigkeit bestimmen).

Ebensowenig ist der Umkehrfall auszuschließen: Artbegriffe, die Gründe von Wahrnehmungseigenschaften enthalten, müssen durchaus nicht auf sämtliche Merkmale geeicht bleiben, die eingangs den Umkreis der Exemplare der betreffenden Art bestimmten. Daß Gold ein *gelbes* Metall sei, braucht auf der Ebene theoretisch fortgeschrittener Artdiagnosen nicht zu gelten (und tut es in diesem Fall auch nicht).

Wenn das so ist, dann greifen die Ergebnisse des vorigen Teils ungeachtet ihres Ausgangspunkts bereits auf die zweite Seite der anfangs univok gedachten Einteilung über. Sie eröffnen einen Sinn von „Exemplare der Art *F* sind notwendig und allgemein *G*" und sind auf einen solchen Sinn angewiesen, der mit den Mitteln, die eingangs zur Charakterisierung der zweiten Sparte allgemeiner Urteile eingesetzt wurden, nicht zu erfassen ist. Das ist Grund genug, jene zweite Sparte näher zu untersuchen. Das soll im folgenden nicht durch Übertragung der zuvor gewonnenen Resultate geschehen, sondern in einem logisch unabhängigen eigenen Durchgang. Auch dafür gibt es einen Grund: Die Ergebnisse des vorigen Teils, die auf eine Rehabilitierung des Artessentialismus zulaufen, brechen sich nach wie vor an eben jener Auffassung von notwendiger Allgemeinheit, die in der anfänglichen Einteilung zugrundegelegt war und die, wenn auch nicht mehr unumstritten, so doch wenigstens für das letzte Jahrhundert die führende Auffassung gewesen ist. Willard Van Orman Quine hat sie treffend auf den Punkt gebracht:

„Notwendigerweise oder möglicherweise die eine oder andere Eigenschaft oder Beschaffenheit zu haben, ist allgemein keine Eigenschaft des betreffenden Objekts, sondern hängt von der Art ab, wie auf das Objekt referiert wird." (*Referenz und Modalität*, in: Willard Van Orman Quine: *Von einem logischen Standpunkt. Neun logisch-philosophische Essays*, Frankfurt a. M. u.a. 1979, 133-152, hier: 141 [i. f. abgekürzt „Quine 1979 b"])

Auf dem Weg zu dieser Position lassen sich – nicht historisch, sondern argumentationslogisch – zwei Stufen unterscheiden: erstens die Reduktion aller Notwendigkeit (und aller Modalität) auf den Typ der Notwendigkeit (Modalität) de dicto; und zweitens die Explikation des de dicto Notwendigen in Termini der Bedeutungen der Ausdrücke, die in einer modal qualifizierten Aussage verwendet werden. (Daß dies zwei unterscheidbare Stufen sind, wird sich weiter unten ergeben.) Diesen zwei Stufen entsprechend gliedern sich die folgenden Überlegungen in zwei größere Abschnitte:

In Abschnitt 3.1, der der Unterscheidung zwischen Modalität de re und Modalität de dicto und dem Versuch des Ausschlusses der ersten gewidmet ist, gehe ich von einer neueren, exemplarischen Version der Unterscheidung von Modalität de dicto und de re aus; im wesentlichen halte ich mich dafür an Alvin Plantingas Einführung dieser Unterscheidung (Kap. 3.1.1). Ins Zentrum der Überlegungen wird dabei die Frage der *Kennzeichnungsabhängigkeit* modaler Aussagen rücken. Sie wird dann in zwei Richtungen verfolgt: Zum einen ist zu prüfen, ob die Annahme einer Modalität de re bereits am Befund der Kennzeichnungsabhängigkeit scheitert, wie etwa William Kneale annimmt (Kap. 3.1.2). Da das nicht der Fall zu sein scheint, wird zum anderen die Frage verfolgt, ob Kennzeichnungsabhängigkeit, wenn schon nicht das *allgemeine* Merkmal modaler Aussagen, so doch das *spezifische* Merkmal von De-dicto-Modalität darstellt (Kap. 3.1.3). Meine Antwort wird negativ ausfallen. Der Grund dafür liegt darin, daß im vorab gekennzeichneten theoretischen Rahmen (und natürlich nur relativ zu ihm) durch den Ersatz von Subjektkennzeichnungen allein eine nicht notwendig wahre Aussage nicht in eine notwendig wahre Aussage überführt werden kann. In Kap. 3.1.4 schlage ich, in Anlehnung an eine Version von Kants Unterscheidung des Synthetischen und des Analytischen, eine Bestimmung von De-dicto-Modalität und ihrer Beziehung zu Modalität de re vor, die einige Züge der Diagnose der Kennzeichnungsabhängigkeit übernimmt, nicht aber die Meinung, im Fall von De-dicto-Modalität ginge es nicht um die Sache, sondern darum, wie wir uns auf sie beziehen. Der Grundgedanke der Rekonstruktion lautet demgegenüber: Das de dicto Notwendige läßt sich, wenn es das notwendig Wahre bleiben soll, nur im Verhältnis zum de re Notwendigen bestimmen. Durch ihre essentialistische Grundierung steht diese Rekonstruktion freilich einem Einwand gegenüber, der am Ende dieses Abschnitts (Kap. 3.1.5) zur Sprache kommt. Es handelt sich um einen Einwand, der, in abgewandelter Form, schon im ersten Teil dieser Arbeit auftrat, nämlich um die Erinnerung an die Begriffsrelativität des Notwendigen. Vorgestellt und diskutiert, allerdings noch nicht entschieden, wird dieser Einwand hier anhand von Quines Fall jenes vernünftigen, zweibeinigen Lebewesens, das auch noch Mathematik betreibt und Fahrrad fährt.

Abschnitt 3.2 ist dann – auf der Basis dieses Einwands – mit dem nicht-essentialistischen Gegenvorschlag zur Bestimmung von De-dicto-Notwendigkeit befaßt, nämlich ihrer Auslegung in Termini des *Analytischen*. Ich gehe davon aus, daß dieser Auslegung zwei Varianten offenstehen: a) eine Version, in der Analytizität ihrerseits an die in einer Sprachgemeinschaft geltenden Anforderungen an das Verstehen eines Worts gebunden wird, und b) eine davon emanzipierte Version, die in einen Essentialismus der Begriffe mündet. Meine Überlegungen laufen darauf hinaus, daß nur die b)-Version Aufklärung über De-dicto-Modalität verspricht. Wenn das zutrifft, dann verläuft die Grenze zwischen dem exklusiven Votum für De-dicto-Modalität und dem Votum für die Anerkennung von De-re-Modalität nicht zwischen nicht-essentialistischen Optionen und essentialistischen. Vielmehr konvergiert dann das Votum gegen De-re-Modalität und für die alleinige Geltung von De-dicto-Modalität mit einer Position, die einen Essentialismus für Begriffe ein- und für Einzelnes ausschließt.

3. 1 MODALITÄT DE DICTO UND DE RE

3.1.1 Die Unterscheidung in der neueren Modaldiskussion – erste Fragezeichen

Blenden wir die Frage nach den historischen, insbesondere scholastischen Quellen der Unterscheidung aus und halten uns an ihr Vorkommen in gegenwärtigen Modalitätstheorien, so finden wir in den ersten beiden Kapiteln von Alvin Plantingas *The Nature of Necessity* eine repräsentative Fassung dieser Unterscheidung. Modalität de re und de dicto werden dort so unterschieden:
In De-dicto-Verwendung prädiziert „notwendig" (analog „möglich") eine modale Eigenschaft von einem *Dictum*, d. h. einer Proposition. Beispielsweise wird in der Aussage „Notwendig(erweise) ist neun teilbar" der Proposition „Neun ist teilbar" die Eigenschaft, notwendig wahr zu sein, zugeschrieben.[1] Hingegen schreiben die Modalprädikate de re gebraucht einem Gegenstand den notwendigen Besitz einer Eigenschaft zu. Im de-re-Gebrauch bildet „notwendig" (analog „möglich") zusammen mit dem Prädikat der ursprünglichen nichtmodalen Aussage ein neues Prädikat, zum Beispiel „notwendig-rational". In der entsprechenden Modalaussage de re schreiben wir einem Gegenstand diese modale Eigenschaft zu; und wir meinen damit, daß der Gegenstand unter keinen möglichen Umständen ohne die Eigenschaft, rational zu sein, hätte sein können.[2]

Essentialisten zeichnen sich dann unter anderem dadurch aus, daß sie solche modalen Eigenschaften annehmen:

> "According to the essentialist, for each property *P* there is the property of having *P* essentially – a property an object has (if at all) in itself, regardless of how it may be described or referred to."[3]

Dieser Annahme entgegengesetzt ist die Position, derzufolge sich alle vermeintlichen Zuschreibungen modaler Eigenschaften als dreistellige Relationen entpuppen, Relationen zwischen einer (nicht-modalen) Eigenschaft, einem Gegenstand und den verschiedenen Weisen, diesen Gegenstand zu fokussieren.[4] Aussagen, die dieses dritte Element nicht aufweisen, sind dieser Gegenposition

---

[1] Vgl. Plantinga: *The Nature of Necessity*, Oxford 1974, 9. Das Beispiel selbst ist allerdings nicht eindeutig. Für „Notwendig ist neun teilbar" kommt auch die De-re-Lesart in Frage, es sei denn, man setzt eine – von Plantinga allerdings nicht vorgeschlagene – Konvention voraus, die Wortstellung für unterscheidend zu nehmen.

[2] Vgl. Plantinga 1974, 10f. und 15.

[3] Plantinga 1974, 18; "essentially" wird hier von Plantinga synonym mit "necessarily" gebraucht, wie aus Anm. 1, S. 14 hervorgeht.

[4] Plantinga referiert diese Gegenposition unter Bezugnahme auf William Kneale: *Modality De Dicto and De Re*, in: E. Nagel/P. Suppes/A. Tarski (Hg.): *Logic, Methodology and Philosophy of Science*, Stanford 1962, 622-633.

zufolge Ellipsen von Aussagen, die es enthalten, "elliptical statements of relative necessity"[5].

Aus dem Gesagten lassen sich drei Bestimmungen abziehen, die Notwendigkeit de re gegenüber Notwendigkeit de dicto auszeichnen oder auszeichnen sollen:

Erstens gibt es einen Unterschied im Bezugsobjekt oder Bereich: „notwendig", de re gebraucht, regiert, modifiziert ein Prädikat – keine Aussage.

Zweitens: Die modale Qualifikation eines Prädikats *P* verbindet sich mit diesem zu einer neuen prädikativen Bestimmung, die für die modale Eigenschaft „notwendig *P*" steht.

Drittens: Wenn Objekte eine solche modale Eigenschaft besitzen, dann besitzen sie sie „an sich selbst", unabhängig davon, wie die Objekte beschrieben oder bezeichnet werden.[6]

Wenn in diesen drei Bestimmungen die Unterscheidung beider Typen von Notwendigkeit (und von Modalität allgemein) gefaßt sein soll, so lassen sich auf diesem Stand drei Rückfragen an die Unterscheidung stellen. Die *erste* betrifft den möglichen Anspruch auf disjunkte Einteilung oder die Einordnung von Fällen, die sowohl de dicto als auch de re modal qualifiziert zu sein scheinen; die *zweite* betrifft die Vollständigkeit der Einteilung angesichts einer dritten Lesart modaler Qualifikationen, der sogenannten Kopula-Lesart; die *dritte* Frage schließlich betrifft den Sinn und die Rolle des eben an dritter Stelle aufgeführten Kriteriums der Kennzeichnungs(un)abhängigkeit.

Erstens: Wie sind im Licht der Unterscheidung jene Fälle aufzufassen, in denen De-dicto- und De-re-Modalität koinzidieren? Solche Fälle stehen verständlicherweise nicht im Zentrum des Interesses, wenn es gerade um den Unterschied beider Typen geht. Um den Unterschied zu erläutern, wählt man eher äquivoke Fälle, in denen die De-re-Auslegung eines Satzes einen anderen Wahrheitswert ergibt als seine Auslegung de dicto. Aber in unserem Kontext sind solche Koinzidenz-Fälle interessant; denn sie gehören zu den paradigmatischen Fällen, auf die der Artessentialismus rekurriert.

Nehmen wir dazu einen Fall, bei dem das Vorliegen von Notwendigkeit unumstritten ist: „Dreiecke haben notwendig die Winkelsumme von 180 Grad." Wenn Modalität de re überhaupt eine Chance hat, dann scheint dieses Urteil ein guter Kandidat für einen De-re-Fall zu sein. Die *res*, das Objekt, dem die bestimmte Winkelsumme notwendig zukommt, ist dann freilich nicht das konkrete dreieckige Objekt, sondern das einzelne, rein geometrisch von seines-

---

[5] Kneale 1962, 629.

[6] Diese dritte Bestimmung, die der Kennzeichnungsunabhängigkeit, wird von Plantinga selbst nicht eigens zur Definition oder als Kennzeichen von De-re-Modalität eingesetzt, tritt aber im weiteren Gang von *Nature of Necessity* als deren spezifisches Moment wiederholt auf. – Ausdrücklich von Kennzeichnungsunabhängigkeit als einem von mehreren in der neueren Logik gebräuchlichen Tests für De-re-Modalität spricht hingegen Richard Sorabij in: *Definitions: Why necessary and in what way?* in: Enrico Berti (Hg.): *Aristotle on science. The "Posterior Analytics"*. Proceedings of the eigth symposium aristotelicum held in Padua from september 7 to 15, 1978, Padua 1981, 205-244, hier 208f.

gleichen unterschiedene Dreieck.[7] Dem einzelnen Dreieck wird diese Winkelsumme notwendig zukommen. Aber es scheint zugleich kein Fall zu sein, der *exklusiv* de re zu verstehen wäre. Der Bezug zur res hat in diesem Fall nicht zur Kehrseite, daß sich der Bereich der Notwendigkeitsklausel auf das Prädikat beschränken und die im Subjektterminus gegebene Bestimmung nicht mitbetreffen würde. Daß den einzelnen Objekten zukommt, notwendig diese Winkelsumme zu haben, liegt gerade daran, daß sie Dreiecke und nichts anderes sind. Daß diese Winkelsumme von jedem einzelnen Dreieck gilt, geht darauf zurück, daß sie für das Dreieck im allgemeinen gilt. Umgekehrt wäre es genauso künstlich, um der sich abzeichnenden Relevanz des Begriffs des Dreiecks willen den Fall *exklusiv* unter de dicto einzureihen, d. h. ihm folgende Interpretation zu geben: Hier handelt es sich nur um einen Zusammenhang zwischen zwei Begriffen – dem Begriff des Dreiecks und dem Begriff der Winkelsumme von 180 Grad; die Notwendigkeitsklausel bezieht sich ausschließlich auf diesen Zusammenhang, und was es ist, das im einzelnen den Begriff des Dreiecks erfüllt, darauf kommt es nicht an. Denn die Einzelnen in diesem Rahmen sind nicht solche einzelnen Objekte, die unter mannigfachen Bestimmungen auch noch die hätten, dreieckig zu sein, sondern geometrische Figuren, die überhaupt in Bezug auf den Begriff des Dreiecks individuiert sind. Was sie voneinander unterscheidet – Abmessungen von Seiten und Winkeln, ihre Lage im Raum –, sind Unterschiede, die sie als Dreiecke voraussetzen und als Dreiecke voneinander unterscheiden. Dreieckig zu sein, verhält sich zu einzelnen Dreiecken nicht als eine Bestimmung, die sie neben, abgesehen von dem sie Unterscheidenden auch noch an sich hätten.

Das Ergebnis ist zunächst nur, daß wir nicht alle wahren modal qualifizierten Aussagen entweder in die Sphäre der De-dicto-Modalität oder in die Sphäre der De-re-Modalität sortieren können oder daß die Anwendung der Unterscheidung auf wahre Aussagen keine exklusive Zuordnung ergibt. Das muß nicht besagen, daß die Unterscheidung selbst unklar sei. Aber es bleibt die Frage, wie der Zusammenhang beider Modalitätstypen in einem Fall, der beide realisiert, genau zu denken ist. Im Beispielfall jedenfalls liegt nicht einfach zufällige Koinzidenz vor. Es liegen nicht zwei Sachverhalte vor, die *zufällig* in ein und demselben Satz artikuliert werden können, nämlich einerseits der Sachverhalt, daß der Begriff des Dreiecks den der Winkelsumme von 180° enthält, und andererseits der Sachverhalt, daß die Einzelnen, die zufällig auch noch Dreiecke sind, die Eigenschaft aufweisen, notwendig eine Winkelsumme von 180° zu haben. Diese Fassung der Koinzidenz widerspricht dem Umstand, daß Dreiecke nicht abgesehen, sondern aufgrund ihrer Bestimmung als Dreieck notwendig diese Winkelsumme haben. Das modalisierte Prädikat unterhält nicht zwei *gegeneinander gleichgültige* Beziehungen, die eine zu einem anderen Begriff, die andere zu einzelnen Dreiecken. Vielmehr scheint es hier eine Mitte zwischen beiden

[7] Wem das einzelne Dreieck zu wenig von einer wirklichen Sache zu haben scheint, möge das Beispiel durch eines aus dem Feld konkreter Substanzen ersetzen, etwa durch die Aussage „Alle Stücke Metall sind notwendig elektrische Leiter."

Beziehungen zu geben, die im Begriff des Dreiecks selbst liegt. Und es ist vorderhand nicht klar, ob und wie solche Konstellationen im Rahmen der Unterscheidung zwischen de dicto und de re gefaßt werden können. Das ist besonders deshalb nicht klar, weil diese Unterscheidung in Gestalt des dritten Kriteriums – der Kennzeichnungs(un)abhängigkeit – ein Kriterium hat, das wechselseitige Exklusivität zweier Klassen von Modalaussagen herstellt und damit nahelegt, Fälle wie den eben betrachteten Dreiecksfall doch nur als Äquivokationen zu behandeln.

Zweitens: Eine zweite Frage ergibt sich in Bezug auf das von Plantinga gegebene zweite Kennzeichen der De-re-Modalität. Das Modaladverb verbindet sich ihr zufolge mit dem Prädikat zu einem neuen, komplexen Prädikat. Die Struktur der ganzen Aussage ist damit auf die einfache prädikative Form zurückgeführt: Einem Objekt wird eine Eigenschaft zugesprochen. Natürlich ist die Eigenschaft – *notwendig-P* – nicht mehr dieselbe wie die einfache Eigenschaft – *P* –. In welcher Hinsicht verändert nun das modale Präfix das Prädikat?

Ein Unterschied ist offensichtlich: Wer notwendig-*P* als zukommend behauptet, stellt eine stärkere Behauptung auf als derjenige, der nur *P* als zukommend behauptet. Die Zuschreibung des durch Notwendigkeit modifizierten Prädikats schließt ein, daß *P* zukommt, aber umgekehrt reicht das Zukommen von *P* nicht hin, die stärkere Aussage zu bewähren.

Diesen sehr allgemeinen Zug hat das modalisierte Prädikat mit anderen, grammatisch ähnlichen Adverbialkonstruktionen – wie „rein weiß" oder „ungemein hoch" oder „schwach karbolartig" – gemeinsam. Wer behauptet: „*No name* wäscht *rein* weiß", hat noch nicht gewonnen, wenn die Weißwäsche nach der Behandlung mit *no name* zwar weiß, aber eben nur grauschleier-weiß ist. Aber Adverbialkonstruktionen mit „notwendigerweise" unterscheiden sich von solchen Fällen in folgender Hinsicht: „Notwendigerweise" sorgt nicht für eine Einschränkung des Grades an Allgemeinheit, der mit dem Inhalt des einfachen Prädikats gesetzt ist. In den Vergleichsfällen gibt das Adverb eine Näherbestimmung des Prädikats, schränkt es ein auf einen Grad oder eine Unterart dieser Eigenschaft. Diese Wirkung auf den Inhalt des modifizierten Prädikats haben weder „notwendigerweise" noch „möglicherweise". Dessen Inhalt – der Inhalt von *P* – bleibt unberührt derselbe. In „Der Mensch ist notwendig sinnlich" bleibt das Prädikat „sinnlich" genauso allgemein und genauso besonders, wie es das an sich selbst ist.

Nun muß sich die Modifikation eines Prädikats nicht auf seinen Inhalt beschränken. Es liegt näher, anzunehmen: Was Modaladverbien in Bezug auf Prädikate modifizieren, betrifft nicht den *Inhalt* des Prädikats, wohl aber seine *Funktion* als Prädikat, das Prädikat *als Prädikat*, die jeweilige allgemeine Bestimmung in jener Rolle im Urteil, die die Kopula explizit macht.

Damit kommt eine Deutung von Modalwörtern in Sicht, die man im Anschluß an Richard Patterson die *Kopula-Lesart* nennen kann. Sie besagt: Die in Modalpartikeln angezeigten „Modi" sind *Modi des Zukommens*; was sie modifizieren, ist – allgemein und damit eben auch in De-re-Fällen – das Verhältnis, der Zusammenhang zwischen dem im Subjekt- und dem im Prädikatausdruck Ausgedrückten.[8] Wenn aber die modale Qualifikation des Prädikats in diesem Sinn verstanden wird, ist die Grenze zwischen de re und de dicto nicht mehr so eindeutig wie anfangs gedacht. Denn wie sollen Weisen des Zukommens bestimmt sein ohne Rekurs auf dasjenige, dem jeweils etwas zukommt? Mit der Kopula selbst kommt das Ganze der Prädikation in den Blick, ein Verhältnis von Subjekt und Prädikat, und nicht mehr nur das seiner Prädikatfunktion vorausgedachte Prädikat. Das legt vielleicht den Verdacht nahe, daß die Kopula-Deutung damit auf eine Reduktion der Modalitäten auf den Typ der Modalitäten de dicto hinauslaufe oder darauf, daß sich der im De-dicto-Typ fixierte *relative* Charakter von Notwendigkeit als deren allgemeiner Charakter erweist. Ob die Reduktion erfordert und angemessen ist, werden wir noch sehen müssen. Aber ein Unterschied zwischen Kopula- und De-dicto-Lesart deutet sich hier schon an: Die Kopula-Deutung übernimmt das Subjekt der einfachen Aussage als Subjekt der Modalaussage – und das gilt nach dem bisher Gesagten nicht für Aussagen, die de dicto modal sind. Hier haben wir ein gegenüber dem Subjekt der einfachen Aussage neues Subjekt – eben die einfache Aussage selbst.[9]

Drittens: Die neu aufgetretene Abgrenzungsfrage lenkt den Blick auf die dritte der eingangs in Anlehnung an Plantinga angeführten Bestimmungen: Modalität de re besteht oder besteht nicht unabhängig davon, wie die Objekte beschrieben oder bezeichnet werden. Da dieser Zug nach allgemeiner Auffassung De-dicto-Modalitäten nicht eigen ist, scheinen wir daran, also an der Kennzeichnungsabhängigkeit bzw. -unabhängigkeit ein klares Testkriterium zu haben, das zu entscheiden erlaubt, ob der eine oder der andere Fall vorliegt.

---

[8] Wir finden diese Auffassung bei zwei Autoren, die in historischen Darstellungen der De-dicto-/De-re-Unterscheidung meistens genannt werden, nämlich bei Aristoteles und bei Abaelard. Für die Aristotelische Modallogik hat die Untersuchung von Richard Patterson: *Aristotle's modal logic. Essence and entailment in the* Organon (Cambridge 1995) das Vorliegen der Kopula-Deutung eindrucksvoll in Erinnerung gebracht. Die Kopula-Deutung tritt etwa in *Analytica priora*, Kap. 8 auf, an dessen Beginn davon die Rede ist, daß „Zukommen, notwendig Zukommen und kontingenter, d. h. möglicher- oder zufälligerweise Zukommen verschieden ist" (An. prior. 8, 29 b 29-30; Übersetzung Rolfes).

Ebenso läßt sich die Kopula-Deutung bei Abaelard nachweisen. So beginnt das Kapitel „De modalibus" in Abaelards *Dialectica* mit der Unterscheidung zwischen „modi adverbiales" und „modi casuales". Beispiel für das erste wäre „Socrates possibiliter est episcopus", das entsprechende Beispiel für das zweite wäre „possibile est Socratem esse episcopum". Die adverbiale Fassung wird nun gleich zu Anfang als eine charakterisiert, die den Modus des Zukommens oder Nicht-Zukommens bestimmt: „Modi itaque dicuntur tam adverbia quam huiusmodi nomina quia modum inhaerentiae vel remotionis determinant" (Petrus Abaelardus: *Dialectica*, hg. v. L. M. De Rijk, Assen 1956, 191).

[9] Angesichts dieser Beobachtungen neige ich zu Pattersons Urteil, der die Kopula-Lesart erst einmal als eine dritte Lesart festhält, die weder mit de re noch mit de dicto zusammenfällt: "The disquieting fact about any approach based on a dichotomy of modalized *dictum* vs. modalized predicate is that Aristotle himself speaks in a third way, on which modality attaches neither to predicate nor to *dictum*, but rather to *the manner of the predicate's applying* to the subject." (Patterson 1995, 8)

Diese dritte Bestimmung wirft allerdings selbst eine Frage auf: Wie kommt eigentlich der Umstand, wie Objekte *beschrieben* oder *bezeichnet* werden, ins Spiel? Prima facie ist die Unterscheidung zwischen Eigenschaften, die Objekte an sich selbst besitzen, und solchen, die sie in Abhängigkeit von Beschreibungen oder Bezugnahmen besitzen (denn das scheint ja wohl die Gegenklasse zu sein), nicht klar. Ich verstehe, was es heißt, daß einem Objekt eine Bestimmung zukommt, weil oder indem ihm eine andere Bestimmung zukommt (zum Beispiel: „Die Rose ist ein Farbiges, indem sie rot ist"). Aber was hat das damit zu tun, ob die vermittelnde Bestimmung zur Kennzeichnung des Objekts eingesetzt wird oder nicht? Worauf es ankommt, ist erstens der interne Zusammenhang zwischen den Bestimmungen – in unserem Beispiel: das Inklusionsverhältnis: Rot ist eine besondere Farbe – und zweitens der Umstand, daß die vermittelnde Bestimmung dem Gegenstand auch zukommt. Und beides sind Sachverhalte, die bestehen oder nicht bestehen ungeachtet dessen, wie jemand seine Rose anspricht. Wenn die Rose als rote ein Farbiges ist, dann indem sie rot *ist* und nicht weil sie jemand als rot *beschreibt*. Mithin erscheint die Unabhängigkeit von Weisen des Bezeichnens nur eine selbstverständliche Konsequenz der Behandlung von notwendig-*F* als Eigenschaft von Objekten zu sein und ihre Erwähnung im Zug der Unterscheidung von Modalität de dicto und de re ein überflüssiger Appendix.

Betrachtet man die Diskussion näher, zeigt sich allerdings, daß gerade diesem dritten Zug eine zentrale Stellung zugemessen wird. Anders als Plantinga – aber nicht im Gegensatz zu ihm – erheben manche Theoretiker der Unterscheidung zwischen Modalität de dicto und de re die Abhängigkeit des Wahrheitswerts von Kennzeichnungsweisen ausdrücklich zum hinreichenden Kriterium dieser Unterscheidung. Ihre Position läßt sich kurz so angeben: Daß Bezeichnungsweisen für die De-dicto-/De-re-Unterscheidung eine entscheidende Rolle spielen, kann man sehen, wenn man die Sensibilität des Wahrheitswerts von De-dicto- bzw. De-re-Aussagen für die Varianz von Bezeichnungsweisen des Subjekts betrachtet; De-dicto-Aussagen sind in dieser Hinsicht nämlich sensibel, De-re-Aussagen nicht.

Geht man in der Diskussion ein wenig zurück, stellt man fest, daß das, was hier als Kriterium der Unterscheidung zweier Modalitätstypen eingesetzt ist, unter anderen Vorzeichen in die Modaldiskussion eingeführt worden ist. Dafür mögen stellvertretend zwei Passagen aus zwei zentralen Artikeln von Willard Van Orman Quine bzw. William Kneale stehen. Die Stelle aus Quine kennen wir bereits, und Kneales Urteil stimmt damit überein:

„Notwendigerweise oder möglicherweise die eine oder andere Eigenschaft oder Beschaffenheit zu haben, ist allgemein keine Eigenschaft des betreffenden Objekts, sondern hängt von der Art ab, wie auf das Objekt referiert wird." (Quine 1979 b, 141)

"If what I have just said is right, it is clear that there can be no ordinary properties of which it is proper to say that they belong to any individuals with absolute necessity regardless of the way in which those individuals are selected for attention." (Kneale 1962, 630)

Beide konstatieren die Relevanz der Kennzeichnungs- oder Referenzweisen, und beide machen die verzeichnete Relevanz kritisch gegen die Möglichkeit geltend, Notwendigkeitsaussagen auf ein einfaches Verhältnis zwischen Objekt und Eigenschaft zu reduzieren. Die Lage wird dadurch komplizierter, daß Kneale die konstatierte Abhängigkeit von Kennzeichnungsweisen direkt gegen jeglichen Essentialismus ins Feld führt, während Quine den Essentialismus am Ende als – wenn auch ungangbaren – Ausweg aus den Schwierigkeiten diskutiert, in die die Modallogik durch die konstatierte Abhängigkeit gerät.[10]

Damit haben wir folgende Konstellation von Theorien, die sich um die erwähnte Abhängigkeit modaler Aussagen von Weisen der Bezugnahme auf das Subjekt der Aussage gruppieren:

1. Die Position der friedlichen Koexistenz von Modalität de dicto und Modalität de re: Beide Modal-Typen lassen sich nach dem Kriterium der Wahrheitswertabhängigkeit von Kennzeichnungsweisen unterscheiden.
2. Die Position eines einzigen, nämlich des De-dicto-Typs von Modalität: Das Auftreten der Wahrheitswertvariationen in Modalaussagen spricht direkt gegen die Annahme von De-re-Modalität. (Kneale)
3. Quines Position: Wahrheitswertvariationen in Modalaussagen können nur um den Preis des Essentialismus vermieden werden – und dieser Preis ist aus eigenen Gründen zu hoch. Das ist eine Position, die sich kritisch gegen beide Seiten der Unterscheidung wendet und darin auch ein Element der ersten Position teilt, nämlich die Annahme, daß die Wahrheitswertvariation durch De-re-Deutungen zum Verschwinden gebracht werden kann.

Die Abhängigkeit des Wahrheitswerts von Kennzeichnungsweisen des logischen Subjekts hat in der neueren Modaldiskussion also eine wechselvolle Karriere durchlaufen. Im fortgeschrittenen Stadium der Diskussion tritt derselbe Sachverhalt als Unterscheidungszeichen von De-dicto-Modalität gegenüber De-re-Modalität auf, der zu Beginn der Diskussion entweder dazu verwandt wurde, das Eigenrecht von De-re-Modalität zu bestreiten, oder dazu, logische Tücken modaler Kontexte im allgemeinen zu zeigen. Ungeachtet der verschlungenen Karriere, die das Phänomen der Kennzeichnungsabhängigkeit in der Modaldiskussion unserer Tage hinter sich hat, läßt sich ein Punkt der Einigkeit über die drei skizzierten Positionen hinweg fixieren: Alle drei gehen davon aus, daß jedenfalls manche Modalaussagen sensibel auf Kennzeichnungsersetzungen reagieren. Die Fragen, an denen sich die Positionen auf dieser Grundlage scheiden, lauten: Gibt es auch Lesarten, die davon ausgenommen sind? Und wenn es sie gibt, sind das dann essentialistische, also De-re-Lesarten? Lassen wir für den Augenblick die Frage außer acht, ob De-dicto-Fälle die einzig relevanten Fälle modal qualifizierter Aussagen sind (also die Frage, an der sich die Positionen scheiden), und konzentrieren uns auf diese gemeinsame These. Sie führt uns auf die andere Seite der Unterscheidung von de dicto/de re; und nachdem die positiven Kriterien für De-re-Modalität ersten Zweifeln ausgesetzt waren, bleibt zu

[10] Was Quine gegen den essentialistischen Ausweg stimmt, wird in Kap. 3.1.5 behandelt werden.

untersuchen, ob sich De-dicto-Modalität mit dem Abhängigkeitskriterium positiv fassen – und vermittels dessen vielleicht auch De-re-Modalität durch negative Abgrenzung klarer profilieren läßt.

Die Redeweise von der Kennzeichnungsabhängigkeit ist natürlich nichts anderes als die Kurzformel für das, was seit Quine als das Versagen des Substitutionsprinzips in modalen Kontexten oder als referentielle Undurchlässigkeit modaler Kontexte bekannt ist. Das Substitutionsprinzip besagt: Koreferentielle Ausdrücke können in allen wahren Aussagen *salva veritate* gegeneinander ausgetauscht werden. Mit anderen Worten: Wahre Identitätsurteile können wahrheitserhaltend zum Austausch ihrer beiden Termini in allen weiteren Aussagen benutzt werden. Genau dieser Austausch auf Basis wahrer Identitätsurteile scheint in modalen Kontexten aber nicht mehr allgemein wahrheitserhaltend zu sein.

Ein von Quine eingeführtes und seither häufig benutztes Beispiel mag zur Verdeutlichung dienen. Zu betrachten sind die folgenden drei Aussagen:

(1) Neun ist notwendigerweise größer als sieben.
(2) Neun ist die Anzahl der Planeten.
(3) Die Anzahl der Planeten ist notwendigerweiser größer als sieben.[11]

(1) und (2) sind wahre Aussagen, (3) ist eine falsche Aussage. (Die Möglichkeit alternativer Lesarten mit anderen Wahrheitswertzuschreibungen, darunter die Möglichkeit einer De-re-Lesart, bleiben nach Voraussetzung im Augenblick ausgeblendet.) Zugleich unterscheiden sich (1) und (3) voneinander nur durch einen Term, nämlich den Subjektausdruck. Wenn (2) wahr ist – und das wird angenommen –, dann unterscheiden sich „neun“ und „die Anzahl der Planeten“ nicht hinsichtlich des Gegenstands, den sie bezeichnen oder auf den man durch sie Bezug nehmen kann. (3) scheint also aus (1) allein durch Substitution von „neun“ durch einen koreferentiellen Ausdruck hervorgegangen. Da (1) einen anderen Wahrheitswert hat als (3), liegt ein Fall vor, in dem das Substitutionsprinzip versagt – und der Grund dafür scheint im modalen Element der Aussagen (1) und (3) zu liegen. Nimmt man das modale Element fort, bleibt ein gültiger Schluß mit wahren Prämissen und eben auch wahrer Konklusion zurück:

(1') Neun ist größer als sieben.
(2) Neun ist die Anzahl der Planeten.
(3') Die Anzahl der Planeten ist größer als sieben.

Ehe ich die allgemeine Darstellung fortsetze, will ich kurz auf eine Eigenart dieses Beispiels hinweisen, die es m. E. zu einem fragwürdigen Beispiel macht. Wenn mir in freier Wildbahn, also außerhalb des Diskussionskontexts und ohne Lese-Instruktion, die beiden Aussagen (1') und (3') begegnen würden, dann würde ich nicht annehmen, daß es in beiden darum geht, demselben einzelnen Gegenstand dieselbe Eigenschaft zuzusprechen. „Die Zahl der Planeten ist größer als sieben“ würde ich im Sinn der Auskunft verstehen: „Es gibt mehr als

[11] Vgl. Quine 1979 b, 136f.

sieben Planeten", also als eine Teilantwort auf die Frage, wieviele Erfüllungsinstanzen der Begriff *Planet* hat. So verstanden, ist die Aussage faktisch, aber nicht notwendig wahr. Notwendig wahr wäre sie, wenn der Begriff des Planet-Seins selber etwas hinsichtlich der Anzahl seiner Erfüllungen determinierte. Da das nicht der Fall ist, liegt in „Die Zahl der Planeten ist größer als sieben" keine notwendige Wahrheit vor. Anders gesagt: Die Aussage „Die Zahl der Planeten ist notwendigerweise größer als sieben" kann leicht als falsch abgewiesen werden, wenn sie so verstanden wird: „Es gibt nicht nur einfach mehr als sieben Planeten, sondern es hätte auch unter keinen Umständen weniger davon geben können". Das scheint mir eine naheliegende Lesart – und eine, die die andere Frage, ob nämlich neun notwendigerweise größer als sieben sei, ganz unberührt läßt. Es ist nämlich eine Lesart, in der der Ausdruck „die Anzahl der Planeten" nicht dazu benutzt wird, einen Gegenstand – die Zahl Neun – herauszugreifen, um diesem dann das Größenverhältnis zur Sieben zuzuschreiben – genausowenig, wie der Ausdruck „die Anzahl der Bewerber" in „Die Anzahl der Bewerber nimmt ständig zu" die Funktion hat, eine bestimmte Zahl zu fixieren, der dann stetes Wachstum bescheinigt würde. Damit aber können die beiden konfrontierten Modalaussagen (1) und (3) ganz gut im Wahrheitswert unterschieden bleiben, ohne zugleich Fälle zu sein, in denen *derselbe Gegenstand* auf zwei verschiedene Weisen herausgegriffen wird.[12] (Das gleiche gilt, wie leicht zu sehen ist, mutatis mutandis für Kneales Beispiel.) Insofern scheint das Beispiel nicht, jedenfalls nicht fraglos, ein Fall der Kennzeichnungsabhängigkeit des Wahrheitswerts von Modalaussagen zu sein. Denn für diese ist für die Kernaussage verlangt, daß dasselbe vom selben, nur eben anders spezifizierten, Gegenstand ausgesagt wird. – Ein grundlegendes oder allgemeines Problem muß mit dieser Eigentümlichkeit des Beispiels nicht verbunden sein. Da gerade Quines und Kneales Beispiele in der Diskussion gebräuchlich geworden sind, lasse ich es mit diesem Hinweis bewenden und behalte sie im folgenden ungeachtet des eben Gesagten als Beispiele bei.

Daß (1) und (3) im Wahrheitswert voneinander abweichen, wenn beide de dicto gelesen werden, und daß diese Varianz mit dem Einsatz der Notwendigkeitsklausel zu tun hat, scheint nun das zu sein, worauf sich Vertreter der De-re-Modalität mit deren Kritikern geeinigt haben. Im folgenden möchte ich zweierlei zeigen: *Erstens*: Der Versuch, mit diesem Befund De-re-Modalität direkt als unmöglich zu erweisen, scheitert. Das möchte ich an Kneales Durchführung zeigen. Mit diesem Ergebnis befinde ich mich noch in Übereinstimmung mit jenen, die de dicto und de re im oben angegebenen Sinn als gleichberechtigte, gleich triftige Modalitätstypen etablieren möchten. *Zweitens*: Betrachtet man die Bei-

[12] Diese Überlegungen entkräften m.E. nicht die später ausgeführte Kritik Plantingas und anderer, die die Gleichheit des Wahrheitswerts bei zugrundegelegter De-re-Lesart geltend machen. (Vgl. unten 3.1.2) Die Kritik gilt unabhängig davon, ob die vorgelegten Beispielsätze nicht oder nur gezwungenerweise unter das Schema: Dasselbe-vom-selben-Sagen gebeugt werden können. Denn daß die Beispielsätze Realisierungen dieses Schemas sind, ist eine Voraussetzung, die die Gegenseite macht, und relativ zu dieser Voraussetzung greift auch die Kritik.

spiele und ihre Interpretation näher, so ergibt sich, daß die Gegenseite der Unterscheidung – De-dicto-Modalität –, weit entfernt davon, die unumstritten klarere Variante zu sein, selbst aufklärungsbedürftig bleibt. Dieses Ergebnis zeitigt dann natürlich auch Folgen für den Versuch, De-re-Modalität in Abgrenzung von und neben Modalität de dicto als zweiten grundlegenden Typ von Modalität zu etablieren.

3.1.2 Scheitert De-re-Modalität an der Kennzeichnungsabhängigkeit von Modalaussagen?

Kneale wendet sich in dem schon zitierten Aufsatz gegen die Ansicht, in De-re-Fällen sei man auf einen zweiten, gegenüber de dicto eigenständigen Typ absoluter Modalität gestoßen – eine Ansicht, die Kneale in den scholastischen Autoren, von denen er berichtet, entdeckt und kritisiert. Von ihnen wurde De-re-Modalität als interne Qualifikation des Verhältnisses zwischen Bestimmung und bestimmter Sache, als Modifikation des Zukommens oder Nicht-Zukommens einer Bestimmung verstanden, und dieses Verständnis war grundiert von essentialistischen Annahme, daß Gegenstände an sich selbst modale Spielräume für das Zukommen von Bestimmungen eröffnen und begrenzen. Diese Annahme ist nach Kneale ebenso unhaltbar wie die damit verbundene Einschätzung des Unterschieds, der in Termini des de dicto/de re Qualifizierten festgehalten wurde. Kneale bestreitet nicht, daß unter den Fällen, die als notwendig de re gehandelt wurden, solche anzutreffen sind, in denen ein Prädikat einem Gegenstand unbedingt zukommt. Er bestreitet auch nicht, daß manche der als de re klassifizierten Fälle jenseits der De-dicto-Modalität fallen. Was er bestreitet, ist das Zusammenfallen beider Sorten von Fällen. Seiner Ansicht nach stellt die Klasse der De-re-Fälle eine Mischklasse heterogener Fälle dar und nicht so etwas wie eine natürliche Art der Gattung absolute Modalität.[13] Bei Fällen, die als de re charakterisiert werden und die nach Kneales Einschätzung tatsächlich Fälle absoluter Notwendigkeit sind, handelt es sich um Sonderfälle der einen, mit de dicto bezeichneten Notwendigkeit, und um reichlich uninteressante Sonderfälle obendrein. Daneben gibt es Aussagen, die ebenfalls als de-re-Fälle absoluter Modalität gehandelt wurden, die in Wahrheit jedoch überhaupt keine Fälle absoluter Modalität sind, sondern elliptische Aussagen mit relativer Notwendigkeit. Also weisen mit „notwendig" formulierte Aussagen entweder absolute Notwendigkeit auf – dann gehören sie dem de-dicto-Typ an; oder sie gehören nicht dem de-dicto-Typ an – dann sind sie auch keine Fälle absoluter Notwendigkeit.

Sein Resumée lautet:

"The moral of the whole debate is that modal assertions can only be made significantly about those abstract entities which some modern logicians call intensions. /.../ The fault

[13] Was mit „*absolute* Modalität" näher gemeint ist, bleibt noch zu klären; vgl. dazu Kap. 3.1.3.

of the doctrine of modality *de re* is indeed just this, that it tries to allow for modal assertions which are not about the senses of signs but about their references. And the temptation to adopt it seems to be due primarily to the fact that our modal talk is very often elliptical." (Kneale 1962, 632f.)

Ein wichtiger Teilschritt seiner Argumentation für dieses Ergebnis besteht im Aufweis der Beschreibungsrelativität des Wahrheitswerts von Aussagen, deren nicht-modaler Kern in einer einfachen singulären Prädikation besteht, der um „notwendig" erweitert wurde. Er bedient sich dazu des Beispiels:

(1) 12 ist notwendig teilbar.
(2) Die Zahl der Apostel ist notwendig teilbar.

Das Beispiel folgt offensichtlich demselben Bauprinzip wie das oben erwähnte Beispiel Quines, und auch die Wahrheitswertverteilung setzt Kneale analog: (1) könne als wahr angesehen werden, während (2) falsch sei – es sei denn, (2) werde als elliptische Behauptung relativer Notwendigkeit verstanden.

Abgesehen von dem für (2) formulierten Vorbehalt, auf den noch einzugehen sein wird, gilt also nach Kneale: (1) und (2) unterscheiden sich in ihrem Wahrheitswert, d. h. (1') „12 ist teilbar" qualifiziert sich für das Modalprädikat „notwendig", (2') „Die Zahl der Apostel ist teilbar" tut das nicht. Nun gibt es in den einfachen Aussagen nur ein Element, das mit dieser Varianz zu tun haben kann: der jeweilige Subjektausdruck. Die Varianz von „12" zu „die Zahl der Apostel" kann kein dem Inhalt des Urteils gleichgültiger, äußerlicher, nur nomineller Unterschied sein, wenn sie die von Kneale konstatierten Folgen für den Wahrheitswert hat. Konsequent spricht Kneale denn auch dem Ausdruck „12", den er als Eigennamen der Zahl gelten läßt, einen Sinn zu, assimiliert also Eigennamen an Kennzeichnungen.[14] Demnach sind also für die Attribution von Modalprädikaten nicht einfach der (individuelle) Gegenstand auf der einen Seite und das explizit zugesprochene Prädikat auf der anderen Seite relevant, sondern auch noch die Kennzeichnung des Gegenstands im Subjektausdruck.

Von dieser Relativität ausgenommen bleiben nur Fälle, in denen ein Prädikat zugesprochen wird, dem kein Gegenstand je widerstehen kann – deren Unwiderstehlichkeit dann aber auch nur die Kehrseite dessen ist, daß sie keinen Gegenstand mehr bestimmen. (Kneale gibt als Beispiel „prim-oder-nicht-prim".)[15] In solchen Fällen ist die Wahrheit des Ganzen tatsächlich unabhängig

[14] Der fragliche Sinn von „12" in (1') sei: "[it] expresses the same sense as 'the number exemplified by all sets that can be put into one-one correspondence with the set of numerals {'1', '2', '3', ..., '12'}', and this is why the sentence expresses a true proposition" (Kneale 1962, 629).

[15] Neben solchen vollständigen Disjunktionen erwähnt Kneale noch kategoriale Angaben. Auch die Attribution der Kategorie fällt also unter die Klasse der unbedingt zukommenden Bestimmungen – wenn nur, wie Kneale sagt, ein Gegenstand der passenden Kategorie ausgewählt wurde. Diesen Fall verfolgt Kneale nicht weiter; er scheint ihm nur ein Fall des Trivialerweise-Zukommens zu sein. Da Gegenstände aber durchaus verschiedenen Kategorien angehören, ist die Trivialität des Zukommens durchaus nicht so klar wie im Fall logischer Disjunktionen, die keine unterscheidende Bestimmung von Gegenständen mehr leisten. Tatsächlich gelten im Rahmen des Essentialismus Angaben der Kategorie als gute Kandidaten wesentlicher

von der Kennzeichnung – das Prädikat kommt dem Gegenstand zu, wer oder was oder wie immer der Gegenstand ist. Aber das sind natürlich nicht die Prädikate, um die es den Vertretern von De-re-Modalität zu tun ist. Darüberhinaus sind es Fälle, denen, wie Kneale zeigt, immer ein wahres De-dicto-Gegenstück entspricht.[16] Aus diesen ebenso wahren wie trivialen Fällen echter Modalität rekrutiert sich die oben angedeutete uninteressante Subspecies absoluter De-dicto-Modalität. Sie ihrerseits hat es mit Verträglichkeiten, Ausschlüssen und Implikationen zwischen Intensionen zu tun; der mißverständlich „de re" genannte Unterfall besteht darin, daß eine der Intensionen den unwiderstehlichen Charme des Nichtssagenden besitzt.

Bleiben wir bei den Fällen, die nicht trivial sind und zugleich für De-re-Fälle gehalten wurden. Was macht die Kombination für Kneale ungereimt? Kehren wir dazu noch einmal zu Kneales Beispiel der zwölf Apostel zurück.

Was genau soll die Kontrastierung der beiden Aussagen zeigen? Es geht in Kneales Worten um die "mistaken assumption that properties may be said to belong to individuals necessarily or contingently, as the case may be, without regard to the ways in which the individuals are selected for attention" (Kneale 1962, 629). Die „Weisen, in denen Individuen zum Gegenstand der Aufmerksamkeit gemacht werden" sind in den kontrastierten Sätzen (1) und (2) die Subjektterme. Sie sind die einzigen Elemente, in denen (1) und (2) sich unterscheiden. Mit der funktionalen Charakterisierung der Subjektterme als „Weisen des Herausgreifens" oder Weisen der Bezugnahme oder Weisen der Referenz ist natürlich auch ein Gegenstand ins Spiel gebracht: dasjenige, was herausgegriffen, worauf Bezug genommen wird. Für die Einordnung der beiden Kontrastfälle (1) und (2) bedeutet das: Die selbst nicht modalen Kernaussagen von (1) und (2) sind zwei singuläre Prädikationen, d. h. Aussagen, in denen etwas von einem einzelnen Gegenstand ausgesagt wird. Die beiden Kernaussagen handeln vom selben Einzelnen, und der – variierende – Subjektterm hat in jeder der beiden Kernaussagen die Funktion, den Gegenstand, von dem fortan die Rede sein soll, zum Gegenstand der Aufmerksamkeit zu machen.

Diese Kennzeichnungsfunktion ist erfüllt, wenn es gelungen ist, mittels der Bestimmung die in Rede stehende Sache herauszugreifen. Hat die Kennzeichnung ihr Ziel erreicht, ist die Aufmerksamkeit auf den Gegenstand selbst gerichtet. Die im Subjektausdruck präsente Bestimmung ist damit bestimmt als der in der Vermittlung verschwindende Hinweis. Erfüllt sie ihre Vermittlungsleistung, dann handelt das Urteil, für das die Kennzeichnung diese Rolle spielt, jedenfalls von der Sache – und nicht von der kennzeichnenden Hinsicht. Das ist der Funktionsbeschreibung "ways in which the individuals are selected for

---

oder notwendiger Bestimmungen. Es deutet sich hier schon an, daß die Abgrenzung gegenüber essentialistischen Intuitionen nicht ganz so eindeutig ausfällt wie von Kneale intendiert.

[16] "Returning now to our original problem, we find that in any context in which it is correct to make a statement of the form (x) $[Fx \supset \Box\, Gx]$ it is equally correct to make a statement of the form $\Box\, (x)$ $[Fx \supset Gx]$, since if Gx expresses a truistic property, so too must $Fx \supset Gx$." (Kneale 1962, 630)

attention" zu entnehmen. Dann aber kommt es für alles weitere darauf an, ob die Sache die von ihr prädizierte Bestimmung hat oder nicht hat. Mit anderen Worten: Indem man eine im Subjektausdruck präsente (aber eben nicht explizit prädizierte) Bestimmung als „Weise des Herausgreifens" faßt, hat man das Individuum selbst, unterschieden von den Kennzeichnungswegen, als Gegenstand und damit Maßstab der fraglichen Prädikation festgehalten. Die nahegelegte Optik ist die: Es gibt einen einzelnen Gegenstand, der mancherlei Bestimmungen an sich hat; einige davon – jene, bei denen neben der Existenzbedingung auch die Einzigkeitsklausel erfüllt ist – eignen sich dazu, die Aufmerksamkeit auf das Individuum zu lenken, um dann anderes von ihm auszusagen. Darin ist der Umstand, welche unter den dafür geeigneten Bestimmungen man zur Kennzeichnung wählt, zu einem gegen das Urteil selbst gleichgültigen erklärt worden. Dann aber, so sollte man meinen, kann von diesem Umstand die Wahrheit des Urteils auch nicht mehr abhängen.

Wie wir schon erfahren haben, soll sich das gründlich ändern, sobald das Urteil modal aufgeladen wird, sobald wir von „Die Zahl der Apostel ist teilbar" zu „Die Zahl der Apostel ist notwendigerweise teilbar" übergehen. In modalen Kontexten entwickeln die Subjektterme neben ihrer dienenden Funktion ein verblüffendes Eigenleben, und daß sie das tun, zwingt den De-re-Advokaten zur Revision seiner Ansicht; denn wer Notwendigkeit weiterhin im Verhältnis von *Gegenstand* zu Intension sucht, der ist genötigt, den Widerspruch auf sich zu nehmen, der Intension des Subjektausdrucks Relevanz und Irrelevanz in ein und derselben Hinsicht – nämlich hinsichtlich des Wahrheitswerts – zu attestieren.

Dazu müssen die beiden Modalaussagen (1) und (2) zeigen, daß der Wahrheitswert der Aussagen tatsächlich variiert mit „der Weise, in der das Individuum für die Aufmerksamkeit ausgewählt" wurde. Mit dieser Charakterisierung des Subjektterms aber sind dem De-re-Advokaten alle Mittel zugespielt, die er braucht, um den vermeinten Widerspruch zu vermeiden. Alles, was er dazu tun muß, ist: konsequent an der angebotenen gegenstandsbezogenen Optik festhalten. Wenn er das tut, stellt sich das gewünschte Resultat der Wahrheitswertvarianz nicht ein. Dann nämlich ist das Beispiel so zu lesen: (1) und (2) sagen – nicht anders als ihre unproblematischen Kernaussagen – dasselbe vom selben Gegenstand. Worin sie variieren, ist auch nach der modalen Aufladung jeweils die Weise des Herausgreifens, und diese ändert nichts an der Selbigkeit des Herausgegriffenen. Wir haben also auch in den beiden Modalaussagen *einen* Gegenstand, der auf zwei verschiedene Weisen gekennzeichnet ist und von dem dasselbe ausgesagt wird. Nur ist das Prädikat jetzt nicht mehr das einfache „teilbar sein", sondern – mit Plantinga gedacht – das komplexe Prädikat „notwendigerweise-teilbar-sein". Unter diesen Voraussetzungen *kann* sich der Wahrheitswert zwischen (1) und (2) nicht ändern: Wenn das komplexe Prädikat im einen Fall zutrifft, dann auch im anderen. Und unter diesen Voraussetzungen *muß* sich der Wahrheitswert auch gar nicht ändern: „Die Anzahl der Apostel ist notwendigerweise teilbar" ist dann so gelesen, daß es von der Zahl, die im übrigen auch noch die Anzahl der Apostel ist, aussagt, notwendigerweise teilbar zu sein. Diese Zahl ist nach Voraussetzung die 12. Und damit ist (2) in der konsequent durchgeführten gegenstandsbezogenen Lesart *wahr*, nicht anders als (1) und genau dann, wenn (1) wahr ist. Die Ununterscheidbarkeit Identischer bleibt gewahrt.

Damit sind wir bei dem Befund gelandet, den schon mehrere Kritiker gegen diesen Beweisversuch lanciert haben: „Die Zahl der Apostel ist notwendig teilbar" ist *nicht* falsch, wenn sie de re gelesen wird. De re gelesen, haben (1) und (2) denselben Wahrheitswert. Dann gibt es keine Varianz des Wahrheitswerts, die man mobilisieren könnte, um De-re-Annahmen ad absurdum zu führen.[17]

3.1.3 Ist die Kennzeichnungsabhängigkeit Kriterium der De-dicto-Modalität?

Auf Basis dieser Gegenkritik werden Beispiele wie das gegebene gern so eingeschätzt: Weit entfernt, die Unmöglichkeit von De-re-Modalität zu belegen, zeigt das Beispiel gerade, wie wichtig die Differenzierung beider Typen von Modalität ist. Sätze wie Kneales (1) und (2) sind nämlich doppeldeutig. Sie lassen eine De-dicto-Lesart zu und eine de re. In der De-re-Lesart zeigt sich kein Unterschied im Wahrheitswert – dann sind die Vergleichssätze entweder zusammen wahr oder zusammen falsch. In der De-dicto-Lesart hingegen zeigt sich ein solcher Unterschied oder kann sich zeigen. Dieser Befund bildet dann die Grundlage dafür, die beschriebene Wahrheitswertvarianz zum unterscheidenden Kennzeichen von De-dicto-Aussagen zu erheben.

Wie verhält es sich nun mit dem *zweiten* Teil dieser Ansicht? Was ist jene De-dicto-Lesart, in der (1) wahr, (2) hingegen falsch ist? Und liegt darin tatsächlich ein Fall vor, in der die Wahrheit von Modalaussagen abhängt von den Weisen der Kennzeichnung eines Objekts? Sollen wir also sagen: Wenn die De-re-Lesart einmal als solche identifiziert und außer Betracht gesetzt ist, dann bewähren die zurückbleibenden eindeutigen Aussagen die These, daß der Umstand, ob einem Individuum eine Eigenschaft notwendigerweise zukommt, abhängt von der Weise, in der dieses Individuum herausgegriffen wurde?

Das klingt merkwürdig, und wenigstens ein Umstand sollte uns dabei vorsichtig stimmen: Diese These weicht ab von dem (schon zitierten) *allgemeinen* Resultat, das Kneale am Ende festhält und das lautet: Notwendigkeit als genuiner Gegenstand der Modallogik hat es immer mit Intensionen zu tun und *nicht*

[17] So lautet etwa Plantingas (in zwei Versionen erreichtes) Ergebnis: Um die De-re-Aussage „Die Zahl der Apostel ist notwendig teilbar" als falsch verbuchen zu können, muß Kneale sie zuvor als De-dicto-Aussage gelesen haben. Eine Weise, das zu tun, läuft über die allgemeine Gleichsetzung von Aussagen, die einem Gegenstand eine Eigenschaft notwendig zuschreiben, mit Aussagen, die Aussagen bescheinigen, notwendig wahr zu sein. Dem Essentialisten aber diese Gleichsetzung zu unterstellen, bedeute, dessen Programm – das de re von de dicto gerade unterschieden wissen will – nicht zu widerlegen, sondern zu ignorieren. Vgl. dazu Plantinga 1974, 18-23.

mit dem Verhältnis von Gegenständen zu Intensionen. Die Standardform entsprechender Aussagen lautet: „$\Box$ $(\forall x)$ [$Fx \rightarrow Gx$]".[18] Das Votum für Kennzeichnungsabhängigkeit hingegen scheint Notwendigkeit doch wieder auf das Verhältnis eines Gegenstands zu einer Intension zu beziehen, nur eben erweitert um die Modifikation, daß solche Verhältnisse auf ein Drittes bezogen seien, nämlich eine zweite Intension.

Betrachten wir, um der Sache auf den Grund zu kommen, das Bauprinzip von Beispielen wie Kneales Apostel- und Quines Planeten-Fall. Dieser Bauplan ist so beschaffen: Man nehme einen einzelnen Gegenstand *a* und drei allgemeine Bestimmungen, *F*, *G*, *H*. Alle drei treffen auf *a* zu. Außerdem soll gelten: Bestimmung *F* impliziert strikt Bestimmung *H*, während *G* sich gleichgültig zu *H* verhält. Darüber hinaus seien *F* und *G* geeignete Weisen, *a* herauszugreifen – d. h. es handelt sich um Bestimmungen, die einzeln nur auf *a* zutreffen, also neben der Existenzklausel auch die Einzigkeitsklausel erfüllen.

Die beiden hypothetischen Schlüsse

(I)	(II)
Wenn *F*, dann *H*.	Wenn G, dann *H*.
a ist ein *F*.	*a* ist ein *G*.
Also ist *a* ein *H*.	Also ist *a* ein *H*.

unterscheiden sich dann im Wahrheitswert der ersten Prämisse.[19] Daß die eine wahr, die andere falsch ist, hat zur Konsequenz, daß *H* von *a* vermittels *F* erschlossen werden kann, nicht aber vermittels *G*.

Nun ist diese Konstellation offenbar unabhängig davon, daß *F* und *G* auch noch geeignete Weisen sind, *a* eindeutig herauszugreifen. Worauf es ankommt, ist nur dieses: *F* und *H* sind jeweils als Mittelbegriff des hypothetischen Schlusses eingesetzt. Dazu müssen sie zwei Rollen spielen: erstens die Antezedensbedingung der Implikation konstituieren und zweitens von *a* gelten. Nach Voraussetzung erfüllt *F* beide Rollenanforderungen, *G* nur die zweite. Für die Beweiskraft der beiden Schlüsse und damit für die Güte der Konklusion *als* Konklusion ist das Bestehen dieser Sachverhalte entscheidend: a) des Implikationsverhältnisses und b) des Zutreffens des Antezedens der Implikation auf den Gegenstand. Und beide Sachverhalte bestehen (oder bestehen nicht) unabhängig von der Frage, ob *F* und *G* auch noch gute, weil eindeutige Kennzeichnungen

[18] Der oben diskutierte Fall trivialer Prädikate macht davon keine Ausnahme. Auch in diesem Fall liegt der einzig entscheidende Grund für notwendige Wahrheit auf seiten der Intension, nur eben in einer allein.

[19] Die ausführliche Form der ersten Prämissen wäre „$\Box$ $(\forall x)$ [$Fx \rightarrow Hx$]" bzw. „$\Box(\forall x)$ [$Gx \rightarrow Hx$]". Die beiden hypothetischen Urteile sind nicht im schwachen Sinn der materialen Implikation zu lesen. Hätten wir an dieser Stelle nur eine materiale Implikation, verlöre der Schluß seine Pointe. Denn dann müßte angesichts der zweiten Prämisse unabhängig vom Schluß die Wahrheit der Konklusion erhoben werden müssen, um die erste Prämisse behaupten zu können. – Wenn im folgenden von Implikation gesprochen wird, ist, wenn nicht anders angegeben, nie die schwache, materiale Implikation gemeint.

von *a* sind. Die Frage, welche Kennzeichnung benutzt wird, um am Ende *H* von *a* zu behaupten, hat mit dem Ganzen der beiden expliziten Schlüsse erst einmal nur diesen Zusammenhang: In Schluß (1) wird am Ende nicht gerade „Das *F*" der Subjektausdruck der Konklusion sein, und in Schluß (2) wird es nicht „Das *G*" sein, und zwar beides deshalb nicht, weil *F* in Schluß (1) und *G* in Schluß (2) bereits die Rolle des Mittelbegriffs innehaben und Mittelbegriffe in der Konklusion verschwinden.

Lassen wir nun die expliziten Schlüsse in den Hintergrund treten und betrachten vor diesem Hintergrund die Aussagen:
a ist notwendigerweise ein *H*.
Das *F* ist notwendigerweise ein *H*.
Das *G* ist notwendigerweise ein *H*.

Im Rahmen der gesetzten Konstellation gibt es dann eine leicht erreichbare, naheliegende Lesart, in der alle drei wahr sind und alle drei von derselben Kombination von Sachverhalten – der in unserer Konstellation vorausgesetzten Implikation zwischen *F* und *H* und des Zutreffens von *F* auf den vorausgesetzten Gegenstand – wahr gemacht werden: Das ist die Lesart, die „notwendigerweise" als Ausdruck der Notwendigkeit einer Folgerung, der *necessitas consequentiae*, enthält. „Notwendig(erweise)" besagt dann: Daß *H* von dem Gegenstand gilt, der wahlweise mit den Designatoren „*a*", „das *F*", „das *G*" angesprochen werden kann, läßt sich beweisen.

Natürlich sind wir mit dieser Lesart nicht bei dem gesuchten Gebrauch von „notwendigerweise" angelangt, jenem Gebrauch, der einer Aussage den Status der notwendigen Wahrheit zuweist. Folgendes aber können wir festhalten: Mit der „Konsequenz"-Lesart zeichnet sich eine Lesart für die relevanten Kontrastpaare – etwa (1) und (2) in Kneales Beispiel – ab, die nicht-essentialistisch ist und zugleich keine Wahrheitswertvarianz aufweist.

Das heißt: „Das *G* ist notwendigerweise ein *H*" kann wahr sein, obwohl dieses *G* nicht *qua G* ein *H* ist. In unserer Konstellation *ist* diese Aussage wahr. Sie ist wahr, weil Schluß (I) ein gültiger Schluß aus wahren Prämissen ist. Davon unberührt bleibt, daß in Schluß (II) *G* ausdrücklich eine Vermittlerrolle zugesprochen ist, die es nicht erfüllt. Aber diese Vermittlerrolle ist ihm nicht schon dadurch zugesprochen, daß *G* in einer Aussage zur Kennzeichnung von *a* verwendet wird, die *a* zuspricht, notwendigerweise ein *H* zu sein. Sieht man von den jeweiligen Prämissen ab und nimmt isoliert den Satz „Das *G* ist notwendigerweise ein *H*", dann läßt sich einfach nicht mehr erkennen, woraus „Das *G* ist ein *H*" erschlossen worden sein, welche Bestimmung als Mittelbegriff fungieren soll.

Was wird nun aus der Wahrheitswertvarianz (nicht-essentialistischer) Modalaussagen?

Innerhalb der betrachteten Konstellation gibt es zwei Paare von Aussagen, die sich tatsächlich im Wahrheitswert voneinander unterscheiden: zum einen die beiden Implikationsaussagen, die ersten Prämissen von Schluß (1) und Schluß (2); zum anderen und im Gefolge davon die beiden Aussagen: „*a* ist aufgrund von *F H*" und „*a* ist aufgrund von *G H*". Aber keines dieser beiden Paare erbringt das gesuchte Resultat einer Wahrheitswertvarianz in Abhängigkeit von der Kennzeichnung von *a*.

Für das erste Paar verliert die Abweichung im Wahrheitswert ihren provokanten Reiz, weil die beiden nicht mehr die Form haben, dasselbe vom selben zu sagen. Daß Aussagen, die dasselbe Prädikat auf Verschiedenes beziehen, im Wahrheitswert variieren, würde keinen Hund hinter dem Ofen hervorlocken. Im Unterschied dazu sind Kneales wie Quines Beispiele darauf ausgerichtet, Wahrheitswertunterschiede an einer Stelle zu zeigen, wo man sie – kraft Substitutionsprinzip – nicht erwarten würde. Und dazu brauchen sie den Bezug auf *denselben* Gegenstand. Genau der ist aber in den reinen Implikationsaussagen verschwunden. Es geht in ihnen nicht mehr um die Kennzeichnungsrolle, für die *F* und *G* auch noch eingesetzt werden können, nicht um *F* und *G* in dieser Funktion, sondern einfach um *F* und *G* selbst.

Das zweite Paar („*a* ist wegen *F*/*G H*") bringt die Orientierung auf den einen individuellen Gegenstand im Unterschied zum ersten Paar ins Spiel – aber diesmal nicht in der gesuchten Weise. Denn auch in ihnen ist die Art und Weise der Kennzeichnung von *a* nicht der Grund der Wahrheitswertvarianz, sondern die – davon unterschiedene – Weil- oder Wegen- Klausel.

Bleiben die Konklusionen unserer beiden Schlüsse. Nehmen wir sie als einzelne Urteile, läßt sich in ihnen leicht die Varianz der Kennzeichnungen erzeugen: „Das *F* ist notwendigerweise ein *H*" versus „Das *G* ist notwendigerweise ein *H*". Aber gerade im Rahmen der gesetzten Konstellation führt diese Kennzeichnungsvariation nicht zu Abweichungen im Wahrheitswert – und zwar auch dann nicht, wenn wir die Aussagen nicht unter essentialistischen Vorzeichen lesen.

Wie verhält sich dieses Zwischenergebnis zu der Abhängigkeitsthese, die Kneale und Quine vertreten? Meines Erachtens enthält diese Abhängigkeitsthese eine Teilthese, die mit dem hier vorgestellten Resultat vollkommen verträglich ist. Diese Teilthese besagt, daß für die Frage, ob eine Bestimmung einem Objekt notwendigerweise zukommt, Wechselverhältnisse zwischen dieser Bestimmung und anderen relevant werden, Verhältnisse der Implikation, des Ausschlusses, der Verträglichkeit. (Quine führt den Punkt auch ohne Rekurs auf Singulärterme, nämlich anhand der Existenzgeneralisierung aus. Der Kern bleibt dabei derselbe: Es gibt verschiedene allgemeine Bestimmungen, die auf dasselbe bestimmte Objekt und zwar genau auf dieses Objekt zutreffen, und dabei unterhält jede dieser Bestimmungen ihre je eigenen strikten Implikationsverhältnisse.) Bis dahin ist das, wovon es abhängt, notwendig die eine oder andere Eigenschaft zu haben, erst einmal unbestimmt als *andere* Eigenschaft, als *andere* allgemeine Bestimmung gefaßt.

Das Element, das die Teilthese zur ganzen Abhängigkeitsthese komplettiert, ist die Zusatzannahme, daß jene andere allgemeine Bestimmung diejenige sein muß, die gerade zur Kennzeichnung des einzelnen Gegenstandes eingesetzt wurde. Der springende Punkt scheint mir nun zu sein, daß diese beiden

Elemente der Abhängigkeitsthese keine sachliche Verbindung miteinander haben. Die zuerst angezeigte Relativität besteht (oder besteht nicht) unabhängig davon, ob diejenige allgemeine Bestimmung, von der die andere impliziert wird, auch noch in der Modalaussage zur Bezugnahme auf das Objekt, das beide erfüllt, verwendet wird oder nicht. Bis dahin wird eine Aussage wie „*a* ist notwendigerweise ein *H*" verstanden als unbestimmtere Abkürzung des Schlusses: „Was *F* ist, ist auch *H*; *a* ist *F*; also ist *a H*." Damit hängt die Wahrheit der verkürzenden Aussage aber auch nur davon ab, ob sie aus wahren Prämissen ableitbar ist – und nicht davon, ob die dazu relevante Bestimmung (der Mittelbegriff) in dieser Aussage explizit wird. Das heißt: „Die Anzahl der Apostel ist notwendigerweise teilbar" ist wahr – und zwar schon dann, wenn es unter den Bestimmungen des Gegenstands, der mit „die Anzahl der Apostel" als einziger herausgegriffen ist, eine gibt, die Teilbarkeit strikt impliziert. Und das Beispiel ist so zurechtgemacht, daß das anzunehmen ist.

An diesem Punkt müssen wir zu Kneales Ausführungen zurückkehren. Zu dem Resultat, daß Kneales Beispiel-Aussage (2) – „Die Anzahl der Apostel ist notwendigerweise teilbar" – ebenfalls als wahre Aussage verstanden werden kann, kommt nämlich auch er. Das geht aus der schon erwähnten Bedingungsklausel hervor, die bei ihm das Urteil, (2) sei falsch, begleitet:

"/.../ it is certainly not correct to say that the number of the apostles is necessarily composite, *unless the remark is to be understood as an elliptical statement of relative necessity*" (Kneale 1962, 629; Hervorh. F.S.).

Bis dahin stimme ich mit ihm in zwei Hinsichten überein: *Erstens*: Es gibt eine Lesart, die von der De-re-Lesart unterschieden ist und die (2), nicht anders als (1), unter den Konstruktionsvoraussetzungen zu einer wahren Aussage werden läßt. *Zweitens*: Daß die Notwendigkeitsklausel in diesem Sinn zu Recht gebraucht werden kann, heißt noch nicht, daß die Aussage, auf die sie angewandt wird, eine notwendig wahre Aussage sei. In einem aber würde ich ihm nicht folgen: in der These, daß Notwendigkeitsaussagen, die im Sinn der Konsequenz-Lesart wahr sind, schon dadurch zu wahren Aussagen absoluter Notwendigkeit werden, daß in der Kernaussage der relevante Mittelbegriff auch noch zur Kennzeichnung des Gegenstands eingesetzt wird. Die Gegenthese, die im folgenden begründet werden soll, lautet: Solange singuläre Urteile (bei identisch angenommenem Gegenstand) nur hinsichtlich des Parameters variieren, ob der zur Kennzeichnung verwendete Begriff das beigelegte Prädikat einschließt, liegt kein *zureichendes* Kriterium für notwendige Wahrheit des singulären Urteils vor. Damit ist nicht bestritten, daß diese Konstellation, d. h. der Fall, in dem ein singuläres Urteil Anwendungsfall einer strikten Implikation zwischen Subjekt- und Prädikatbegriff ist, als Konstellation eigener Art hervorgehoben und betrachtet werden kann. Bestreiten möchte ich nur, daß diese Konstellation etwas anderes als einen besonderen Fall jener *relativen* oder Konsequenz-Notwendigkeit darstellt, der Kneale sie offenbar als eigenständigen Typ, nämlich eben: als *absolute* Notwendigkeit gegenüberstellen will. Ich wende mich also gegen die Ansicht: Wenn ein Paar von Bestimmungen gegeben ist, die beide für sich genau auf dasselbe Objekt zutreffen und von denen die eine eine dritte Bestimmung strikt impliziert, die andere nicht – dann ist eine Aussage mit der ersten Bestimmung an Subjektstelle ein Fall von absoluter Notwendigkeit oder analytischer Wahrheit, die andere nicht. Natürlich kann jemand „notwendig wahr" per definitionem genau so setzen. Wenn er damit aber nicht einfach etwas dekretieren, sondern etwas explizieren möchte, dann hat er, wie ich zeigen möchte, ein Problem. Denn in einer Hinsicht hat er absolute Notwendigkeit zu einer Sache des Zufalls gemacht, nämlich zu einer Kombination von Sachverhalten, die nicht alle notwendig sind und die gegeneinander zufällig bleiben.

Zur Vorbereitung der Begründung dieser These will ich nun zunächst klären, was Kneale unter „elliptischen Behauptungen relativer Notwendigkeit" versteht, wie er diese Art des Gebrauchs von „notwendigerweise" von dessen Gebrauch als echtem Modalprädikat (d. h. als Anzeige absoluter Notwendigkeit) unterscheidet und wie schließlich eine in diesem Sinn eindeutige Version von (2) – „Die Anzahl der Apostel ist notwendigerweise teilbar" – aussehen könnte.

Die Formulierung "unless the remark is to be understood as an elliptical statement of relative necessity" weist zurück auf Überlegungen, die den systematischen Teil seines Aufsatzes eröffnen. Kneale beginnt dort mit der Feststellung, daß Modalwörter in nichtformalisierter Rede tatsächlich nicht immer dazu gebraucht werden, einem Diktum eine modale Eigenschaft zuzuschreiben. Dieser zweite informelle Gebrauch von Modalwörtern hat nach Kneale manche Logiker hinters Licht geführt, nämlich dazu gebracht, Modalität de re als eigenen Typ absoluter Modalität zu insinuieren. Für diesen elliptischen Gebrauch gibt Kneale folgende Beispiele:

"It is possible that every U.S. senator is over forty years of age."
"Every Scotsman must have heard of Burns."

Als Illustrationen analoger Fälle bei singulärer Prädikation werden beigesteuert:

"My wife must have missed her train."
"Caesar inevitably made enemies."
"It is necessary that the earth should travel round the sun in a closed orbit."

An all diesen Aussagen haben wir "elliptical statements of relative modality" (Kneale 1962, 626).

Es gibt große Unterschiede zwischen den Beispielen, die in Kneales Erläuterungen auch deutlich werden: Daß meine Frau den Zug verpaßt hat, ist als aus anderen Fakten *erschließbar* angezeigt, nicht als ein Faktum, das aus anderen Fakten *erklärt*, von diesen notwendig hervorgebracht würde. Daß die Erde um die Sonne kreisen muß, verweist hingegen auf Gründe, die es für den Sachverhalt selbst gibt, auf Erklärungsgründe. Mit Aristoteles gesprochen: Im einen Fall liegt die Konklusion eines „Syllogismus des Daß" vor, im anderen die Konklusion eines „Syllogismus des Warum". Aber über diese Unterschiede hinweg sind alle diese mit Notwendigkeits- und Möglichkeitsklauseln versehenen Aussagen von Kneale fixiert als solche, in denen der Gebrauch des Wortes „notwendig" oder des Wortes „möglich" abhängt von der Annahme von Beweisgründen, die nicht explizit gegeben werden.[20] Folgt man den Beispielen und Kneales Hinweisen zu ihnen, dann scheint es ihm auf folgende Gemeinsamkeit anzukommen: In solchen Fällen werden die vermeintlichen Modalklauseln dazu gebraucht, um anzuzeigen, daß man eine Aussage auf Informationen rückbezogen weiß, die die Aussage selbst nicht gibt. Im Fall von Möglichkeitsausdrücken gibt man zu verstehen, daß man nicht über Informationen verfügt, die das Bestehen des Sachverhalts ausschlössen, im Fall von Ausdrücken der Notwendigkeit, daß es Sachverhalte gibt (die man auch angeben kann)[21], aus denen das Bestehen des einfachen Sachverhalts folgt.

Modalwörter in diesem Gebrauch werden von Kneale strikt von der Zuschreibung modaler Qualitäten an einzelne Aussagen unterschieden. Die Weise, wie er den relativen Gebrauch aus dem Gegenstandsbereich einer Theorie absoluter Modalität ausbürgert, läßt dann auch Rückschlüsse darauf zu, was umgekehrt absolute Modalität besagt. Sehen wir dazu zunächst, wie Kneale die genannten Beispiele aus dem Feld der Modallogik ausschließt: "My examples are in fact elliptical statements of relative modality, and just for that reason unsuitable as illustrations for a formal theory of absolute modality in which modal statements are assumed to be fully explicit." (Kneale 1962, 626)[22] Ich entnehme diesem Verweis auf Explizitheit, daß das absolut gebrauchte Prädikat „notwendig“ genau dann einer Aussage zu Recht zugesprochen wird, wenn die Wahrheit dieser Aussage nicht mehr von außer ihr gelegenen „Informationen“ oder „Evidenzen“ abhängt.

Mit der Klärung des Begriffs relativer Notwendigkeit zeichnet sich auch ab, wie Kneales Beispielsatz (2) verstanden werden muß, um als wahre elliptische Aussage relativer Notwendigkeit in Kneales Sinn zu gelten. „Notwendig“ wäre zu verstehen als Indikator einer Schlußbeziehung von „Die Zahl der Apostel ist teilbar“ zu einer jenseits dieser Aussage gelegenen Prämissenmenge. Der Modalausdruck spielt dann in Bezug auf die einfache Aussage eine vergleichbare Rolle wie „∴“ oder „ergo“ oder „also“; er weist der einfachen Aussage den Status einer Konklusion aus wahren Prämissen zu. Univok ausgedrückt, hieße diese wahre Aussage etwa:

„Es gibt Informationen, aus denen hervorgeht, daß die Zahl der Apostel teilbar ist“ – oder –

„‚Die Zahl der Apostel ist teilbar‘ ist aus von ihr unterschiedenen Prämissen beweisbar“, (möglicherweise ergänzt durch die Selbstzuschreibung des Wissens um die fraglichen Prämissen durch den Sprecher). Ein passender Schluß bietet

---

[20] Siehe Kneale 1962, 628.

[21] Die Klammer setze ich hinzu, um die epistemische Ausrichtung von Kneales Erläuterungen wiederzugeben. Was die Modalklauseln in solchen Fällen andeuten, ohne es zu explizieren, ist in seinen Worten "a piece of information" oder "some evidence".

[22] Bezogen auf elliptische Singuläraussagen wiederholt er das: "/.../ it is true that any attempt to elucidate one of these examples by expressing it in more explicit fashion with the help of the terminology of modal logic must open with some phrase such as 'There is a piece of information which ...' And it is clear that a statement whose analysis begins in that way cannot be an ascription of absolute necessity to a singular *dictum*." (Kneale 1962, 628)

sich ja auch vom Text her an: das von Modalität befreite Pendant zu Quines Planeten-Schluß, also: 12 ist teilbar; die Zahl der Apostel ist 12; die Zahl der Apostel ist teilbar.

(2) als elliptische Behauptung relativer Notwendigkeit zu verstehen, scheint sich bis dahin konform zu der oben entwickelten Konsequenz-Lesart zu verhalten. Wer in dieser Version „notwendigerweise *p*" behauptet, behauptet erstens *p* und zweitens das Vorliegen beweiskräftiger Gründe für die Annahme von *p* – das ist die relevante Gemeinsamkeit.

(Es wäre allerdings gesondert zu erwägen, ob Kneales Charakterisierung der dritten Lesart allgemeiner gefaßt ist als meine. Das wäre dann der Fall, wenn unter Kneales Evidenzen oder Informationen auch solche zugelassen sind, die nicht Propositionen oder nicht von propositionaler Struktur sind; auf diese Kandidaten ist ja die *necessitas consequentiae* geeicht. Aber die Entscheidung dieser Frage kann in unserem Kontext außer Betracht bleiben; denn der Charakter, auf den es ankommt, bleibt davon, ob Evidenzen *nur* propositionale Gründe sein können *oder auch* anderer Art, unberührt. Entscheidend bleibt: „Notwendigerweise" kann auf Informationen zurückverweisen, die *außerhalb* der Aussage, die sie begründen, gelegen sind. Und verstanden als diese unbestimmte Anzeige der – sei es, wie in unserem besonderen Fall: *Ableitbarkeit* oder, allgemeiner genommen – der *Aufweisbarkeit* des behaupteten einfachen Sachverhalts, kann „notwendigerweise" unproblematisch zu Recht auf Aussagen wie „Die Zahl der Apostel ist teilbar" angewendet werden.)

Im weiteren Verlauf wird sich diese Grenzziehung zwischen *absoluter* und *relativer* Notwendigkeit als revisionsbedürftig erweisen; es wird nicht dabei bleiben, daß das absolut Notwendige immer auch das nicht Beweispflichtige sein muß. Prüfen wir gleichwohl im Rahmen dieser Unterscheidung zwischen relativer und absoluter Notwendigkeit, ob gewisse Kennzeichnungswechsel allein hinreichen, eine Aussage, die im Konsequenz- oder elliptischen Sinn verstanden wahr, aber im Sinn absoluter De-dicto-Modalität hingegen falsch ist, in eine Aussage zu überführen, die im Sinn absoluter (und dabei nicht de re verstandener) Modalität wahr ist.

Im Rahmen des oben gegebenen allgemeinen Schemas ist das die Frage: Wird aus „Das *G* ist notwendigerweise ein *H*" – die wahr im Sinn der Konsequenz-Lesart ist, aber nicht in absolutem Sinn – bei Ersetzung von „*G*" durch „*F*" eine Aussage, die wahr im Sinn absoluter Modalität ist? Anders gefragt: Gewinnt durch die vorausgesetzte Konstellation die Aussage „Das *F* ist ein *H*" eine modale Qualität hinzu, die „Das *G* ist ein *H*" nicht besitzt, die ihm dann durch das Modalprädikat „notwendig" zu Recht zugeschrieben wird? Ich denke, daß das nicht der Fall ist. Wenn sich zeigen läßt, daß es nicht der Fall ist, scheitert die allgemeine These von der Kennzeichnungsabhängigkeit modaler Aussagen. Eine unmittelbare Folge dieses Scheiterns ist dann, daß sich Kennzeichnungsabhängigkeit auch nicht sinnvoll als Kriterium von De-dicto-Modalität einsetzen läßt.

Für dieses merkwürdige Resultat sprechen m. E. zwei Argumente. Die beiden Argumente beziehen sich jeweils auf eine der beiden Prämissen unseres Ausgangsschlusses (I) – Wenn *F*, dann *H*; *a* ist ein *F*; also: *a* ist ein *H* – zurück.

Zu betrachten ist – unter Voraussetzung der oben angegebenen Konstellation – die Aussage (1) „Das *F* ist notwendigerweise ein *H*", jetzt präziser verstanden im Sinn der Zuschreibung notwendiger Wahrheit an die Kernaussage (1') „Das *F* ist ein *H*". (1) scheint nun – im Rahmen der an Kneale angelehnten Scheidung zwischen relativem und absolutem Gebrauch von Modalwörtern – genau dann wahr zu sein, wenn (1'), sozusagen, durch sich selbst wahr ist, d. h. seine Geltung nicht von außerhalb gelegenen Prämissen abhängt. Das hier relevante Konzept notwendiger Aussagenwahrheit läßt sich überhaupt darin zusammenfassen, daß eine Aussage dann als notwendig wahr gilt, wenn sie isoliert das leistet, was für gewöhnliche Aussagen erst ein Schluß erbringt. Die beiden Prämissen, die (1') erübrigen, in sich aufheben muß, sind zum einen das Setzen der Implikation (erste Prämisse), zum anderen das Setzen der Subsumtion (zweite Prämisse).

Mein erstes Beweisziel lautet entsprechend: In der vorausgesetzten Konstellation bleibt auch in (1) „Das *F* ist notwendigerweise ein *H*" die Notwendigkeitsklausel Anzeige einer in der Aussage selbst nicht expliziten ersten Prämisse von Schluß (I), der Implikation: „Wenn *F*, dann *H*". Das klingt zunächst merkwürdig, denn nun sind ja die beiden Pole der Implikation, *F* und *H*, auch in der singulären Aussage (1') präsent. Es ist also zu zeigen, daß diese Präsenz nicht die selbständige Prämisse „Wenn *F*, dann *H*" erübrigt. Das läßt sich indirekt zeigen:

Nehmen wir hypothetisch an: Mit (1') sei die allgemeine Implikation als selbständige Prämisse überflüssig geworden. Nun ist (1') eine singuläre Prädikation. Einem einzelnen Gegenstand – dem *F* (nach Voraussetzung gibt es ja genau einen Gegenstand, der *F* erfüllt) – wird eine Eigenschaft – *H* zu sein – zugeschrieben. Die Identität der Kernaussage kann sich nicht dadurch verändern, daß dieser Aussage ein Attribut – notwendig wahr zu sein – beigelegt wird. Es ist ja *diese* Aussage, die eine bestimmte – hier eben: modale – Eigenschaft besitzen soll. Zur Identität der Kernaussage aber gehört gewiß ihr allgemeiner Typ: eine singuläre Prädikation zu sein. Die Kernaussage unserer ersten Prämisse, die Implikationsaussage „Wenn *F*, dann *H*", ist hingegen keine singuläre Prädikation. Sie kann mit der singulären Prädikation (1') also nicht einfach zusammenfallen. Wenn also (1') die erste Prämisse überflüssig machen soll, dann nicht deswegen, weil sie beide identisch wären. So bleibt nur anzunehmen, daß (1') die Implikation enthält – und noch etwas mehr, daß sie also reicher ist als die Implikation. Der Überschuß an Information muß damit zu tun haben, daß sie eine singuläre Aussage ist. (1') also behauptet den Zusammenhang nicht nur im allgemeinen, sondern appliziert ihn auf ein bestimmtes Einzelnes; anders gesagt, diese Aussage ist reicher um den Schritt von „*F*" zu „das *F*". Nun ist das *F*, dieser einzelne Gegenstand, nach allem, was wir wissen bzw. vorausgesetzt haben, nicht nur das *F*, sondern umgekehrt *F*-Sein eine unter vielen Bestimmungen dieses Gegenstandes. Darin ist der Gegenstand selbst von der allgemeinen Bestimmung *F* unterschieden. Dann sorgt aber genau dieser Überschuß der singulären Kernaussage dafür, daß der eindeutige Bezug der Notwendigkeitsklausel auf *F*, diese Bestimmung des Gegenstands im Unterschied zu sonstigen, die er an sich hat, verloren geht. Was an dem/diesem einzelnen *F H* nach sich zieht, ist nicht dadurch vorentschieden, daß *F*-Sein zur Kennzeichnung verwendet wird. So kommt es zu dem paradoxen Resultat: Wenn (1') die erste Prämisse selbst enthält, dann enthält sie sie auf eine Weise, die ihr Enthaltensein verdunkelt; und in dieser Weise enthält sie sie auch nicht.

Nun könnte man einwenden: Es gehörte doch zu den Rahmenbedingungen, daß *F H* strikt impliziert; und das kann sich ja wohl nicht dadurch ändern, daß *F* nun zur Kennzeichnung eines singulären Objekts eingesetzt wurde. Das ist so richtig wie es gegen das Resultat nichts ausrichtet. Denn nun müßte diese angenommene Rahmenbedingung umgekehrt durch die Aussage (1') unmittelbar erreichbar sein. Das aber ist nicht der Fall. Die allgemeine Form der Aussage – der Gegenstand, der als einziger einen bestimmten Begriff erfüllt, erfüllt auch einen zweiten – ist offen für Bestehen wie Nicht-Bestehen einer Implikationsbeziehung zwischen erstem und zweitem Begriff. Wenn die Implikationsbeziehung besteht, dann ist sie an den Begriffen zu zeigen. Dieser Aufweis ist nicht durch Koinstantiierung obsolet geworden. Es bleibt unverändert bei dem Verhältnis der Übertragung oder Anwendung eines allgemeinen Zusammenhangs auf den Einzelfall, und in diesem Verhältnis behält die Erhebung und Fixierung des allgemeinen Zusammenhangs den Status des Grundes und die zugeordnete singuläre Aussage den Status des Begründeten.

Wenn die Überlegungen für den Kernsatz (1') triftig sind, gilt auch: Es gibt keinen Königsweg, keinen direkten Rückschluß von „Notwendig: Das *F* ist ein *H*" zu: „*F* impliziert *H*". Daß das *F* ein *H* ist, ist durchaus verträglich mit einem gleichgültigen Nebeneinander von *F* und *H*, dem Nicht-Bestehen einer Implikation. Der Rückweg bleibt auch dann abgeschnitten, wenn die Notwendigkeitsklausel vor die Kernaussage tritt. Die Klausel schreibt der Aussage eine Eigenschaft zu – zu Recht oder zu Unrecht. Soll sie die Modaleigenschaft zu Recht zuschreiben, muß die Kernaussage selbst die fragliche Eigenschaft schon besitzen; sie kann sie durch die Zuschreibung nicht erst gewinnen. Nach dem Abgrenzungskriterium zum elliptischen oder Konsequenz-Gebrauch von „notwendigerweise" besitzt die Kernaussage die Eigenschaft, wenn sie die Voraussetzungen, die für „Das *G* ist ein *H*" selbständige Voraussetzungen sind, erübrigt – wenn sie in eins Resultat des Schlusses und der ganze Schluß selbst ist. Aber die Kernaussage von (1) erübrigt nicht die selbständige Prämisse „Wenn *F*, dann *H*". Mithin behält auch die Notwendigkeit, die „notwendigerweise" der Kernaussage attestiert, einfach den Charakter der relativen Notwendigkeit und „notwendigerweise" selbst den Charakter des Verweises über die Aussage selbst hinaus.[23]

[23] Für die Selbständigkeit der ersten Prämisse läßt sich auch durch ein Argument ad hominem plädieren. Daß die Implikation gegenüber (1) als selbständige Voraussetzung erhalten bleibt, muß auch annehmen, wer die Abhängigkeitsthese vertritt. Der Vertreter dieser These möchte

Wenden wir uns nun der *zweiten* Prämisse zu:
Die zweite Prämisse von Schluß (I) war „*a* ist ein *F*" – die Subsumtionsklausel. Was ändert sich, wenn der Schlußsatz lautet: „Das *F* ist ein *H*"? Wenn wir die Kennzeichnungsänderung beibehalten wollen *und* den Schluß, dann erhalten wir:

Wenn *F*, dann *H*.
Das *F* ist ein *F*.
Also: Das *F* ist ein *H*.

Für die zweite Prämisse ändert sich nun tatsächlich etwas: Sie wird überflüssig. In „Das *F* ist ein *F*" stellt das Prädikat nur die ärmere Wiederholung des Subjektterms dar. Es liegt nicht mehr, wie in der Ausgangsprämisse, die Subsumtion eines unabhängig identifizierten Individuums unter den Mittelbegriff vor, sondern eine Tautologie, eine Subsumtion nur noch der Form nach – durch den Schritt vom bestimmten Fall des Allgemeinen zur Zuschreibung des um die Einzigkeitsklausel verarmten Allgemeinen an den zuvor als solchen fixierten Fall. Für den ganzen Schluß ergibt die Änderung: *F* fungiert zugleich als Mittelbegriff und als einer der Außenterme. Prämisse zwei wird also überflüssig, indem sie als ganze nicht mehr leistet als der Außenterm „das *F*" in der Konklusion allein. Hinsichtlich dieser Prämisse scheint, so sieht es aus, die Kennzeichnungsersetzung doch etwas in der gewünschten Richtung bewegt zu haben. Die vormals selbständige Subsumtionsklausel scheint der Aussage (1') selbst einbeschrieben zu sein. Was geschieht nun, wenn wir die Konsequenz ziehen, die neue zweite Prämisse zu verabschieden? Dann erhalten wir einen Schluß mit zwei Termen, einer Prämisse und einer Konklusion der Art:

Wenn *F*, dann *H*.
Also: Das *F* ist ein *H*.

Dieser Schluß zeigt nicht mehr die syllogistische Struktur der Vermittlung zweier Außenterme durch einen Mittelterm – wir haben ja nur noch zwei Terme zurückbehalten. Aber er ist nicht nur kürzer als unser Ausgangsschluß (I), sondern in einer Weise zu kurz geraten. Einerseits kann man sagen: Wenn der allgemeine Zusammenhang gilt, dann gilt er in allen relevanten Einzelfällen – selbstverständlich auch in diesem. Daß er für Einzelne gilt, insofern sie *F*-Dinge sind, ist keine Frage mehr. Wenn es für den Übergang vom Allgemeinen zu den Einzelfällen etwas zu fragen oder zu erschließen gibt, dann nicht, ob, gesetzt, dies sei ein *F*-Ding, dies auch ein *H*-Ding sei, sondern die einfache Setzung selbst: Dieses Einzelne ist ein *F*, die Identifikation von etwas als Fall von *F*. Das ist als eigener Schritt übersprungen, sobald die zweite Prämisse ausgeschieden

---

nicht sagen: Der Wahrheitswert von De-dicto-Modalaussagen variiert mit *beliebigen* Kennzeichnungsvarianzen; vielmehr spezifiziert er den Typ von Kennzeichnungsvarianzen, die seiner Meinung nach den Wahrheitswertwechsel herbeiführen. Wie die Spezifikation ausfällt, ist kein Geheimnis: Wahre absolute Notwendigkeitsaussagen erhalten wir, wenn wir solche Kennzeichnungen verwenden, die das Prädikat der Kernaussage implizieren. Und diese Charakterisierung selbst versteht die Implikationen als einen gegenüber der Frage, welche Kennzeichnung nun eingesetzt wird, selbständig zu fassenden Sachverhalt.

ist. Wie aber kann, Überflüssiges wegzulassen, einen Mangel im Schluß erzeugen? Das klärt sich, denke ich, so: Die neue zweite Prämisse war nutzlos und insofern überflüssiger Ballast; aber die *Leistung*, für die zweite Prämissen in hypothetischen Schlüssen vorgesehen sind, ist alles andere als überflüssig. Diese Leistung besteht in der Subsumtion des Einzelnen unter den Mittelbegriff. Wir sind nur nicht dazu gekommen, diese Subsumtion ausdrücklich zu machen, weil sie in Gestalt der Kennzeichnung „das *F*" einfach antizipiert ist. Aber diese Weise, die Subsumtion zu antizipieren, verwandelt den Subsumtionsschritt selbst noch nicht in eine unantastbare Voraussetzung. Und das nicht zu berücksichtigen, ist ein Mangel, der die Abhängigkeitsthese begleitet. Es ist vollkommen richtig: Kein Mensch erhebt sich vom Stuhl, um nachzusehen, ob „Das/dieses *F* ist ein *F*" stimmt, während ihn „Das *G* ist ein *F*" vielleicht in Bewegung setzt. Aber daß unsere neue zweite Prämisse so fraglos ist, heißt nicht, daß die Subsumtion keine Frage wäre – daß es keine Frage wäre: ob der Gegenstand, auf den *H* bezogen wird, ein oder das *F* ist. Die Fragen: Gibt es *F*'s? und: Ist das da das gesuchte, gemeinte *F*? sind nicht einfach damit zu erledigen, daß man sie als beantwortet voraussetzt. Die besondere Kennzeichnung („das *F*") macht die Subsumtion trivial – aber mit der Kehrseite, daß die eigentliche Subsumtionsleistung nur noch bittweise vorausgesetzt wird.

Auch nach dieser Seite behält also die Aussage „Das *F* ist notwendigerweise ein *H*" ihren relativen Charakter und „notwendigerweise" den des Verweises auf außer ihr gelegene Prämissen.

Dieses zweite, am Untersatz des Schlusses ansetzende Argument läßt sich auch so fassen. Hinsichtlich Aussagen der Form „Notwendig: Dieses *F* ist ein *F*" besteht das Problem, daß sich die Notwendigkeitsklausel als Qualifikation der ganzen Aussage eben auch auf dasjenige Element der Aussage bezieht, das in der unanalysierten Form als Voraussetzung und in der (mit Russell) analysierten Form als eigene Teilaussage auftritt: das Element, das besagt, daß es tatsächlich ein *F* gibt und nicht mehr als eines. Notwendigkeit der Erfüllung und Notwendigkeit der höchstens einmaligen Erfüllung sollen aber in der Regel in Modalaussagen nicht mitbehauptet werden. Mit anderen Worten: Der Skopus der Modalpartikel fällt zu weit aus. Man kann daraus die Konsequenz ziehen: Analysieren wir singuläre Prädikationen in Russells Weise, dann bezieht sich, für die oben betrachtete Konstellation, die Modalpartikel nicht auf die ganze Aussagenkonjunktion, sondern nur auf die Implikation: „Notwendig" verstärkt die zuvor nur material behauptete Implikation zur strikten.[24]

Jedes der beiden Argumente führt also zu der Zwischenbilanz: Die beschworene Wahrheitswertvarianz im Gefolge von Kennzeichnungswechseln kann noch gar nicht als allgemeines Signum absoluter Modalität oder eines besonderen Modalitäts-Typs, der De-dicto-Modalität, eingesetzt werden. Wenn „notwendigerweise" in Anwendung auf eine singuläre Prädikation nur im Sinn

---

[24] In diese Richtung tendiert auch Kneale in *Modality De Dicto and De Re*; vgl. Kneale 1962, 628f. Aber die bezeichneten Folgen für die Rede von der Kennzeichnungsabhängigkeit modaler Aussagen scheinen ihm entgangen zu sein.

des elliptischen oder Konsequenz-Gebrauchs gilt, dann wird das nicht einfach dadurch aufgehoben, daß das Einzelne ersatzweise durch den Mittelterm des zugehörigen Schlusses gekennzeichnet wird.

Von diesem Ergebnis wird die Streitfrage: Gibt es neben De-dicto-Modalität noch einen zweiten Typ, der den Namen „de re" verdient? freilich nicht entschieden. Es bleibt durchaus offen, ob Kneales Schlußthese wahr ist. Es kann sich nach wie vor herausstellen, daß die Modalpartikel, in absolutem Sinn gebraucht, ihren natürlichen Ort vor allgemeinen Aussagen hat, genauer: daß sie exklusiv Verhältnisse zwischen Begriffen anzeigt und nicht Verhältnisse zwischen Begriffen und Einzelnem. Damit verträgt sich sehr gut der Befund, daß Aussagen der Form „$\Box$ *Gx*" – die Anwendung der absolut gebrauchten Modalpartikel auf singuläre Aussagen – nicht schon dadurch wahr werden, daß für die Gegenstandsvariable „dieses/das *G*" eingesetzt wird. Wenn nämlich Modalität tatsächlich exklusiv Begriffsverhältnissen zugeordnet sein sollte, dann bliebe für singuläre Prädikationen eben nur die *necessitas consequentiae* – das *„a* ist *qua F H*" – übrig. Gezeigt ist bislang nur, daß der Verweis auf die entscheidende Rolle von Kennzeichnungsvarianzen kein geeigneter Weg ist, die These von der Anbindung des Modalen an Begriffsverhältnisse zu bewähren, und dies aus zwei Gründen: erstens, weil der einfache Verweis auf Wahrheitswertvarianzen die Möglichkeit einer De-re-Lesart gar nicht erst berücksichtigt, und zweitens, weil die behauptete Signifikanz der Kennzeichnungen nicht einmal für De-dicto-Lesarten selbst zu folgen scheint – jedenfalls dann nicht, wenn *absolute* Notwendigkeit in Opposition zum Bestehen von Folgerungsbeziehungen, zu *relativer* Notwendigkeit, definiert sein soll.

Mehr als eine Zwischenetappe auf dem Weg zur Klärung des Unterschieds zwischen Modalität de re und de dicto stellen die bisher entwickelten Argumente allerdings nicht dar, und mehr sollen sie auch nicht sein. Ich denke nicht, die Unterscheidung beider Modalitätstypen sei gar keine, und auch nicht, die Rede von Kennzeichnungsabhängigkeit sei gar nicht auf ein wirkliches logisches Phänomen bezogen. Im Licht des Vorangegangenen habe ich allerdings den Eindruck, daß dieses Phänomen, und damit die Eigenart der Modalität de dicto, weiterer Klärung bedarf.

Für diese Klärung stehen zwei Wege zur Wahl:

Zum einen kann und sollte man eine *Voraussetzung* der Prüfung unterziehen, die in der Argumentation dieses Abschnitts zugrundegelegt wurde. Die Argumentation fußt nämlich auf einem bestimmten Maßstab dafür, was es heißt, notwendig wahr zu sein. Dieser Maßstab war oben aus der Opposition zu Kneales elliptischen Anzeigen relativer Notwendigkeit gewonnen und faßt sich darin zusammen: Eine Aussage ist genau dann notwendig wahr, wenn sie keines Beweises aus ihr gegenüber selbständigen Prämissen mehr bedarf. Nun ist es durchaus nicht selbstverständlich, daß wir darin tatsächlich den Maßstab notwendiger Wahrheit getroffen haben. Hinsichtlich des ersten Arguments bzw. der ersten Prämisse des hypothetischen Schlusses (I) läßt sich dieser Vorbehalt wie folgt konkretisieren: (1') wurde die Eigenschaft, notwendig wahr zu sein, unter anderem deshalb verweigert, weil die singuläre Aussage das Bestehen der Implikation zwischen *F* und *H* nicht *unmittelbar* einsehen läßt. Es ist aber die Frage, ob das eine angemessene Bedingung für die Qualifikation einer Aussage zur notwendigen Wahrheit ist. Vielleicht kommt es dafür nicht darauf an, daß das Implikationsverhältnis keiner eigenständigen Formulierung und keines eigenen Nachweises mehr bedarf, sondern darauf, *wie* ein entsprechender, von der Aussage selbst nicht zu liefernder Beweis beschaffen ist. Unsere erste Prämisse war – als Formulierung einer strikten Implikation – selbst ein Fall notwendiger Wahrheit. Wenn nun „Das *F* ist ein *H*" seinerseits nur von der selbst notwendig wahren Implikationsaussage abhinge (was es nicht tut), wäre sie dann nicht selbst notwendig wahr? Weshalb sollte „ex vi terminorum" wahr zu sein, auf den Fall beschränkt bleiben, daß dieser Sachverhalt sich jedem, der die Aussage versteht, unmittelbar mitteilt?

Es gibt auch einen guten Grund, den Maßstab notwendiger Wahrheit von dieser Restriktion auf das unmittelbar Einsichtige freizuhalten. Wie immer notwendige Wahrheit näher bestimmt wird, scheint doch eines festzustehen: Die Negation einer notwendig wahren Aussage ist unmöglich, sie stellt einen Widerspruch dar. Das nachgewiesene Vorliegen eines Widerspruchs wird man aber kaum mit dem Argument bestreiten, daß es erst des Nachweises bedurfte, um den fraglichen Widerspruch als vorliegend einzusehen. Dann scheint es aber umgekehrt inkonsequent, das Bestehen einer notwendigen Wahrheit an das Zusatzkriterium unmittelbarer Einsichtigkeit zu binden.

Ist die Annahme eines Ausschlußverhältnisses zwischen absoluter Notwendigkeit und Beweispflicht revidiert, eröffnet sich eine Möglichkeit, die Unterscheidung zwischen beiden Modalitätstypen neu zu fassen. Diesen Weg verfolge ich im nächsten Abschnitt im Anschluß an Kant. Wie sich herausstellen wird, führt diese Fassung in essentialistische Gefilde zurück. Diese Gegend allerdings scheint nicht ganz geheuer. Einen Grund dafür liefert Quines im übernächsten Abschnitt zu betrachtender Einwand. Mit diesem Einwand scheint man von der zuerst eingeschlagenen Richtung auf einen zweiten, gut ausgebauten neueren Weg gewiesen.

Zum anderen nämlich läßt sich der Charakter absoluter Notwendigkeit und darin die Eigenart von Notwendigkeit de dicto versuchsweise in Termini von *Analytizität* fassen. Schlägt man diesen Weg ein, bleibt der zuvor unterstellte und eben kritisierte Maßstab absoluter Notwendigkeit in Geltung. Der zweite Weg bleibt bei der Vormeinung: Wenn etwas notwendig wahr ist, so heißt das nichts anderes als daß in der Aussage selbst – und eben nicht in inhaltsverschiedenen und zum Beweis erforderten Prämissen – schon alle Elemente versammelt sind, um die Wahrheitsfrage für diese Aussage positiv zu entscheiden. Und was sind die Elemente einer Aussage anderes als eben Wörter? Dann sind notwendige Aussagen solche, die kraft dessen, was die in der Aussage verwendeten Wörter bedeuten, wahr sind oder solche, die kraft des Verständnisses der beteiligten Ausdrücke und ihrer syntaktischen Kombination allein als wahr eingesehen werden können.

Legt man diese – in Abschnitt 3.2 näher zu bestimmende – Auffassung zugrunde, so erscheint zwar nicht das zweite, wohl aber das erste der oben vorgestellten Argumente als entkräftet. In diesem Argument wurde die Präsenz von *F* und *H* in der Konklusion von dem vorausgesetzten Urteil ihrer strikten Implikation geschieden und letzteres als durch die Konklusion nicht erübrigte Prämisse festgehalten. Dagegen liegt nun der Einwand nahe: Da der notwendige Zusammenhang zwischen *F* und *H* ohnehin in der *Bedeutung der Begriffswörter* „*F*" und „*H*" gegründet ist, genügt auch die Präsenz der beiden Begriffswörter in der Konklusion, um die Konklusion als Anwendungsfall einer strikten Implikation auszuzeichnen. Gewiß behauptet die Konklusion nicht den Zusammenhang im allgemeinen; aber darauf kommt es auch nicht an. Worauf es ankommt, ist etwas anderes: Ist das *F* erst einmal als *F* festgestellt, so genügt der Rekurs auf die Bedeutung des Begriffsworts für *F*, um das *F* auch noch als *H* zu erkennen. Die darin mobilisierte Voraussetzung der Gleichsetzung eines Begriffs mit der Bedeutung des Begriffsworts wird sich im nächsten Kapitel allerdings selbst als problematisch erweisen. Hypothetisch bleibt zunächst festzuhalten: Unter dieser Voraussetzung erscheint die Erkenntnis notwendiger Zusammenhänge zwischen allgemeinen Bestimmungen reduziert auf die Aktualisierung von Wortkenntnissen. Gehören Verhältnisse zwischen Begriffen zur selbstverständlichen Mitgift der beiden Begriffswörter, so unterschreitet die Aussage „Das *F* ist ein *H*" die Konditionen notwendiger Wahrheit zwar in Rücksicht auf die unterstellten Existenz- und Einzigkeitsklauseln, d. h. rücksichtlich des Einzelnen, aber eben nicht in Rücksicht auf die beiden Allgemeinen *F* und *H*.

Nach diesem Ausblick wende ich mich nun dem zuerst genannten Klärungsvorschlag zu.

3.1.4 Eine Rekonstruktion der Unterscheidung in den Spuren Kants

Bleiben wir zunächst in der durch die bisher betrachteten Fälle und Urteilsformen nahegelegten Sphäre singulärer Urteile vom Typ „Das *F* ist ein *H*". Hinsichtlich *F* und *H* gelte weiter eine strikte Implikation; was immer ein *F* ist, muß qua *F* ein *H* sein. Kritisiert und verabschiedet ist die unnötig starke Voraussetzung, notwendige Wahrheiten dürften nicht beweispflichtig sein. (In Erinnerung an Humes Einteilung aller Gegenstände des Forschens könnte man sagen: Nicht nur intuitiv einsichtige, sondern genauso demonstrierbare Urteile zählen zu den notwendigen Wahrheiten.) Daß jenes *F* gerade *als F* auch *H* aufweist, kann also nach den neuen Konditionen durchaus beweispflichtig sein, ohne daß *dadurch* das singuläre Urteil schon von der Möglichkeit ausgeschlossen wäre, ein notwendig wahres Urteil zu sein. *Ist* es also ein notwendig wahres Urteil? Eines ist ja festzuhalten: Wer *H* von jenem *F* negiert, hat eine Konstellation behauptet, die durch ein notwendig wahres Urteil (nämlich das der Implikation selbst) ausgeschlossen ist, also einen Widerspruch produziert. Der einzige immer noch bestehende Grund gegen die Qualifikation unseres Urteils der Form „Das *F* ist ein *H*“ als *absolut* notwendig liegt nun in der Erinnerung an den Untersatz des Syllogismus, dessen Konklusion dieses Urteil war. Was wir unter den angegebenen Bedingungen sicher sagen können, ist: *Relativ* zu der als erfüllt vorausgesetzten Bedingung, daß dieser Gegenstand ein *F* ist, ist er notwendig *H*. Was wir damit nicht bestimmt und darum auch nicht ins Verhältnis zur Notwendigkeitsklausel gesetzt haben, ist die Frage: Wie verhält sich die Bestimmung *F* ihrerseits zu dem unter sie fallenden Gegenstand, dem einzelnen *F*? Damit meine ich nicht die Existenzfrage und deren etwaige modale Qualifikation; ob es denn etwas gibt und, wenn ja, geben muß, was diesen Begriff *F* erfüllt, betrachte ich gegenwärtig als nicht von der Notwendigkeitsklausel betroffen. Vielmehr meine ich die Frage: Ist *F*-Sein für den Gegenstand, der tatsächlich ein einzelnes *F* ist, konstitutiv oder notwendig? Ist das einzelne *F* notwendig ein *F*, so ist es mittelbar auch notwendig ein *H*. Unter dieser Bedingung würde dann *H absolut* von diesem Gegenstand gelten. Damit zeichnet sich ab, daß Anwendungsfälle strikter Implikationen sich noch einmal entlang eines De-re-Kriteriums unterscheiden, und zwar so, daß die De-re-Dimension nicht nur auch noch und daneben berücksichtigt werden kann, sondern so, daß sich die einfache Frage, ob die Aussage notwendig wahr sei, nur mit Rücksicht auf diese Dimension entscheiden läßt.

Was geschieht, wenn man das Verhältnis von Subjektbegriff und Gegenstand entlang dieses modalen Parameters variieren läßt, und auch, was dies zur Bestimmung von De-dicto-Modalität austrägt, läßt sich m. E. besonders gut im Anschluß an eine Überlegung Kants studieren. In der Reflexion 4676[25] des handschriftlichen Nachlasses, die deutlich auf die zu Beginn der *Kritik der reinen Vernunft* durchgeführte Einteilung von Prädikationen in analytische und synthetische verweist, unterscheidet Kant zunächst zwei Konstellationen von Gegenstand, Subjektbegriff und Prädikatbegriff. Die betrachteten Urteile kommen dabei in folgender allgemeiner Form überein: Ein durch einen Begriff („a“) gedachter Gegenstand („x“) wird durch einen zweiten, prädikativ verwendeten Begriff („b“) gedacht.[26] Die beiden Konstellationen werden nun wie folgt unterschieden:

Konstellation 1: „Der Satz der identitaet und des Wiederspruchs enthalt die Vergleichung zweyer praedicate a und b mit x, aber nur so, daß der Begrif a von x mit b verglichen wird (substantive), also wird das x unnütze.“ (R 4676, XVII 654)[27]

---

[25] In: *Kant's Gesammelte Schriften*, hg. v. d. Preußischen Akademie der Wissenschaften, Bd. XVII (= Kants handschriftlicher Nachlaß Bd. IV), Berlin/Leipzig 1926 (i.f. abgekürzt „XVII“), hier 653f. Den Hinweis auf diese Stelle verdanke ich Konrad Cramers Kommentar zur *Einleitung* der *Kritik der reinen Vernunft*, in: Georg Mohr/Marcus Willaschek (Hg.): *Immanuel Kant, Kritik der reinen Vernunft*, Reihe: Klassiker Auslegen, Bd. 17/18, Berlin 1998, 57-80, hier 66-68. Zur Unterscheidung analytischer und synthetischer Urteile in der Einleitung der *Kritik der reinen Vernunft* siehe auch weiter unten Kap. 3.2.4.

[26] Vgl. R 4674, XVII 644f.

[27] Um zu verstehen, inwiefern darin eine Bestimmung analytischer Urteile liegt, kann man Kants Auskunft in der ersten *Kritik* heranziehen, die den Satz des Widerspruchs als hinreichendes Prinzipium analytischer Erkenntnis fixiert: „Denn wenn das Urtheil analytisch ist, es

Konstellation 2: „Wenn ich beyde praedicate auf das x referiere und dadurch aufeinander, so ist es synthetisch“ (XVII 654).
Kurz darauf bespricht Kant noch folgenden Fall (*Konstellation 3*): „Wenn aber a und b nicht identisch sind /.../, und x ist durch den Begrif von a nicht ganz (bestimmt) gedacht, so sind a und b nicht in logischem, sondern realem Verhaltnisse /.../ der combination, mithin nicht der involution. Also ist ihr Verhaltnis nicht durch ihre Begriffe an sich selbst, sondern vermittels des x, wovon a die Bezeichnung enthält, bestimmt“ (XVII 654).

Da er unmittelbar im Anschluß daran fragt, wie solche *Synthesen* möglich seien, liegt es zunächst einmal nahe, das, was ich eben als Konstellationen 2 und 3 unterschieden habe, nur als zwei alternative Weisen der Erläuterung des synthetischen Urteils zu verstehen.[28] Das liegt nicht nur wegen der wiederkehrenden Wortwahl („synthetisch“ / „syntheses“) nahe, sondern natürlich auch, weil man im Ausgang von der zweigliedrigen Unterscheidung innerhalb der Einleitung in der *Kritik der reinen Vernunft* geneigt ist, eine ebensolche zweigliedrige Unterscheidung an anderen Stellen im Kantischen Werk zu vermuten. Tatsächlich ist die Unterscheidung innerhalb der Reflexion aber reicher als diejenige der *Kritik*. Sie enthält nämlich eine Differenzierung innerhalb des synthetisch Genannten. Das sieht man, wenn man das Beispiel betrachtet, das Kant in der Reflexion zur Illustration der zweiten Konstellation wählt:

„kein x, welcher Gelehrt ist, ist ohne Wissenschaft“ (XVII 654).

Dieses Urteil also ist synthetisch – aber es ist nicht von der Art, daß a und b nicht „identisch“ wären, d. h. daß kein Implikationsverhältnis zwischen Subjekt- und Prädikatbegriff bestünde. Es ist klar, daß Gelehrtheit das Verfügen über Wissenschaft impliziert. Trotzdem ist das Urteil synthetisch. Kants Begründung folgt unmittelbar:

„/.../ denn da bedarf es der Einschränkung der Zeit, nemlich: zugleich. Der Mangel an Wissenschaft wiederspricht zwar der Gelehrsamkeit, aber nicht dem Menschen x, welcher gelehrt ist, außer so fern er gelehrt ist. Also ist der Wiederspruch entweder auf den Begrif a, den ich von x habe, gerichtet oder auf x, dem dieser Begrif nicht notwendig anhängt, gerichtet.“ (XVII 654)[29]

---

mag nun verneinend oder bejahend sein, so muß dessen Wahrheit jederzeit nach dem Satze des Widerspruchs hinreichend können erkannt werden. Denn von dem, was in der Erkenntniß des Objects schon als Begriff liegt und gedacht wird, wird das Widerspiel jederzeit richtig verneint, der Begriff selber aber nothwendig von ihm bejaht werden müssen, darum weil das Gegentheil desselben dem Objecte widersprechen würde.“ (*KrV* B 190f. [„Von dem obersten Grundsatze aller analytischen Urtheile“]) Vorausgesetzt ist dabei der Satz des Widerspruchs in der Fassung: „Keinem Dinge kommt ein Prädicat zu, welches ihm widerspricht“ (*KrV* B 190).

[28] So setzt etwa Konrad Cramer die beiden Stellen parallel zur Explikation synthetischer Urteile ein: Die über x, den Gegenstand, vermittelte Referenz der Begriffe aufeinander wird eben dadurch unerläßlich, daß die Begriffe selbst nicht „identisch“ sind. Vgl. Cramer 1998, 67f.

[29] Daß die Anreicherung des Satzes vom Widerspruch um die Zeitbestimmung des Zugleich-Zukommens seinem Status als logischem Grundsatz zuwiderliefe, hält Kant in dem schon erwähnten Abschnitt der *Kritik der reinen Vernunft* so fest: „Nun muß der Satz des Wider-

Damit haben wir eine Konstellation, die genau in die Lücke fällt, die die Rede von der Kennzeichnungsabhängigkeit modaler Aussagen gelassen hat. Es liegt durchaus ein Implikationsverhältnis zwischen den Begriffen vor – aber aus diesem folgt noch nicht, daß, dem entsprechend gekennzeichneten Subjekt das Prädikat abzusprechen, *diesem*, dem Gegenstand selbst, widerspräche. Es ist hier nicht der Satz vom Widerspruch tout court, der das Absprechen zu Fall bringt, sondern erst dessen um die Zeitbestimmung angereicherte Fassung.

Welche Fälle sind dann solche, die echt analytisch, will sagen, wahr dank des reinen Widerspruchsprinzips, sind? Dazu müssen wir nur weiterlesen:

„Wenn aber a von b in x nicht getrennt werden kann, e.g. kein x, was ein Körper ist, ist unteilbar, so ist zu sehen, daß das x, welches durch a gedacht wird, niemals durch non a könne gedacht werden, daß kein Wesen, was die Natur eines Körpers hat, niemals unkörperlich werden könne und daß das a an sich selbst in Ansehung des x kein praedicat sei, sondern mit ihm ein Wechselbegriff sei und also substantive gültig sei." (XVII 654)

Daß a von b in x nicht getrennt werden kann, muß gegenüber der Untrennbarkeit von a und b selbst ein neues Moment enthalten; denn deren Implikationsverhältnis ist soeben als nicht hinreichend für Analytizität des Urteils gezeigt worden. Das neue Moment muß sein, daß sie *in x* nicht getrennt werden können, und das scheint eben damit gewährleistet, daß der Gegenstand, dem die im Subjektbegriff genannte Bestimmung zukommt, seinerseits nicht von dieser Bestimmung getrennt werden kann. Wenn der Gegenstand ein a ist *und* nicht non-a sein kann, dann widerspricht das Absprechen eines Teilbegriffs von a dem Subjekt insgesamt.

Damit zeichnet sich ein Ergebnis ab, das die ganze Unterscheidung von Modalität de dicto versus Modalität de re in ein neues Licht setzt: Innerhalb der Notwendigkeit de dicto – also im Rahmen der Frage, wann Prädikationen notwendig wahr sind – tritt nun selbst der Rekurs auf den De-re-Typ auf.

Doch bevor so weitreichende Konsequenzen gezogen werden, sollten wir uns eine Alternative ansehen, die wir bei Kant selbst finden. In dem schon zitierten Abschnitt der *Kritik der reinen Vernunft*, „Von dem obersten Grundsatze aller analytischen Urtheile", findet sich am Ende nämlich eine alternative Möglichkeit angezeigt, Urteile vom Typ der zweiten Konstellation zu eindeutigen Fällen analytischer Urteile zu machen, ohne den Satz vom Widerspruch durch das außerlogische Inkrement des „Zugleich" anzureichern:

„Sage ich: ein Mensch, der ungelehrt ist, ist nicht gelehrt, so muß die Bedingung: *zugleich*, dabei stehen; denn der, so zu einer Zeit ungelehrt ist, kann zu einer andern gar wohl gelehrt sein. Sage ich aber: kein ungelehrter Mensch ist gelehrt, so ist der Satz analytisch, weil das Merkmal (der Ungelahrtheit) nunmehr den Begriff des Subjects mit ausmacht; und alsdann erhellt der verneinende Satz unmittelbar aus dem Satze des Widerspruchs, ohne daß die Bedingung: *zugleich*, hinzu kommen darf." (*KrV* B 192)

---

spruchs, als ein bloß logischer Grundsatz, seine Aussprüche gar nicht auf die Zeitverhältnisse einschränken, daher ist eine solche Formel der Absicht desselben ganz zuwider." (*KrV* B 192)

Wenn wir mit Kant davon ausgehen, daß der Satz vom Widerspruch selbst ohne Zeitbedingung zu fassen ist, so wäre also die erste Fassung nicht analytisch, die zweite aber analytisch. Die entscheidende Operation muß dann darin bestanden haben, eine Fassung zu finden, die das Prädikat dem ganzen, durch Ungelehrtheit schon näher bestimmten Subjekt gegenüberstellt, also durch die Reformulierung die Möglichkeit ausschließt, das Urteil als eines zu verstehen, in dem es um den gekennzeichneten Gegenstand einfach und überhaupt ginge. Die Abwechslung zwischen Relativsatz („ein Mensch, der ungelehrt ist") und attributiver Fassung („ungelehrter Mensch") verweist auf die Alternative, ein Prädikat einfach oder absolut auf einen Gegenstand zu beziehen oder auf einen Gegenstand, *insofern* er das zur Kennzeichnung eingesetzte Prädikat erfüllt. Das aber ist die Alternative zwischen De-re- und De-dicto-Lesart.

Wie verhält sich das in der *Kritik* Gesagte zu dem den *Reflexionen* abgewonnenen Resultat? Erstens scheint dieses Resultat dadurch nicht negiert zu sein: Der Beispielfall der *Kritik* ist nicht nur vom selben Typ wie das Beispiel der zweiten Konstellation, sondern gilt auch in der ersten Fassung aus demselben Grund als nicht in strengem Sinn analytisch. Dieser Grund bleibt nach wie vor die Trennbarkeit zwischen der Natur des Gegenstands (Mensch) und dem beigelegten Begriff (gelehrt – ungelehrt). Damit bleibt auch der in den *Reflexionen* in Aussicht genommene Gegenfall – die Begriffe a und b sind in x untrennbar – im Spiel. Zweitens zeichnet sich in der *Kritik* eine Möglichkeit ab, auch unter der Voraussetzung der Trennbarkeit zwischen Natur des Gegenstands und beigelegtem Begriff von notwendig wahren oder analytischen Urteilen zu sprechen. Diese zweite Möglichkeit läßt sich durch die Aufgabe bezeichnen, ein Urteil zu finden, dessen Wahrheit von dem bleibend vorausgesetzten Sachverhalt der Trennbarkeit von beigelegtem Begriff und Objekttyp nicht mehr tangiert wird. Nicht tangiert werden Urteile, deren Wahrheit allein von den Implikations- und Ausschlußverhältnissen zwischen den akzidentell zukommenden Begriffen (gelehrt – ungelehrt) abhängt. Das sind unmittelbar solche Urteile, die die relevanten Implikations- und Ausschlußverhältnisse selbst allgemein und ohne Rekurs auf den Gegenstand formulieren, in dem also buchstäblich „das x unnütze" geworden ist (Urteile der Form: Wenn etwas a ist, so ist es b). Offenbar denkt Kant an dieser Stelle jedoch an Urteile, die den Rekurs auf bestimmte Gegenstände, auf „x", zugleich behalten und dennoch im strengen Sinn für analytisch gelten sollen. Es muß sich also um Urteile handeln, die bei unterstellter Nicht-Notwendigkeit des Zusammenhangs von a und x, von Subjektbegriff und Gegenstand das b, den Prädikatbegriff auf den Gegenstand *nur* beziehen, *insofern* er unter den Subjektbegriff fällt, in denen das Verhältnis von Subjekt und Prädikat auf das durch die angegebene Hinsicht eingeschränkte Subjekt orientiert ist.

Betrachtet man abschließend die Passagen aus den *Reflexionen* und der *Kritik der reinen Vernunft* im Zusammenhang, zeichnen sich vier Urteilskonstellationen ab, die entlang der Kombination zweier Parameter variieren. Der eine Parameter ist durch die Frage bestimmt: Stehen die beiden beteiligten Begriffe –

Subjekt- und Prädikatbegriff – in notwendigem Verhältnis zueinander? Der zweite Parameter hingegen ist durch die Frage bestimmt: Wie verhält sich jeder der beiden Begriffe zum Subjekt, zum Gegenstand – enthält er eine dem Gegenstand notwendige Bestimmung oder eine, die vom Gegenstand trennbar ist?

Die Varianten sind dann:

(1) Die beiden Begriffe stehen in notwendigem Verhältnis zueinander, aber keine ist dem Gegenstand notwendig. (Der Fall des ungelehrten Menschen, der nicht gelehrt sein kann)

(2) Die beiden Begriffe stehen in notwendigem Verhältnis zueinander, und der Subjektbegriff steht in notwendigem Verhältnis zum Gegenstand. (Der Fall des unteilbaren Körpers)

(3) Die beiden Begriffe stehen nicht in notwendigem Verhältnis zueinander, und mindestens einer von ihnen steht in notwendigem Verhältnis zum Gegenstand.

(4) Die beiden Begriffe stehen nicht in notwendigem Verhältnis zueinander, und keiner der beiden Begriffe steht in notwendigem Verhältnis zum Gegenstand.

(Die beiden letzten Varianten sind nicht eigens durch Fälle illustriert; sie fallen zusammen unter jene Konstellation des Synthetischen, die Kant die der realen Kombination nennt.)

Diese Unterscheidungen werfen nun ein neues Licht auf das Begriffspaar Notwendigkeit de re – Notwendigkeit de dicto. Die beiden Parameter Kants lassen sich zunächst einfach auf dieses Paar abbilden. Für die Bestimmung beider ergibt sich dann: Fragen in De-re-Perspektive sind auf das Verhältnis zwischen Gegenstand und Begriff gerichtet, während De-dicto-Fragen den Gegenstand als Subsumtionsfall von Verhältnissen zwischen Begriffen behandeln. Diese Bestimmung ist sicher nicht besonders originell. Der m. E. relevante neue Schritt besteht in der Entdeckung, daß diese beiden Parameter nicht bezugslos nebeneinander stehen, sondern aufeinander bezogen sind, bezogen nämlich in der einfachen Frage, ob ein gegebenes Urteil notwendig wahr – in Kants Terminologie: ob es analytisch – ist. Die Interferenz von De-dicto- und De-re-Modalität ergibt sich in zweierlei Hinsicht:

Erstens: Der erste, schon angedeutete, Ertrag bezieht sich auf die Frage: Ist ein singuläres Urteil, das einen Anwendungsfall einer strikten Implikation zwischen Subjekt- und Prädikatbegriff darstellt, *absolut notwendig*? Im Licht von Kants Unterscheidungen ergibt sich nun eine wichtige Differenzierung: Jenseits des Horizonts seiner Betrachtung bleibt die Frage der Existenzimplikation. Daß sie in singulären Urteilen enthalten ist, war einer der Gründe des Zweifels an der absoluten Notwendigkeit solcher Urteile, und dieser Grund wird von den vorgestellten Überlegungen nach wie vor nicht berührt. In den Horizont seiner Betrachtung jedoch fällt ein *zweiter* Grund, solchen Urteilen nicht unbesehen und allgemein absolute Notwendigkeit zu attestieren. Dieser Grund betrifft sie nicht spezifisch als singuläre Urteile oder nicht singuläre Urteile allein; Kants Beispiel des ungelehrten Menschen etwa ist ja kein singuläres, sondern ein allgemeines Urteil, und zwar in beiden Versionen. Vielmehr betrifft er den Rückbezug der Bestimmungen auf dasjenige, dessen Bestimmungen sie sind, aufgefaßt in dessen allgemeiner Natur. Dieser Grund zeigte sich in der Gabelung, die für die Variante (1) entsteht: Die Negation des Prädikats widerspricht dem Gegenstand, insofern er die im Subjekt genannte Bestimmung hat, nicht dem Gegenstand überhaupt. Erst die explizite Einschränkung auf den Gegenstand-in-dieser-Hinsicht erhebt hier nach Kant das Urteil zum absolut notwendigen. Umgekehrt bedarf es dieser Einschränkung dann genau da nicht, wo die Subjektbestimmung nicht eine vom Gegenstand trennbare Hinsicht darstellt, sondern zu seiner Natur gehört – der Fall von Variante (2). Ob der Weg der Einschränkung einzuschlagen ist, um ein absolut notwendiges Urteil zu erreichen, oder die Einschränkung aus dem zweiten Grund entfallen kann – in jedem Fall zeigt sich, daß die Frage nach der absoluten oder einfachen Notwendigkeit eines Urteils De-re-Perspektiven einbezieht.

Von hier aus läßt sich auch bestimmen, was vom Gedanken der Kennzeichnungsabhängigkeit in modalen Kontexten bleibt, wenn wir den neuen Rahmen übernehmen. In der Diagnose der Kennzeichnungsabhängigkeit drückt sich der Befund aus: Was einem Gegenstand *in einer Hinsicht*, was dem *als etwas* bestimmten Gegenstand notwendig ist, muß es für denselben Gegenstand in anderer Hinsicht nicht sein. Wo es um notwendige Verhältnisse zwischen Subjekt- und Prädikatbegriff geht, ist der Subjekt*begriff* konsequenterweise nicht abzublenden. Erfragt oder beurteilt wird dann nicht das Verhältnis zwischen dem Prädikat und dem Gegenstand außer jener ersten Bestimmung, sondern das Verhältnis zwischen dem Prädikat und dem Gegenstand, insofern er jene erste Bestimmung hat. Solche relativen Notwendigkeiten sind sicher nicht zu dementieren, und insofern die Rede von der Kennzeichnungsabhängigkeit auf sie verweist, bleibt sie im Recht. Was von dieser Rede allerdings nicht erhalten bleibt, ist die Konnotation der Abkehr vom Gegenstand und der Hinwendung zu unseren Weisen, ihn herauszugreifen oder zu kennzeichnen. Fälle, in denen die Notwendigkeitsklausel nur de dicto aufzufassen ist, sind nicht Fälle, in denen der Gegenstand nicht mehr zu berücksichtigen wäre. Gerade das *nur* de dicto Notwendige läßt sich, wenn die vorangegangenen Überlegungen zutreffen, nur in Termini des Dreiecksverhältnisses von Subjektbegriff, Gegenstand und Prädikatbegriff fassen. Eine Notwendigkeit zusprechende Aussage, die nur de dicto gelesen wahr ist, ist dann nämlich eine, in der der Subjektbegriff den Gegenstand in einer Weise näher bestimmt, die sich zufällig zu dem verhält, was er an sich ist.

Zweitens: Ein neuer Ertrag zeichnet sich darüber hinaus für die Bestimmung der Modalität de re ab. Wenn Kant die Frage stellt, ob eine gegebene Bestimmung dem Gegenstand *widerspreche*, so behandelt er das Verhältnis zwischen Gegenstand und Bestimmung wie eines zwischen Bestimmungen. Das läßt darauf schließen, daß der Kontrast zwischen den beiden alternativen Bezugspolen der Widerspruchsfrage – widerspricht eine gegebene Bestimmung nur dem *Gegenstand-in-dieser-Hinsicht* oder dem *Gegenstand tout court* – nicht so zu verstehen ist, als sei der Gegenstand im zweiten Fall *außer* aller Bestimmung zu denken. Offensichtlich ist er in einer Bestimmung unterstellt, und es ist kein großes Rätsel, in welcher: in seiner allgemeinen Natur. Das hat Konsequenzen für das Verständnis der De-re-Notwendigkeit: Sie ist ihrerseits nicht jenseits von Verhältnissen zwischen Begriffen oder Bestimmungen lokalisiert. Die Frage, ob eine Bestimmung einem Gegenstand notwendig zukommt, hat zu ihrem Bezugspol kein bestimmungsloses Ding an sich, sondern den Gegenstand in seinen konstitutiven Bestimmungen oder in dem, was er sein muß, um andere Bestimmungen annehmen zu können. Demnach wäre nicht nur De-dicto-Notwendigkeit, verstanden als absolute Qualifikation eines Urteils, in der schon dargestellten Weise auf Notwendigkeit de re rückbezogen, sondern auch De-re-Notwendigkeit nie ohne begriffliche Notwendigkeit, die im Rahmen der Unterscheidung von Modalitätstypen der De-dicto-Notwendigkeit zugeschrieben war.

Das freilich wirft eine schwerwiegende Frage auf. Soll sich Notwendigkeit de re nicht einfach wieder in irgendeinen, nicht besonders ausgezeichneten Fall von Notwendigkeit de dicto auflösen, muß die Auszeichnung gewisser Bestimmungen als die Natur oder das Wesen eines Gegenstands gedacht werden können. Es mag ja sein, daß die De-re-Notwendigkeit mancher Bestimmungen durch Folgebeziehungen zu jenem engeren Zirkel von Bestimmungen, die die Natur der Sache ausmachen, zu erschließen ist; aber dazu werden diese selbst zuvor als de re notwendig gelten müssen. Was sollte denn einem Gegenstand notwendig zukommen, wenn nicht dasjenige, auf das hin anderes ihm notwendig zukommen soll? Woran aber soll sich die Notwendigkeit jener Bestimmungen entscheiden, die zugleich als Maßstab der De-re-Notwendigkeit fungieren? Mit dieser Frage berühren wir das im ersten Teil dieser Arbeit schon aufgebrachte Problem des Regresses in Wesensbeweisen. Den Versuch einer Lösung möchte ich erst am Ende dieser Arbeit vorstellen. Vorläufig soll stattdessen ein Argument untersucht werden, daß ganz prinzipiell gegen die Annahme von De-re-Modalität zu sprechen scheint.

3.1.5 Ein Einspruch Quines

In § 41 von *Wort und Gegenstand* kommt Quine auf die Unterscheidung zwischen *kontingenten* und *notwendigen* Eigenschaften eines Gegenstands zu sprechen. Diese Unterscheidung bildet nicht das Hauptthema dieses, der Modalität gewidmeten, Paragraphen. Sie kommt darin vor als der Preis, der auf bestimmte Interpretationen der Modallogik steht, die es erlauben würden, in modale Kontexte zu quantifizieren. Diese Vorgeschichte lasse ich abgeblendet. Für unseren Zusammenhang relevant ist Quines Ansicht, daß dieser Preis inakzeptabel wäre. Er wirbt für diese Ansicht mit folgender Illustration:

„Es ist denkbar, daß man sagt, Mathematiker seien notwendigerweise rational und nicht notwendigerweise zweibeinig, während Radfahrer notwendigerweise zweibeinig, aber nicht notwendigerweise rational seien. Wie verhält es sich aber mit einem Individuum, das sowohl Mathematik als auch Radfahren zu seinen Besonderheiten zählt? Ist dieses konkrete Individuum notwendig rational und kontingent zweibeinig oder umgekehrt? Insoweit wir rein bezeichnend von diesem Gegenstand sprechen (ohne dabei im Hintergrund ein spezielles Vorurteil hinsichtlich der Gruppierung von Mathematikern gegenüber Radfahrern oder umgekehrt zu haben), ist es nicht einmal andeutungsweise sinnvoll, einige seiner Eigenschaften als notwendig und andere als kontingent einzustufen." (Willard Van Orman Quine: *Wort und Gegenstand* (*Word and Object* [1960]), übs. v. Joachim Schulte, in Zusammenarbeit m. Dieter Birnbacher, Stuttgart 1980, 344f.)[30]

Vorausgesetzt, und sei es um des Arguments willen, sind also zwei notwendige Verhältnisse zwischen Begriffen oder zwei strikte Implikationen. Diese Verhältnisse treffen sich nun in ein und demselben Individuum, einem Individuum, das beide Antezedens-Bedingungen erfüllt. Im nächsten Schritt fragt Quine dann unter Abblendung der Antezedens-Bedingungen, also absolut, danach, welche der beiden bedingt notwendig zukommenden Bestimmungen notwendig, welche kontingent sei. Nun ist klar, daß sich der Essentialist genau dann, wenn er die vorausgesetzten Implikationen für die Antwort auf diese Frage mobilisiert, in zwei Widersprüche verwickelt. Er wird dann vom selben Individuum sagen, es sei notwendig rational und auch nicht-notwendig rational, notwendig zweibeinig und nicht-notwendig zweibeinig. Ebenso klar ist aber, daß dieser Essentialist nicht der hellste Vertreter seiner Art sein kann. Die Widersprüche entstehen erst, wenn zusätzlich vorausgesetzt wird, daß die Bestimmungen *Mathematiker* und *Radfahrer* unterstellte Notwendigkeitsbefunde einfach an das Individuum, das Mathematik und Radfahren betreibt, weiterleiten. Wer aber die Position vertritt, Gegenstände reagierten auf die Unterscheidung zwischen kontingenten und notwendigen Eigenschaften, wird nicht unbedingt auch noch vertreten, daß jede beliebige allgemeine Bestimmung, die von einem Gegenstand faktisch erfüllt wird, Notwendigkeit *überträgt*, d. h. den aus ihr gefolgerten Bestimmungen den Status der notwendigen Eigenschaft mitteilt. Das können nur Bestimmungen, die diesen Status mitzuteilen haben, weil sie ihn selbst besitzen: die notwendigen Bestimmungen, nicht die kontingenten. Mathematiker oder Radfahrer oder beides zu sein, sind aber Eigenschaften, die keine guten Aussichten haben, von Essentialisten als notwendige Eigenschaften von Menschen angenommen zu werden. Als Mitte der Schlüsse auf De-re-Befunde sind dann jeweils kontingente Bestimmungen eingesetzt, und das ist nicht die Art Mitte, die für Notwendigkeit de re in Frage kommt. Kurz: Bis dahin scheint das Argument von der Nicht-Beachtung der gerade ausschlaggebenden Differenz zwischen De-re- und De-dicto-Lesart zu zehren, die der Befürworter der diskutierten Unterscheidung im Gegenzug geltend machen kann. Durchgängig de dicto gelesen, sind die Aus-

---

[30] „Rein bezeichnend" oder rein referentiell sprechen wir nach Quine dann von etwas, wenn der Bezeichnungsausdruck ausschließlich dazu dient, anzugeben, wovon die Rede ist. Erkennungszeichen des rein bezeichnenden Gebrauchs ist die Ersetzbarkeit des Bezeichnungsausdrucks *salva veritate*. (Vgl. Quine 1980, 250ff.) Die in einer Modalaussage vorkommenden Bezeichnungsausdrücke rein bezeichnend zu fassen, verspräche so, die beobachteten Wahrheitswertvarianzen auch der Modalaussagen aufzuheben. Aber diese Umstellung verlangt die Anerkennung der Unterscheidung zwischen notwendigen und kontingenten Eigenschaften, deren Kritik die zitierte Passage in nuce enthält.

sagen „Mathematiker sind notwendig rational und nicht notwendig zweibeinig“ und „Radfahrer sind notwendig zweibeinig und nicht notwendig rational“ nicht widersprüchlich, de re gelesen werden sie auf wenig Gegenliebe bei Essentialisten stoßen.

Die kritische Diagnose der Indifferenz des Arguments gegenüber De-re- und De-dicto-Lesarten ist von mehreren Autoren bereits vorgetragen worden, unter anderem von Ruth Barcan Marcus, Richard Cartwright und Alvin Plantinga.[31] Allerdings halten diese Kritiker Quines Einspruch darin noch nicht für abschließend behandelt, und m. E. haben sie mit dieser Einschätzung nicht weniger recht als mit ihrer Kritik.

Auch wenn wir einen klügeren Essentialisten annehmen, der nicht blind alle für einen gegebenen Gegenstand möglichen relativen oder Konsequenz-Notwendigkeiten in Urteile über notwendige und kontingente Eigenschaften dieses Gegenstands übersetzt, bleibt ja die Frage, *wie* er notwendige Eigenschaften von anderen abhebt. Gibt man darauf die Antwort: Er kann Urteile über notwendige Eigenschaften erschließen aus vorausgesetzten Urteilen über notwendige Eigenschaften und bestehenden Implikationsverhältnissen, so hat man sichtlich nicht die ganze Antwort gegeben. An irgendeinem Punkt wird er, bei Strafe von Zirkel, unabschließbarem Regreß oder willkürlichem *Fiat*, gewisse Urteile über notwendige Eigenschaften anders ausweisen müssen als durch den Rückgang auf vorausgesetzte gleichartige Urteile.

Setzt er Urteile über kontingent Zukommendes ein, scheint er sich in der von Quine illustrierten Verwirrung zu fangen. Setzt er Urteile ein, deren De-re-Status einfach abgeblendet bleibt, scheint er wiederum nicht davor gefeit, Implikationen aus kontingent Zukommendem in notwendig Zukommendes zu übersetzen. Am Ende bleibt ihm scheinbar nur der Rekurs auf den Gegenstand außer allen Bestimmungen; daß es dann „nicht einmal andeutungsweise sinnvoll“ ist, einige seiner Bestimmungen gegenüber anderen als notwendig zukommend auszuzeichnen, ist mehr als plausibel.

Der Essentialist steht damit neuerlich vor einer Alternative, die keine ist, d. h. vor einem Dilemma: Entweder er verlegt die modale Qualität des Zukommens in ein Verhältnis zwischen gegebener Bestimmung und bestimmungslosem Ding an sich, oder er räumt ein, daß modale Qualifikationen relativ zu anderen Bestimmungen zu denken sind und den Gegenstand nur als Anwendungsfall von Implikationen betreffen. Im ersten Fall wäre die Qualifikation absolut – wenn sie denn eine wäre; sie ist aber keine mehr, weil der gegen seine Bestimmungen abstrahierte Gegenstand auf Unterschiede zwischen seinen Bestimmungen nicht mehr reagiert. Im zweiten Fall ergäbe sich wohl eine Qualifikation – aber nicht die gesuchte, absolute, sondern eine nach dem Muster: Es kommt darauf an, in welcher Hinsicht der Gegenstand genommen wird.

---

[31] Vgl. Ruth Barcan Marcus: *Essentialism in Modal Logic*, in: Nous 1 (1967), 91-96; Richard L. Cartwright: *Some Remarks on Essentialism*, in: The Journal of Philosophy 65 (1968), 615-626, hier: 619; Plantinga 1974, 23-26.

Allerdings scheint der Essentialist in dieser Zwangslage wenigstens nicht allein zu sein. Sein Antipode steht vor demselben Problem. Das liegt daran, daß er nicht eigentlich jenseits der Unterscheidung zwischen kontingenten und notwendigen Eigenschaften steht, sondern auf eine ihrer beiden Seiten. Das zeigt sich, wenn man die Position des Antipoden noch einmal von der Ausgangskonstellation her entwickelt:

Wenn etwas als etwas (sagen wir wieder: als ein *F*) notwendig *H* ist, aber nicht als ein *G* – so entsteht zwischen den beiden Resultaten – Der Gegenstand ist notwendig *H*, und er ist nicht notwendig *H* – genau dann ein Widerspruch, wenn wir den Rückbezug auf die verschiedenen Ausgangshinsichten fallen lassen. Und der Widerspruch löst sich, sobald dieser Rückbezug hergestellt oder auch nur unterstellt ist. Daß die beiden Resultate so vor Widerspruch geschützt werden können, aber auch geschützt werden müssen, setzt erstens etwas hinsichtlich des Verhältnisses der beiden Ausgangshinsichten, *F* und *G*, voraus und zweitens etwas hinsichtlich ihres Verhältnisses zum Gegenstand.

F und *G* ihrerseits stehen dann nicht in einem notwendigen Verhältnis zueinander, weder in einem negativen oder Ausschlußverhältnis noch im Verhältnis des Einschlusses. Daß sie beide am selben Gegenstand auftreten, schließt ihre Unverträglichkeit aus. Daß sie sich zu einer dritten Bestimmung *H* unterschiedlich verhalten, schließt andererseits ihren notwendigen Zusammenhang aus. Gälte etwa: Was *G* ist, muß auch *F* sein, so könnten wir nicht mehr einfach und abschließend sagen: Was *G* ist, muß nicht *H* sein, weil nach Voraussetzung gilt: Was *F* ist, muß *H* sein. Mittelbar wäre *H* dann eben auch für *G* notwendig. Soll also einfach die Konstellation des radfahrenden Mathematikers erhalten bleiben, ist anzunehmen: Die beiden Ausgangsbestimmungen verhalten sich neutral oder gleichgültig zueinander.

Hinsichtlich ihres jeweiligen Verhältnisses zum Gegenstand steht mit der Ausgangskonstellation auch schon etwas fest, und zwar der Umstand, daß der Gegenstand in keiner der beiden, weder in *F* noch in *G*, vollständig bestimmt ist. Fassen wir ihn als *F*, fassen wir ihn in einer gegen ihn abstrakten Hinsicht, neben der andere Hinsichten Platz haben, zum Beispiel eben die Hinsicht *G*. Wäre der Gegenstand in *F* vollständig bestimmt, wäre er *F* und nichts anderes, wäre die relative Notwendigkeit von *H* für diesen Gegenstand von einer absoluten nicht mehr zu unterscheiden.

Nun ist die Position des Anti-Essentialisten vor diesem Hintergrund dadurch charakterisiert, daß er solche Verhältnisse zwischen Bestimmungen und Gegenständen für die allein vorkommenden hält. Solche Konstellationen treten ihm zufolge also nicht nur auf, wenn wir Radfahren und Mathematik zu unseren Ausgangshinsichten wählen, sondern generell. Was ergibt sich, wenn wir die skizzierte Konstellation so generalisieren? Dann, scheint mir, gilt eben auch die modale Neutralität solcher Ausgangshinsichten ganz generell. Natürlich muß nicht ausgeschlossen sein, daß solche Hinsichten andere im Gefolge haben. Daß es so ist, gehört ja zur Ausgangskonstellation. Aber solche Folgeverhältnisse bleiben dann spezifisch zurückbezogen auf die jeweils vorausgesetzte Hinsicht, die eben eine unter vielen anderen ist. Das scheint mir das Bild zu sein, das wir erhalten, wenn wir die relative Notwendigkeit des „Als-Etwas“ zur einzigen Form von Notwendigkeit erklären. Diese Ansicht verhält sich nicht neutral hinsichtlich des Verhältnisses zwischen Bestimmung und Gegenstand, sondern enthält eine Entscheidung darüber, wie dieses Verhältnis beschaffen ist. Wenn gilt, daß die Hinsichten gegeneinander neutral sind, so sollte nämlich auch gelten, daß sie neutral zum Gegenstand sind.

Genauer stellen sich im gegebenen Rahmen zwei theoretische Möglichkeiten ein, Gegenstand und Bestimmung gegeneinander abzuheben und aufeinander zu beziehen: Entweder man denkt den Gegenstand wie gehabt als das einfache Gegenüber aller seiner Bestimmungen; dann verhalten sich die Bestimmungen gerade deshalb neutral zu ihm; oder man denkt den Gegenstand dadurch von jeder einzelnen seiner Bestimmungen unterschieden, daß er eben nicht nur so, sondern auch anders bestimmt ist, d. h. die eine Bestimmung den anderen Bestimmungen gegenübergesetzt ist. Dann macht sich aber die angenommene Neutralität von Bestimmungen zueinander unmittelbar auch für das Verhältnis zwischen Bestimmung und Gegenstand bemerkbar. Dieses Verhältnis ist dann geradeso neutral wie jenes. Diejenigen Bestimmungen, die der Gegenstand einfach hat und nicht erst im Gefolge anderer annimmt, sind an diesem Gegenstand zufällig versammelt. Im Licht der anderen hätte jede einzelne auch fehlen können. Mit anderen Worten: Das Verhältnis zwischen Bestimmung und Gegenstand ist in dieser Ansicht durchaus modal bestimmt, und zwar im Sinn der *Kontingenz*.

Wenn diese Überlegungen zutreffen, ist die essentialistische Frage nach zufälligen versus notwendigen Eigenschaften nicht so leicht loszuwerden. Sie stellt sich auch nach ihrer Verabschiedung. Betrachtet man nun das Dilemma des Essentialisten noch einmal im Licht dieses Ergebnisses, zeichnet sich der Grund des Dilemmas deutlich ab. Dieser Grund muß in der allgemeinen Alternative liegen, innerhalb deren der Essentialist sich entscheiden sollte: Es galt als abgemacht, daß er zwischen dem Gegenstand und vereinzelten, abstrakten Hinsichten zu wählen hätte, um den Archimedischen Bezugspunkt für seine Notwendigkeitsbefunde de re zu gewinnen. Wählt er angesichts der Aussichtslosigkeit des ersteren das letztere, setzt er, wie sich nun gezeigt hat, auf Bestimmungen, die ihn von der Perspektive auf den ganzen einen Gegenstand entfernen. Es liegt nahe, zu vermuten, daß des Rätsels Lösung darin liegt, daß die Natur oder das Wesen eines Gegenstands weder auf der einen noch auf der anderen Seite zu suchen ist, sondern in der Beziehung beider aufeinander, d. h. in der Frage, wie der Gegenstand in seinen vielen Bestimmungen einer ist.

Für den Augenblick allerdings lasse ich diese Aussicht auf sich beruhen und wende mich einer Gruppe von Theorien zu, ebenfalls den Begriff der notwendigen Wahrheit zu klären unternimmt und zwar auf eine Weise, die den Gedanken an Wesen, Naturen und notwendige Eigenschaften eindeutig hinter sich gelassen hat – scheinbar, wie gezeigt werden soll.

3.2 Notwendigkeit und Analytizität

3.2.1 Notwendig gleich analytisch? – Einleitung

Im vorigen Kapitel wurde die Kennzeichnungsabhängigkeit einmal als Grundlage eines Arguments für die Alleingültigkeit von De-dicto-Modalität und einmal als spezifische Differenz von De-dicto-Modalität gegenüber solcher de re betrachtet und hinsichtlich beider theoretischer Rollen in Frage gestellt. Am Ende trat dann eine Möglichkeit auf, notwendig wahre, in sich begründete Aussagen innerhalb der Sphäre der inferentiell begründeten oder Konsequenz-Wahrheiten auszuzeichnen, die selbst den Rekurs auf Modalität de re enthält. Neben dieser Möglichkeit und im Kontrast zu ihr bleiben jedoch zwei andere, nicht nur denkbare, sondern auch wirklich vertretene, Positionen zu der Frage, was ein notwendig wahres Urteil auszeichne. Diese Antworten versprechen beide, De-dicto-Modalität unabhängig von De-re-Modalität zu bestimmen, und zwar so, daß letztere obsolet zu werden scheint.

Die *erste* dieser beiden Positionen läßt sich so umreißen: Es gibt jedenfalls einen Typ von Modalität, der allein das Verhältnis zwischen Begriffen betrifft. Wenn ein Begriff einen anderen impliziert oder zwei Begriffe einander wechselseitig implizieren oder zwei Begriffe einander ausschließen, dann sind damit Modalverhältnisse gesetzt, die unabhängig von oder vor Erfüllungsfragen bestehen, insbesondere unabhängig von der Frage, ob ein Einzelnes notwendig oder nicht notwendig unter einen der korrelierten Begriffe fällt. Das wäre die *schwache* Version einer Modalität aus Begriffen, eine Version, die mit der von mir vertretenen verträglich ist. Eine *stärkere* Version entsteht daraus durch Hinzufügung der Exklusivitätsthese. Dann resultiert eine Position, wie sie in Kneales schon zitiertem Schlußbefund mitartikuliert ist: Modalität *im allgemeinen*, nicht nur ein besonderer Typ davon, qualifiziert Verhältnisse zwischen Begriffen *und nicht* das Verhältnis der Zugehörigkeit eines Begriffs zu einem Einzelnen. Modalpartikeln zwischen einem Begriff und einem Einzelnen, das unter ihn fällt, sind entweder Anzeigen eines hypothetischen Schlusses – eines nicht formal explizierten Implikationsverhältnisses zwischen Begriffen – oder eine glatte Fehlbesetzung. Das Einzelne ist Schnittpunkt einer Vielzahl von Begriffen, und keiner dieser erfüllten Begriffe genießt an sich selber das modale Privileg, dem Einzelnen schlechthin notwendig zu sein. Diese Position wendet sich also gegen die Möglichkeit, Notwendigkeit als bipolares Verhältnis zwischen einem Einzelnen – einem Gegenstand, der unter einen Begriff fällt – und einem Allgemeinen – einem Begriff, unter den der Gegenstand fällt – zu denken. Ein Einzelnes erfüllt nie *als solches* notwendig einen Begriff, sondern immer nur als durch einen weiteren Begriff bestimmtes. Um dieser Verortung von Modalität auf der Ebene von Begriffen willen nenne ich diese Position „Begriffstheorie“ der Modalität.

Ob diese Position als anti-essentialistisch einzuordnen ist oder nicht, hängt von der Aufklärung einer Zweideutigkeit ab, die in der Rede vom *Einzelnen als solchem* liegt. Wenn damit der bar aller Bestimmung gedachte Einzelgegenstand gemeint ist, so wird, wie wir im vorigen Kapitel gesehen haben, der Essentialist den Satz des Begriffstheoretikers mittragen. Anti-essentialistisch ist die begriffstheoretische Position bezogen auf einen Essentialisten, der sich in der oben kritisierten Alternative von begriffs- versus gegenstandsbezogener Modalität bewegt; und anti-essentialistisch ist die begriffstheoretische Position natürlich dann, wenn sie sich selbst in dieser Alternative bewegt und sich darin auf die erste Seite schlägt.

In einer zweiten Hinsicht muß die Begriffstheorie der Modalität jedoch auch dann nicht anti-essentialistisch sein, wenn sie es in dieser ersten ist. Zwar hebt sie dann die absolute Unterscheidung zwischen notwendigen und akzidentellen Bestimmungen *eines Einzelnen* auf, doch kann sie für die Verhältnisse zwischen den Bestimmungen selbst durchaus objektive Notwendigkeit annehmen. Das heißt: Eine Begriffstheorie der Modalität muß die Verhältnisse von Einschluß, Ausschluß und gleichgültiger Verträglichkeit (und deren Filiationen) zwischen Begriffen nicht als bloßen Reflex definitorischer Entscheidungen verstehen. Sie kann sie auch verstehen als Verhältnisse, die bestehen oder nicht bestehen unabhängig davon, ob wir die betreffenden allgemeinen Unterscheidungen fixieren oder nicht. Eine solche Begriffstheorie übernimmt damit ein Grundelement des Essentialismus, nämlich den Gedanken, Fragen nach der Bestimmung eines Allgemeinen oder einer Art als Fragen mit Objektivitätsanspruch zu verstehen. Sie bleibt dann essentialistisch im Sinn eines „Essentialismus der Begriffe“[1]. Ob die allgemeine These von der Begriffsanbindung des Modalen auch noch auf der Ebene der Begriffe eine de-objektivierende Wendung nimmt, hängt davon ab, *wie* Begriffe und ihre wechselseitigen Beziehungen verstanden werden. Grundsätzlich und allgemein wird die anti-essentialistische Wende dann, wenn Begriffe gefaßt werden als nur unsere Weisen, von der Welt zu reden. Damit sind wir bei der zweiten theoretischen Alternative:

Diese *zweite* Richtung besteht in einer sprachorientierten Auffassung von Implikation zwischen Begriffen und letztlich von Begriffen selbst. (Die hierunter befaßten Positionen werden in der Literatur auch unter dem Namen „linguistische Theorien von Notwendigkeit“ geführt.) In Kapitel 3.1.3 kam diese Auffassung ins Spiel in Form eines möglichen Einwands gegen eine von mir vertretene These. Die These war: Der Auftritt des implizierenden Begriffs in der Konklusion eines hypothetischen Schlusses, d. i. sein Einsatz zur Kennzeichnung des Subjekts, erübrigt nicht schon diejenige Prämisse, die die Implikation

[1] Damit ist nicht gemeint, daß solche Theorien Begriffen notwendige und kontingente Eigenschaften zusprechen oder zutrauen. Die Parallele zur Unterscheidung zwischen notwendigen und kontingenten Eigenschaften betrifft nicht, jedenfalls nicht in erster Linie, die Eigenschaften eines Begriffs, sondern, mit Frege gesprochen, seine Merkmale, nicht etwas, was er an sich hat, sondern das, was er ist. – Eine Position, die diesem Steckbrief eines „Essentialismus der Begriffe“ entspricht, vertritt etwa Bertrand Russell in *Probleme der Philosophie* (1912), übs. und mit einem Nachwort versehen v. Eberhard Bubser, Frankfurt a.M. 1967, Kap. 9 („Die Welt der Universalien“) und Kap. 10 („Unsere Erkenntnis von Universalien“), 81-98.

selbst festhält. Der mögliche Einwand dagegen lautete: Wenn ein Begriff einen anderen mit sich führt oder ausschließt, so handelt es sich dabei um Sachverhalte, die in der Bedeutung der Begriffswörter liegen. Was aber an der Bedeutung eines Worts liegt, das gehört zur Mitgift des Worts selbst, und das hat zur epistemischen Konsequenz, daß dieselben Anforderungen, die das Auffassen, Verstehen des Satzes und seiner Teile regieren, in solchen Fällen auch die Einsicht in die Wahrheit des Satzes bestimmen – soweit die Wahrheit eben von Begriffsimplikationen abhängt.

Bei dieser zweiten Richtung handelt es sich also um eine nicht selbstverständliche Besonderung der ersten. Sie bereichert und spezifiziert die erste um das Moment der Rückorientierung von *Begriff* auf die *Bedeutung des Begriffsworts*. Ich werde im folgenden abkürzend von „Bedeutungstheorien" des Modalen sprechen, wenn von Varianten dieser zweiten Richtung die Rede ist. Wie wir sehen werden, kompliziert sich das Verhältnis beider Richtungen allerdings dadurch, daß die Bedeutungstheorie gewissermaßen auf dem Sprung ist, in eine begriffsessentialistische Variante der Begriffstheorie überzugehen.

Im folgenden Kapitel wird nur die zweite Richtung für sich verfolgt. Ich gehe dabei zunächst aus von einem theoretisch anspruchslosen Verständnis von „Bedeutung", das Bedeutungen einfach als dasjenige umgrenzt, womit man vertraut ist, wenn man die zugeordneten sprachlichen Ausdrücke versteht. Zu zeigen ist dann *erstens*, daß ein so definiertes Kriterium notwendiger Wahrheit sich extern oder zufällig verhält zur Klasse derjenigen Aussagen, die gemeinhin als notwendige Wahrheiten gelten (Unterkapitel 3.2.2.1). An einem einfachen Beispiel wird begründet, daß der leitende Gedanke bei der Scheidung von Positiv- und Negativfällen notwendiger Wahrheit nicht einfach Ausdrucks- oder Bedeutungsverstehen gewesen sein kann. Dieser Befund läßt immer noch die Wahlmöglichkeit offen, die auftretende Divergenz zwischen mutmaßlichem Kriterium und tatsächlicher Sortierung zugunsten des Kriteriums und zu Lasten der alten Sortierung zu beseitigen. Deshalb wird in einem zweiten Anlauf das Kriterium selbst betrachtet (Unterkapitel 3.2.2.2 und 3.2.2.3). Hier soll *zweitens* gezeigt werden, daß das Kriterium auch für sich, also unabhängig vom vergleichenden Blick auf Selektionsergebnisse, nicht zur Erklärung des Status notwendiger Wahrheiten geeignet ist. Auch diese Argumentation wird Bedeutungstheorien nur in einer Hinsicht in den Blick nehmen: Die Frage ist nicht, ob sprachreduktionistische Begriffstheorien überhaupt ihrem Gegenstand gerecht werden, sondern ob sie geeignet sind, Modalität zu explizieren. Es ist dieses Versprechen, das im folgenden als nicht einlösbar gezeigt werden soll.

Sind die Argumente in 3.2.2.1-3 triftig, dann ergibt sich an dieser Stelle das Resultat: Das reduktionistische Projekt, notwendige Wahrheit sprachabhängig zu denken, ist zum Scheitern verurteilt. Das Problematische dieses Versuchs faßt sich darin zusammen, daß der Begriff der Bedeutung von Begriffswörtern unter zwei divergierende theoretische Anforderungen gerät: Die Bedeutung wird zum einen gebraucht zur Erläuterung und Kriterienfindung notwendiger Wahrheit und soll zum anderen die Oberflächenanbindung an die reine Sprachkenntnis behalten.

Kapitel 3.2.3 wendet sich von der bis dahin betrachteten kunstlosen Variante von Analytizität zu einem zweistufigen Konzept, das *logische Wahrheiten* zum Grundtyp des Analytischen macht und *Bedeutungsgleichheit* zur Rückführung eines Sekundärtyps analytischer Aussagen auf den Grundtyp in Anspruch nimmt. In Auseinandersetzung mit Quines Kritik in *Two Dogmas*[2] wird hier dafür argumentiert, daß der Begriff der Bedeutung und seine nächsten Anverwandten in diesem Kontext genau deshalb unerklärbar werden, weil sie als Nachfolger des Wesens und zur Erklärung notwendiger Wahrheit eingesetzt wurden. Damit ist auch schon der Unterschied zu Quines Resultaten bezeichnet. Nach der hier vertretenen Position müssen weder der Begriff der Notwendigkeit noch der der Bedeutung (und ebensowenig der der Definition oder der der Synonymie) *für sich genommen* problematisch sein. Was sie zu schrägen Brüdern macht, ist der Versuch, sie überhaupt zu Brüdern zu machen. In diesem Punkt bestätigt die Argumentation die Ergebnisse von Kapitel 3.2.2. Zugleich hat sich dann die Kritik ausgeweitet auf die Unterscheidung analytischer und synthetischer Urteile und damit auf den Versuch, Notwendigkeit in Termini des Analytischen zu fassen – unabhängig davon, ob das Analytische selbst rein sprachrelativ verstanden wird oder nicht.

In Unterkapitel 3.2.3.3 werden im Anschluß an Überlegungen von Grice/Strawson und Bonjour prima facie denkbare Wege aus Quines Zirkel diskutiert.[3] Die betrachteten Lösungsvorschläge kommen darin überein, für wenigstens einen Begriff der um Analytizität zentrierten Begriffsfamilie eine selbständige, also zirkelfreie Bestimmung zu reklamieren, an die nicht der Maßstab einer Definition im strengen Sinn angelegt wird. Für diese Versuche möchte ich zeigen: Entweder die alternative Eingrenzung des jeweiligen Begriffs wirft dieselben Fragen auf, die sich auf der Ebene allgemeiner Definition stellen, oder aber die Eingrenzung verhält sich nicht, also auch nicht problemlösend zum Kernproblem von Analytizität.

Nachdem sich das Problem des Analytischen als intransigent gegen solche naheliegenden Lösungsangebote erweist, wird dann im Rückgang auf die in 3.1.4 betrachtete essentialistische Variante der Unterscheidung zwischen dem Analytischen und dem Synthetischen verfolgt, was von dieser Unterscheidung im allgemeinen im Licht der vorangegangenen Kritik bleibt (Kap. 3.2.4).

---

[2] Willard Van Orman Quine: *Zwei Dogmen des Empirismus*, in: ders.: *Von einem logischen Standpunkt. Neun logisch-philosophische Essays*, Frankfurt a.M 1979, 27-50 (Original: *Two Dogmas of Empiricism*, ursprgl. in: Philosophical Review LX/1 [1951]); i.f. abgekürzt „Quine 1979 a".

[3] Laurence Bonjour: *In Defense of Pure Reason. A Rationalist Account of A Priori Justification*, Cambridge 1998. – H.P. Grice/P.F. Strawson: *In Defense of a Dogma*, in: Robert C. Sleigh, Jr. (Hg.): *Necessary Truth*, Prentice-Hall, Englewood Cliffs 1972, 73-88 (zuerst in: The Philosophical Review LXV/2 [1956]).

3.2.2 Wahr kraft Bedeutung (I) – Der einfache Sprachrelativismus und sein Mangel

3.2.2.1 Die Divergenz von Kriterium und Fällen

Die Rahmenbestimmung absoluter Modalität – jener gemeinsame Boden, auf dem sich Begriffs- und Bedeutungstheorien des Modalen bewegen und auf dem auch De-re-Modalität angesiedelt ist – entnehme ich noch einmal dem Aufsatz William Kneales: Manche mit „notwendig" formulierten Aussagen rekurrieren auf die *externe* Aufweisbarkeit der Wahrheit der Kernaussage; die Externalität der Beweisgründe und das Elliptische des Gebrauchs von „notwendig" sind dabei nur zwei Seiten derselben Medaille. Andere – und zwar die hier einschlägigen – Aussagen mit Notwendigkeitsklausel indizieren *absolute* Notwendigkeit der Kernaussage selbst. Dieser Qualität von Aussagen korreliert eine epistemische Eigenart; es handelt sich um eine Qualität von Aussagen, die entweder darin besteht oder doch zur unmittelbaren Folge hat, daß, die Wahrheit der Aussage einzusehen, nur den Rekurs auf das in der Aussage Gegebene verlangt. Notwendig wahr zu sein scheint für eine Aussage zu koinzidieren damit, kraft ihrer selbst wahr und kraft ihres verständnisvollen Erfassens einsichtig zu sein. Paradigmatische Fälle scheinen allgemeine Aussagen zu sein, die inner- oder interbegriffliche Verhältnisse explizit machen.

Die Assimilation des notwendig Wahren an das Selbstverständliche ist nun (in Kap. 3.1.3) bereits gekündigt worden. Geblieben ist jedoch die folgende allgemeine Charakterisierung: In solchen Aussagen drückt sich die anvisierte Absolutheit oder Binnendetermination von Wahrheit durch die Gleichgültigkeit oder unbeschränkte Liberalität hinsichtlich möglicher Einsetzungen für Gegenstandsvariablen aus. Es geht allein um einen Zusammenhang zwischen den genannten Begriffen, eine Relation, die unabhängig von Einsetzungen für Gegenstandsvariablen besteht, unabhängig davon, wie die Gegenstände, die diese Begriffe erfüllen, sonst noch beschaffen sein mögen, unabhängig auch davon, ob es überhaupt erfüllende Instanzen gibt. In diesem Sinn entscheidet sich die Wahrheit der betreffenden allgemeinen Kernaussage an den Begriffen allein, und genau darin ist diese nicht nur wahr, sondern auch notwendig wahr.

Diese Unabhängigkeit vom Rekurs auf sonstige Beschaffenheiten und das Dasein von Erfüllungsinstanzen gehört wohl zum Minimalkonsens divergierender *Begriffstheorien* notwendiger Wahrheit. *Bedeutungstheorien* von Notwendigkeit geben diesem Zug nun eine besondere Explikation; und an diesem Punkt hören die Gemeinsamkeiten auf.

Der erste Schritt hin zu einer linguistischen Erklärung von Notwendigkeit erfolgt über die Bestimmung notwendiger Wahrheit in Termini der *Analytizität* des notwendig wahren Urteils. Mit dieser Kennzeichnung ist freilich noch nicht eine eindeutige Konzeption angesprochen; das Konzept des Analytischen selbst ist in mehreren Ausfertigungen erhältlich, deren Unterschiede voneinander nicht immer deutlich reflektiert worden sind.[4] Insbesondere ist nicht davon auszugehen, daß mit der Rede von Analytizität immer schon die Wende zu einer sprachorientierten Erklärung der Selbstgenügsamkeit mancher Aussagen vollzogen ist. (So rekurrieren weder Leibniz' Unterscheidung zwischen Tatsachen- und Vernunftwahrheiten noch Humes Unterscheidung zwischen Tatsachen und Ideenbeziehungen noch auch Kants Unterscheidung synthetischer und analytischer Urteile zur Auszeichnung des Analytischen auf sprachliche Bestimmungen.) Gemäß einer Katalogisierung Anthony Quintons[5] lassen sich wenigstens vier kurrente Konzeptionen des Analytischen unterscheiden:

(1) Eine analytische Aussage ist eine, die wahr ist kraft der Bedeutungen der Terme, die sie enthält.

(2) Eine analytische Aussage ist ein Fall des Gesetzes der Identität, dessen Bestreitung ein expliziter Widerspruch ist.

(3) Eine analytische Aussage ist eine, die wahr ist kraft der Konventionen der Sprache.

(4) Eine analytische Aussage ist eine logische Wahrheit oder mit Hilfe von Definitionen rückführbar auf eine solche.[6]

Für eine sprachorientierte Explikation von Notwendigkeit bieten sich die Versionen (1) und (3) an. Die anderen beiden sind erst durch Zusatzprämissen in die gleiche Richtung einzureihen. Darum werde ich mich im folgenden auf die erste und die dritte Version konzentrieren.[7]

Ich beginne mit der ersten Version, und hier mit der Frage: Expliziert sich die Notwendigkeit einer Aussage via Analytizität darin, wahr kraft der Bedeutungen ihrer Terme zu sein? Die Antwort, die ich begründen möchte, lautet: Dieser Versuch führt in die Alternative, entweder um des Kriteriums willen eine bedeutende Anzahl von Urteilen aus dem Reich der Notwendigkeit ausbürgern zu müssen, die dort ihren angestammten Sitz hatten, oder den Begriff der Bedeutung selbst nach Maßgabe notwendig wahrer Urteile einzurichten.

In einer vortheoretischen, landläufigen Fassung kann man Bedeutungen so herausgreifen: Die Bedeutung eines Ausdrucks sei dasjenige, was man erfaßt haben, wessen man inne sein muß, um den Ausdruck zu verstehen. Diese Roh-

---

[4] Auf diesen Sachverhalt macht etwa Laurence Bonjour aufmerksam; vgl. Bonjour 1998, Teil 2 ("In search of moderate empiricism").

[5] Vgl. Anthony Quinton: *The A Priori and the Analytic*, in: Sleigh 1972, 89-109, hier: 90f. Quinton selbst sieht in diesen vier Versionen allerdings keine problematische Vieldeutigkeit, sondern ein zusammenhängendes Begriffsfeld. Sein Aufsatz zielt erstens darauf, zu zeigen, daß notwendig wahre Aussagen analytisch im *ersten*, grundlegenden Sinn sind, und zweitens darauf, auf dieser Basis nachzuweisen, daß notwendig wahre Aussagen analytisch auch im Sinn der übrigen drei Versionen sein müssen. Die eigentliche Kontroverse zwischen Vertretern des synthetischen A Priori und seinen Gegnern beginnt nach Quinton erst mit der zweiten Beweisabsicht. – Zur allgemeinen Einteilung von Analytizitätskonzepten vgl. auch: Panayot Butchvarov: *The Concept of Knowledge*, Evanston 1970, Kap. 2.

[6] Bonjour bietet eine reichere Unterscheidung an (siehe Bonjour 1998, Teil 2). Für unsere Frage genügt es jedoch, die einfachere Klassifizierung Quintons zugrundezulegen.

[7] Zur dritten Version siehe unter Gliederungspunkt 3.2.2.3.

fassung stimmt mit einem Übergang überein, den wir im alltäglichen Sprachgebrauch in beiden Richtungen machen: Von jemandem, der ein Wort nicht verstanden hat, sagen wir auch, er habe dessen Bedeutung nicht erfaßt, und umgekehrt. (Diese Fassung ist allerdings weder als gute noch überhaupt als Definition gemeint, läßt sie doch das, was es ist, eine Bedeutung zu sein, unausgesprochen; die Korrelation mit Ausdrucksverstehen kann und soll hier nicht mehr leisten als eine Abgrenzung des Begriffs.)

Das vorausgesetzt, läßt sich die zu begründende These so formulieren: Ein Begriff der Bedeutung, der die Eigenschaft notwendiger Wahrheit aufklären können soll, kann an *diesem* Begriff der Bedeutung nicht Maß nehmen. Tatsächlich kommen viele Theorien des Sinnes oder der Intension offensichtlich nicht mit diesem Begriff überein und lassen sich nicht als Versuche der Explikation, Näherbestimmung dieses vortheoretischen Ausgangspunkts verstehen. Das gilt sicher von der Frege'schen Bestimmung des Sinnes, und es gilt, wie gleich zu zeigen ist, auch für Kneales und Quines Verwendung von *Sinn* oder *Intension*. Für den Anfang blenden wir, in künstlicher Naivität, diesen theoretischen Horizont aus und bleiben bei dem vorgestellten einfachen Begriff. So anzufangen, scheint immerhin auch einigen Anhalt an der Sache zu haben. Insbesondere das epistemische Korrelat eines so gelesenen „Wahr kraft Bedeutung“ scheint prima facie eine naheliegende Erklärung dafür zu bieten, was es heißt und woran es liegt, daß wir nicht über eine Aussage hinausgehen müssen, um ihre Wahrheit einzusehen. Wenn die Bedingungen für das Verständnis, das einfache Erfassen des Sinns der Aussage, bereits hinreichen, sie auch als wahr einzusehen, dann scheint ein Grund dafür geliefert, für diese Einsicht nicht über die Aussage selbst hinausgehen zu müssen, und damit eine Erklärung des Absolutheitscharakters solcher Aussagen. – Zudem finden sich unter den in der Literatur gängigen Beispielen für notwendige Wahrheiten respektive analytische Urteile solche, die dieser Erklärungsrichtung entgegenkommen. Das sind diejenigen, die so gebaut sind, daß von zwei Begriffsausdrücken der erste im zweiten eine Worterläuterung findet. Quines Junggesellensatz ist ein Fall davon. Wenn jemand sagen wollte: Das Wort „Junggeselle“ verstehe ich wohl, nur wußte ich nicht, daß Junggesellen unverheiratete Gesellen sind – dann würde man das für eine ungereimte Kombination halten. Bestenfalls würde man dem Betreffenden zugestehen, irgendetwas an dem Wort verstanden zu haben, nicht aber das, was er sich selber zurechnet: das Wort selbst verstanden zu haben.

Beispiele wie dieses scheinen zwei Züge zu vereinen: Erstens scheinen sie erfüllungsinvariante interne Relationen zwischen Begriffen auszusagen. Zweitens sind sie Fälle von Worterläuterung. Geprüft werden soll, ob der zweite Zug so zum ersten gehört, daß er diesen *begründet* oder *erklärt*.

Ein erstes Indiz, wenn auch noch nicht ein zwingender Grund gegen diese Annahme liegt in dem Umstand, daß nicht alle Urteile, die als gute Fälle notwendiger oder analytischer Urteile gelten, solche Worterläuterungsfälle sind. Allgemeiner gesagt: Es gibt Urteile, die als notwendig anerkannt werden und zugleich das im obigen Sinn spezifizierte Kriterium, wahr kraft Bedeutung zu sein, nicht erfüllen. Kriterium und tatsächliche Sortierungsergebnisse treten in Gegensatz zueinander.

Um solche Fälle zu finden, müssen wir nicht weitherum suchen. Die schon besprochenen Beispiele Kneales und Quines enthalten solche Fälle.[8] Halten wir uns noch einmal an den Fall „9 ist größer als 7". Wie wir wissen, gilt diese Aussage als ein Fall notwendiger Wahrheit. Diese Einordnung scheint sich mit dem Kriterium des Wortverstehens auch ganz gut zu vertragen. Es ist zumindest nicht unplausibel, die Kenntnis der Größenverhältnisse einer Zahl zu ihren nächsten Nachbarn als Element des Verstehens des betreffenden Zahlausdrucks zu fassen. (Ob es sich tatsächlich verhält, lasse ich dahingestellt und die Annahme um des Arguments willen einfach passieren.) Fragen wir weiter, welche alternativen koextensionalen Kennzeichnungen dem entstehenden Urteil den Status notwendiger Wahrheit konservieren würden. Was geschieht zum Beispiel, wenn wir beliebig komplizierte Gleichungen als Grundlage der Kennzeichnung benutzen, wenn wir etwa von „9 ist größer als 7" übergehen zu „1944 : 216 ist größer als 7"? Oder halten wir uns an eine Ersetzung, die Quine ins Auge faßt: „$x = \sqrt{x} + \sqrt{x} + \sqrt{x} \neq \sqrt{x}$" wird von Quine als eine Bedingung angeführt, die eindeutig die Zahl 9 herausgreift und zugleich als eine Bedingung, aus der „ist größer als 7" folgt. Demnach ist also auch „$(\sqrt{9} + \sqrt{9} + \sqrt{9})$ ist größer als 7" eine notwendige Wahrheit.

Es ist wohl keine Überinterpretation des Quine'schen Gedankens, wenn wir annehmen, daß *jede beliebige* Gleichung mit einer Unbekannten, deren Lösung 9 ist, von Quine als Basis einer erlaubten, Notwendigkeit konservierenden Ersetzung akzeptiert werden dürfte. Die Gleichungen, die wir der eindeutigen Kennzeichnungen unserer Zahl zugrundelegen, dürfen mithin so kompliziert sein, wie sie wollen, ohne daß die Notwendigkeit des entstehenden Urteils dadurch aufgehoben würde. Die Frage, wie hoch oder niedrig die Anforderungen an entsprechende arithmetische Kenntnisse gesetzt sind, scheint mit der Frage der Notwendigkeit nichts zu tun zu haben.

Wie verhält sich diese Intuition aber zu dem eben probeweise zugrundelegten Kriterium notwendiger Wahrheit? Will man zugleich Fälle wie „1944 : 216 ist größer als 7" oder „$(\sqrt{9} + \sqrt{9} + \sqrt{9})$ ist größer als 7" als gültigen Ersatz für „9 ist größer als 7" gelten lassen *und* Wortverstehen als Kriterium beibehalten, wird man den Begriff des Wortverstehens ziemlich biegen und strecken müssen. Denn im landläufigen Sinn sind die Bedingungen, unter denen jemandem attestiert wird, den Ausdruck „9" zu verstehen, nicht so hoch gesteckt, daß er erst jede Gleichung mit einer Unbekannten, deren Lösung 9 ist, berechnen können müßte. Ein Schulkind, das in die arithmetischen Anfangsgründe des Zählens, Addierens, Subtrahierens eingeweiht ist, aber noch nicht in Dividieren und Wurzelziehen, kann – solange wir beim gewöhnlichen Wortverstehen bleiben – ganz

[8] Das heißt nicht, daß Quine selbst inkonsequent verfahren wäre. Angesichts seiner Kritik von Analytizität und Synonymie sollte ihm nicht unterstellt werden, das Kriterium des notwendig Wahren in Termini des Wortverstehens, wie es hier zugrundegelegt wird, einfach angenommen zu haben.

gut verstehen, was „9" heißt. Und es scheint solche Zahlausdrücke auch schon verstehen zu müssen, um in diese Rechnungsarten eingeführt werden zu können.

Wenn das so ist, dann tritt eine Spannung zwischen Kriterium und Fällen notwendiger Wahrheit auf: Das Kriterium schließt Fälle aus, die man – mit Quine – problemlos als notwendige Wahrheiten anerkennen würde. In „$\sqrt{9} + \sqrt{9} + \sqrt{9} = 9$" wird der Schritt von der rechten, einfachen Seite der Gleichung zur anderen Seite dann klarerweise ein Schritt über das hinaus, was im Verstehen des Zahlausdrucks „9" verstanden ist, mithin über die Bedeutung von Worten hinaus. Gleich $\sqrt{9} + \sqrt{9} + \sqrt{9}$ zu sein, rekapituliert nicht etwas, dessen man inne gewesen sein muß, um die Bedeutung von „9" zu verstehen. Das unterscheidet eine ganze Reihe von Gleichungen von dem worterläuternden Verhältnis zwischen „Junggeselle" und „unverheirateter Mann". Eine Rekonstruktionsvariante ist damit ausgeschlossen: Wir können nicht alle notwendigen Urteile über eine Zahl durch den Umkreis dessen bestimmen, was in der Bedeutung des Zahlausdrucks gelegen ist – jedenfalls dann nicht, wenn wir erlaubte, Notwendigkeit konservierende Ersetzungen de facto entlang des Quine'schen Kriteriums bestimmen *und* Bedeutung wie oben verstehen.

Aber ist das nicht zu schnell geschlossen? Gewiß scheint bis dahin nur, daß „1944 : 216 ist größer als 7" oder „($\sqrt{9} + \sqrt{9} + \sqrt{9}$) ist größer als 7" nicht *deswegen*, weil die jeweils ersten Kennzeichnungsausdrücke zum Sinn oder zu den Sinnen der „9" gehören würden, notwendige Wahrheiten sein können. Wenn wir aber ausklammern, daß wir zu diesen Kennzeichnungsausdrücken im Ausgang vom einfachen Zahlausdruck „9" gekommen sind, und das Kriterium des Wortverstehens einfach an die neuen Ungleichungen herantragen, ist das Ergebnis nicht mehr so eindeutig. Denn nun muß natürlich auch das Bedeutungsverstehen der komplexen Ausdrücke, das Verständnis der neuen Zahlausdrücke und der neuen operativen Zeichen „:", „$\sqrt{}$", „+" einbezogen werden, um die Analytizität beurteilen zu können. In diesem Licht ließe sich dann die behauptete Kriterium-Fall-Divergenz wie folgt bestreiten: Man müßte vertreten, daß es zum Verstehen der Ausdrücke „1944 : 216" bzw. „$\sqrt{9} + \sqrt{9} + \sqrt{9}$" gehört, zu wissen, daß die Ausführung der jeweiligen Rechenvorschriften 9 ergibt; alles Weitere, der Schritt zu „ist größer als 7", ergäbe sich dann nach Voraussetzung analytisch, aufgrund des Verstehens der „9" allein. Legen wir also diese Position probeweise zugrunde. Nehmen wir an: „$\sqrt{9} + \sqrt{9} + \sqrt{9} > 7$" gelte als notwendige Wahrheit, weil es kraft des Verstehens der beteiligten Ausdrücke allein als wahr einzusehen sei; und lassen wir zugleich gelten, daß „$= \sqrt{9} + \sqrt{9} + \sqrt{9}$" *nicht* eine der Intensionen des Zahlausdrucks „9" sei, weil man gut verstehen kann, was „9" heißt, ohne Wurzelziehen beherrschen zu müssen. Dann ergibt sich eine merkwürdige Konsequenz: Die Gleichung „$\sqrt{9} + \sqrt{9} + \sqrt{9} = 9$" figuriert nun einmal klar als notwendige Wahrheit – dann nämlich, wenn wir sie von der Seite „$\sqrt{9} + \sqrt{9} + \sqrt{9}$" her lesen. Lesen wir sie hingegen von der 9 her, erscheint der Schritt zur anderen Seite der Gleichung nicht als analytischer Schritt. Um von der linken Seite der Gleichung zur rechten zu kommen, bedarf es nach Voraussetzung nur der Mobilisierung von Bedeutungswissen; nicht so, wenn ich umgekehrt von der rechten zur linken Seite übergehen möchte. Das liegt daran, daß es nun ein Gefälle gibt hinsichtlich der Anforderungen, die an das Bedeutungsverstehen des Ausdrucks der einen Seite gestellt sind, und denen, die für das Verstehen des Ausdrucks der anderen Seite gelten. Gleich 9 zu sein, soll im Sinnhorizont von „√9 + √9 + √9" liegen, aber nicht, gleich √9 + √9 + √9 zu sein, im Horizont von „9". Das Verstehen von „9" galt ja als elementarer, als das für uns, im Gang des Lernens Frühere. Wenn es auf diese Weise für die modale Qualifikation der Gleichung entscheidend wird, in welcher Richtung sie gelesen wird, dann scheitert der Versuch, Notwendigkeit in Termini des Wortverstehens zu bestimmen, in einem elementaren Sinn. Das eingesetzte Kriterium erfüllt dann nämlich nicht die ihm zugedachte Funktion, eine Weise der Einteilung von Urteilen zu sein. Analytisch – und darum notwendig – zu sein, drückt dann nicht länger eine *Qualität* des Urteils aus, eine Eigenart, die ein Urteil an sich selber entweder besitzt oder nicht besitzt. Denn nun kann dieselbe Gleichung mit gleichem Recht einmal als notwendig wahr, das andere Mal als nicht notwendig wahr eingestuft werden.

Nun kann man dagegen das erwogene Kriterium noch einmal verteidigen, indem man darauf besteht, daß Gleichungen bereits dann als notwendig wahr gelten, wenn die Gleichung auch nur in *einer* Richtung gelesen das Kriterium erfüllt. Man kann, wie oben, wieder geltend machen: Jemand, der den Ausdruck „√9 + √9 + √9" nicht versteht, kann natürlich die Gleichung nicht kraft des Bedeutungswissens, das *er* hat, als wahr einsehen. Aber das spielt keine Rolle, solange das jeder kann, der (und insofern er) „√9 + √9 + √9" versteht. Diese Verteidigung erscheint naheliegend; aber sie ist nicht erfolgreich. Die Eigenschaft der Notwendigkeit via Analytizität wird dann entweder zirkulär bestimmt oder aber so, daß sich das Moment des Synthetischen wiederum geltend macht.

Die erste Konsequenz stellt sich ein, wenn die Gleichung („√9 + √9 + √9 = 9") einfach zum konstitutiven Element der Bedeutung des Ausdrucks „√9 + √9 + √9" erklärt wird – mit dem epistemischen Pendant: Jemand, der die Gleichung nicht als bestehend weiß, hat noch gar nicht verstanden, was „√9 + √9 + √9" heißt, wobei jenes Nicht-Wissen hier nicht nur das nachträgliche Kennzeichen dieses Nicht-Verstehens wäre, sondern der Ausfall eines für das Verstehen konstitutiven Elements. Sowohl die sachliche wie die epistemische Fassung nehmen dann zum Zweck der Erklärung des modalen Status der Gleichung diese selbst bzw. die Einsicht in ihr Bestehen auf der Seite der Explanantia auf. Wir haben nun auf der sachlichen Seite nicht mehr eine Wahrheit, die aus der Bedeutung der Ausdrücke, die zu ihrer Formulierung gebraucht werden, folgte, sondern umgekehrt eine, die für die Bedeutung eines dieser Ausdrücke konstitutiv ist; und auf der epistemischen Seite haben wir nicht mehr eine Erkenntnis, die aus Bedeutungsverstehen hervorginge, sondern umgekehrt eine, die in solches Verständnis eingeht. Mit dieser Umkehrung der Begründungsbeziehungen gerät der Rekurs auf Bedeutung und Verstehen zum Zweck der Erklärung dafür, worin die Gleichung notwendig sei, zum schlechten Zirkel und die Gleichung samt ihren modalen Eigenschaften zum unerklärten Erklärer.

Damit legt sich die Alternative nahe, den Schritt vom Rechenausdruck „$\sqrt{9} + \sqrt{9} + \sqrt{9}$“ zur Gleichung und parallel den Schritt vom Verstehen des Ausdrucks zur Einsicht in das Bestehen der Gleichung als einen zu bestimmen, der aufgrund der Bedeutung bzw. des Verständnisses von „$\sqrt{9} + \sqrt{9} + \sqrt{9}$“ erfolgt, *ohne* dieses Resultat dem Ausgangspunkt schon einzulegen. Um als Erklärung zu taugen, brauchen wir mit anderen Worten ein Bedeutungsverstehen, in das die Einsicht in das Bestehen der Gleichung nicht unmittelbar vorab als Bedingung eingebaut wurde. Die Gleichung nicht lösen zu können, bleibt dann immer noch Anzeige, aber nicht mehr sachlicher Grund des Nicht-Verstehens des Rechenausdrucks. Die Bedeutung respektive das Verstehen der einen Seite der Gleichung wäre dann als der von dem Übergang selbst noch einmal zu unterscheidende, dagegen selbständig gefaßte Grund desselben zu betrachten. Dann aber erhalten die Gleichung und ihre Erkenntnis ein gemäß Definition nicht-analytisches Moment. Dieser synthetische Einschluß kommt einfach damit ins Spiel, daß die Bedeutung von „$\sqrt{9} + \sqrt{9} + \sqrt{9}$“ jetzt von dem, was aus ihr folgt, unterschieden ist. Ebenso scheidet sich das Erfassen der Bedeutung von dem ab, was auf dieser Basis eingesehen werden kann. Es muß dann ein erstes Erfassen der Bedeutung angesetzt werden, das den Schritt zur Einsicht in die Gleichung noch nicht enthält. Das ist der Preis dafür, daß Bedeutung respektive Verstehen als echter, nicht-tautologischer Grund notwendiger Wahrheit respektive ihrer Erkenntnis gewahrt werden.

Dieses Resultat muß sich einstellen, sobald, wie in diesem Beispiel, ein Gefälle zwischen den Anforderungen an das Verstehen des einfachen und denen an das Verstehen des komplexen Ausdrucks besteht. Nehmen wir wie gegenwärtig das Ausdrucksverstehen als eindeutigen Parameter von Bedeutung, also auch der Verschiedenheit von Bedeutungen, dann folgt der Differenz der Anforderungen ans Verstehen die Differenz der Bedeutungen auf dem Fuß. „9“ und „$\sqrt{9} + \sqrt{9} + \sqrt{9}$“ sind nicht bedeutungsidentisch, und an diesem Sachverhalt scheitert die Eingemeindung der Gleichung „$\sqrt{9} + \sqrt{9} + \sqrt{9} = 9$“ ins Reich notwendiger Wahrheiten – solange wir an dem gegenwärtigen Vorschlag zur Auslegung notwendiger Wahrheit festhalten.

Nach der augenblicklich zugrundegelegten Ansicht müßten „9“ und „$\sqrt{9} + \sqrt{9} + \sqrt{9}$“ nämlich *Synonyme* sein. Sie sollen nicht einfach zwei Weisen sein, denselben Gegenstand herauszugreifen, sondern *eine* Weise, die nur eben in verbal unterschiedlicher Art zum Ausdruck gebracht wird. Die Beziehung der Synonymie ist aber symmetrisch, und diese Symmetrie macht sich auch hinsichtlich dessen bemerkbar, was jemand wissen muß, um ein Synonym zu lernen. Wenn wir – immer im Rahmen eines landläufigen Verständnisses – jemandem ein Synonym für ein Wort beibringen, das er schon kennt, dann bringen wir ihm nichts weiter bei als eben ein neues Wort. Es macht keinen Sinn, zu sagen: „Fleischer“ ist ein Synonym für „Metzger“ – aber was ein Fleischer ist, kannst du jetzt noch nicht verstehen, obwohl du schon verstehst, was ein Metzger ist. Genau so einen Fall haben wir aber jetzt produziert: „9“ und „$\sqrt{9} + \sqrt{9} + \sqrt{9}$“ sollen nach Voraussetzung nicht nur dieselbe Zahl bezeichnen – extensionsgleich sein –, sondern auch noch verschiedene verbale Ausdrücke derselben Intension sein. Dann ist aber jemand, indem er einen der beiden Ausdrücke – und zwar egal welchen – versteht, mit der fraglichen Intension bekannt (was immer es heißen mag, mit einer Intension bekannt zu sein). Das heißt aber, daß in unserem Fall die jeweils andere Seite der Gleichung von jedem der beiden möglichen Ausgangspunkte auf die gleiche Weise erreichbar sein müßte. Das konstatierte Gefälle, die Asymmetrie zwischen dem, was es heißt, „9" zu verstehen, und dem, was es heißt, „√9 + √9 + √9" zu verstehen, steht der Rekonstruktion notwendiger Wahrheit in Termini des Wortverstehens entgegen.[9]

Das Programm, notwendige Wahrheit via Analytizität/Synonymie/Intension zu bestimmen, ist damit noch nicht gescheitert. Es gibt zwei Weisen, im Rahmen des Programms mit dem eben erreichten Ergebnis umzugehen: *Entweder* man hält in nicht modifizierter Weise am Kriterium des Wortverstehens fest und schließt konsequent alle Urteile, die ihm nicht genügen, aus der Sphäre notwendiger Wahrheiten aus; *oder* aber man versucht Kriterium und Fälle in Einklang zu bringen, indem man die Termini „Sinn" und „Intension" von den gewöhnlichen Bedingungen des Sprachverstehens emanzipiert. Die zweite Richtung – die uns auf den philosophischen Gebrauch zurückführen wird – hat sich eben schon eröffnet: Wenn der Übergang von einer Seite einer Gleichung oder auch eines notwendigen Identitätsurteils auf die andere aus der Bedeutung einer der beiden Seiten hervorgehen soll, ohne expressis verbis vorausgesetzt zu sein, dann sind Bedeutungen jedenfalls objektiver zu nehmen als in unserem ersten Anlauf. Dann ist ihnen ein logisches Innenleben attestiert, das in notwendigen Urteilen expliziert wird.

3.2.2.2 Kritik des Kriteriums

Betrachten wir zunächst die erste dieser beiden Möglichkeiten. Sie besteht darin, die oben konstatierte Kriterium-Fall-Divergenz nicht zu dementieren, sondern hinzunehmen und gleichzeitig das Kriterium zu konservieren. Das schließt für das diskutierte Beispiel ein, daß die Anforderungen an das Verstehen von Ausdrücken wie „√9 + √9 + √9" für ermäßigt gelten: Wer „√9 + √9 + √9" versteht, muß den Ausdruck nun nicht mehr auf die 9 zurückführen, nicht mehr die entsprechende Gleichung lösen können. Das Verständnis des operativen Zeichens löst sich in dieser Ansicht von der Kompetenz, im Einzelfall die fragliche Ope-

---

[9] Das zeigt sich auch, wenn man an dieser Stelle den Gedanken der Substitutivität salva veritate aufnimmt. Notwendige Wahrheit soll konserviert werden, wenn wir für „9" sinngleiche Ausdrücke einsetzen. Gemäß dem landläufig verstandenen Kriterium des Sinnverstehens kamen die komplexeren Zahlausdrücke nicht in Frage. Auf dem jetzigen Stand könnte man sie nachträglich doch einsetzen – mit der Begründung, daß die Gleichheit mit 9 zu den Elementen des Bedeutungsverstehens dieser Ausdrücke gehöre. Aber damit hat man etwas gesetzt, beschlossen, was über das einfache Kriterium des Wortverstehens hinausgeht; man hat den Maßstab gegenüber dem Ausgangspunkt, der lautete: was jemand weiß, indem er das Wort „9" versteht, verändert.

ration durchführen zu können. Wie oben lasse ich die Frage, was nun tatsächlich die Anforderung ans Zeichenverständnis sind, dahingestellt und betrachte nur die Folgen für die Bestimmung notwendiger Wahrheit.

Die nächste Folge ist natürlich, daß „$\sqrt{9} + \sqrt{9} + \sqrt{9} = 9$“ oder „$\sqrt{9} + \sqrt{9} + \sqrt{9} > 7$“ aufhören, als notwendige Wahrheiten zu gelten, während „$9 > 7$“ ein guter Kandidat für eine notwendige Wahrheit bleibt. Diese Sortierung hat etwas Kontraintuitives, aber die Berufung auf gegenläufige Intuition allein ist noch kein immanentes Argument gegen die Wahl des Kriteriums selbst. Solche Argumente lassen sich jedoch entwickeln, indem man erstens die Intuition expliziert und zweitens zusieht, ob damit Standards, die in der Wahl des Kriteriums selbst anerkannt sind, verletzt sind.

Was also ist dasjenige Moment, das solche Sortierungsergebnisse unpassend erscheinen läßt? An unserem Beispiel läßt sich die Intuition kurz so exponieren:

Es gibt eine unendliche Reihe von Wahrheiten über die 9, läßt sie sich doch als beliebig komplexes Verhältnis anderer Zahlen ausdrücken. Es gibt auch eine unendliche Reihe von Wahrheiten, die mit Gebrauch des Zahlausdrucks „9“ formuliert sind, ohne Wahrheiten über die 9 zu sein. Von all diesen unendlich vielen Wahrheiten explizieren jedenfalls nur einige wenige Bedingungen für das Verständnis des Ausdrucks „9“. Wenn das maßstabgebende Verständnis das des durchschnittlichen Sprechers ist, so sind die entsprechenden Anforderungen dadurch charakterisiert, daß sie das *für uns* Erste, Elementare sind, daß sie erste Lernschritte im Bekanntwerden und im Umgang mit Zahlen sprachlich fixieren. Auskünfte wie „9 folgt auf die 8“ oder „Hier sind 9 Bleistifte *(oder* Zwiebeln *oder ..)*“ oder „9 ist eine Zahl“ gehören wohl in diese Reihe. Nun ist es niemandem verwehrt, wahre Urteile über die 9 und überhaupt solche, die mit dem Zahlausdruck „9“ formuliert sind, danach zu unterscheiden, welche von ihnen tatsächlich im gewöhnlichen Wortverständnis sedimentiert sind und welche nicht. Aber weshalb sollte das für uns Erste auch noch darüber entscheiden, was notwendig der Fall ist? Könnte denn „$\sqrt{9} + \sqrt{9} + \sqrt{9} = 9$“ auch falsch werden aus dem einzigen Grund, daß es – gemäß der jetzigen Bestimmung des Kriteriums – nicht nur repetiert, was wir verstanden haben, wenn wir den Zahlausdruck „9“ verstehen?

Der Verdacht, das Kriterium verfehle die Sache, läßt sich freilich nur erhärten, wenn gezeigt werden kann, daß damit immanente Standards einer „Bedeutungstheorie“ des Modalen verletzt sind. An welchen ihr eigenen Standards läßt sich also die Option, notwendige Wahrheit in Termini des Analytischen, dieses in Termini von Bedeutung und diese wiederum in Termini gewöhnlichen Sprachverstehens auszulegen, messen? Drei Maßstäbe scheinen mir jedenfalls dem Projekt selbst einbeschrieben zu sein:

Erstens: Einer dieser Standards liegt in dem Anspruch, mit dem angegebenen Kriterium eine *disjunkte Einteilung* der Urteile zu erzielen. Für ein gegebenes Urteil sollte sich eindeutig entscheiden lassen, ob es zur Gruppe der notwendig wahren Urteile gehört oder nicht. Damit ist zunächst gemeint: Ein und dasselbe Urteil darf sub specie des Kriteriums nicht zugleich als notwendig und als kontingent firmieren können. Diese Forderung der Disjunktivität ergibt sich dann, wenn die „Bedeutungstheorie" des Modalen explikativ, mit Erklärungskraft ausgestattet werden und bleiben soll, wenn sie uns instandsetzen soll, Urteils-Eigenschaften, die wir partiell schon kennen, besser zu verstehen. Dann wird sie, um ihren Gegenstand – Modalität – kenntlich zu halten, den elementaren Charakter des wechselseitigen Ausschlusses zwischen dem Notwendigen und dem doppelt Möglichen oder Kontingenten konservieren müssen. Um genau zu sein: Wenn sie solche Elementarzüge preisgibt, so wird sie dafür theoretische Gründe liefern müssen; verdankt sich die Negation solcher Voraussetzungen dagegen nur der Wahl des Kriteriums selbst, hat umgekehrt die Theorie ihren Erklärungsanspruch preisgegeben.

Zweitens: Das Kriterium sollte Notwendigkeit/Möglichkeit/Kontingenz als *dauerhafte Eigenschaften* eines Urteils bewahren. Ein einmal als notwendig gesetztes Urteil kann nicht seine Identität, seinen propositionalen Gehalt behalten und zugleich seine modale Qualität wechseln. Solange wir im behauptenden Gebrauch einer bestimmten Aussage dasselbe behaupten, behaupten wir etwas, dessen modaler Status derselbe bleibt. Ansonsten wäre der erste Explikationsschritt revidiert, der notwendig wahren Aussagen Autarkie in Wahrheitsfragen zugesprochen hat. Es gibt dann keine Parameter außer den mit der Aussage selbst gesetzten, an denen entlang modale Qualitäten variieren könnten.[10] Daß sich irgendetwas außerhalb des mit der Aussage selbst Gesetzten ändert und damit Relationen der Aussage zu diesem Anderen (was immer dieses sei) verändert werden, kann dann die Möglichkeit oder Notwendigkeit oder Kontingenz der Aussage selbst nicht tangieren. – Auch diese Forderung ergibt sich natürlich nur für explikativ angelegte Bedeutungstheorien des Modalen und nicht für Theorien, die sich des Worts „notwendig" nur bedienen, um es frei und neu zu besetzen, für die also der Ausdruck „Ein Urteil ist genau dann notwendig, wenn sich seine Wahrheit aus der Bedeutung der beteiligten Ausdrücke allein ergibt" den konventionellen Akt einer Abkürzungsdefinition fixiert und nicht die Einsicht in einen Zusammenhang, der zwischen dem Notwendig-wahr-Sein eines Urteils und den Anforderungen an das Erkennen seiner Wahrheit besteht.

Drittens: Wenn das Notwendige als solches wahr kraft seiner Bedeutung ist, dann sollte *Bedeutung als Grund von Wahrheit* auch einsichtig gemacht werden können. Das ist nun eine Forderung, die sich einer „Bedeutungstheorie" des Modalen in jedem Fall stellen wird – unabhängig davon, wie ernst oder leicht sie das Vorverständnis modaler Termini nimmt. Damit wird dieser dritte Maßstab in gewisser Hinsicht zum wichtigsten für unsere Prüfung.

Aber gehen wir der Reihe nach vor. Daß die ersten beiden Forderungen von einer Bedeutungstheorie des Modalen im gegenwärtigen Sinn nicht erfüllt werden, ist vielleicht schon als Gemeingut der jüngeren Diskussion anzusehen. Trotzdem möchte ich die entscheidenden Gründe noch einmal aufführen.

Hinsichtlich der *ersten* unserer drei Bedingungen läßt sich zeigen: Der Standard des disjunktiven Charakters der Einteilung läßt sich nicht erfüllen, wenn

[10] Vgl. oben, das zu Beginn von 3.2.2.1 Gesagte.

das Kennen von oder das Wissen um Bedeutungen in der schlichten, unmodifizierten Fassung genommen wird, also gemäß dem Kriterium, wann kompetente Sprecher einer Sprache sagen würden, jemand wisse oder wisse nicht, was ein bestimmter Ausdruck dieser Sprache bedeute. Die einfachste Weise, das herauszufinden, ist, die Sprecher selbst zu fragen, was der oder jener bestimmte Ausdruck bedeute. Nehmen wir an, zu erläutern sei ein Begriffswort und erläutert werden soll wieder in Begriffswörtern – unsere Sprecher sollen definieren, nicht exemplifizieren und nicht zeigen. Bei einer ganzen Reihe von Begriffswörtern – sicher bei Artnamen für Stoffe, Dinge, Eigenschaften (wenn auch nicht bei "one-criterion-words" wie „Junggeselle“) – werden wir mit großer Wahrscheinlichkeit mit verschiedenen Antworten konfrontiert. Als Hinweis auf solche intersubjektiv auftretenden Differenzen mag es genügen, sich an das Schicksal zu erinnern, das Adam und seine Nachfahren in Lockes Sprachursprungsgeschichte ereilt hatte. Die Geschichte mag von Locke stilisiert sein, aber dieser Zug scheint realistisch genug: Auf Fragen der Art: Was heißt oder bedeutet „Gold“? wird man von verschiedenen Sprechern nicht genau gleiche Angaben bekommen, und die Antworten werden sich jedenfalls danach unterscheiden, von welchen und von wievielen Gattungsnachbarn der Betreffende den edlen Stoff abheben kann und will, in welchen Kontexten ihm Gold begegnet ist und welche solcher Kontexte er für geläufig, für als bekannt voraussetzbar hält. Angesichts solcher Fälle wandelt sich im Rahmen des jetzt erwogenen Kriteriums die Frage, ob ein gegebenes Urteil notwendig wahr sei, von einer *absoluten* Frage – einer, die nach der modalen Qualität des Urteils fragt – zu einer *relativen*, nämlich auf den jeweils Aussagenden, auf das Subjekt relativierten Frage. Die Einstufung einer gegebenen Aussage als notwendig/nicht-notwendig variiert mit den verschiedenen Worterläuterungen: Dieselbe Aussage erscheint, je nachdem, welche Erläuterung wir zugrundelegen, einmal notwendig, einmal nicht: Das Kriterium der Einteilung hört auf, disjungierend zu sein.

Allerdings ist dazu vorausgesetzt, daß die Aussage selbst in der Varianz der Erläuterungen dieselbe bleibe, und das ist ein strittiger Punkt. Warum sollten die Artnamen nicht selbst ihre intensionale Färbung entsprechend verändern und im Gefolge dessen auch der Sinn der Aussage selbst wechseln? Darauf ist eine rasche Antwort zur Hand: Wenn wir schon die semantischen Aussagen der Sprecher zum Richtmaß der Bedeutungen machen, dann sollten wir das auch bei Identitätsfeststellungen zwischen Aussagen beibehalten. Und ich denke nicht, daß zwei Sprecher deswegen, weil ihre Erläuterungen nicht in allen Kennzeichnungen identisch gewesen sind, dazu übergehen würden, einem assertorischen Satz über die betreffende Art verschiedene Bedeutung beizumessen, je nachdem, wer von ihnen den Satz gerade behauptend gebraucht.

Nun, das ist eine empirische Vermutung und als Vermutung nicht zwingend. Der tiefere Punkt, auf den es mir ankommt, ist der, daß unsere hypothetischen Sprecher recht haben, falls sie die Sache so sehen. Das hängt damit zusammen, daß in vielen Fällen die Erläuterungen zum Begriffswort dem Inhalt nach von Sachaussagen nicht unterschieden sind. Wenn jemand das Wort „Gold“

erläutert mittels „gelb glänzendes Metall", dann hat er nicht dementiert, daß gelb zu glänzen zu den Eigenschaften dieser Art Stoff gehört. Es ist umgekehrt: Dem Antrag auf Worterläuterung versucht man dadurch zu entsprechen, daß man Merkmale dieser Art sucht, d. h. Eigenschaften, die auf Gold zutreffen und es dem Kontext und dem Adressaten gemäß möglichst leicht in seinem Unterschied charakterisieren. Die *charakterisierende* Funktion ist hier im Unterfangen der Worterläuterung unterstellt. Dann ist es aber auch klug, die Identität der Aussage „Gold ist ein gelb glänzendes Metall" nicht abhängig davon zu machen, ob man selbst – der individuelle Sprecher – den Satz zur Worterläuterung einsetzen würde oder nicht. Falls man es nämlich tun möchte, dann nicht zuletzt deswegen, weil man in ihm auch einen wahren und zur Unterscheidung beitragenden Sachverhalt ausgedrückt findet (oder zu finden meint).[11]

Derselbe Sachverhalt läßt sich auch von der anderen Seite der angebotenen Unterscheidung her entwickeln. Wenn die Unterscheidung der Urteile disjunktiv sein soll, muß auch die Gegenklasse zu den notwendig wahren eine einige Klasse, mehr als die bloße Restklasse, mehr als das Sammelbecken der einheitslosen übrigen Fälle sein. Ein einigendes Merkmal scheint auch bei der Hand zu sein: In allen anderen Fällen muß man über das Wortverständnis hinaus zum Wissen über die bezeichnete Sache fortschreiten. In Quines Referat kommt diese Wendung gut zum Ausdruck: „Eine Aussage ist analytisch, wenn sie aufgrund von Bedeutungen und unabhängig von Tatsachen wahr ist." (Quine 1979 a, 27) So verläuft die Scheidelinie tatsächlich nicht. Es ist nicht so, daß jedes Wissen, das als Bedeutungswissen zählt, eo ipso kein Wissen über die bezeichnete Sache wäre.

Betrachten wir dazu ein Beispiel: Von jemandem, der Elefanten gar nicht beschreiben kann, obwohl er im einzelnen über die Elemente der Beschreibung verfügt, nur eben nicht *als* Elemente dieser Beschreibung, würden wir sagen, ihm fehle das Wort „Elefant", er habe dieses Wort noch nicht verstanden. Im Licht der angebotenen Unterscheidung würde gelten: Gewisse Rudimentärbeschreibungen legen die Bedeutung des Wortes fest und zählen darum nicht als Wissen über die Sache. Nun betrachten wir ein Kind, das weder Wort noch Sache kennt und im Tiergarten zum erstenmal auf Elefanten trifft. Es kann sie hinterher beschreiben als graue Riesentiere mit Schlappohren und gebogenen Hörnern zu beiden Seiten des Mauls. Am Ende sagt ihm jemand: Die Tiere, die du gesehen hast, heißen „Elefanten". Nun kann das Kind sagen: „*Elefanten* sind graue Riesentiere mit ...". Hören nun die Prädikate auf, in Sachbeschreibungen eingesetzt zu sein, weil das Kind jetzt das Wort „Elefant" verwenden kann und jemand, der diese wenigen auffälligen Merkmale nicht herzählen kann, das Wort

[11] Diesen Zusammenhang von Worterläuterung und Sachaussage zu behaupten ist noch einmal zu unterscheiden von der Behauptung, wer ein Begriffswort erläutere, habe sich allein damit schon auf die Existenz von begriffserfüllenden Instanzen festgelegt. Der Zusammenhang gilt vielmehr auch dort, wo jemand an der Existenz von Dingen solcher Art zweifelt oder ihr Vorkommen negiert. Der Zusammenhang überlebt hier einfach im Konjunktiv: Falls es Dinge solcher Art gäbe, dann hätten sie die und die Eigenschaften.

nicht kennt? So wäre der Satz „Die Tiere, die ich gestern im Zoo gesehen habe, hatten riesige Schlappohren" sachorientiert, aber nicht der Satz „Elefanten haben riesige Schlappohren"?

Auf beiden Seiten der Grenze erhalten wir also keine durch eine klare Gemeinsamkeit positiv ausgezeichnete und von der Gegenklasse geschiedene Klasse von Urteilen. Wenn sich Worterläuterung und Sachaussage nicht wechselseitig ausschließend verhalten, dann auch nicht notwendiges und kontingentes Urteil, sofern sie nach Maßgabe der ersten Unterscheidung bestimmt sein sollen.

Wenden wir uns damit der *zweiten* der oben genannten Bedingungen zu: Hinsichtlich des zweiten Maßstabs – des Maßstabs der „dauerhaften Eigenschaft" – läßt sich dasselbe Argument wie eben geltend machen. Was Sprecher als Bedeutungserläuterung vorbringen oder anerkennen, hat sich jetzt schon von der Identität der Aussage abgeschieden und zum extern Variablen gemacht. Der Sachverhalt sei der Deutlichkeit halber an *diachronen* Differenzen erläutert. Diachrone Verschiebungen können etwa da eintreten, wo sich die Anforderungen an das Verständnis eines Worts erhöhen, weil einiges mehr aus dem Umkreis des Wissens in den Rang des Selbstverständlichen oder terminologisch Fixierten übergegangen sind. Solche Änderungen ändern nichts am Urteil selbst und auch nichts daran, was ein Sprecher wissen muß, um es als wahr einzusehen. Das einzige, was sich da ändert, ist dies: Der Sprecher muß *dasselbe* jetzt nicht nur wissen, um das Urteil als wahr einzusehen, sondern auch noch, um als einer zu gelten, der das Wort verstanden hat, das die Sache bezeichnet, von der das Urteil handelt. In solchen Fällen tritt nach dem Kriterium des Wortverständnisses eine diachrone Differenz in der Einschätzung des Urteils nach Analytizität und damit Notwendigkeit auf, der keine Differenz im Urteil entspricht. (Zur Frage der Möglichkeit der Identität des Urteils bei Divergenzen im Bedeutungsverstehen verweise ich an die Diskussion des letzten Absatzes.)

Wie steht es schließlich mit dem *dritten* Maßstab? Eine Bedeutungstheorie des Modalen sollte verständlich machen können, wie die Wahrheit einer Aussage aus der Bedeutung ihrer Terme hervorgeht. Läßt sich das erreichen, wenn die Bedeutung über den Rekurs auf das Wortverständnis begrenzt wird?

Es gibt Fälle, in denen der Anspruch prima facie gut einzulösen ist. Man denke an den Junggesellen-Fall (allgemein: one-criterion-words). „Junggesellen sind unverheiratete Männer" – ist das nicht wirklich wahr kraft Bedeutung? Jedenfalls würde diesen Satz doch niemand bestreiten, der die Bedeutung des Wortes „Junggeselle" kennt. Und es ist nicht nur so, daß uns das Verstehen der Ausdrücke unmittelbar von einem Pol des Urteils zum anderen trägt, sondern auch noch so, daß ein vorgestellter Bedeutungswechsel die Wahrheit des Urteils leicht zuschanden werden ließe. Was, wenn „Junggeselle" das Wort für „gelber Sack" wäre? Dann hätten wir eine kontingente und obendrein falsche Aussage. Es sieht also so aus, als wäre hier die Bedeutung tatsächlich hinreichende und notwendige Bedingung der Wahrheit der Aussage. – Warum sieht es nur so aus, ohne so zu sein?

Wenn die Wahrheit einer Aussage aus der Bedeutung ihrer Terme hervorgehen soll, dürfen die Terme zunächst nicht gegeneinander isoliert genommen werden. Es sind nicht Wortlisten, sondern immer noch Sachverhalte, die das Pendant zur Wahrheit einer Aussage bilden. Welcher Sachverhalt kommt in Frage, wenn die Aussage wahr kraft Bedeutung sein soll? Es scheint eben ein Sachverhalt des Bedeutens sein zu müssen. Für unseren Beispielsatz ergibt sich: „Junggesellen sind unverheiratete Männer" ist bewährt, „bewahrheitet" im Bestehen des Sachverhalts, daß das Wort „Junggeselle" nichts anderes bedeutet als „unverheirateter Mann". An dieser Stelle liegt ein Einwand gegen die Konzeption des „Wahrheit-durch-Bedeutung" nahe, der in der Literatur wiederholt geltend gemacht worden ist: Der Sachverhalt des Bedeutens ist selbst ein *kontingenter* Sachverhalt, und diese Eigenschaft wird sich der durch ihn bewährten Aussage entsprechend mitteilen müssen. In dieser Formulierung ist zunächst direkt der Anspruch dieser Analytizitätskonzeption angegriffen, notwendige gegen nicht-notwendige Aussagen begründet auszeichnen zu können, mittelbar aber auch der dem vorausgehende Anspruch, Aussagen, die „wahr kraft Bedeutung" sind, gegen solche zu profilieren, die „von Tatsachen abhängen".[12]

Die Kritik erscheint auf Anhieb ganz plausibel und triftig. Wenn sie zutrifft, dann hätte der sprachreduktionistische Ansatz zur Klärung von Notwendigkeit

---

[12] Den Einwand der Kontingenz erhebt etwa Paul Boghossian in *Analyticity* (in: Bob Hale/Crispin Wright (Hg.): *A Companion to the Philosophy of Language*, Oxford u.a. 1999, 331-368, hier: 336). Er formuliert diesen Einwand im Zuge seiner Kritik dessen, was er die „metaphysische" Konzeption von Analytizität nennt (welche die Abhängigkeit des *Wahrseins* von der Bedeutung behauptet) und von der epistemischen unterschieden wissen will (die davon spricht, daß das Erfassen der Bedeutung eines Satzes einen Sprecher manchmal dazu legitimieren kann, den Satz *für wahr zu halten*); die epistemische Konzeption wird seiner Meinung nach von den Einwänden gegen die metaphysische nicht getroffen. Gegen die metaphysische Konzeption richtet er zunächst die Frage, wie sie sich zu der allgemeinen und selbstverständlichen Wahrheitsformel verhalte: „Ein Satz *S* ist wahr genau dann, wenn gilt: *S* bedeutet *p* (den Sachverhalt); und *p*". Weshalb sollte in manchen Fällen die Korrespondenzklausel – das „und *p*" – erlassen werden? Der einzige Ausweg für den Vertreter der metaphysischen Konzeption besteht darin, die allgemeine Wahrheitsformel inklusive der Korrespondenzklausel anzuerkennen und zu vertreten, bei analytischen Wahrheiten liege der Sonderfall vor, daß hier der Umstand, daß wir mit *S* meinen, daß *p*, auch schon dafür sorgt, daß *p* besteht. Damit wird die Wahrheit dessen, was im Satz ausgedrückt wird, abhängig davon, daß es in diesem Satz ausgedrückt wird. Und diese Annahme zeitigt die prekäre Konsequenz, daß die Wahrheit des Ausgedrückten kontingent wird – wiewohl die Beispiele, von denen ausgegangen wird, klarerweise notwendig sind (Boghossian betrachtet hier insbesondere logische Wahrheiten). Darüber hinaus birgt das, wovon die Wahrheit eines Satzes abhängig gemacht wird, eine eigene Ungereimtheit: Wie sollte *ein Akt des Meinens* das leisten, was ihm die metaphysische Konzeption zutraut? "Second, such an account would make the truth of the claim expressed contingent *on* an act of meaning, and that is very peculiar. Putting aside the question whether it is so much as intelligible, what plausibility could it conceivably have? Are we to suppose that, prior to our stipulating a meaning for the sentence 'Either snow is white or it isn´t' *it wasn't the case that either snow was white or it wasn´t*? Isn´t it overwhelmingly obvious that this claim was true *before* such an act of meaning, and that it would have been true even if no-one had thought about it, or chosen it to be expressed by one of our sentences?" (Boghossian 1999, 336).

seinen Gegenstand unversehens in sein Gegenteil, das Notwendige in ein Zufälliges verwandelt. Aber es lohnt sich, der Kritik näher nachzugehen. Auf den zweiten Blick eröffnen sich der Konzeption des „Wahr-kraft-Bedeutung" nämlich durchaus Verteidigungsoptionen – allerdings solche, die ihre reduktionistische Ausrichtung aufheben. Fragen wir also *erstens*, wie die Verwandlung des Notwendigen ins Kontingente diagnostiziert wird, und *zweitens*, wodurch Aussagen, die wahr kraft Bedeutung sein sollen, am Ende nicht mehr kraft Bedeutung allein wahr sind.

Der erste Schritt besteht in der Fundierung notwendiger/analytischer Aussagen in entsprechenden Sachverhalten des Bedeutens. Der leitende Gedanke der Kritik ist dann: Die Wahrheit einer Aussage ist genau dann abhängig von den Bedeutungen ihrer Terme, wenn die Aussage eine ist (oder unmittelbar äquivalent mit einer ist), die einem Wort eine Bedeutung zuschreibt – und hier scheint ein ganz normales Verhältnis zwischen Faktizität und Wahrheit zu herrschen. Wenn wir für den Augenblick den Übergang von „‚Junggeselle' bedeutet (dasselbe wie) ‚unverheirateter Mann'" zu „Junggesellen sind unverheiratete Männer" als selbstverständlich unterstellen, dann ist das, was wir übrigbehalten, eine ganz normale Tatsachenaussage, ein normaler Fall der Tarski'schen Wahrheitsformel. „‚Junggeselle' bedeutet (dasselbe wie) ‚unverheirateter Mann'" ist wahr genau dann, wenn das Wort „Junggeselle" dasselbe bedeutet wie „unverheirateter Mann". Warum läßt sich dieser Sachverhalt als kontingent einstufen? Nun, es ist ein geschichtliches Faktum, daß die Kombination unverheiratetet/männlich als eigens hervorzuhebende Sparte behandelt und dafür ein eigenes Wort geprägt worden ist. Umgekehrt steht diesem Wort die Bedeutung, die es so historisch erworben hat, auch nicht an der Stirn geschrieben. Die Buchstabenfolge „Junggeselle" hätte auch anders oder gar nicht besetzt werden können. Kontingenz kommt also ins Spiel mit der Zuordnung von Bedeutungen zu sprachlichen Ausdrücken. So spricht etwa Boghossian davon, daß wir „mit *S p* meinen" (mit einem Satz einen Sachverhalt) und betrachtet das als kontingentes Verhältnis.

Das klingt nun seinerseits merkwürdig – besonders in der stipulativen Version, die Boghossian von diesem Verhältnis gibt. Die Vorstellung, Sätze seien erst ohne Bedeutung da und erhielten dann eine zugeordnet, läßt außer acht, daß Sätze nicht als Sätze verbucht würden (und auch nicht als Träger von Wahrheitswerten), wenn sie nicht semantische Einheiten wären. Analog läßt sich auf der Wortebene argumentieren: Kontingent, trennbar ist da die Beziehung zwischen der Laut- und Buchstabenfolge und einer bestimmten Bedeutung. Das ist ja nur die Reformulierung des Sachverhalts, daß Wörter nicht natürliche, sondern künstliche Zeichen sind. Aber wenn wir *diesen* Sachverhalt meinen, wenn wir die Beziehung zwischen Wort und Bedeutung zufällig nennen, dann reden wir nicht sehr genau: Wir nehmen das Wort dann nur nach seiner einen Seite hin auf oder identifizieren es mit einer Seite, einem Moment seiner: mit der dem Ausgedrückten gewiß äußerlichen Materiatur des Zeichens. Die Materiatur des Zeichens ist aber nicht das Zeichen, und das Zeichen ist nicht getrennt von dem, was in diesem Stoff ausgedrückt wird, Zeichen. Dieser Inhalt hätte nicht in genau diesem sinnlichen Stoff, dieser Art Lautfolge, jener Art Buchstabenfolge ausgedrückt werden müssen – aber ein Wort als bestimmtes sprachliches Zeichen haben wir dessenungeachtet erst da, wo Einheit von Bedeutung und Materiatur vorliegt, oder einen Ausdruck erst da, wo schon die Einheit von Ausgedrücktem und dem, worin es ausgedrückt ist, vorliegt. Von solchen Einheiten ist es sehr viel schwieriger, zu behaupten, sie wären von dem Umstand, daß sie etwas bedeuten, und von dem bestimmten Inhalt, den sie bedeuten, trennbar. Sobald die Bedeutung als Moment in die Definition des Zeichens aufgenommen ist, tritt dieser Effekt ein; und sie nicht aufzunehmen, heißt, ein Zeichen mit einer Abstraktion von sich gleichzusetzen. – Die Verteidigung der „Bedeutungskonzeption", die damit in Aussicht kommt, wäre also: Der erste Schritt des Kritikers ist noch mitzugehen – Aussagen, die kraft Bedeutung wahr sind, hängen von Sachverhalten des Bedeutens ab, Verhältnissen zwischen Ausdruck und Bedeutung. Aber der Kritiker behält nicht recht mit seiner Einstufung dieser Sachverhalte als kontingent.

Ein solcher Gegeneinwand ist m. E. durchaus nicht chancenlos; aber er enthält ein Element, das dem Geist der sprachreduktionistischen „Bedeutungskonzeption" entgegengesetzt ist. Er operiert offensichtlich mit Annahmen von Notwendigkeit de re oder muß damit operieren, wenn er beansprucht, die Notwendigkeit von Aussagen erklärt und nicht nur eine notwendige Aussage in eine äquivalente andere übersetzt zu haben. Die De-re-Annahmen stellen sich ein in der Charakterisierung des Verhältnisses von Wort und Bedeutung: Wenn ein bestimmtes Wort nicht das Wort sein könnte, das es ist, hätte es nicht die Bedeutung, die es hat – dann sind – wenn vielleicht auch sonst nichts auf der Welt, so jedenfalls – *Wörter* Wesen mit einem Wesen. Und der Rekurs auf Bedeutungen in seiner aktuell thematischen Version zielt umgekehrt darauf, solchen Wesen den Garaus zu machen.

Aber das ist auch nicht die einzige Replik, die gegen den Einwand geltend gemacht werden kann. Der Kürze halber verfolge ich die zweite Antwortmöglichkeit nur entlang der zweiten Frage. Die zweite Frage war: Sind Behauptungen über Bedeutungen wahr kraft Bedeutung? Der Kritiker der Bedeutungskonzeption des Modalen müßte zeigen können, daß dem nicht so ist. Nun scheint zunächst die Antwort auf der Hand zu liegen: Wenn irgendetwas wahr kraft Bedeutung ist, dann Behauptungen, die ausdrücklich einem Wort eine Bedeutung attestieren. „‚Junggeselle' bedeutet ‚unverheirateter Mann'" ist eben genau dann wahr, wenn das genannte Wort die zugeschriebene Bedeutung hat. Aber der Kritiker kann sagen: Dieser Sachverhalt ist nicht wahr kraft der Bedeutung der Terme, mit denen wir die Behauptung formuliert haben, sondern aufgrund der vorausgesetzten Zuordnung von Wort zu Bedeutung. Der Ausdruck „Junggeselle" ist der Name eines Worts und nicht mehr das einfache Vorkommen des Worts selbst, und damit ist das Kriterium „wahr kraft Bedeutung" verletzt.

Zur Verteidigung läßt sich hier folgender Weg einschlagen: Wenn der Satz, der dem Wort explizit eine Bedeutung zuschreibt, nicht mehr kraft Bedeutung allein wahr ist, so muß das noch nicht für den Ausgangssatz gelten. Wir nehmen also diesmal den ersten Schritt der Rekonstruktion zurück und dementieren, daß „Junggesellen sind unverheiratete Männer" sein Bestehen an einer wahren Bedeutungszuschreibung habe. Was heißt das im allgemeinen, was heißt es für die Konzeption des „Wahr-kraft-Bedeutung"? Die Position wäre dann so zu präzisieren: „Wahr kraft Bedeutung" soll nicht besagen, eine Aussage mit diesem Prädikat sei wahr, weil diese Bedeutung jenem Wort zugeordnet ist. Es geht dann nicht um das Verhältnis der Bedeutung zum Wort, sondern um die Bedeutungen selbst und das Verhältnis der Bedeutungen zueinander. Es kommt, mit anderen Worten, zur Explikation von notwendiger Wahrheit auf das an, was ausgedrückt ist, und nicht darauf, daß und wie es ausgedrückt ist. Bedeutung eines Ausdrucks zu sein ist dann gesetzt als relationale Eigenschaft eines gedanklichen Gehalts, der seinerseits nicht darin erschöpft ist, einen Ausdruck in sinnlichem Material zu haben, der im Wort nur deshalb fixiert ist, weil das Wort Einheit seiner und des Materials ist – der also seine Identität nicht dem Ausdrucksverhältnis verdankt (ebensowenig wie das Zeichenmaterial seine Identität diesem Verhältnis verdankt). Der Terminus „Bedeutung" wird dann verstanden als eine Art akzidenteller Kennzeichnung von etwas, das im Wort als das von ihm Unterschiedene gedacht wird, und das, für sich bezeichnet, am ehesten Begriff zu nennen wäre.

Damit hat das sprachreduktionistische Projekt der Erklärung von Notwendigkeit erneut eine anti-reduktionistische Wendung genommen. Sobald sich das Projekt so gegen den Kontingenz-Einwand wappnet, übersetzt es sich in einen Essentialismus der Begriffe.

Auf dem gegenwärtigen Stand bleibt der Bedeutungskonzeption des Modalen gegen den Kontingenz-Einwand folgende Alternative: Entweder der bewährende oder begründende Sachverhalt wird als einer der Zuordnung von Bedeutung und Ausdruck angenommen und die Kontingenz dieser Zuordnung bestritten; oder der bewährende Sachverhalt wird nicht in solche Zuordnung gesetzt, sondern als einer, der ganz auf der Ebene der Bedeutungen bleibt. In beiden Fällen wird von Typen von Notwendigkeit Gebrauch gemacht, die anfangs entweder als das zu Reduzierende oder als das Auszublendende gedacht waren. Das scheint mir ein starkes Argument gegen das reduktionistische Moment von Bedeutungskonzeptionen des Notwendigen zu sein und ein Grund, sich deren objektivierenden Versionen, in denen Bedeutung/Sinn/Intension nicht mehr an Sprachkenntnis gekoppelt sind, zuzuwenden, was im übernächsten Abschnitt auch geschehen wird. Ehe man diesen Übergang als zwingend behandelt, bleibt aber wenigstens noch eine sprachreduktionistische Konzeption zu betrachten, die eine Erklärung dafür anbietet, wie Ausdrücke zu Bedeutungen kommen und wie damit zugleich gewisse Aussagen notwendig wahr werden:

3.2.2.3 Was erklären sprachliche Konventionen?

Die These, Notwendigkeit de dicto sei auf die Bedeutung der Ausdrücke zurückzuführen, die die betreffende Aussage enthält, ist offensichtlich mehrsinnig. Die Variante, die nun betrachtet werden werden soll, verfolgt vielleicht am klarsten eine deflationäre Strategie im theoretischen Umgang mit Modalität. Sie spezifiziert die Bedeutungsabhängigkeit näher durch *Konvention* und macht notwendige Geltung so zum direkten Reflex sprachpraktischer Entscheidungen. Anthony Quinton gibt den Übergang zu dieser Spezifizierung knapp und treffend so wieder:

> "A statement is a necessary truth because of the meanings of the words of which it is composed. The meanings that words have is assigned to them by convention. Therefore it is linguistic convention that makes a form of words express a necessary truth." (Quinton 1972, 97)

Da die konventionalistische Position grundlegende Züge mit der oben diskutierten Fassung teilt, mag es genügen, eine Überlegung vorzustellen, die ein *spezifisches* Problem dieser Version betrifft. Es stellt sich, wenn man die konventionalistische Version am dritten der oben entwickelten Standards mißt und danach fragt, wie die Wahrheit notwendig wahrer Aussagen in Bedeutungskonventionen fundiert ist und wie sie aus ihr hervorgeht.[13]

Nehmen wir also an, alle Konstatierungen von Identität zwischen Begriffen gehe auf Konventionen zurück, modelliert nach dem Muster ausdrücklich stipulativer Akte, auf Beschlüsse, einen einfachen Ein-Wort-Ausdruck gleichbedeutend mit einem komplizierteren zu verwenden. So verstanden, sind Definitionen Einführungen eines neuen Namens, bei denen der Sache nach gar nichts geschieht: Ein und dasselbe wird kraft Konvention auf zwei nominell, sonst aber nicht unterschiedene Weisen ausgedrückt. Eine Definition wie „Der Mensch ist das vernünftige zweibeinige Lebewesen" bestimmt dann nicht ihr Subjekt, spricht nicht aus, was ein als bekannt unterstellter Gegenstand ist, sondern setzt etwas fest, nämlich die Bedeutung von „Mensch". Wie generieren solche Setzungen Wahrheit und näher Wahrheit des unumstößlichen Typs: notwendige Wahrheit?

Nun zeigt sich eine elementare Schwierigkeit, wenn man danach fragt, *was für* Aussagen es sind, die kraft solcher Konventionen notwendig wahr sein sollen.

---

[13] Die folgende Argumentation schließt in weiten Teilen an Bonjours Kritik der „Wahr-kraft-Konvention"-Position an. Vgl. Bonjour 1998, Kap. 2.6 ("The appeal to linguistic convention"), 51-58. Allerdings ist die leitende Frage Bonjours nicht dieselbe wie hier. Bonjours Interesse gilt hauptsächlich der epistemologischen Frage, wie der Rekurs auf Sprachkonvention apriorische *Rechtfertigung* erklären könnte, während hier danach gefragt wird, wie das *Wahrsein* notwendiger Urteile durch diesen Rekurs erklärt werden könnte. Darüber hinaus gibt meine Argumentation auch nicht die Summe der fünf Einwände wieder, die Bonjour vorstellt. Sie schließt am engsten an sein erstes und sein viertes (von Butchvarov übernommenes) Argument an.

Erstens: Sätze, die die Konvention einführen, können nicht notwendig wahr sein. Die Definitionen selbst sind jetzt verstanden als Abkürzungs-, Worterseztungsregeln. Sie sind gewiß nicht wahr kraft Bedeutung, notwendig wahr, weil sie nach Voraussetzung weder wahr noch falsch, weil sie gar nicht assertorisch, sondern präskriptiv sind. Sie können dem Zweck der Kürze bei eindeutiger Identifizierbarkeit angemessener oder weniger angemessen sein – wahr oder falsch sind sie nicht.

Zweitens: Sätze, die das ihnen vorausgesetzte Bestehen der Konvention aussagen, können wahr oder falsch sein. Aber sie wiederum sind schlechte Kandidaten für *notwendige* Wahrheiten. Daß das via Konvention auf zwei Weisen Ausgedrückte gerade diese zwei Ausdrucksformen hat, ist kein notwendiger Sachverhalt. Daß man die Abkürzung einführen konnte, setzt voraus, daß der zusammengesetzte, komplexere Begriffsausdruck selbständig das Gemeinte ausdrückt; er muß für sich allein die Funktion erfüllen können, die nach Einführung der Abkürzungsdefinition auf zwei verbal verschiedene Weisen erfüllt werden kann.

Mit dem Ausschluß dieser beiden Kandidaten – dem Setzen der Konvention und der Behauptung ihres Bestehens – können sich Vertreter der Konventionalitäts-These noch durchaus einverstanden erklären. So grenzt etwa Anthony Quinton die kraft Bedeutungskonvention notwendigen Aussagen ausdrücklich gegen diese beiden Kandidaten ab: Notwendige Aussagen etablieren weder die zugehörige Konvention noch behaupten sie deren Bestehen: Sie „reflektieren" vielmehr ihr Bestehen.[14] Entsprechend lautet die entscheidende Frage an die Konventionalitäts-These, ob sich der gesuchte dritte Typ in Einklang mit der These selbst profilieren läßt.

Drittens: Gesucht sind also Sätze, die nicht selbst die Konvention einführen, auch nicht deren Bestehen aussagen und doch durch die Konvention allein wahr sind. „Der Mensch ist das vernünftige zweibeinige Lebewesen", diesmal nicht als assertorisch travestierte Sprachregel, sondern als wirkliche Assertion, aber nicht als Assertion des Bestehens der Konvention, nicht als Assertion der Bedeutungsgleichheit der beiden Subjektausdrücke. Es scheint nur eine Möglichkeit offenzubleiben: Die Aussage muß eine sein, die die Identität des zwiefach Ausgedrückten, also des Begriffs mit sich konstatiert. Diese Aussage hat von den drei betrachteten Varianten die besten Chancen, als notwendig wahre Aussage zu gelten. Lassen wir sie um des Arguments willen ohne weitere Prüfung als solche passieren. Dann haben wir eine notwendig wahre Aussage. Haben wir daran aber auch eine notwendig wahre Aussage, die *kraft* der Konventionen betreffs der Bedeutungen der in ihr verwendeten Ausdrücke wahr ist?

Das ist nicht der Fall. Die Identität des Ausgedrückten oder des Begriffs mit sich kann nicht in der konventionellen Setzung der Bedeutungsgleichheit der Ausdrücke „Mensch" und „vernünftiges zweibeiniges Lebewesen" gründen, weil diese Identität Voraussetzung der Konvention ist. Der Reduktionsversuch scheitert hier an einer Zirkularität. „Der Mensch ist das vernünftige zweibeinige

---

[14] Vgl. Quinton 1972, 99.

Lebewesen" soll wahr sein, *weil* „Mensch" nichts anderes bedeutet als „vernünftiges zweibeiniges Lebewesen", weil die beiden Subjektausdrücke kraft Konvention ein und dasselbe ausdrücken. Es gibt in diesem Bild also eine Identität, Dieselbigkeit über den verbalen Unterschied hinweg. Nur ist diese Identität des zweifach Ausgedrückten keine *Folge* des doppelten Ausdrucks, sondern dessen *Unterstellung*. Das Ausgedrückte muß schon mit sich identisch sein, damit man sagen kann: und *dafür* gibt es oder setzen wir noch einen anderen Ausdruck. Die Stipulation ist gerade deshalb frei, unbelastet von Assertionen über die ausgedrückte Sache, weil sie diese nicht antastet. Dann stiftet sie aber auch nicht deren Identität.

Man kann hier natürlich eine neue Runde einläuten, indem man buchstäblich die Identität des Ausgedrückten mit sich zur Folge von Konvention erklärt. Die Konvention darf dann nicht mehr nur das Verhältnis zwischen Bedeutungen und Ausdruck betreffen, sondern muß sich auf das Ausgedrückte selbst miterstrecken. Man kann dazu mit einem (aus dem ersten Teil dieser Arbeit schon bekannten) Gedanken argumentieren: Daß die Kombination gewisser Prädikate überhaupt als *ein* Begriff auftreten kann, hat seinen Grund in Beschlüssen der Mitglieder der Sprachgemeinschaft und läßt sich zurückführen auf deren Präferenzen, darauf, was sie für heraushebenswert erachtet und in ihrem Begriffssystem entsprechend behandelt haben. Diesen Gedanken will ich nach wie vor nicht dementieren; nur führt er an dieser Stelle nicht zum angestrebten Ziel. Zweierlei läßt sich dafür geltend machen:

Zum einen läßt sich ein einiger Begriff kaum herstellen, wenn die in Anspruch genommenen Elemente seiner Bildung dem entgegenstehen. Die Kombinationen stehen unter der Bedingung der Kombinierbarkeit, und wo sie sich wechselseitig ausschließend verhalten, stiftet der Beschluß zur Einheit auch keine Identität. Das ist der Punkt, auf den Leibniz gegen den Begriffskonventionalismus aufmerksam gemacht hat: An der logischen Möglichkeit findet die Kombinationsfreiheit eine interne Grenze, die ebendeshalb nicht selbst wieder auf Konvention gegründet sein kann.[15]

Zum anderen ist zu bedenken: Wenn die Einheit eines Begriffs im Ernst nur die Folge einer Setzung ist, dann gibt es da nichts, was als Folge von der permanenten Setzung unterschieden werden könnte. Die Behandlung zweier Begriffe als zur Einheit eines neuen verbunden hat dann kein Produkt außer sich selbst. Je schwereloser oder mutwilliger wir den Beschluß zur Einheitsbildung denken, desto weniger eignet er sich dazu, eine Identität herzustellen, wo gestern keine war. Damit ist aber der Erklärungsanspruch via Konvention uneingelöst. Sie braucht die Konvention als Grund eines von ihr begründeten, also auch unterschiedenen Sachverhalts, und dieser Unterschied schwindet dahin.

Also ist das Ergebnis: Wo der Unterschied des Identischen rein nominell, durch Bedeutungskonvention gedacht wird, zeichnet sich kein Sachverhalt ab,

---

[15] Vgl. Gottfried Wilhelm Leibniz: *Neue Abhandlungen über den menschlichen Verstand*, übs., m. Einl. und Anm. v. Ernst Cassirer, Hamburg 1996 (= Leibniz, Philosophische Werke in vier Bänden, Bd. 3), III.iii.17 (S. 291) und III.vi.28 (S. 326).

der alle drei Bedingungen zugleich erfüllt, kein Sachverhalt, der a) in Bezug auf den in Rede stehenden Begriff besteht, b) notwendig besteht und c) aufgrund sprachlicher Konvention besteht. Die erste Lösung – die Identifikation des notwendig wahren Urteils mit der Konvention – ergibt keinen *Sachverhalt*, die zweite – die Identifikation des notwendig wahren Urteils mit der Aussage des Bestehens der Konvention – keinen *notwendigen* Sachverhalt und die dritte – die Identifikation des notwendig wahren Urteils mit der Aussage der Identität eines Begriffs mit sich – ergibt einen notwendigen Sachverhalt, *der sprachlicher Konvention vorgängig ist.*

Zwei Sachverhalte sind hier zu unterscheiden: Erstens können die beiden Ausdrücke hier deshalb mit Erfolg gebraucht werden, die Identität des Begriffs mit sich zu *artikulieren*, weil sie (nach Voraussetzung, nicht an sich) nur nominell verschieden sind. Zweitens aber ist dieser Sachverhalt nicht zu verwechseln mit einem oder dem *Grund* für das Bestehen der Identität des Begriffs mit sich. Daß dieses Verhältnis vorliegt, kann nicht sein Bestehen daran haben, daß es eine und gerade diese Pluralität der Ausdrucksweisen gibt.[16]

Mit dieser Unterscheidung zwischen begrifflichem Sachverhalt und sprachlichem Ausdruck, die die Konvention auf der Seite des Ausdrucks verortet und so die Notwendigkeit des Ausgedrückten gegen das konventionelle Moment profiliert, hatte schon C.I. Lewis in *Analysis of Knowledge and Valuation*[17] gegen die Konventionalitäts-These argumentiert. Quinton greift diesen Einwand auf und setzt ihm folgendes entgegen: Die Annahme einer als Identität zu entziffernden notwendigen Beziehung zwischen Begriffen am Grunde expliziter Definitionen (wie „Ein Junggeselle ist ein unverheirateter Mann“)[18] leidet seiner Meinung nach an einer Zweideutigkeit, von der der Einwand erst seine Suggestivkraft bezieht:

[16] In der vorgängigen Identität des Begriffs mit sich macht sich in der Konvention selbst ein nicht-konventionalistisches Element geltend. Daß die konventionalistische Konzeption von Notwendigkeit so ein Element gegen ihren Anspruch mit sich führt, zeigt Butcharov auf folgende Weise: Eine Aussage „*p*“ sei notwendig wahr aufgrund der Regeln, die wir für den Gebrauch ihrer Ausdrücke etabliert haben. Damit ist die notwendige Wahrheit eines entsprechenden Konditionals der Form beansprucht: „Wenn ‚*p*‘ dazu verwendet wird, *x* zu meinen, dann *p*.“ Die Wahrheit dieses Konditionals läßt sich aber nicht mehr durch Rekurs auf die Bedeutungskonvention – daß „*p*“ dazu verwendet wird, jenes Bestimmte zu meinen – erklären. Die Wahrheit des Konditionals hängt nicht davon ab, ob die Antezedensbedingung erfüllt ist oder nicht. “But this hypothetical proposition is necessarily true not because of the fact that it is ‘*p*’ (rather than, say, ‘*q*’) that is (conventionally) understood to mean *x*, but because of *x*, because of its characteristics, nature, content, etc. The hypothetical would be necessarily true regardless of what we put in place of ‘*p*’.” (Butchvarov 1970, 138)

[17] Vgl. Clarence I. Lewis: *Analysis of Knowledge and Valuation*, La Salle, Ill. 1946.

[18] Quinton expliziert die Position des Anti-Konventionalisten am Junggesellenfall so: “He wants to say that it is a matter of convention that the meaning of ‘*bachelor*’ is the same as the meaning of ‘*unmarried man*’ but that it is an objective fact that *this* concept (the one conventionally expressed by the word ‘bachelor’ as it happens) is identical with *this* one (the one conventionally expressed by the phrase ‘unmarried man’ as it happens).” Quinton 1972, 100.

"On the one hand it says that there are two concepts involved, one corresponding to each of the synonymous expressions; on the other that there is only a single concept which is the meaning common to both." (Quinton 1972, 100)

Den entscheidenden Fehler dabei sieht Quinton darin, die für (informative) Identifikationen geforderte *Unterscheidung* ihrer beiden Seiten auf der Ebene der *Sache*, hier also: der Begriffe, anzusiedeln:

"But identity-statements do not correlate objects considered in themselves, they can correlate objects only under a certain description. The only way in which concepts can be identifyingly described is by reference to the words that express them. Of course every concept, like everything else, is what is is. But we can only say what it is by correlating one description of it with another." (Quinton 1972, 100)

Es ist nicht auf den ersten Blick klar, inwiefern der „Objektivist des Begriffs" von dieser Argumentation getroffen werden soll. Der leitende Gedanke scheint zu sein: Der vermeintlich vorgängige objektive Sachverhalt einer Identitätsrelation auf begrifflicher Ebene ist von seinem sprachlichen Ausdruck nicht trennbar; und er ist deshalb nicht davon trennbar, weil in den Inhalt des Urteils konstitutiv ein Unterschied eingeht, der nicht zur Sache, also hier: zu dem fraglichen Begriff gehört, sondern zu unseren – auf die sprachliche Artikulation des Begriffs verwiesenen – Beschreibungsweisen derselben. Im einzelnen folgen hier drei Schritte aufeinander: *erstens* die These, daß Identifikationsurteile nicht das zu Identifizierende vermehren (der Begriff bleibt einer in seiner Identifikation); *zweitens* die These, daß der zur Identifikation verlangte Unterschied aufgrund der ersten These jenseits der Sache, nämlich in unsere Beschreibungsweisen fällt; und *drittens* die These, daß identifizierende Beschreibungen eines Begriffs notwendig den Rekurs auf die Wörter verlangt, in denen der Begriff ausgedrückt ist.

In einem behält Quinton sicher recht: Man wird einen Begriff kaum bestimmen, kaum sagen können, was er ist, wenn es nicht verschiedene Weisen gibt, ihn in Worten auszudrücken. „*Dieser* Begriff (derjenige, der konventioneller und zufälliger Weise durch das Wort ‚Junggeselle' ausgedrückt wird) ist identisch mit *jenem* (demjenigen, der konventioneller und zufälliger Weise durch den Ausdruck ‚unverheirateter Mann' ausgedrückt wird)." Das ist der Sachverhalt, den der Anti-Konventionalist (in Quintons Darstellung) für den objektiven und notwendigen hält. Entfernt man daraus die erläuternden Klammern, bleibt natürlich unbestimmt, von welchem Begriff oder welchen Begriffen überhaupt die Rede ist. Daraus läßt sich eine Lehre dafür ziehen, wie Objektivität des Begriffs besser nicht verstanden werden sollte, nämlich nicht als Identität, die in Begriffswörtern keinen Ausdruck findet, nicht als sprachresistente opake Identität.[19]

[19] Der mögliche Abweg für den Anti-Konventionalisten wäre, am Beispiel formuliert, mit der Wendung beschritten: „Junggesellen sind unverheiratete Männer" *kann* gar nicht ausdrücken, was es eigentlich heißt, ein Junggeselle zu sein, weil es *nur* darüber informiert, mit welchen sprachlichen Ausdrücken der eine zugrundeliegende Begriff liiert ist.

Das Merkwürdige ist nun, daß Quinton selbst die Identität eines Begriffs in dieser Weise auffaßt. Diese Wendung nimmt sein Argument jedenfalls mit dem zweiten Schritt, der Verlagerung des zur Bestimmung verlangten Unterschieds in unsere Beschreibungsweisen.

Soll buchstäblich gelten, daß der auftretende Unterschied von der Sache entfernt zu halten ist, ergibt sich eine selbstaufhebende Ansicht von der Sache selbst: An sich ist sie dann als leere Identität mit sich gesetzt. Mit der Entfernung interner Unterschiede aus ihr ist aber ebenso ihre Verschiedenheit gegen anderes aufgehoben. Das gilt für Begriffe wie für alles andere: Jenseits ihrer Bestimmung sind sie nicht „an sich", sondern gar nicht. Abgesehen von der allgemeinen und bekannten Problematik des bestimmungsfreien „Ansich" stellt sich näher eine ungewollte Konsequenz ein: An die Stelle der Aufklärung des Status notwendiger Wahrheiten tritt das Resultat, daß die anvisierten Kandidaten unmöglich wahr sein können. Trifft die Unterscheidung zwischen Bestimmtem und Bestimmung (zwischen „Junggeselle" und „unverheirateter Mann", dem einfachen Begriffswort und seinem komplexen Definiens) in ihrer Sache, dem Begriff selbst, auf ein an sich Indefinites, Undefinierbares, dann sind genau die Urteile, die kraft konventioneller Definition notwendig wahr sein sollten, ebendarin unangemessen, daß sie das nicht zu Unterscheidende unterscheiden.

Aber so buchstäblich ernst ist es mit der Unsachlichkeit des definitorischen Unterschieds auch wieder nicht: "Of course every concept, like everything else, is what it is." Begriffe, wie alles andere, verhalten sich nicht so rein negativ zur Was-ist-Frage. Worauf es Quinton ankommt, ist nicht das Resultat: was ein bestimmter Begriff ist, läßt sich *nicht* explizit heraussetzen, läßt sich *nicht* sagen, sondern das Resultat: es läßt sich *nur unter Zuhilfenahme der verschiedenen verbalen Ausdrucksformen* dieses einen Begriffs sagen. Das macht zwar das Zwischenargument, den zweiten Schritt, nicht besser, bringt aber am Ende ein implizites Dementi hervor. Halten wir noch einmal den Konsens fest: Man kann einen Begriff schlecht bestimmen, wenn es nicht verschiedene Weisen gibt, ihn in Worte zu fassen. Genauso gilt aber: Eine Differenz im verbalen Ausdruck allein, in der konventionell bedeutungsgeladenen Materiatur der Zeichen, reicht dazu noch nicht hin. Reine Unterschiede der Buchstabenfolge und Lautketten kommen etwa bei Synonymen im engeren Sinn vor (wie bei Semmel/Brötchen); hier finden wir am ehesten einen Überfluß der Wörter bei Identität der Bedeutung. Solche Wortpaare taugen aber ebendeshalb nicht zur Begriffs-Bestimmung. (Semmel definiert nicht Brötchen und umgekehrt.) Zur Bestimmung ist ein asymmetrisches Verhältnis von zu Bestimmendem und Bestimmung verlangt, und dieses Verhältnis stellt sich durch reine Varianzen des Zeichenmaterials nicht her. Wenn der geforderte Unterschied also nicht nur einer der Zeichenkörper sein darf, bleibt – wie Quintons Überlegungen an anderer Stelle ergeben – nur einer der Bedeutung übrig. Die Bedeutung sollte aber zugleich *eine* sein, ein und dieselbe, die kraft Konvention in zwei sprachlichen Ausfertigungen vorliegt. Für die Bedeutungen selbst ist jetzt das Verhältnis gefordert, das für Begriffe gar nicht erst in Aussicht genommen wurde: eine Kombination von Identität und Unterschied – Unterschiede, die dann ja wohl Binnenunterschiede der Sache, hier: der Bedeutung, sein müssen.

Es ist also festzuhalten: Sobald die unterschiedlichen verbalen Ausdrücke als unverzichtbar für notwendig wahre Identitätsurteile über Begriffe geltend gemacht werden, ist die Differenz in Definitionen bzw. die der Urteile, die kraft ihrer wahr sind, auch als mehr gesetzt denn nur als konventionelle Differenz des sprachlichen Ausdrucks. In der Differenz der Ausdrücke drückt sich, wenn wir dieser Fährte folgen, die Differenz von zu Bestimmendem und Bestimmung, Analysandum und Analysans, aus. So richtig es ist, daß in diesem Unterschied der Begriff einer bleibt, so wenig folgt daraus, daß der Unterschied in den sprachlichen Ausdruck *statt* ins Ausgedrückte fiele. Daß sich die bestimmte Identität eines Begriffs nicht anders als in Termini, die sich vom einfachen Begriffswort unterscheiden, heraussetzen läßt, läßt sich nicht als Argument für die Konventionalitäts-These einsetzen, weil das Argument selbst den Unterschied der *Termini* für den Ausdruck der *Sache* nehmen muß.

Quintons Argument gegen Lewis zeigt contre coeur, daß die Konventionalitäts-These von zwei gegenläufigen Intuitionen lebt. Einerseits ist sie von dem Bemühen getragen, Notwendigkeit aus den vermeintlich dunklen Tiefen objektiver Notwendigkeit, eines metaphysischen Essentialismus, ans helle Licht des Nachvollziehbaren zu holen. Die Klarheit soll sich einstellen, sobald wir das Notwendige als Produkt dessen begreifen, was wir selber gemacht, worüber wir selbst entschieden haben. Worüber wir selbst befinden, ist nicht das, was die Dinge sind, sondern die Wörter, mit denen wir über sie reden, genauer die Belehnung von un-bedeutendem Material mit Bedeutungen – und wer sonst als die Sprachbenutzer sollte Wörter mit Bedeutungen belehnen können? Die zweite Intuition ist einfach die, daß das, was auf diese Weise erklärt werden soll, immer noch notwendige Urteile sind. Dazu gehört, daß weder das Setzen einer Bedeutungskonvention noch das Behaupten ihres Bestehens mit denjenigen Urteilen identifiziert werden darf, die kraft Bedeutungskonvention allein wahr sein sollen. Weil „X“ „YZ“ *bedeutet*, deshalb gilt „X *ist* YZ“: Das ist der gesuchte Zusammenhang. Gesucht ist ein behauptbares und notwendiges Urteil *über X* – nicht den Namen „X“ –, dessen ganze Vermittlung die Bedeutungskonvention sein soll. In Quintons Verteidigung sind beide Intuitionen ablesbar, und zwar am einfachsten an der Weise, wie er den Unterschied der Pole in Identitätsurteilen wie „Junggesellen sind unverheiratete Männer“ behandelt: Der Unterschied wird erstens von dem, was da mit sich identisch ist – nach seinen Worten ist das ein Begriff – distanziert; er fällt in die Ausdrücke. Dieser Gedanke trägt dem Umstand Rechnung: Wovon das Urteil abhängt, ist die Synonymie der Ausdrücke und gehört, da Ausdrücke durch Konvention zu ihren Bedeutungen gekommen sind, in den Zuständigkeitsbereich von Konvention. Zweitens ist der Unterschied der Ausdrücke konstitutiv für den Identitätsbefund selbst. Der zugrundeliegende Begriff läßt sich gar nicht identifizieren, ohne den Unterschied in Anspruch zu nehmen. Das wiederum trägt dem Umstand Rechnung, daß das in der Konvention begründete Urteil ein Projekt der Bestimmung von etwas sein soll. Der Unterschied erhält also einmal eine Stellung äußerlich zur Sache und einmal eine für die Bestimmung der Sache konstitutive – und die Einheit von beidem ist gewollt: Es geht darum, in der Äußerlichkeit des bloß nominellen Unterschieds die notwendige Bestimmung der Sache zu haben.

Es ist ganz konsequent, wenn sich in diesem Versuch am Ende ein Objektivismus der Bedeutungen regt. Explizit tritt er zu Tage, wo Quinton den Grund des Anscheins eines objektiven Begriffsverhältnisses erklärt: Dieser Anschein hat ihm zufolge darin seinen Anhaltspunkt, daß Bedeutungen zu kennen nicht einschließt, alles über sie zu wissen. Man kann wissen, was ein Ausdruck bedeutet, und wissen, was ein anderer bedeutet, ohne zu wissen, daß sie beide dieselbe Bedeutung haben. Die Wissenslücke, die damit zugelassen ist, ist aber eine, die nicht hinsichtlich der konventionellen Zuordnung von Wort und Bedeutung besteht. Wenn ich diese Wissenslücke habe, gibt es zwar auch einen Sachverhalt, den ich nicht weiß *und* der die beiden Wörter betrifft – ich weiß nicht, daß sie synonym sind. Aber der Grund dieses Nichtwissens ist darein gelegt, daß ich die Bedeutung nicht als *eine* erkenne. Der Test der Bedeutungsidentität, den Quinton vorschlägt, ist nicht der Griff zum Wörterbuch, sondern der probeweise Austausch der Ausdrücke in modalen Kontexten. Damit ist den Bedeutungen eine Eigengravitation zugesprochen, die von sich aus in das Feld von objektiv konzipierten Analytizitätstheorien weist.

Mit diesem Resultat ist die zentrale Ausgangsthese zu Bedeutungstheorien der Notwendigkeit eingeholt. Innerhalb von Bedeutungstheorien der Notwendigkeit ist das Desiderat zu Tage getreten, sich für die Bestimmung von Bedeutung selbst vom Rekurs auf durchschnittliche Wortverständnisse oder Sprachkonventionen zu emanzipieren. Die Bedeutungstheorie selbst wird damit ununterscheidbar von der eingangs bezeichneten essentialistischen Variante der Begriffstheorie. Was mit „Bedeutung“, „Intension“ dann, leicht mißverständlich, bezeichnet wird, sind allgemeine Bestimmungen alias Begriffe, und von ihnen und ihren Verhältnissen untereinander wird angenommen, daß sie bestehen oder nicht bestehen unabhängig davon, ob jemand sie etikettiert, und unabhängig davon, was jemand verstehen muß, um das Begriffswort zu verstehen.

De facto haben wir solche Verwendungen schon vorgefunden, etwa bei Quine. Bei ihm finden sich deutlich Züge, die in die Richtung eines – im erläuterten Sinn – objektivierten Verständnisses von „Sinn“ oder „Bedeutung“ weisen. Wenn „$x = \sqrt{x} + \sqrt{x} + \sqrt{x} \neq \sqrt{x}$“ und „Es gibt x Planeten“ zwei Weisen sind, denselben Gegenstand eindeutig herauszugreifen, dann sind Weisen des Herausgreifens offensichtlich nicht mit Blick auf das Verstehenkönnen des Zahlworts „9“ bestimmt. Das Kriterium scheint vielmehr zu sein: Was immer von einem Gegenstand erstens gilt und zweitens von ihm als einzigen gilt, ist eine Weise, ihn eindeutig herauszugreifen; und das ist ein Kriterium, das nicht davon abhängt, ob genau dieses dem Gegenstand Eigentümliche von kompetenten

Sprechern im Gebrauch des Namens reflektiert wird oder nicht. Das Kriterium ist, mit anderen Worten, nicht mehr sprachorientiert.[20]

Halten wir die allgemeinen Konsequenzen des Erreichten fest:
Mit dieser objektivierenden Wendung verschwinden *erstens* die Hindernisse, die einer Explikation von Notwendigkeit in Termini von Bedeutung im Weg standen, und damit scheint der Rekurs auf Bedeutungen dann tatsächlich als triftiger interner Einteilungsgrund von Urteilen rehabilitiert zu werden. Ob ein Begriff *F* einen Begriff *G* einschließt, ausschließt oder sich neutral verträglich zu ihm verhält, ist dann ein Sachverhalt, der nicht mehr durch sprachliche Konventionen bestimmt ist. Die Implikationsgrenzen eines Begriffs sind nicht länger restringiert auf diejenigen Implikationen, die jemand angeben können muß, um das Begriffswort zu verstehen. Und indem Implikationsverhältnisse als *objektive* Sachverhalte genommen werden, wird die Qualifizierung eines Urteils als analytisch wieder zu einer *absoluten* Qualifizierung, zur Angabe einer logischen Eigenart des betreffenden Urteils.

Die objektivierende Kehrtwende hat *zweitens* die Konsequenz, die Assimilation des Notwendigen ans Triviale, Selbstverständliche rückgängig zu machen, die sie mit der Anbindung an Sprachkenntnis statt Sachwissen bekommen hat. Daß diese Assimilation auch von Seiten des Begriffs notwendiger Wahrheit selbst nicht selbstverständlich ist, läßt sich an Kneales Standardform für De-dicto-Notwendigkeit erläutern. Sie lautet, wie in Abschnitt 3.1 angeführt: „$\Box\ (x)\ [\ Fx \supset Gx]$“. Die Form legt nahe, daß sie offen ist für die Einsetzung zweier *unterscheidbarer* Intensionen. Nicht alle Einsetzungen müssen so sein, aber solche Einsetzungen sind erstens zugelassen und zweitens die interessanteren Fälle. Das Konditional selbst sagt nicht, worin sie unterschieden und worin sie identisch sind, sondern drückt aus, daß es Differenz und Identität gibt, ohne beides zu nennen und aufeinander zu beziehen. Die Formel drückt den unterstellten Zusammenhang nicht an sich aus, sondern in Form der Konsequenz, die er im Verhältnis zu unbestimmt gelassenem Einzelnen hat, in Gestalt einer Subsumtionsregel. Der modal qualifizierte Allsatz drückt zugleich auch aus: Darauf, was

[20] Eine ähnliche Modifikation läßt sich, allerdings weniger eindeutig, im Gebrauch der Termini „Synonym“, „Synonymie“ beobachten. Im gewöhnlichen Ausgangsverständnis bezieht sich das Adjektiv „synonym“ auf das Verhältnis der Bedeutungsgleichheit oder -ähnlichkeit zweier *Wörter*; einschlägige Fälle wären die Paare „Brötchen/Semmel“ oder „Metzger/Fleischer“. Es sind aber keineswegs ausschließlich oder auch nur in erster Linie solche Verhältnisse, die in Bestimmungen des Analytischen in Betracht gezogen werden. Vielmehr richtet sich das Augenmerk in der Hauptsache auf Ausdruckspaare, die sich wie Definiens (oder Teil des Definiens) und Definiendum verhalten („Junggeselle/unverheirateter Mann“). Analytische alias notwendig wahre Urteile sind dann solche, die über Definitionen auf identische Sätze zurückgeführt werden können (oder selbst schon identische Sätze sind). Nun hängt das Verständnis von Analytizität und damit von De-dicto-Notwendigkeit offenbar davon ab, wie schwer oder leicht wir Definitionen nehmen, ob wir alle Definitionen für reine Abkürzungskonventionen halten oder manchen Definitionen Erkenntnisrang zubilligen. Die zweite Möglichkeit ist die des Begriffsessentialismus; und sie ist durch Quines Annäherung von Synonymie an Definition jedenfalls nicht aus-, sondern als in Betracht zu ziehende Version eingeschlossen.

und wie die Einzelnen sind, kommt es weiter nicht an, auf sie kommt es *als F*-Dinge an; *F* und *G* sind darin als das Entscheidende präsentiert. Aber sie selbst sind nur in Namenform gegeben, in nicht-analysierter Kompaktform. Der unterstellte Zusammenhang kann aber zwischen ihnen nicht bestehen, insofern sie selbst als unanalysiert einfache und bloß verschiedene Allgemeine genommen werden. Die Form selbst weist so auf einen Analysebedarf hin. Es handelt sich um eine Form, die absolute Notwendigkeit explizit beansprucht – aber nicht explizit macht. – Damit zeichnet sich wiederum ab, daß die Unterscheidung zwischen relativer und absoluter Notwendigkeit, die wir bei Kneale kennengelernt haben, jedenfalls nicht koinzidiert mit der Unterscheidung zwischen dem durch Prämissen zu Vermittelnden und dem unmittelbar Gegebenen.

Diese Wendung hat *drittens* Konsequenzen dafür, wie sich die Unterscheidung von De-dicto-/De-re-Modalität zu Fragen des Essentialismus verhält. Die vertraute exklusive Anbindung von Essentialismus exklusiv an De-re-Modalität hat sich jetzt in einer Hinsicht gelöst. Daß Modalitäten wesentlich mit Verhältnissen der Inklusion, Exklusion und Verträglichkeit von „Bedeutungen" verbunden sind, ist jetzt nicht mehr einfach eine anti-essentialistische These, sondern eine These, die Essentialismus für Begriffe anerkennt und Essentialismus als Verhältnis zwischen Einzelnem und Begriff ablehnt. Wenn ein Urteil unter unseren neuen Vorzeichen „ex vi terminorum" wahr ist, dann ist es wahr kraft der Natur der beteiligten Begriffe, und das ist nicht das Gegenteil, sondern eine Variante von Essentialismus. Essentialismus zeigt sich nun als das Übergreifende beider Seiten der De-dicto-/De-re-Scheidung.

Zugleich hat die objektivierende Wendung etwas Merkwürdiges. Es ist auf dem jetzigen Stand nicht recht einsehbar, weshalb er immer noch in Termini wie „Bedeutung" oder (hier gleichbedeutend verwendet) „Sinn" bzw. „Bedeutungsgleichheit" oder „Synonymie" abgefaßt wird. Der Preis der objektivierenden Wendung ist damit eine Äquivokation dieser Termini. Damit könnte man freilich leben, solange man des Unterschieds in aktuellen Verwendungen eingedenk bleibt. Nur bleibt dann der sachliche Grund unaufgehellt, der Theoretiker zur Bevorzugung just dieser Termini geführt hat. Es sind nämlich nicht nur die Wörter zweideutig, es ist die theoretische Konzeption selbst. Dies zu zeigen und auf seinen Grund zu bringen, verlangt einen anderen Ausgangspunkt als den bei einer Konzeption, die unmittelbar Notwendigkeit durch Analytizität und diese wiederum unmittelbar durch Sprachkonvention oder Ausdrucksverstehen bestimmt. Nähere Auskünfte verspricht demgegenüber die *zweistufige* Analytizitäts-Konzeption.[21] Zwar operiert auch sie schon mit den genannten seman-

---

[21] Sie geht auf Frege zurück, der in der Einleitung seiner *Grundlagen der Arithmetik* die Unterscheidung zwischen analytischen und synthetischen Urteilen zunächst als eine Unterscheidung von Modi der Beweisbarkeit (nicht: des Inhalts) von Urteilen klassifiziert und dann beides wie folgt bestimmt: Eine Wahrheit ist *analytisch*, wenn ihr Beweis nur auf allgemeinen logischen Gesetzen und auf Definitionen beruht. Eine Wahrheit ist *synthetisch*, wenn zu ihrem Beweis Wahrheiten erfordert sind, die nicht allgemein-logischer Natur, sondern auf besondere Wissensgebiete bezogen sind. Vgl. Gottlob Frege: *Grundlagen der Arithmetik. Eine logisch mathe-*

tischen Termini, aber sie setzt sie in einer spezifischeren Funktion ein als die eben betrachtete Konzeption, nämlich zur Überbrückung oder Vermittlung des Unterschieds zwischen logisch wahren und anderen analytischen Urteilen. Mit dem genannten Zielpunkt des logisch wahren Urteils wird der Maßstab explizit, der diese Konzeption von Notwendigkeit leitet und zugleich rückblickend den Reiz der sprachrelativistischen Wende erklärt.

3.2.3 Wahr kraft Bedeutung (II) – Die zweistufige Konzeption des Analytischen

3.2.3.1 Der Schritt von der zweiten zur ersten Stufe und sein Widerspruch

Was unter der zweistufigen Konzeptionen des Analytischen zu verstehen ist, hat Laurence Bonjour treffend so zusammengefaßt:

"/.../ a proposition is analytic if and only if it is either (i) an instance of a truth of logic as it stands or (ii) equivalent to such an instance by substitution of concepts for equivalent concepts (where by equivalence between concepts, I mean the relation that corresponds to synonymy between expressions, i. e., the relation in which the concepts *bachelor* and *unmarried man* stand to each other)." (Bonjour 1998, 32)[22]

Auch Quines Ausgangsbestimmung des Analytischen in *Two Dogmas* ist an dieser zweistufigen Fassung orientiert: In die erste Klasse analytischer Aussagen gehören logisch wahre Aussagen, und logisch wahr ist eine Aussage, „die wahr ist und unter allen Uminterpretationen aller ihrer Komponenten außer den logischen Partikeln wahr bleibt" (Quine 1979 a, 29). (Er gibt dafür das Beispiel: „Kein unverheirateter Mann ist verheiratet.") In die zweite Klasse gehören Aussagen, die „durch Einsetzung von Synonymen für Synonyme in logische Wahrheiten umgeformt werden" können (ebd.). (Quines Beispiel: „Kein Junggeselle ist verheiratet.")

Ein charakteristischer Zug dieser Analytizitätskonzeption ist die definitorische Priorität der ersten Stufe oder Klasse analytischer Wahrheiten. Die zweite Klasse wird in Bezug auf die erste bestimmt, während die erste ohne Rekurs auf die zweite bestimmt wird. Insofern bleibt hier das logisch Wahre der primäre, grundlegende Typ des Analytischen – und, sofern der Schlüssel zum Notwendigen in Analytizität liegt, auch des Notwendigen.

Auf der Ebene der logischen Wahrheiten ist freilich von einem Essentialismus der Begriffe wenig zu bemerken. Was jeweils in das durch die logischen

---

matische Untersuchung über den Begriff der Zahl, mit einem Nachwort hg. v. J. Schulte, Stuttgart 1987, § 3.

[22] Von der für die Ebene des sprachlichen Ausdrucks formulierten Parallelfassung sehe ich hier ab. Vgl. dazu Bonjour 1998, 32.

Partikeln aufgespannte logische Verhältnis gesetzt wird, ist dasjenige, worauf es nicht ankommen kann, wenn die Wahrheit *logisch* sein soll. Die Form „Wenn *p*, dann *p*“ etwa ergibt wahre Aussagen, welchen Satz oder welche Aussage auch immer wir für den Buchstaben „*p*“ einsetzen. Auf die nicht-logischen Ausdrücke kommt es nur in einer Hinsicht an: Sie müssen in ihrem mehrfachen Vorkommen mit sich identisch bleiben und dasselbe meinen oder bezeichnen. Der nicht-logische Inhalt wird repetiert, nicht aber bestimmt. Hinsichtlich ihres primären Typs ist diese Konzeption des Analytischen also keine, die *Objektivität* (im Sinn der Bestimmung eines Begriffs) und *Notwendigkeit* vereint. Die Notwendigkeit des logisch Wahren ist die von allen Nachfragen, was etwas sei, bereinigte Notwendigkeit der unterschiedslosen, abstrakten Identität mit sich. Deshalb gilt das Behaupten logischer Wahrheiten im hier diskutierten Sinn denn auch als ebenso unriskantes wie für die Bestimmung des außerlogischen Inhalts müßiges Unternehmen.

Wenn ein Essentialismus der Begriffe in dieser Konzeption überhaupt einen Ort hat, dann auf der *zweiten* Stufe. Hier und erst hier kann er lokalisiert sein, weil hier und erst hier Differenzen innerhalb des außerlogisch genannten Inhalts auftreten können. Solche Differenzen treten erstens auf bei den (via Synonymie/Definition) auf logische Wahrheiten zu reduzierenden Aussagen – der Unterschied zwischen deren außerlogischen Termini hat sich erst als ein reduzibler zu zeigen, als einer, der keiner ist. Zweitens treten solche Differenzen auf bei den Vehikeln der Transformation nicht-logisch-wahrer analytischer in logisch wahre Aussagen, also im Feld der Synonymiebeziehungen bzw. der Definitionen.

An solchen Vermittlern der Transformation, dem Scharnier zwischen beiden Klassen analytischer Wahrheiten, hat die zweistufige Analytizitätskonzeption aber zugleich ihren dunklen Punkt. Auf sie ist auch Quines Kritik in *Two Dogmas* gerichtet: Das Unterfangen, Notwendigkeit in Termini von Analytizität und diese in der dargestellten Weise zweistufig zu fassen, fängt sich in Zirkularität oder Dunkelheit, sobald man zu bestimmen versucht, was Definitionen, was Synonymiebeziehungen sind. Ehe ich auf den Quine'schen Einwand eingehe, will ich das Problem der „Transformationsvermittler“ – also jener Aussagen oder Beziehungen, die analytische Aussagen zweiter Stufe auf solche erster Stufe zu reduzieren erlauben – noch auf eine andere, für den bisherigen Gang näherliegende Weise exponieren.

Halten wir uns an Definitionen und fragen: Wie sind sie selbst hinsichtlich der eröffneten Disjunktionen einzuordnen? Sind sie analytisch oder synthetisch? Falls sie analytisch sind, sind sie dann logische Wahrheiten oder nicht-logische analytische Wahrheiten? Oder fallen sie überhaupt jenseits der Sphäre dieser Unterscheidungen?

Hinsichtlich der übergeordneten Unterscheidung bleibt zunächst keine Wahl: Wenn Definitionen die Transformation von nicht-logisch-wahren analytischen in logisch wahre Aussagen sollen vermitteln können, müssen sie selbst auch analytisch im definierten Sinn sein. Das läßt sich wie folgt begründen: Von *jeder* nicht-logisch-wahren Aussage, sei sie nun analytisch oder nicht, kann man durch geeignete Auswechslung nicht-logischer Termini zu einer logisch wahren Aussage gelangen. Ersetze ich in „Bären sind Winterschläfer" den Subjektterm durch „Winterschläfer", bin ich bei einer logischen Wahrheit angekommen. Aber um *solche* Auswechslungen, die an die Stelle des einen Ausdrucks einfach den zweiten setzen und so den repetitiven Charakter logischer Wahrheiten generieren, ist es natürlich nicht zu tun. Dann wäre gar nicht abzusehen, weshalb die Verwandlung in logische Aussagen *rückwirkend* den Status, die logische Verfassung der Aussage, die den Ausgangspunkt der Verwandlung bildete, charakterisieren sollte. Besteht die Operation *nur* darin, eine Aussage *durch eine andere* zu ersetzen, die mit der ersten nur in den konstant belassenen Teilen übereinstimmt, erhellt die Operation nichts über die Beziehung der *ursprünglichen* Termini zueinander und besitzt bezüglich möglicher Ausgangsaussagen keine unterscheidende Kraft.

Um nicht-logisch-wahre analytische Aussagen als besondere Klasse auszuzeichnen, muß die Auswechslung einer weiteren Bedingung genügen: Sie muß die Identität des im ursprünglichen Terminus Gemeinten konservieren. Es muß Gleiches durch Gleiches ersetzt werden, wenn das Resultat der Transformation die Kontinuität zu deren Ausgangspunkt bewahren soll. Diese Bedingung ist mit dem Rekurs auf Definition (oder, alternativ, Synonymie) eingeholt. Damit ist über Definitionen selbst etwas entschieden: Sie sind in Anspruch genommen als Identitätsaussagen, und zwar als Identitätsaussagen besonderen Typs. Die geforderte Kontinuität des Gemeinten in der Auswechslung ist nämlich auch dann noch nicht gegeben, wenn der Identitätsbefund einfach wahr ist, zutrifft. Es genügt nicht, daß alle Bären den Winter verschlafen, um den Beispielsatz für die Transformation zu mobilisieren; und er würde auch nicht dadurch hinreichend, daß niemand außer Bären Winterschlaf hielte. Das läßt sich wieder indirekt zeigen: Wenn wir von unseren Transformationsvermittlern erst einmal nur Wahrheit fordern, dann büßt die Transformation immer noch ihre Kraft ein, analytische von nicht-analytischen Aussagen zu scheiden. Jede wahre Aussage könnte dann als ihr eigener Transformationsvermittler dienen. Das weicht aber von der Konzeption selbst ab: Sie scheidet innerhalb des weiter gedachten Raums des Wahren das Analytische vom Nicht-Analytischen, und entsprechend innerhalb des umfassenderen Raums wahrer Identitätsaussagen analytisch wahre Identitätsaussagen von anderen. Diese Klassifikation wird nicht erreicht, wenn das Kriterium der Klassifikation andere als selbst wieder analytische Aussagen als Vermittlungsgrund der Transformation zuläßt.

Wenn so in der *Funktion* von Definitionen im Rahmen der zweistufigen Analytizitätskonzeption ein zwingender Grund liegt, Definitionen selbst als analytisch zu fassen, ist a fortiori auch die Frage, ob Definitionen überhaupt innerhalb der aufgespannten Klassifikation zu verorten sind, erst einmal positiv entschieden. Die nächste Frage ist dann, zu welcher Sparte analytischer Wahrheiten Definitionen näher gehören.

Auch hier gibt es einen guten Grund für eine Entscheidung: Die logische Wahrheit selbst, der Terminus ad quem der Transformation, kann die Transformation nicht steuern, weil sie sich zu dem Unterschied der Termini/der Begriffe, mithin zu dem, was sie von der Ausgangsaussage unterscheidet, gar nicht mehr verhält. In ihr ist der Unterschied („Junggeselle" – „unverheirateter Mann") restlos verschwunden. Also kann sie selbst nicht die Aufhebung dieses Unterschieds vermitteln. Das können nur Aussagen, die den Unterschied in gewisser Weise selbst noch enthalten. Definitionen kommen, für sich betrachtet, dem auch entgegen. Sie enthalten den Unterschied in der Asymmetrie der Bestimmungsrichtung, in der Unterscheidung zwischen Definiens und Definiendum. Schlichte Wiederholungen des zu Definierenden gelten nicht als Definitionen.

Diese Abgrenzung gegenüber logisch wahren Urteilen scheint Definitionen auf die andere Seite analytischer Aussagen zu verweisen, auf die der nicht-logisch-wahren analytischen. Aber auch auf dieser Seite werden Definitionen nicht recht heimisch: Die positive Bestimmung von Aussagen dieser zweiten Klasse war ihre Transformierbarkeit in logisch wahre Aussagen via Definition. Was geschieht, wenn wir diese Bestimmung auf Definitionen anwenden? Definitionen sind dann nicht-logisch-wahre Aussagen, die aufgrund von Definitionen in logisch wahre Aussagen überführt werden können. Aufgrund welcher Definition kann eine bestimmte Definition so transformiert werden? Die nächstliegende Antwort ist: aufgrund eben dieser Definition selbst. Nehmen wir stattdessen probeweise an, die Transformation vollziehe sich aufgrund einer anderen Definition, verschieben wir die Frage nur in ein Wechselverhältnis der Definitionen: Die andere Definition wird dasselbe Definiendum haben müssen. Wenn sie dieses nun anders definiert als die Ausgangsdefinition, stellt sich die Frage nach dem Verhältnis der unterschiedenen Definientia zueinander. Für die Aussage, die die Identität der Definientia konstatiert, brauchen wir dann im Rahmen des Modells eine weitere „Transformationsgleichung", die wir zwar in Gestalt der ursprünglichen beiden Definitionen auch erhalten, aber um den Preis, daß wir deren Analytizität nach wie vor *vorausgesetzt* haben. In der Definition selbst koinzidiert also ein *Fall* des zu Reduzierenden mit dem *Mittel* der Reduktion.

Diese Koinzidenz hat *zum einen* einen epistemischen Zirkel im Gefolge: Um festzustellen, ob eine Definition vorliegt, genauer eine Definition in dem Sinn, wie die zweistufige Konzeption sie fordert, müssen wir den Kandidaten auch als analytisch erweisen. Wegen des Unterschieds im außerlogischen Inhalt sind wir dabei an die Analytizitätsprüfung der zweiten, derivativen Stufe des Analytischen verwiesen. Zu dieser Prüfung ist aber die auf Analytizität zu prüfende Aussage wiederum in Anspruch zu nehmen, und zwar als Definition im geforderten Sinn, also auch als analytische Aussage des zweiten Typs.

Näher an der Sache selbst ergibt sich *zum anderen* folgendes: In ein und derselben Aussage tritt der Unterschied des außerlogischen Inhalts auf als das zu Reduzierende und als das, was um der Reduzierbarkeit willen erhalten bleiben muß. Die ebenso verlangte Identität dieses Inhalts tritt ebenfalls doppelt auf: einerseits als die jenseits der Aussage gelegene Grundlage der Reduktion, andererseits als expliziter Inhalt der Aussage – beides je nachdem, ob die Aussage nach der Seite des zu Transformierenden oder nach der Seite des Transformationsmittels genommen wird. Was sich in dieser Doppelansicht wenigstens zeigt, ist, daß Definitionen unterbestimmt sind, wenn man sie als nicht-logisch-wahre analytische Aussagen bestimmt (oder auch näher als nicht-logisch-wahre analytische Identitätsaussagen). Das allein muß noch nicht problematisch sein. Problematisch wird die Sache durch das eigentümliche Verhältnis zwischen dieser weiteren, noch nicht spezifischen Bestimmung und dem Moment, das hinzutreten muß: Nach der weiteren oder allgemeineren Bestimmung haben wir einen Unterschied im außerlogischen Inhalt, der *reduzierbar* ist – einen Unterschied, auf den es nicht ankommt. Derselbe Unterschied muß nach dem spezifischeren Moment – der manche nicht-logisch-wahre analytische Aussagen zu Mittlern der Reduktion ihrer selbst und anderer macht – *irreduzibel* bleiben – ein Unterschied, auf den es ankommt.

Ein weiterer Punkt kommt hinzu: Die Idee der Austauschbarkeit von (nicht-logischen) Ausdrücken führt im ersten Schritt zurück auf Definition. Nun können aber nicht alle, nicht beliebige Definitionen die Austauschbarkeit begründen; das können nur *gute* Definitionen. Was heißt hier gute Definitionen? Definitionen traten auf als Urteile, die die Identität Unterschiedener ausdrücklich behaupten, von der die (logisch spätere) Substitution dann zehrt. Gut können Definitionen demgemäß dann und nur dann heißen, wenn sie eine Identität konstatieren, die zwischen ihren beiden Polen tatsächlich – und, wie sich schon ergeben hat, notwendig – besteht. Mit anderen Worten: Nicht schon das *Vorliegen* einer Definition, sondern ihre – und zwar: *notwendige* – *Wahrheit* reguliert die Transformation einer nicht-logisch analytischen in eine logisch wahre Aussage. Für ihre Wahrheit bürgen Definitionen aber nicht selbst. Hier tritt, nicht anders als bei Urteilen, die im zweistufigen Modell als synthetische zählen, die einfache Differenz zwischen Behaupten und Der-Fall-Sein ein.

Es tritt also sowohl die Notwendigkeit auf, die den Zusammenhang der zwei Stufen des Analytischen vermittelnden Urteile dem Modell des Analytischen zu integrieren, als auch die Unmöglichkeit, sie unter eine der angebotenen Alternativen des Analytischen zu subsumieren: Um die Reduktion allererst vermitteln zu können, müssen sie sich von Tautologien unterscheiden. Sie verhalten sich nicht so gleichgültig gegen Besonderheiten des außerlogischen Inhalts wie logisch wahre Aussagen. Ihre Wahrheit ist keine Gratisgabe, die in ihrer Setzung, Behauptung, schon mitgeliefert würde. Das rückt sie, wenn wir mit dem Ordungsschema der zweistufigen Analyizitätskonzeption operieren, in die Nähe von Tatsachenwahrheiten, also von nicht-analytischen, von synthetischen Aussagen. Aber so dürfen sie um derselben Vermittlungsfunktion willen nicht verfaßt sein – sie müssen selbst die Modalität des Notwendigen aufweisen, sich also nach der anderen Seite von kontingenten Identitätsbefunden unterscheiden. Wenn sie weder logische Wahrheiten noch analytische Aussagen des sekundären Typs sein können, dann sind sie, da weitere Typen nicht vorgesehen sind, überhaupt nicht analytisch. Synthetisch aber durften sie, wie sich im ersten

Schritt ergeben hat, ebensowenig sein. Es zeichnet sich ab, daß in der Mitte der Konzeption eine in dieser Konzeption einfach nicht vorgesehene *Kreuzkombination* auftritt: Urteile, die sowohl *notwendig wahr* als auch gemäß Definition *synthetisch* sein müssen.

Dem Einordnungsversuch unterworfen, setzen sich Definitionen, verstanden als Scharnier zwischen zweiter und erster Stufe des Analytischen, also in Gegensatz zu sich. Umgekehrt entfalten Definitionen damit einige Sprengkraft gegen die Klassifikation und die ihr zugrundeliegende Konzeption.

Zwei Rettungsversuche liegen hier nahe: *Erstens* könnte man die Konzeption radikalisieren, indem man die Zweistufigkeit aufgibt und nur noch logische Wahrheiten als analytische und notwendige bestehen läßt. Wenn der Zusammenhang beider Stufen nicht konsistent im Rahmen der Theorie erklärt werden kann, scheint es ja konsequent, die Zweistufigkeit selber dranzugeben. Diese Möglichkeit läßt uns mit einer Einteilung von Urteilen zurück, die auf die eine Seite logisch wahre Aussagen stellt und auf die andere den ganzen Rest. Der ganze Rest wird dann von einer einzigen Klammer zusammengehalten: Es tritt ein Unterschied im Inhalt der außerlogischen Termini auf. Solche Unterschiede – welche es auch seien – sind im Rahmen dieser ersten Möglichkeit eines Auswegs für irreduzibel erklärt – sonst wechseln wir unvermerkt in die zweistufige Ausführung zurück – und der Identität entgegengesetzt. Mit dieser Option verlieren wir die Möglichkeit, Begriffe als in anderen Begriffen eindeutig und erschöpfend bestimmt zu denken. Wir hätten dann begriffliche Definitionen nicht nur anders eingeordnet, sondern preisgegeben.

Ein *zweiter* Versuch liegt hier um die nächste Ecke: der Versuch, Definitionen ganz allgemein aus der Sphäre assertorischer Aussagen zu nehmen und sie *präskriptiv* zu verstehen. Das führte aber nicht nur auf die Schwierigkeiten zurück, die oben schon behandelt wurden,[23] sondern stünde auch nicht mehr im Einklang mit der hier diskutierten zweistufigen Konzeption von Analytizität. Wenn Definitionen um der ihnen zugewiesenen Rolle in dieser Konzeption willen *analytisch* sein müssen, dann wird der Konzeption nicht dadurch aufgeholfen, daß Definitionen durch radikalen Sphärenwechsel aus dem Feld des Analytischen entfernt werden. Der heikle Punkt der Definition ist von der Konzeption selbst nicht zu isolieren. Sie selbst gerät darüber in einen Widerspruch. Es ist in ihrem Rahmen, daß Analytizität für Definitionen gefordert und ausgeschlossen ist; und das weist auf einen Renovierungsbedarf des Rahmens selbst hin.

---

[23] Vgl. 3.2.2.3; weder hier noch an der früheren Stelle soll behauptet werden, daß es präskriptive Definitionen nicht gebe oder gar nicht geben könne; die Schwierigkeiten, um die es ging, stellen sich nur ein, wenn die präskriptive oder die konventionalistische Wendung dazu benutzt werden sollen, den Status notwendig wahrer Aussagen zu klären.

3.2.3.2 Quines Zirkelargument

Nach diesen allgemeinen Überlegungen wende ich mich nun Quines Kritik in *Zwei Dogmen des Empirismus* (Quine 1979 a) zu, näher den ersten beiden Etappen des Zirkelarguments im ersten Teil des Aufsatzes. Daran möchte ich *erstens* zeigen: Im Resultat konvergieren die eben entwickelten Überlegungen mit Quines Kritik. Da Quines Kritik aber die Erkenntnis des Notwendigen prima facie zu einem hoffnungslosen Unternehmen zu machen scheint, werde ich *zweitens* zeigen müssen, weshalb diese Konsequenz nicht zu ziehen ist. Im Kern geht es darum, die Kritik nicht an Notwendigkeit, sondern an die Auslegung von Notwendigkeit in Termini des Analytischen zu adressieren. Die entscheidende Kritik lautet zusammengefaßt: Im Modell einer disjunkt gedachten Unterscheidung zwischen analytischen und synthetischen Urteilen ist kein Platz für jene Kombination von Identität und Unterschied der Urteilspole, die zugleich in der zweistufigen Analytizitätskonzeption selbst vorausgesetzt bleibt.

3.2.3.2.1 Definition und Synonymie

Auch Quine nimmt sich die Mitte, das Gelenkstück zwischen beiden Typen analytischer Aussagen vor und erwägt als erstes die Möglichkeit, die Rückführung analytischer Aussagen des zweiten auf solche des ersten Typs mit Hilfe von *Definitionen* zu erklären. Quine verwirft diese Möglichkeit mit der Begründung, Definitionen beruhten ihrerseits auf Synonymie-Beziehungen. Diesen Sachverhalt macht er sowohl für schlicht paraphrasierende Definitionen (Eintragungen in Wörterbüchern) als auch für explikative Definitionen geltend. Anders als Wörterbuch-Definitionen emanzipieren sich explikative Definitionen zwar von vorfindlichen Synonymie-Beziehungen: „Bei der Explikation geht es nicht bloß darum, das Definiendum mittels eines direkten Synonyms zu paraphrasieren, sondern darum, das Definiendum durch Verfeinerung und Ergänzung seiner Bedeutung zu verbessern.“ (Quine 1979 a, 31). Aber die Emanzipation wird auch hier nie total. Ihre Definientia müssen nicht dem explizierten Wort in seinem ganzen ursprünglichen Gebrauch synonym sein, aber immerhin bevorzugten (durch Klarheit und Nützlichkeit ausgezeichneten) Ausschnitten des ursprünglichen Gebrauchsfeldes. In diesem Punkt *setzt* die Explikation nicht Synonymie, sondern *setzt* sie *voraus*. Von dieser Rückbindung an vorgängige Synonymie ist für Quine nur ein einziger Typ von Definition ausgenommen: „die explizit konventionelle Einführung neuer Schreibweisen zum Zweck bloßer Abkürzung“ (Quine 1979 a, 32). In diesem einen Fall *stiftet* Definition Synonymie, und das scheint für Quine die Synonymie in diesem Fall klar und verständlich zu machen. Nur bleiben Abkürzungsdefinitionen und damit die für ihn einzig klaren Fälle von Synonymie die Ausnahme und demgegenüber auf vorgängige Synonymie geeichte Definitionen die Regel.[24]

---

[24] Vgl. Quine 1979, 32.

Das ist in abgekürzter Fassung der erste Teil des "circle of terms argument", in dessen weiterem Verlauf wir zunächst in der Bestimmung von Synonymie auf den Begriff der Analytizität und dann in der eigenständig versuchten Bestimmung von Analytizität über den Begriff der semantischen Regel wiederum auf Analytizität als nach wie vor unerklärt Vorauszusetzendes gestoßen werden. Bleiben wir vorerst bei dem eben vorgestellten ersten Teil des Arguments, näher bei dem zuletzt genannten positiven Ausnahmefall, dem Fall explizit konventioneller Definitionen.

Zu diesem Fall sind von mehreren Autoren – untereinander verwandte und naheliegende – kritische Rückfragen gestellt worden. Wenn bei konventionellen Definitionen Synonymie klar und verständlich wird, weshalb sollte man dann nicht diesen als klar ausgezeichneten Typ als Ausgangspunkt für eine allgemeine Klärung des Synonymiebegriffs nutzen können? Zumindest müßte man oder müßte Quine selbst doch wenigstens hier angeben können, was für eine Relation der Termini das ist, die durch explizit konventionelle Definitionen hervorgebracht wird, und auch, warum diese Relation nur in diesem Fall bestehen soll. Zudem müßte sich die Klarheit ja wenigstens auf den Fall des *Gebrauchs* einer einmal installierten konventionellen Definition ausdehnen lassen; denn was wäre eine Gebrauchsregel ohne Gebrauch, den sie regelt? Das sind die Einsprüche von Grice und Strawson speziell zu diesem Punkt.[25]

In die gleiche Richtung geht Bonjours unmittelbarer Kommentar:

"The obvious question is why, once Quine admits that synonymy is intelligible in this case, the proponent of the notion cannot say simply that what he means by 'synonymy' in general is precisely the sort of relation between two linguistic expressions that is in this case created artificially. Given an intelligible concept of synonymy, one could then define analyticity in the Fregean way as reducibility to logical truth via the substitution of one synonymous expression for another." (Bonjour 1998, 68).

Quines Gedankengang scheint erst einmal tatsächlich nicht einsichtig. Ist es nicht ungereimt, zu sagen: Was x (hier: eine Definition) ist, versteht man nicht, solange man y (hier: Synonymie) nicht verstanden hat – aber just in den Fällen, in denen ein x ein y hervorbringt, ist alles klar und sind x wie y verständlich? Es ist vor allem nicht so klar, wie sich Quines Unterscheidung konventioneller von anderen Definitionen zu dem übergreifenden Zirkelargument verhält. Auf der Ebene des Zirkelarguments scheint es um einen Zirkel *der Bestimmung* zu gehen: Innerhalb der Begriffsfamilie von *Notwendigkeit*, *Analytizität*, *Definition* und *Synonymie* soll jedes Mitglied in seiner Bestimmung auf andere Mitglieder verweisen, keines selbständiger Bestimmung fähig sein. Der Unterschied, auf den Quine für das Verhältnis von Synonymie und Definition Wert legt, ist aber von anderer Art. Hier kommt es ihm offensichtlich darauf an, ob die Definition eine vorausgesetzte Synonymie *erfaßt* oder umgekehrt die Definition die Synonymie *hervorbringt*, darauf also, welches von beiden Grund oder Maßstab des anderen ist. Deshalb kann man Rückfragen nach zwei Seiten stellen: *Entweder* man faßt

[25] Vgl. Grice/Strawson 1972, 82f.

den als ausnahmsweise klar herausgehobenen Fall der konventionellen Definition als einen, in dem der Zirkel glücklich unterbrochen ist, und fragt dann, weshalb Quines Diagnose dessenungeachtet ganz allgemein negativ bleibt; *oder* man fragt, worin, bezogen auf das Zirkelargument, das Glück der Ausnahme liegen soll: Denn es ist schließlich nicht so, daß im Begriff der explizit konventionellen Definition der Rekurs auf Synonymie im Unterschied zu anderen Definitionsarten *nicht* aufträte, ist sie doch nach Quine gerade dadurch gekennzeichnet, eben: Synonymie herzustellen. Mithin ist der Verweis auf dieses andere Mitglied der Begriffsfamilie nicht einfach verschwunden. Er fällt nur anders aus: Synonymie tritt als *Produkt* der Definition und nicht als deren *Maßstab* auf.

Die beiden kritischen Fragen entscheiden den Kasus allerdings nicht gegen Quine. Sie müssen jedenfalls dann nicht negativ entscheidend sein, wenn man Quines Anliegen an dieser Stelle nicht als die einfache und allgemeine Nachfrage danach versteht, was Definitionen sind, sondern als die spezifischere Frage danach, wie sie im Kontext der zweistufigen Analytizitätskonzeption gedacht und in Anspruch genommen werden. Woran er anknüpft, ist die Inanspruchnahme von Definitionen als *Grund* der Überführung gewisser nicht-logischer Wahrheiten in logische. Definitionen sind vorgesehen als diejenigen Instanzen, die die Transformation erlauben und damit die transformierte Aussage als analytische hervortreten lassen. Wenn es um diese These geht, ist der Verweis auf die Rückorientierung von Definitionen an Synonymie in seiner kritischen Funktion ohne weiteres deutlich. Der Umstand, daß sich Definitionen konstatierend verhalten können, wirft sie aus der ihnen zugedachten Position. Der Grund der „Erlaubnis“ zum Austausch der Termini liegt dann in der Definition nur insofern, als sie den Sachverhalt der Identität oder partiellen Identität *wiedergibt*, also nicht in der Behauptung, sondern im Bestehen des Sachverhalts. Mit der Vorgängigkeit der Synonymie müssen Definitionen erst einmal wahr sein, ohne ihre Wahrheit durch ihre Existenz, ihr Aufgestellt-Sein, garantieren zu können. Damit verliert sich das Grund-Folge-Verhältnis, das die Auslegung des Notwendigen in Termini von Analytizität zwischen Definition und nicht-logisch-wahren analytischen Urteilen annimmt. Das Gefälle zwischen vermittlungsbedürftigen Urteilen und vermittelnder Instanz ist dadurch nivelliert, daß die notwendige Wahrheit beider nun gleichermaßen von einem Dritten abhängt: im Rahmen des Modells eben vom Bestehen einer Synonymie-Relation zwischen den fraglichen Termini.

So verstanden, beschränkt sich Quines Kritik am Rekurs auf Definitionen nicht auf den Antrag zu weiterer Begriffsanalyse. Das Ergebnis ist dann nicht: Definitionen tragen die Erklärung von Notwendigkeit qua Analytizität nur einen ersten Schritt weit, aber noch nicht bis zum Ende. Solange die Synonymie selbst noch nicht verhandelt wird, wäre der Ausgang des Erklärungsversuchs dann nach dem ersten Schritt noch völlig offen. In einer Hinsicht ist der Ausgang aber bereits an dieser Stelle nicht mehr offen: Der angebotene Grund für Analytizität sogenannter außerlogischer Gehalte war keiner.

Was hat es dann mit der von Quine veranschlagten positiven Ausnahme, der explizit konventionellen Definition, auf sich? Warum stellt ausgerechnet die Abkürzungsdefinition für Quine die löbliche Ausnahme dar? Es ist ja immer noch wahr, daß zwei zur Bestimmung vorgelegte Explananda nicht schon an sich bestimmt sind, wenn man das eine als Produkt des anderen beschreibt. Solange es einfach um die Definition von Definition bzw. Synonymie ginge, wäre durch den Rekurs auf Abkürzungsdefinitionen kein Fortschritt erreicht. Positive Ausnahme ist die konventionelle Definition erst einmal nur genau in der Hinsicht, die die anderen betrachteten Definitionstypen nicht erfüllen: Im Fall der Abkürzungsdefinition ist die Definition der ganze Grund der Synonymie. Es gibt hier keinen vorgängigen Sachverhalt, von dessen Bestehen die Wahrheit der Definition abhinge. Und warum ist das für die Analytizitätskonzeption selbst so wichtig? Andernfalls zieht in Definitionen, also in die Mitte der Konzeption selbst, ein synthetisches Moment ein, ein Stück Abhängigkeit von der Welt, wie sie ist. – Quines Hinweis auf diesen Typ der Definition fügt sich also konsequent in den Argumentationsgang ein, wenn dieser im spezifischen Kontext der vorgestellten Analytizitätskonzeption gelesen wird.

Damit sind wir nun auf den oben (in 3.2.2.3) versprochenen allgemeinen Grund gestoßen, weshalb das Projekt, Notwendigkeit via Analytizität zu erklären, von sich her sprachkonventionalistischen Deutungsmustern zuneigt: Sie kommen der intendierten disjunktiven Scheidung zwischen dem Analytischen einerseits, dem Synthetischen andererseits und der Lokalisierung des notwendig Wahren rein im Analytischen entgegen: Unterschiede des außerlogischen Inhalts *sollen* in dieser Konzeption nicht als Unterschiede des Inhalts, sondern als den Inhalt nicht tangierende, ephemere Unterschiede der Ausdrucksform verbucht werden. Das hängt mit der Auszeichnung logischer Wahrheiten als des Grundtyps notwendiger Wahrheit zusammen; sind diese doch gerade dadurch definiert, daß Eigenarten des außerlogischen Inhalts die Wahrheit der Aussage nicht berühren. Auf diesen Typ ist dann auch der Sekundärtyp des Analytischen nur geeicht, wenn die Unterschiede seines außerlogischen Inhalts von vornherein als *gleichgültige* Unterschiede, als aufzulösender Anschein eines Unterschieds, gesetzt sind. Und das wiederum macht unter den drei von Quine thematisierten Definitionstypen gerade die konventionelle oder Abkürzungsdefinition so attraktiv.

Mit diesen Überlegungen ist andererseits die im vorigen Abschnitt entwickelte Kritik der Assimilation des Notwendigen ans Verbale nicht außer Kraft gesetzt. So kann man auch an dieser Stelle, Quines Fußstapfen verlassend, fragen, ob die Abkürzungsdefinition in diesem Zusammenhang hält, was man sich prima facie von ihr verspricht. Sie stiftet wohl Synonymie und garantiert Austauschbarkeit salva veritate auch in modalen Kontexten. Aber ihr fehlt ein Moment, das im Rahmen des Modells von ihr verlangt ist: Sie stiftet nicht, erklärt nicht, vermittelt nicht die Identität unterschiedener Gehalte. Die Einführung einer neuen Notation, eines neuen Gewands für vorausgesetzten Gehalt, vermittelt diesen weder mit sich noch mit unterschiedenem Gehalt. Sie spielt ihre Rolle in Demonstrationen nur da, wo es nichts mehr zu demonstrieren gibt – oder nur da, wo Demonstration selbst nur als Mechanismus des wahrheitserhaltenden Austausches von Ausdrücken verstanden wird.

Daß das zweistufige Analytizitätsmodell die Vermittelbarkeit unterschiedener Gehalte aber tatsächlich verlangt, läßt sich an der Unterscheidung der beiden Typen analytischer Aussagen noch ablesen: Auf der einen Seite stehen die inhaltsindifferent wahren alias logisch wahren Aussagen; auf der anderen stehen dann konsequenterweise nicht-inhaltsindifferente. (Indifferenz ist hier natürlich bezogen auf den außerlogischen Inhalt.) In den letzteren ist damit ein Unterschied des Inhalts und nicht nur ein Unterschied der Notation angesiedelt. Hätten wir hier nur einen Unterschied zweier Notationen desselben Inhalts, bezeichnete die Disjunktion logisch wahrer versus anderer analytischer Urteile nicht länger eine Grenze zwischen zwei Typen des *Urteils*, sondern nurmehr eine zwischen *Ausdrucksvarianten* desselben Typs von Urteil. Ist der Unterschied einer des Inhalts, dann ist auch die Definition in Anspruch genommen als eine Instanz, die unterschiedenen Gehalt vermittelt und nicht nur zwei Ausdrucksweisen desselben.[26] Hält man die explizite konventionelle Definition an diesen Maßstab, zeigt sich dasselbe, was ihren Vorzug ausmacht, zugleich als ihr Mangel. Sie garantiert uneingeschränkten Konservativismus der Bedeutungen, indem sie diese nicht bestimmt, nicht unterscheidet.

Es wäre freilich rein spekulativ, wollte man diese letzten Überlegungen Quine zuschreiben und sie zu dem theoretischen Motiv dekretieren, das ihn veranlaßt habe, diesen „transparenten“ Fall von Synonymie nicht weiterzuverfolgen, um so mittelbar Analytizität und Notwendigkeit zu entschlüsseln. Quine selbst hebt an dieser Stelle, wie oben berichtet, nur den Ausnahmecharakter explizit konventioneller Definitionen hervor; die große Mehrheit von Definitionen besitzt einfach nicht den charakterischen Zug und Vorzug dieses einen Typs.[27]

---

[26] Daß die bloße Ausdrucksvarianz nicht das Kennzeichen nicht-logisch-wahrer analytischer Aussagen sein soll, zeigt sich in einer Unterscheidung, die Frege, der Autor der neueren Fassung des zweistufigen Analytizitätsmodells, ausdrücklich betont, d.i. der Unterscheidung von Satz und Gedanke: „Was wir beweisen, ist nicht der Satz, sondern der Gedanke. Und es ist gleichgültig, welche Sprache wir dabei gebrauchen. Freilich spricht man in der Mathematik von Beweisen eines Lehrsatzes, indem man dabei unter dem Wort ‚Satz‘ etwas versteht, was ich Gedanken nenne, oder vielleicht unterscheidet man nicht genau zwischen dem Wort- oder Zeichenausdrucke und dem ausgedrückten Gedanken. Der Klarheit wegen aber ist es besser, diesen Unterschied zu machen.“ (Gottlob Frege: *Über Logik und Mathematik* [Hs. Frühling 1914]. Abschrift im Institut für mathematische Logik und Grundlagenforschung, Münster i.W., 5).

[27] Der Frage, weshalb für Quine die konventionelle Definition keinen Weg zu einem einsichtigen Begriff von Synonymie und Analytizität eröffnet, ist Laurence Bonjour nachgegangen. Er vermutet den internen Grund in Quines Forderung, Begriffsklärungen müßten letztlich in Termini *verbalen Verhaltens* abgefaßt sein. (Bonjour bezieht sich dabei auf Passagen aus *Theories and Things* und *Word and Object*.) Akzeptiere man diesen Maßstab, stehe der Versuch, Analytizität zu klären, in der Tat vor einer schwerlich zu bewältigenden Herausforderung. Es sei nicht wahrscheinlich, daß ein reiner Verhaltenstest zwischen analytischen Aussagen einerseits und synthetischen Aussagen andererseits zu unterscheiden erlaube. Für Bonjour knüpft

Das Resultat, auf das es mir ankommt, ist auch nicht eine wasserdichte Quine-Exegese, sondern die Freilegung einer immanenten Kritik der zweistufigen Analytizitätskonzeption. Wieviel sich dafür direkt aus Quines Text übernehmen läßt und im Ausgang von ihm erst noch erschlossen werden muß, ist demgegenüber eine zweite, nachgelagerte Frage. Für die immanente Beurteilung läßt sich mit Quines Überlegungen und über sie hinausgehend bisher jedenfalls soviel gewinnen: Wo die Definition als der Grund von Analytizität namhaft gemacht wird, verweist der Prima-facie-Grund schnell über sich hinaus auf einen unabhängig von ihm bestehenden Sachverhalt, der im Rahmen der Konzeption auch schon einen Namen hat: Synonymie. In Abweichung von Quine läßt sich hier ergänzen: Und selbst in Fällen, in denen Synonymie selbst noch einmal einer Definition verdankt ist, füllt die Definition die zugedachte Rolle des Transformationsvermittlers nicht aus.

Eine Abgrenzung gegenüber Konsequenzen, die Quine aus seiner Diskussion am Ende ziehen wird, ist in der vorgestellten Argumentation schon angelegt: Wenn die Schwierigkeiten im Rahmen einer bestimmten Auslegung des Notwendigen entstehen, dann folgt daraus noch nicht, daß Definition an sich, Synonymie an sich und Notwendigkeit an sich notorisch dunkle und verworrene Begriffe bleiben müssen. Was sich m. E. stattdessen abzeichnet, ist a) eine grundlegende Spannung in der exklusiven Scheidung des Analytischen und des Synthetischen voneinander und b) die Problematik des Versuchs, Bedeutungen zum Nachfolger des Wesens zu machen. Letzteres soll nun im Nachvollzug von Quines zweitem Schritt schärfer konturiert werden.

3.2.3.2.2 Synonymie und Austauschbarkeit salva veritate

Als nächstes untersucht Quine die Möglichkeit, den Begriff der *Synonymie*, auf den Definitionen, jedenfalls die meisten, offenbar zurückverweisen, ohne ihn zu klären, alternativ und selbständig zu bestimmen. Die leitende Idee der untersuchten Bestimmung lautet: Synonyme sind *austauschbar salva veritate*. Quine fragt nun, ob mit Austauschbarkeit salva veritate eine hinreichende Bedingung für Synonymie von Ausdrücken gefunden sei. Seine Antwort lautet: Austauschbarkeit reicht genau dann als Bedingung hin, wenn unter die Aussagen, deren

---

sich daran die kritische Rückfrage, was das Scheitern an behavioristischen Maßstäben für die inkriminierte Unterscheidung des Analytischen und Synthetischen selbst austrage. Seine Antwort lautet: Der Maßstab läßt sich nicht für ein Argument gegen Analytizität und A-priori-Rechtfertigung mobilisieren, weil er selbst auf Voraussetzungen beruht, die apriorische Rechtfertigung ausschließen. (Vgl. Bonjour 1998, 68f.)

Hinsichtlich seiner Stellungnahme stimme ich Bonjour zu. Für nicht entschieden halte ich dagegen die Frage, ob an dieser Stelle die behavioristische Bedeutungstheorie tatsächlich Quines *Ausgangspunkt* gewesen ist – oder ob nicht umgekehrt die behavioristische Bedeutungstheorie für Quine angesichts der unabhängig von ihr erhobenen Schwierigkeiten des Bedeutungsbegriffs den einzig sicheren theoretischen Zugriff zu versprechen schien. Diese Frage müssen wir hier nicht entscheiden. Wichtig ist hingegen, daß die soeben, mit und ohne Quine, gefundenen Kritik-Punkte *nicht* von der Voraussetzung des Behaviorismus abhängen.

Wahrheit bei Austausch erhalten wird, solche aufgenommen sind, die selbst von „notwendig" Gebrauch machen. Da „notwendig" aber durch „analytisch" und dieses wiederum durch die Synonymiebeziehung geklärt werden sollte, führt uns dieser Pfad auf Umwegen zum Ausgangspunkt zurück, der als zu klärender einfach vorausgesetzt bleibt. In Quines Worten:

„Wenn eine Sprache ein intensionales Adverb ‚notwendig' enthält, dann stellt Austauschbarkeit salva veritate in einer solchen Sprache in der Tat eine hinreichende Bedingung für kognitive Synonymie dar; doch eine solche Sprache ist nur insofern verständlich, als der Begriff der Analytizität schon vorgängig verstanden ist." (Quine 1979 a, 37)

Verzichtet man umgekehrt darauf, auf seiten des Anwendungsfeldes des Synonymie-Kriteriums, der Austauschbarkeit salva veritate, modale Kontexte vorauszusetzen, so ist diese nicht länger hinreichende Bedingung für Synonymie. Wo modale Kontexte ausdrücklich ausgeblendet sind – das heißt: im Fall rein extensional organisierter Sprachen –, ist das Kriterium nicht mehr darauf geeicht, Synonyme und nur Synonyme herauszufischen, und es gehen auch falsche Exemplare ins Netz: Prädikat-Ausdrücke, die einander nur extensionsgleich sind, nur von den selben Objekten wahr sind, ohne darum synonym zu sein. Der Sachverhalt, der mit Quines probeweiser Voraussetzung einer rein extensionalen Sprache eingefangen wird, ist offenbar dieser: Daß zwei Prädikate, *F* und *G*, von denselben Gegenständen wahr sind, kann zwei unterscheidbare Konstellationen repräsentieren: eine, in der *F* und *G* nur über die sie exemplifizierenden Gegenstände, also über ein von beiden verschiedenes Drittes, aufeinander bezogen sind – der Fall faktischer Koinzidenz –, und eine, in der *F* und *G* an sich aufeinander bezogen sind – der Fall notwendigen Zusammenhangs. Im zweiten Fall sind alle *F*'s auch *G*'s, indem sie *F*'s sind; die Gleichheit der Extension fußt noch einmal auf einem Verhältnis der Intensionen. Dieses Verhältnis hat hier auch längst einen Namen: Synonymie. Hält man rein den Sachverhalt der Extensionsgleichheit fest, ist von diesem Unterschied abgesehen. Konstellationen der ersten Art sollen von Synonymiebeziehungen abgegrenzt bleiben, bilden sie doch geradezu den Gegenfall zu der funktionalen Bestimmung, mit der Synonymie selber ins Spiel kam: Nur eine Beziehung zwischen Termini, die selber von Tatsachen abgelöst ist, kommt für die Vermittlung zwischen sekundär-analytischen und logisch-wahren Aussagen in Frage. Das heißt: Eine angemessene, hinreichend strenge Fassung von Synonymie in Termini der Austauschbarkeit ist nur da erreicht, wo sie schon, verkürzt gesagt, als Austauschbarkeit „salva analyticitate" näher bestimmt ist.[28] (Dieser Befund wird Quine dann zum letzten Schritt im

[28] Die Verkürzung meinerseits liegt in der Abstraktion davon, daß das Kriterium (Austauschbarkeit salva veritate) selbst konstant gehalten und an seiner Statt dessen Anwendungsfeld spezifiziert worden ist. Es geht um Aussagen, die andere Aussagen als notwendig wahr qualifizieren. Eine solche übergeordnete Aussage muß einfach wahr sein; ob sie ihrerseits notwendig wahr ist, braucht nicht eruiert zu werden. Darin unterscheidet sich der vorgestellte Bestimmungsversuch via Austauschbarkeit von einem *direkten* Zusammenschluß von Synonymie und Analytizität, bei dem das gesuchte Verhältnis der Termini analytischer Aussagen gleich durch die zugehörige Eigenschaft der entsprechenden Aussage, i. e. analytisch zu sein,

Durchmessen des Zirkels führen: dem Versuch, Analytizität selbst noch einmal, diesmal nicht durch Definition und Synonymie, sondern im Rekurs auf semantische Regeln zu bestimmen. Diese letzte Etappe wird hier nicht mehr verfolgt.)

Charakterisieren wir noch einmal die Schritte im allgemeinen: Im letzten Ausgangspunkt ging es darum, Analytizität – eine Eigenschaft von Aussagen – zu klären. Dazu sollte der Rekurs auf Synonymie – ein Verhältnis zwischen Ausdrücken – dienen. Austauschbarkeit salva veritate faßt nun Synonymie an ihrer *Folge*, dem Verhalten synonymer Ausdrücke in Aussagen auf: Für die Frage der Wahrheit der Aussage macht es keinen Unterschied, welcher der miteinander synonymen Ausdrücke gebraucht wird. Der Unterschied zwischen den Termini ist als einer gefaßt, der für etwas keine Rolle spielt, und dieses Etwas ist der Wahrheitswert einer Aussage, in welcher der eine oder der andere Terminus eingesetzt ist. Die in Austauschbarkeit unterstellte Identität ist damit nicht als eine des im Ausdruck Ausgedrückten (auch nicht als eine der Aussagen, in denen er vorkommt), sondern eben als Identität des Wahrheitswerts gefaßt. Nun muß es nicht überhaupt und immer prekär sein, etwas durch Reflexion-in-anderes (durch Verhältnisse, in denen es steht, oder durch Konsequenzen seines Auftretens) zu bestimmen. Was wir dann suchen, sind nicht Wesensdefinitionen, sondern Merk-Male: umkehrbare Bestimmungen, Propria, Bestimmungen, die dem Bestimmenden eigentümlich sind – und in diesem Raum hält sich ja auch Quines Frage, ob denn Austauschbarkeit *hinreichende Bedingung* von Synonymie sei.

Prekär werden solche Bestimmungsversuche allerdings dann, wenn just die Verhältnisse oder die Konsequenzen des zu Bestimmenden Gegenstand der Erklärung sind – Gegenstand einer Erklärung, die das zu Bestimmende als Erklärungsgrund in Anschlag bringt. Dieser Fall liegt hier vor. Synonymie ist in unserem Kontext nicht für sich und nicht als Thema der Sprachwissenschaft aufgenommen worden, sondern in einer theoretischen Rolle: Mit ihr sollte der Typ von Sachverhalt bezeichnet sein, der den Beziehungsgrund abgibt zwischen analytischen Aussagen des sekundären und solchen des primären Typs. Synonymie war die Antwort auf die Frage, was eigentlich den Unterschied des nicht-logischwahren Urteils gegenüber dem logisch wahren zum aufgehobenen macht. Wie müssen sich Termini eines Urteils zueinander verhalten, damit sie ungeachtet ihres Unterschieds als gleiche behandelt werden können? Der Terminus ad quem ist dabei nichts anderes als ein Fall der Austauschbarkeit der Ausdrücke; das Spezielle des Falls ist nur, daß beide Ausdrücke in einer Aussage zusammen vorkommen. Diese Frage richtet sich auf den Grund der Austauschbarkeit der Termini, und dann ist es natürlich prekär, wenn der in „Synonymie" benannte Grund nur wieder in Termini des Begründeten buchstabiert wird. Die angezielte

---

gekennzeichnet würde. (Quine nimmt auch selbst Abstand davon, die vorgestellte Rückführung von *salva veritate* auf *salva analyticitate* einen Zirkel im wörtlichen Sinn zu nennen; vgl. Quine 1979 a, 36.) Diese Modifikation ändert freilich nichts daran, daß die anvisierte Abgrenzung synonymer Terme überhaupt auf den Begriff notwendiger Wahrheit angewiesen bleibt, und das ist für Quines Beweisziel hinreichend.

Aufklärung über die Eigenschaft des über seine Leistung thematisierten Verhältnisses – was für eine Eigenschaft das ist und wie sie den Austausch der Termini steuert – ist zurückgebogen in ihren dispositionalen Platzhalter: Austauschbarkeit salva veritate.

Mit diesem Ergebnis haben sich die Anzeichen für eine Diagnose verdichtet, die oben schon formuliert wurde: Die um Analytizität gruppierte Begriffsfamilie wird zum Problem, indem und soweit ihre Mitglieder in den Versuch involviert sind, Unterschied und Vermittlung zwischen den beiden Typen analytischer Urteile zu interpretieren. Manche Mitglieder der Familie – allen voran Analytizität selbst – sind von diesem Versuch essentiell geprägt und nicht von ihm zu separieren; andere werden von ihm affiziert, sofern und auch nur sofern sie für diesen Versuch funktionalisiert werden. Dazu scheinen jene Begriffe zu zählen, die ihren angestammten Ort im Feld des Sprachlichen haben, also die Begriffe von Synonymie und von Bedeutung. So geht, wie sich eben gezeigt hat, die von Quine dargelegte Schwierigkeit, Synonymie via Austauschbarkeit ohne zirkulären Rekurs auf notwendige Wahrheit zu bestimmen, auf den Versuch zurück, Synonymie gewissermaßen als Diener zweier Herren einzusetzen, sie zwei durchaus verschiedene Funktionen auf einmal verrichten zu lassen: Einmal behält das Wort „Synonymie" seine herkömmliche Funktion, ein sprachliches Verhältnis auszudrücken, nämlich das der Bedeutungsgleichheit von Wörtern; zum anderen wächst ihm unter den Auspizien des Analytischen die neue Funktion zu, notwendige Wahrheit eines nicht-logisch-wahren Urteils zu erläutern, d. h. anzuzeigen, daß für die Wahrheit des Urteils nur die Begriffe selber involviert sind, nicht die Instanzen der Begriffe.

Damit zeichnet sich folgende Konsequenz ab: Es wäre verfehlt, alle Mitglieder der Begriffsfamilie sogleich in Sippenhaft zu nehmen; was Wörter und ihre Bedeutung auf der einen Seite und Notwendigkeit auf der anderen als problematisch erscheinen läßt, scheint eher ihre theoretisch gesuchte Engführung in einfachen und zweistufigen Analytizitätskonzeptionen zu sein. Damit ist kein Urteil über sie als unterschiedene und für sich zu untersuchende Themen gesprochen.

Nun kann man zur zweiten Etappe von Quines Argumentation, die Prüfung einer (gegenüber Definition) selbständigen Bestimmung von Synonymie, eine elementare, schon den Einstieg betreffende Rückfrage stellen: Hat Quine es sich nicht vielleicht zu einfach gemacht, wenn er als einzigen Kandidaten für das Definiens von Synonymie Austauschbarkeit der Termini wählt? Sind die Möglichkeiten, die sich für diese Aufgabe im Rahmen des theoretischen Projekts, Analytizität zu klären, ergeben, damit tatsächlich schon abgeschritten? Gibt es nicht andere, vielleicht aussichtsreichere Definitionsangebote? Anders gefragt: Führen alternative Einstiege im vorausgesetzten theoretischen Rahmen wirklich zwangsläufig auf unerklärt belassene Analytizität zurück?

Die gleiche Frage läßt sich in Bezug auf jedes Mitglied der Begriffsfamilie stellen, die ins Visier des Quine'schen Zirkel-Arguments geraten ist: Sollte es nicht möglich sein, *Analytizität* für sich oder *Bedeutung* für sich oder *Definition* für sich einzugrenzen, um auf dieser Basis dann den Rest der Begriffsfamilie einzuholen? Angebote zu solchen den Zirkel öffnenden Quereinstiegen liegen vor. Zwei davon sollen im nächsten Abschnitt betrachtet werden.

3.2.3.3 Wege aus dem Zirkel?

Quines Zirkel-Argument hat bekanntlich nicht jeden überzeugt. Vor allem hat es den Einwand hervorgerufen, der vermeintliche Zirkel könne wohl durchbrochen werden. Nicht-zirkuläre Quereinstiege skizzieren sowohl Grice und Strawson in ihrer *Verteidigung eines Dogmas* als auch Bonjour in seiner *Verteidigung der reinen Vernunft*.[29]

Grice/Strawson diagnostizieren in Quines Argumentation einen Fehlschluß vom Scheitern des Versuchs, einen der involvierten Begriffe selbständig durch Angabe hinreichend allgemeiner und hinreichend spezifischer Merkmale zu definieren,[30] auf die Selbstzersetzung des zu Definierenden und damit auf die Nichtigkeit der Unterscheidung zwischen analytischen und synthetischen Aussagen. Dafür, daß zunächst einmal die Unterscheidung selbst nicht so leicht als illusorisch abzutun sei, spreche die weitgehende Übereinstimmung, die zwischen Philosophen in der Anwendung beider Prädikate bestehe und die sich auch in der Anwendung auf neue Fälle erhalte – für Grice und Strawson ein sicheres Zeichen, daß die Unterscheidung einen Unterschied erfaßt und nicht erfunden hat (was natürlich auch in ihren Augen nicht jede Theorie dieses Unterschieds rechtfertigt).[31] Verstärkung erhält diese Vorvermutung nach ihrer Ansicht durch den Umstand, daß mit der angenommenen Nichtigkeit der Unterscheidung und ihrer Verbindung zu Synonymie auch diese und damit die, doch weit über Philosophenkreise hinaus etablierte Rede von Bedeutungsgleichheit oder von korrekter/nicht-korrekter Übersetzung oder vom Sinn eines Ausdrucks überhaupt für nichtig erklärt werden müßte. Zu solch radikalen Negationen des vorab Wahrscheinlichen kommt es ihrer Meinung nach nur dadurch, daß an die involvierten Begriffe unangemessen hohe Anforderungen gestellt wurden: Weil eine Begriffsklärung in Gestalt von Definitionen im strikten Sinn nicht erreicht wurde, darum sollen gleich die Begriffe und Unterscheidungen selbst an sich unerklärlich, nichtig sein – darin liegt für die beiden Autoren der problematische Schritt, den man gehen muß, um von Quines Argumenten zu Quines Resultat zu gelangen. Doch was Quine implizit verlange – eine strikte Definition durch einzeln notwendige und zusammen hinreichende Merkmale –, sei nicht die einzige Weise, einen Begriff einzugrenzen und Unterscheidungen klar zu machen. Grice/Strawson verweisen hier auf die Möglichkeit *paradigmatischer* Einführungen durch Beispiele und Gegenbeispiele. Solche Abgrenzungen fallen dann

[29] Siehe Grice/Strawson 1972; Bonjour 1998.

[30] Zu Quines implizit angelegten Standards adäquater Begriffsklärung vgl. Grice/Strawson 1972, 78f.

[31] Vgl. Grice/Strawson 1972, 74f.

eingestandenermaßen bescheidener aus als eine allgemeine Definition, zeigen aber immerhin, daß die fraglichen Begriffswörter tatsächlich etwas und nicht nichts unterscheiden, und erfüllen vor allem die wichtige zweite Anforderung der Zirkelfreiheit. Auf diese Weise kann nach Meinung der Autoren jedes Mitglied der inkriminierten Begriffsfamilie zirkelfrei für sich eingeführt werden, und damit sind vielfältige Wege aus dem Zirkel gebahnt und ist den angegriffenen Unterscheidungen das Existenzrecht gesichert.

Diese Möglichkeit führen beide zur Illustration an einem der betroffenen Begriffe durch, nämlich am Begriff des *logisch Unmöglichen*.[32] Ich betrachte zunächst diese Durchführung und komme dann auf die allgemeine Argumentation zurück. „Logische" Unmöglichkeit soll durch Kontrastierung gegen „natürliche" oder „kausale" Unmöglichkeit anhand des Vergleichs zweier Dialoge klargemacht werden. Im ersten Dialog behauptet jemand: (I) „Das dreijährige Kind meines Nachbarn beherrscht Russells Typentheorie", im Paralleldialog: (II) „Das dreijährige Kind meines Nachbarn ist ein Erwachsener." Die Autoren entfalten den anvisierten Unterschied anhand der Reaktionen, Nachfragen und Stellungnahmen eines Dialogpartners, der mit der Behauptung von (I) bzw. (II) konfrontiert wird. Hat er sich in jedem der beiden Fällen vergewissert, daß die Behauptung wörtlich gemeint ist, erklärt er das Behauptete jedesmal für *unmöglich*. Doch während er im ersten Fall der verstandenen Behauptung die Zustimmung verweigert (und dabei eine Idee davon haben kann, was der Fall sein müßte, damit seine Negation widerlegt wäre), hält er (II) am Ende schlicht für unverständlich: "/.../ it would be appropriate in the first case to say that we did not believe him and in the second case to say that we did not understand him" (Grice/Strawson 1972, 81f.).

Soweit das Beispiel. Zeigt es, was es zeigen soll? Die Behauptungen selbst, (I) und (II), stehen unmittelbar nicht für den anvisierten Unterschied zwischen Typen von Notwendigkeit, einer natürlichen und einer logischen, ein. Es ist ja eine erst zu klärende Frage, ob der Unterschied zwischen (I) und (II) nicht einfach darin liegt, daß in (I) der Widerspruch zwischen Subjekt und Prädikat nicht unmittelbar zu Tage tritt, in (II) hingegen schon. Dann wäre der Unterschied keiner zwischen Typen von Modalität, sondern möglicherweise nur einer des Komplexitätsgrades und damit der Geschwindigkeit des Erkennens einer gleichartigen Unmöglichkeit. Es geht mir hier nicht darum, diese These stark zu machen, sondern um den Hinweis, daß die beiden Behauptungen sich erst im Licht theoretischer Interpretation in der gewünschten Weise sondern. Die theoretische Interpretation wird auch mitgeliefert, in Gestalt der adäquaten Reaktion des Dialogpartners und deren Erläuterung. Aber die Erläuterungen sind nicht mehr und nicht weniger klärungsbedürftig als die Unterscheidung zwischen logischer und natürlicher Notwendigkeit selbst. Was heißt es auf der einen Seite, daß (II) *unverständlich* sei? Immerhin muß der mit der Behauptung Konfrontierte auch hinsichtlich (II) verstanden haben, was behauptet ist, um das Behauptete unmöglich finden zu können. Inwiefern unterscheidet auf der anderen Seite *die*

[32] Vgl. Grice/Strawson 1972, 80-82.

Verweigerung der Zustimmung den ersten Dialog vom zweiten? Im einen Fall halten wir die Behauptung für falsch, im anderen verstehen wir sie nicht. Damit ist die Unterscheidung prima facie erstens durch einen Unterschied bezeichnet, der die beiden Fälle nicht unterscheidet, und zweitens durch einen, der nicht besteht. Die Erläuterung dispensiert sich für (I) von der Unmöglichkeit, für (II) von der Falschheit – und macht damit fraglich, wo eigentlich die Vergleichbarkeit der Fälle noch ihren Platz hat, von der ausgegangen wurde: daß der Dialogpartner beides unmöglich findet.

In Beispielsform treten damit dieselben Fragen auf, die die Bestimmung logischer versus natürlicher Notwendigkeit im allgemeinen aufwirft. Das heißt natürlich nicht, daß der Rückgang auf Beispiele kein Weg zur Erläuterung und Klärung der anvisierten Unterscheidung wäre. Es heißt auch nicht, daß die gewählten Beispiele untypisch wären. Es heißt allerdings, daß die Beispiele nicht jenseits der Frage, *worin* sie sich unterscheiden, für den Objektivitätserweis einer vorausgesetzten allgemeinen Unterscheidung mobilisiert werden können. Der Terminus ad quem ist nicht nur der Nachweis gewesen, *daß* die Beispiele sich unterscheiden, sondern der, daß sie sich *in bestimmter Weise* unterscheiden – so nämlich, daß sie verschiedenen Modalitätstypen zuzuordnen sind. Und mit dieser Frage kehrt, wie angedeutet, am Einzelfall das Problem der allgemeinen Unterscheidung wieder. Es hilft also wenig, anhand von Anwendungsbeispielen auf die Triftigkeit einer begrifflichen Unterscheidung zu pochen, wenn die Unterscheidung im allgemeinen notleidend ist. Dieser Ausweg beschert damit, wenn ich recht sehe, nur eine Nebenvolte, einen Epizykel zum Zirkelargument.

Kehren wir damit zur Argumentationslinie im allgemeinen zurück: Der Versuch, durch „informelle" Erläuterungen, typische Fälle und Gegenfälle, einen oder jeden der tangierten Begriffe zu rehabilitieren, ist sicher nicht a priori aussichtslos. Wie weit er trägt, wäre jedesmal an der Durchführung zu entscheiden. Nur überspringt dieser Versuch m. E. die Problemlage, auf die das Zirkelargument (in meiner gegenüber Quine allerdings modifizierten Lesart) aufmerksam macht. Die separate Behandlung stellt sich nämlich nicht mehr zu der Weise, in der *innerhalb der Analytizitätskonzeption* die Begriffe zur Familie verbunden sind. Genau darin liegen aber, wie in 3.2.3.1 und 3.2.3.2 gezeigt werden sollte, die Probleme. Der Befund für Definition und für Synonymie war nicht: Man kann schlechterdings nicht sagen, was Definitionen oder was Synonyme sind. Das Ergebnis war vielmehr: Im Rahmen der Analytizitätskonzeption sind sie jeweils als Grund der Austauschbarkeit definiert und zugleich als dieser Grund nicht mehr selbständig dingfest zu machen. Das Problem besteht für keinen der Begriffe darin, "that the expressions which purport to express them have no sense" (Grice/Strawson 1972, 82). Dann sind aber auch Verteidigungen gegen diesen Verdacht nicht auch schon Verteidigungen der Analytizitätskonzeption.

Analoges gilt m. E. für die Verteidigung gegen den Zirkeleinwand, die Laurence Bonjour bezogen auf den Begriff der *Bedeutungsgleichheit* skizziert hat. Der Begriff kann nach Bonjour wie folgt eingeführt werden: Sprachliche Zeichen sind definitiv mehr als graphische und akustische Muster. Sie führen etwas mit sich, was sie zu Bedeutenden macht, und dieses zuschüssige Moment, was immer es auch sein mag, sei Bedeutung genannt. Da dieses Moment nicht durch die physikalischen Eigenschaften sprachlicher Zeichen bestimmt ist, besteht für zwei Zeichen offenbar die Möglichkeit, bei Differenz in Materialeigenschaften hinsichtlich dieses zuschüssigen Moments übereinzustimmen. Genau das wäre dann ein Fall von Synonymie.[33]

Die Richtung der Kritik ist also auch hier: Es gibt von Quine außer acht gelassene Mittel und Wege, wenigstens einen der inkriminierten Begriffe selbständig zu bestimmen, wobei Bestimmen auch in Bonjours Angebot nicht schon unter dem Anspruch steht, eine Definition des Begriffs zu geben, sondern unter dem ermäßigten, leichter erfüllbaren Anspruch, den Begriff durch Rekurs auf anderes zu begrenzen. Sobald das aber für ein Mitglied der unheiligen Begriffsfamilie geleistet werden kann, ist der Zirkel geöffnet; das ist das Ziel der Gegenkritik.

Ob das Zirkelargument auf diese Weise entkräftet ist oder nicht, hängt auch hier davon ab, wie *allgemein* das Zirkelargument selbst zu denken ist. Mein Vorschlag dazu war: Das entscheidende Zirkelargument bezieht sich *spezifisch* auf die zur Klärung von Notwendigkeit eingesetzte Unterscheidung des Analytischen und des Synthetischen, und es hakt dort ein, wo der Zusammenhang beider Typen von Analytizität durch Rekurs auf Intension geklärt werden sollte. Die zweistufige Analytizitätskonzeption bestimmt Analytizität disjunktiv, durch Angabe ihrer angenommenen beiden Arten. Daß die beiden Arten zusammenhängen müssen, steht außer Frage, wenn sie Arten eines Genus, eben des Analytischen, sein sollen. Ein Zusammenhang wird ja auch von der Konzeption selbst namhaft gemacht, in Form der Rückführbarkeit des einen Typs auf den anderen. Damit ist es eine aus der Konzeption selbst entspringende Frage, was es denn ist, kraft dessen manche Urteile so zurückgeführt werden können. Es ist diese Frage, die den Raum der möglichen abzuschreitenden Antworten, also das Untersuchungsfeld, begrenzt. Wenn in diesem Rahmen von Intension oder von Definition oder von Synonymie die Rede ist, dann geht es um sie in dieser spezifischen Hinsicht: Sie werden gedacht und erwogen *als etwas* (was sie an sich nicht zu sein brauchen), nämlich als Kandidaten für die Rolle des „Lizenzgebers" zur Rückführung nicht-logisch-wahrer analytischer Urteile auf logisch wahre.

Meine These war: In *diesem* Rahmen treten die von Quine diagnostizierten ausweglosen Zirkelverhältnisse wirklich ein. Das aber muß, wie oben schon gesagt, nicht heißen, daß der Begriff der Bedeutung oder der der Synonymie oder der der Definition oder auch der Ausgangsbegriff selbst, d. i. der Begriff der Notwendigkeit, jenseits dieser Konzeption keiner Aufklärung fähig wäre. Insofern schließt die Kritik des Zirkels die Möglichkeit, etwa Synonymie für sich genommen (ohne das theoretische Gepäck der Analytizität) zirkelfrei zu bestimmen, weder aus noch wird sie von jeder solchen Möglichkeit ihrerseits tangiert. Tangiert würde sie von dem Nachweis, daß Synonymie *zugleich* zirkelfrei bestimmt *und* in dieser Bestimmung als Scharnier der Theorie des Analy-

[33] Siehe Bonjour 1998, 72.

tischen eingesetzt werden könnte. Von diesem Nachweis ist aber Bonjours Skizze einer unverdächtigen Einführung des Terms „Synonymie" weit entfernt. Die Einführung ist ja gerade darin so unverdächtig, daß sie sich des Urteils darüber, was es denn ist, was da gleich ist, enthält. Ohne diese Lücke zu füllen, wird man aber keine Antwort auf die Frage bekommen, die nach Quines Diagnose den Zirkel ans Licht bringt.

Erst wenn die Zirkelthese selbst als Angriff auf Synonymie überhaupt, Definition überhaupt etc. verstanden wird, ist sie durch den Nachweis irgendeiner Möglichkeit zirkelfreier Eingrenzung des fraglichen Begriffs aus den Angeln gehoben. So aber muß sie nicht verstanden werden, und mein Plädoyer geht dahin, daß sie so auch nicht verstanden werden sollte.[34]

In einer Hinsicht nähert sich meine Position damit wiederum der von Grice und Strawson vertretenen. Auch meiner Meinung nach ist das Problem, das Quine bloßlegt, das Problem einer Theorie und nicht das Problem vortheoretischer Alltags-Unterscheidungen. Aber anders als Grice und Strawson bin ich der Meinung, daß die Scheidung zwischen analytischen und synthetischen Urteilen selbst nicht zu den unproblematischen Elementen gehört, die den Schiffbruch der Theorie überleben. Grice und Strawson ziehen diese Grenzlinie anders. Nach ihrer Auffassung mag in den philosophischen Theorien, die der Erklärung der Unterscheidung zwischen dem Analytischen und dem Synthetischen gewidmet sind, einiges oder vieles im argen liegen; aber darum der Unterscheidung selbst die Existenz, d. h. das Recht, die Triftigkeit, abzusprechen, sei weder notwendig noch der Sache angemessen. Ich sehe dagegen nicht, wie man diese Unterscheidung noch einmal von den Problemen isolieren könnte, die für die Scharnierglieder der zweistufigen Konzeption aufgetreten sind.

Um es ganz einfach zu sagen: Quine selbst spricht am Anfang (und noch einmal am Ende des vierten Teils) von *Two Dogmas* aus, wogegen seine Kritik gerichtet ist. Ihr Adressat ist „der Glaube an eine grundlegende Kluft zwischen einerseits analytischen Wahrheiten, die auf Bedeutungen beruhen und unabhängig von Tatsachen sind, und synthetischen, auf Tatsachen beruhenden Wahrheiten andererseits" (Quine 1979 a, 27). Es ist m. E. dieser Glaube, den seine Kritik auch wirklich trifft – nicht mehr, aber auch nicht weniger.

---

[34] Eine Lesart, die Quine dementgegen die These der generellen Sinn(!)losigkeit von „Synonymie" zuschriebe, ließe im übrigen auch Quines Argumentation zu Synonymie und Austauschbarkeit inkonsistent erscheinen: Indem Quine mit der Unzureichendheit extensionaler Gleichheit argumentiert, muß er intensionale Gleichheit als wenigstens negativ unterscheidbaren Konterpart voraussetzen.

3.2.4 Notwendig gleich analytisch? – Schlußbetrachtung

Mit der Kritik sowohl an der sprachrelativistischen als auch an der zweistufigen Konzeption des Analytischen ist aber auch der in dieser Arbeit entwickelte Gedankengang zum Thema notwendiger Wahrheit an einen kritischen Punkt gelangt. In Kapitel 3.1.4 hatte ich in Anlehnung an Auszüge aus Kant eine Typologie notwendiger Wahrheit vorgeschlagen. Die aus den *Reflexionen* und der *Kritik der reinen Vernunft* herangezogenen Passagen gehören nun aber selbst eindeutig der Darstellung und Klärung der Unterscheidung zwischen analytischen und synthetischen Urteilen an. Auf der Grundlage der eben vorgetragenen Kritik dieser Unterscheidung scheinen nur drei Möglichkeiten zu bleiben. Entweder mein Vorschlag aus dem letzten Kapitel fällt dieser Kritik mit anheim, oder der Begriff des Notwendigen läßt sich unabhängig vom Begriff des Analytischen fassen, oder aber es gibt eine bislang nicht in Betracht gezogene Version der Unterscheidung zwischen analytischen und synthetischen Urteilen, die von der vorgestellten Kritik ausgenommen bleibt.

Die zweite Möglichkeit hat, wenigstens prima facie, wenig Laufchancen. Nach der Darstellung in 3.1.4 hängen das notwendig wahre und das analytische Urteil in einem Punkt untrennbar zusammen: Beide sind dadurch charakterisiert, daß ihre logische Negation einen Widerspruch enthält, also unmöglich ist. Dafür, das Notwendige von diesem Zusammenhang mit dem Unmöglichen zu trennen, sehe ich keine Veranlassung. Es würde auf dem gegebenen Stand auch nichts helfen, für die Möglichkeit synthetisch notwendiger Urteile zu votieren; denn von der ausgeführten Kritik ist die ganze Unterscheidung und nicht nur ihre analytische Hälfte betroffen.

So scheint für den Anhänger des notwendig Wahren nur die letzte Möglichkeit offen; und hier stehen die Ausgangschancen besser. Unter den Versionen der Unterscheidung zwischen analytischen und synthetischen Urteilen, die in 3.2.2.1 im Anschluß an Anthony Quinton aufgeführt wurden, findet sich eine, die im bisherigen Gang ausgeklammert blieb, und das ist die eben angesprochene Bestimmung des Analytischen durch den Satz der Identität bzw. den Satz des Widerspruchs. Kant selbst spricht den Zusammenhang zwischen letzterem und dem analytischen Urteil eindeutig aus, wenn er den Satz des Widerspruchs „das allgemeine und völlig hinreichende *Principium aller analytischen Erkenntniß*" (*KrV* B 191) nennt. An den Satz der Identität wiederum schließt die kanonisch gewordene Einführung der Unterscheidung zwischen dem Analytischen und dem Synthetischen in der Einleitung der *Kritik der reinen Vernunft* an. Ob diese Fassung von der Kritik auszunehmen ist, soll nun geprüft werden. Sie lautet:

„In allen Urtheilen, worin das Verhältniß eines Subjects zum Prädicat gedacht wird (wenn ich nur die bejahende erwäge, denn auf die verneinende ist nachher die Anwendung leicht), ist dieses Verhältniß auf zweierlei Art möglich. Entweder das Prädicat B gehört zum Subject A als etwas, was in diesem Begriffe A (versteckter Weise) enthalten ist; oder B liegt ganz außer dem Begriff A, ob es zwar mit demselben in Verknüpfung steht. Im ersten Fall nenne ich das Urtheil *analytisch*, in dem andern *synthetisch*." (*KrV* B 10 [Einleitung, Abschnitt IV])[35]

Vorbereitend ist zweierlei festzuhalten: Erstens ist von jenen Zweideutigkeiten hinsichtlich des logischen Subjekts, die uns oben in 3.1.4 auf die essentialistische Fährte geführt haben, nicht die Rede. Zweitens gibt es an dieser Stelle umgekehrt keine Anzeichen dafür, Kants Unterscheidung sprachrelativistisch zu verstehen.

Als Dreh- und Angelpunkt der Unterscheidung ist vielmehr der „Begriff A", also der Subjektbegriff genannt. Enthält er den Prädikatbegriff, ist das Urteil analytisch, enthält er ihn nicht, ist es synthetisch. Damit ist klar ein wechselseitiges Ausschlußverhältnis zwischen dem Analytischen und dem Synthetischen ausgesprochen, und zwar eines, das für den Fall des Vorliegens von Subjekt- und Prädikatbegriff eine vollständige Disjunktion darstellt. Daß die Identität oder das Enthaltensein auch „versteckt" sein kann, hält das in Kants Sinn Analytische von der Identifikation mit dem Selbstverständlichen fern; was es heißt, Fall dieses Begriffs zu sein, scheint sich nicht an epistemisch ersten Fassungen desselben entscheiden zu müssen. Für die Verknüpfung, die spezifisch für synthetische Urteile festgehalten wird, kann das nur heißen, daß sie gar nicht, auch nicht durch demonstrative Zwischenschritte vermittelt, als Implikationsverhältnis zu denken ist. Wie immer diese Verknüpfung zu denken ist, sie scheint das Prädikat nicht als etwas in Anspruch zu nehmen, was an sich dazu gehört, Fall des Subjektbegriffs zu sein.

Der Subjektbegriff also ist der Unterscheidung beider Urteilstypen *vorausgesetzt*. Daß er *als Bezugspunkt dieser Unterscheidung* vorausgesetzt ist, läßt Rückschlüsse darauf zu, wie er selbst dann gedacht werden muß. Abgesehen von dem Grenzfall nur noch einfacher, sozusagen atomarer, Begriffe, deren Möglichkeit dahingestellt bleiben mag und die jedenfalls nicht die paradigmatischen Fälle solcher Bezugspunkte sind, muß von einem potentiellen Subjektbegriff gelten, daß er selbst als Einheit unterscheidbarer begrifflicher Elemente zu denken ist. Er muß schließlich so verfaßt sein, daß die Frage, ob ein gegebener zweiter Begriff in ihm, sei es unmittelbar, sei es mittelbar, enthalten ist, eindeutig entscheidbar ist. Wenn sich in Bezug auf den jeweiligen Subjekt-Begriff Einheit und interne begriffliche Differenzen unterscheiden lassen müssen, so ist er nicht länger auf den logischen Ort der Subjekt- (oder der Prädikat-) Stelle eines Urteils beschränkt. Die logische Form, in der die Einheit eines Begriffs als in der bestimmten Verbindung anderer Begriffe bestimmt ausgedrückt wird, ist nicht mehr das Begriffswort, sondern die Definition. Als Bezugspunkt der Unterscheidung zwischen beiden Urteilstypen mausert sich der Subjektbegriff zum *Pendant von Definitionen* und damit von einem *Element* in Sachverhalten zu *ganzen Sachverhalten*. Bezieht man nun noch Kants Hinweis auf „versteckte",

[35] Explizit wird der Rekurs auf den Satz der Identität im nächsten Satz, in dem Kant die analytische „Verknüpfung des Prädicats mit dem Subject" als eine „durch Identität" charakterisiert, die synthetische entsprechend als eine „ohne Identität". (*KrV* B 10)

also wohl: mittelbare, beweispflichtige Beziehungen des Enthaltenseins ein, ergibt sich darüber hinaus: Begriffe, die als Bezugspunkte der Kantischen Unterscheidung in Frage kommen, sind nicht nur Pendants von Definitions-Urteilen, sondern auch *Pendants beweisender Schlüsse*; sie begreifen Implikationen ein oder sind zu denken als Ensemble bestimmter Folgerungsbeziehungen.

Wenn das so ist, lassen sich an dieser Stelle ganz ähnliche Rückfragen stellen wie zuvor an die zweistufige Konzeption des Analytischen. Nehmen wir an, die Definition – nicht irgendeine, sondern die richtige – eines Begriffs A sei gegeben; „die richtige" heißt hier: eine, die uns in den Stand versetzt, Urteile mit A an Subjektstelle korrekt in analytische und synthetische einzuteilen. Ist diese Definition selbst dann analytisch oder synthetisch? Es scheint offensichtlich, daß sich diese Frage nicht nach dem Kriterium entscheiden läßt, ob der Prädikatbegriff im Subjektbegriff enthalten sei. Der Subjektbegriff reagiert auf diese Frage nicht als ununterschieden Einer, sondern als definiter Begriff; für seine Definition aber ist der Unterschied zwischen einfacher und differenzierter Fassung, zwischen Definiendum und Definiens konstitutiv. Dieser Unterschied läßt sich nicht dadurch zum Verschwinden bringen, daß wir die Definition auf sich selbst anwenden und das Definiens auch noch an die Stelle des Definiendum setzen oder umgekehrt. Genauer gesagt: Er läßt sich so natürlich zum Verschwinden bringen; aber dann ist mit ihm auch die Form der Definition verschwunden. Wie im Rahmen der zweistufigen Konzeption des Analytischen treten so in der Mitte der Unterscheidung selbst Urteile auf, die deshalb nicht unter die Unterscheidung zu subsumieren sind, weil sie deren Maßstab setzen.

Daraus ist mindestens die Konsequenz ziehen, für die Unterscheidung selbst den Anspruch der Vollständigkeit zurückzunehmen. In Gestalt derjenigen Urteile, die potentielle Subjektbegriffe definieren, ist die Alternative des Analytischen oder Synthetischen unterlaufen. Diese Minimal-Konsequenz wächst sich jedoch rasch aus und greift auf das gesamte Feld des vormals rein analytisch Gedachten über. Von allen Urteilen, die Teile solcher Definitionen wiederholen oder Implikationen der Definitionen oder Implikationen eines ihrer Teile artikulieren, kann man zwar sagen, ihre Pole seien durch Identität verknüpft, ihre Prädikate im Begriff des Subjekts enthalten; aber enthalten sie dann in einem Begriff, insofern dieser selbst in Form von Urteils- und Schlußbeziehungen bestimmt ist. Identisch und nur identisch ist ein jedes analytische Urteil dann mit genau einem Ausschnitt aus der in Urteilen und Schlüssen artikulierten Auslegung des Begriffs, nämlich demjenigen, der es selbst ist.

Mit diesem Ergebnis steht fest, daß auch die klassische Kantische Fassung der Unterscheidung zwischen dem Analytischen und dem Synthetischen von der oben entwickelten Kritik betroffen ist. Zwar bleibt sie unberührt von der spezifischen Kritik an sprachrelativistischen Versionen dieser Unterscheidung; aber nicht unberührt bleibt sie von dem in Abschnitt 3.2.3.1 vorgestellten Argument. Einen Ausweg aus den Problemen der Unterscheidung haben wir also nicht gefunden.

Aber wir haben etwas gefunden, was nicht schlechter sein muß als ein Ausweg, nämlich den allgemeinen Grund der Schwierigkeiten aller betrachteten Versionen der Unterscheidung. Die zuletzt betrachtete Fassung zeichnet sich dadurch aus, daß sie das Prinzip explizit macht, dem nicht nur sie, sondern auch die übrigen Fassungen verpflichtet sind, und dieses Prinzip scheint mir kein anderes zu sein als der *Satz der Identität* oder der *Satz des Widerspruchs*. Sätze, die buchstäblich der Form „A ist A" oder der Form „ AB ist A" genügen, sind dann die paradigmatischen Fälle des analytischen Urteils, und unter diesem Maßstab ist es auch nur konsequent, den in Urteilen mit Notwendigkeitsanspruch anzutreffenden Unterschied zwischen den begrifflichen Polen des Urteils als Abweichung von der Norm des Analytischen zu verbuchen oder, wenn das Urteil doch als analytisches gelten soll, den Unterschied zum bloß nominellen herabzustimmen und am Ende das notwendig wahre Urteil mit dem Urteil zu identifizieren, das wiederholt, aber nichts bestimmt.

Wenn darin tatsächlich der Grund der gemeinsamen Schwierigkeiten aller betrachteten Versionen der Unterscheidung liegt, dann läßt sich auf dieser Basis auch klären, was revidiert werden muß und was bleibt. Worin der Revisionsbedarf liegt, ist m. E. in der Kritik selbst schon enthalten: In dem merkwürdigen Befund der Verdopplung eines für analytisch gelten sollenden Urteils in sich und sich als Grund seiner Analytizität drückt sich aus, daß Identität nur der halbierte Maßstab des notwendig wahren Urteils sein kann: In ihren Anwendungen setzt Analytizität Urteile voraus, in denen der Unterschied zwischen Fassungen desselben Begriffs, der Unterschied zwischen Definiendum und Definiens, nicht weniger konstitutiv ist als der Umstand, daß dies Fassungen desselben sind. Revisionsbedürftig scheint damit die Voraussetzung der strikten Alternative zwischen Identität und Unterschied der Urteilspole. Mit anderen Worten: Die Frage: Sind Subjekt- und Prädikatbegriff eines gegebenen Urteils durch Identität verknüpft oder durch etwas anderes? – ist zu abstrakt gestellt. Sie lädt dazu ein, davon zu abstrahieren, daß auch die Bestimmung eines Begriffs das Hinausgehen sowohl über die im Begriffswort indizierte Einheit desselben als auch über die im Gebrauch des Worts unterstellten Anfangs- oder Nominaldefinitionen verlangt. Was der Satz der Identität in Bezug auf Begriffsbestimmungen tatsächlich zum Ausdruck bringt, ist der Gedanke, daß immer da, wo es um die Bestimmung eines Begriffs selbst geht, das Hinausgehen über die Subjektstelle des Urteils keinen anderen Sinn hat als den, zu zeigen, was es ist, Fall dieses Begriffs zu sein. Das Mißverständliche liegt darin, daß der Satz der Identität diesen Gedanken auf eine Weise artikuliert, die ihn nicht vom tautologischen Selbstvergleich einer dem Urteil nur vorausgesetzten Nominaldefinition mit sich unterscheidet. Darin ist auch die an diesem Satz orientierte Grundfassung des Analytischen nicht geeignet, das Verhältnis eines Begriffs zu sich zu fassen, das dem Übergang von Nominaldefinitionen zu Wesensdefinitionen entspricht. So richtig es ist, daß dieser Übergang keinen Themen- oder Gegenstandswechsel darstellt, so irreführend ist es, davon abzusehen, daß dasselbe Allgemeine darin einmal als

Ensemble koordinierter Merkmale und das andere Mal als auf ihren Grund zurückgeführte Einheit solcher Merkmale bestimmt sein kann.

Mit diesem Ergebnis ist der Begriff des Notwendigen weder aufgegeben noch im Sinn des Analytischen rehabilitiert; ebensowenig aber scheint mir die Konsequenz zu sein, ihn völlig von der Unterscheidung zwischen dem Analytischen und dem Synthetischen emanzipiert zu denken. Die Kritik dieser Unterscheidung führt nicht auf einen epistemischen Nullpunkt jenseits ihrer zurück, und ihr Ertrag ist nicht nur negativ. Daß sich Urteile eigenen Typs unterscheiden lassen, in denen es darum geht, zu bestimmen, was etwas als Fall eines bestimmten Begriffs ist, braucht nicht revidiert zu werden – daß solche Bestimmungen überflüssig wären, allerdings schon.

4 Alte und neue Aussichten auf die Bestimmung des Wesens

4.1 Induktion, Notwendigkeit und ein gemeinsames Resultat

In den beiden vorangehenden Hauptteilen dieser Arbeit wurden allgemeine Arturteile aus zwei unterschiedlichen Blickwinkeln betrachtet. Zum einen ging es um allgemeine Urteile in ihrem Verhältnis zu vorausgesetzten Einzelurteilen bzw. einer Konjunktion solcher Einzelurteile, in denen der Erkenntnis- oder auch Bewährungsgrund des zugehörigen allgemeinen Urteils liegen sollte. Dieses Verhältnis und die darin gelegenen Implikationen für die Bestimmung seiner Pole, des einzelnen Urteils auf der einen Seite, des allgemeinen auf der anderen, bildeten den Hauptgegenstand des zweiten Teils. Im dritten Teil standen wiederum allgemeine Urteile im Mittelpunkt, diesmal jedoch von Beginn an allgemeine Urteile mit Notwendigkeits-Qualifikation. Hier ging es nicht in erster Linie um die Begründung solcher Urteile, sondern enger um ihre Bestimmung, um die Aufklärung des mit der Modalklausel angezeigten Status solcher Urteile.

Diese beiden Teilbetrachtungen haben ihre gemeinsame Wurzel in der im ersten Teil probeweise eingenommenen Ausgangsansicht zu Bildung und Struktur von Artbegriffen. Versteht man unter dem Begriff einer Art oder Gattung das Produkt abstrahierender Selektion beobachteter Eigenschaften, so sind damit zwei Möglichkeiten eröffnet, wie ein Prädikat zum Begriff einer Art gehören kann. Entweder ein Prädikat gehört per definitionem zum Begriff einer Art, als Teil oder Teil eines Teils der vorausgesetzten Artdefinition; oder ein Prädikat gehört im weiteren Sinn zum Begriff einer Art, insofern alle Gegenstände, die die Definition erfüllen, außerdem die in diesem Prädikat gefaßte Bestimmung aufweisen. Diesen zwei Weisen der Zugehörigkeit entsprechen zwei epistemische Modi, zwei Wege der Erkenntnis der Zugehörigkeit. Der ersten Weise entspricht eine leichtgewichtig verstandene Begriffsanalyse, die der Anweisung folgt: Gehe zurück auf die explizit kanonisierte oder auch aus dem Gebrauch des Artnamens ersichtliche Bedeutung desselben, nötigenfalls auch auf die Bedeutung der Elemente dieser Bedeutung. Findet sich das fragliche Prädikat darin, so gehört es in diesem Sinn zu jenem Artbegriff, findet es sich darin nicht, fällt es in diesem Sinn außer ihn. Leichtgewichtig ist eine so verstandene Begriffsanalyse in der Ablösung der Frage, was etwas ist, durch die Frage nach dem Auftritt von Prädikaten in Nominaldefinitionen. Im Unterschied dazu weist der zweite Typ der Zugehörigkeit in die epistemische Gegenrichtung. Hier soll der Artname nur der Absteckung des Bereichs jener einzelnen Gegenstände dienen, für die im einzelnen Zutreffen oder Nicht-Zutreffen des fraglichen Prädikats festzustellen ist. Hier werden dann, gemäß der vorgestellten Scheidung, nicht Fragen des Wortschatzes, sondern Fragen zur Sache verhandelt. Im zweiten Fall scheinen dann unsere allgemeinen Urteile eben auch nicht notwendig zu sein, nicht auf dem

Weg der Begriffsanalyse im ersten Sinn zu rechtfertigen, sondern, wenn überhaupt, durch Rückbezug auf vorausgesetzte Einzelbefunde. Im ersten Fall sind wir hingegen in Rechtfertigungsfragen vom Rückgang auf Fälle dispensiert, der Rechtsgrund solcher Urteile liegt in der Definition des Subjektbegriffs. Diesem Umstand verdanken solche Urteile auf einen Schlag ihre Notwendigkeit wie den Ausfall von Objektivität. So jedenfalls sah es vor näherer Betrachtung aus.

Nach näherer Betrachtung allerdings hat sich das Bild gewandelt. In den unabhängig voneinander geführten Untersuchungen zu Induktion und Notwendigkeit ergab sich vor allem übereinstimmend ein Resultat, das die Voraussetzung der eindeutigen und endgültigen Trennung empirischer Allgemeinheit und begrifflicher Notwendigkeit aufhob. Worin diese Konvergenz im Resultat besteht, soll nun in einer kurzen Zusammenfassung umrissen werden.

In der Betrachtung des induktiven Schlusses, in der von notwendiger Allgemeinheit eingangs ganz abgesehen war, zeigte sich sehr rasch ein Zirkel, eine *petitio principii* folgender Art: Wenn bekannte Fälle des gemeinsamen Auftritts bestimmter Prädikate als Grund der Behauptung von deren Kopräsenz in Erfüllungsfällen des ersten Begriffs, also als Grund der generalisierten Fassung der einzelnen Befunde, in Anschlag gebracht werden, so sind die bekannten Fälle als Ausschnitt einer Gesamtklasse unterstellt, für welche die erst noch zu erschließende Prädikat-Konstellation gilt. So enthält der Schluß der Induktion die Voraussetzung seiner Konklusion. Diese *petitio* betrifft nicht die angeführten Einzelurteile als Einzelurteile; aber sie betrifft sie in ihrer Rolle als Prämisse, als Erschließungsgrund der allgemeinen Konklusion. Diese Beobachtung führte zu der Konsequenz: Der Schritt von der Kenntnis eines Ausschnitts aus dem jeweils relevanten Gegenstandsbereich zu allgemeinen Urteilen fällt entweder auf solche zirkulären Projektionen zurück, oder aber es kann gezeigt werden, daß sich die bekannten Instanzen des ersten Begriffs als paradigmatische Vertreter dieses Begriffs verhalten. Das heißt: Es muß von ihnen gezeigt werden können, daß sie sich zu der erfragten zweiten Bestimmung *als* Instanzen des ersten verhalten. Der Dreh- und Angelpunkt dieser Wendung war: Induktion, d. i. der Weg vom Einzelfall zur Allgemeinheit, ist nicht als bloße quantitative Entschränkung eines ansonsten vorausgesetzten Urteils zu denken, sondern als ein Weg, auf dem sich die Perspektive auf den Einzelfall, die Fassung des Einzelfalls selbst ändert.

Eine Spur dieses Gedankens hat sich in der Bestätigungstheorie erhalten, in Gestalt von Carnaps Forderung der umfassenden Berücksichtigung aller bekannten Daten, der "total evidence". Das schließt ja ein, daß kein Einzelfall für sich unmittelbar als Fürsprecher eines Allgemeinen fungiert, sondern erst der ins Verhältnis zu anderen Fällen gesetzte Fall. Von der Bestätigungstheorie war der in dieser Arbeit vertretene Befund durch den Gedanken unterschieden, dieses Verhältnis der Einzelfälle zueinander nicht nur formell bestimmt sein zu lassen, sondern in die Horizontale der quantitativ auszuweitenden Sammlung von Einzelbefunden die Vertikale der qualitativen Fortbestimmung der Einzelfälle einzuzeichnen.

Diese Wendung aber enthält einen direkten Rückbezug auf das Verhältnis der beiden allgemeinen Bestimmungen oder Begriffe, die in einem Schluß der Induktion auftreten: Die allgemeinen Bestimmungen können dann nicht länger, wie eingangs angenommen, als "ready-mades" verstanden werden, die im Gang der Wissenschaft die eine oder andere Erweiterung durch regelmäßige Konkomitanten erfahren, ansonsten aber bleiben, was sie an deren Anfang waren. Wenn hinter der Frage, ob alle Fälle eines Begriffs auch Fälle eines zweiten sind, die Frage steht, ob die Fälle des ersten *als* dessen Fälle Fälle des zweiten sind, dann geht es um einen Zusammenhang der allgemeinen Bestimmungen an ihnen selbst. Dieses Resultat war mit dem von Hegel entlehnten Terminus „objektive Allgemeinheit“ bezeichnet.

Genau in diesem Resultat konvergieren die Überlegungen zur Induktion mit der unabhängig davon durchgeführten zweiten Diskussion, der Betrachtung notwendig allgemeiner Urteile. Die Teilergebnisse dieser Betrachtung lassen sich zusammen nämlich als indirekter Beweis objektiver Allgemeinheit lesen, ein Beweis, der probeweise von dem Standpunkt ausgeht: Wenn in einem nicht offen tautologischen allgemeinen Urteil „notwendig“ auftritt, so muß es sich dabei *erstens* um eine Qualifikation der Aussage handeln, im Gegensatz zu einer Qualifikation des Verhältnisses zwischen Gegenstand und Bestimmung (das war die Position der Reduktion von Modalität auf Modalität de dicto), und *zweitens* um eine Qualifikation, die die Aussage der Bedeutung, näher: der Bedeutungsgleichheit, der Begriffswörter verdankt, die in ihr verwendet werden. Gegen diese doppelte Reduktion zeichnete sich das Ergebnis ab: Die Notwendigkeit eines allgemeinen Urteils verlangt eine Explikation in Termini interner Zusammenhänge der beteiligten allgemeinen Bestimmungen, und diese Explikation schneidet quer durch die Einteilung von Urteilen nach dem Gesichtspunkt des in der Bedeutung des Begriffsworts am Tage Liegenden. Dieser gegen sprachrelativistische Deutungen von Notwendigkeit festzuhaltende Befund erhielt den Namen „Begriffsessentialismus“, und dieser Essentialismus der Begriffe ist nichts anderes als die objektive Allgemeinheit eines Begriffs.

Der positive Ertrag der beiden gesondert durchgeführten Untersuchungen ist derselbe, nur mit einem Unterschied in der Betonung, der sich dem unterschiedlichen Ausgangspunkt verdankt. Von zwei Richtungen her ergab sich eine Bewegung auf das jeweils ausgeschlossene Moment zu: Allgemeine Annahmen, die zuerst ohne Notwendigkeit gedacht waren – die Zieladressen von Induktionen – verhalten sich am Ende explizit zu modalen Qualifikationen. Wo sich das „Für alle...“ als Kehrseite der Annahme eines Zusammenhangs der Bestimmungen selbst erweist, wird die allgemeine Aussage selbst strikt oder notwendig allgemein. Umgekehrt behaupteten sich allgemeine Annahmen, die als notwendig, aber gerade darin als sachfern, nicht objektiv bestimmend, vorausgesetzt waren, als Annahmen mit objektivem Erkenntnisanspruch, als Bestimmungen eines Allgemeinen, das nicht frei verhandelbares Produkt von Klassifikationsentscheidungen, sondern Maßstab definitorischer Bemühungen ist.

Insofern die Annahme der Einheit von Objektivität und Notwendigkeit im Begriff einer Art den Standpunkt des Artessentialisten kennzeichnet, läßt sich dieselbe Konvergenz auch kürzer so fassen. Womit wir es auf thematisch getrennten Wegen die ganze Zeit über zu tun hatten, war die Renaissance des Artwesens aus den Spaltprodukten seiner theoretischen Zersetzung in empirische Allheit einerseits und sachferne Notwendigkeit andererseits.

Diese Konvergenz im Resultat ist nicht der einzige Zusammenhang zwischen den Themen der beiden vorangehenden Hauptteile. Es gibt, in Korrelation mit diesem Resultat, von ihm aber auch unterscheidbar, einen zweiten Zusammenhang, diesmal in den jeweils auftretenden Problemen selbst. Dieser Zusammenhang betrifft die zuletzt verhandelte Unterscheidung zwischen analytischen und synthetischen Urteilen auf der einen Seite und eine in Theorien der Induktion zu beobachtende Spannung der Einordnung allgemeiner, induktiv zu begründender Urteile auf der anderen Seite. Dieser Zusammenhang soll im folgenden noch ausgeführt werden – ehe ich mich am Ende der nach wie vor offenen Frage zuwende, ob denn das Wesen von etwas nicht aus prinzipiellen Gründen unerkennbar sei.

Man kann das in Goodmans Sinn „alte" Problem der Induktion auch unter eine Kantische Überschrift stellen: „Erfahrungsurteile sind insgesamt synthetisch." Wenn es darum geht, im Ausgang von bekannten Einzelfällen allgemeine Urteile über Einzelne einer Art sei es zu eruieren, sei es zu begründen, so scheint der Rückgriff auf das Einzelne eben darum notwendig, weil der Begriff der Art den fraglichen Prädikatbegriff nicht enthält. Der Gedanke ist ebenso einfach wie naheliegend: Den Begriff der Art haben wir schon. Wir wissen, was es heißt, Exemplar dieser Art zu sein, d. i. ein Anrecht auf den Artnamen zu haben. Dieses Wissen ist niedergelegt in unseren als Merkmalsversammlungen konstituierten Definitionen. Fände sich der Prädikatbegriff eines induktiv zu begründenden Allgemeinurteils in einer solchen Definition wieder – wäre das allgemeine Urteil also eine Mitgift der Nominaldefinition –, so bräuchten wir gar nicht erst zum Einzelfall hinunter. Wir könnten uns die Mühen der Ebene, des empirischen Sammelns, Sichtens und Vergleichens, an diesem Punkt sparen und gleich auf der abstrakten Höhe einmal festgelegter Artdiagnosen operieren. Verloren hätten wir damit allerdings die Option des zwar allgemein, aber eben auch sachlich Neuen. So ergibt sich scheinbar zwingend der Schluß: Allgemeinurteile, deren Gewinnung oder Begründung nicht an der Erfahrung von Einzelfällen vorbei zu haben ist, müssen wohl synthetisch-statt-analytisch sein. Sind sie nun aber synthetisch-statt-analytisch, dann fällt gemäß Definition der Inhalt des Prädikats außer den des Subjektbegriffs. Der Zusammenhang selbst bildet sich zurück zur faktischen Kopräsenz am Einzelnen. Gilt das, dann ist weder der Einzelfall für sich noch der Verbund von Einzelfällen als Fürsprecher von Allgemeinheit zu verbuchen. Ist das allgemeine Urteil als nur quantitativ entschränkte, ansonsten bloße Kopräsenz, sozusagen als Einzelfaktum in Überlebensgröße, gedacht, führt keine Abkürzung am buchstäblichen Ausschöpfen der einzelnen Fälle vorbei. So werden die Mühen der Ebene nicht nur unendlich, sondern auch ohne Ende im Sinn des Verlusts der Perspektive auf Fortschritte positiver Bestimmung des Allgemeinen einer Art.

In konkreten Fassungen trat der Zusammenhang zwischen Fragen der Induktion und der Annahme des synthetischen Charakters induktiv zu begründender Urteilen an zwei Stellen auf: zum einen in Humes Einordnung kausaler Annahmen in die Gattung der Tatsachenurteile; zum zweiten im Rahmen von Nelson Goodmans neuem Rätsel der Induktion, in Gestalt der Schwierigkeit, den Unterschied zwischen zufällig allgemeinen und gesetzesartigen Aussagen bestimmen zu müssen, aber nicht bestimmen zu können. Ich beschränke mich im folgenden darauf, diesen Zusammenhang in Bezug auf Hume nachzuzeichnen.

Es war nicht zuletzt die Voraussetzung des rein synthetischen Charakters der in Rede stehenden Urteile, die Humes Naturforscher von der Möglichkeit, allgemeine Kausalannahmen zu beweisen, trennte. Die Durchführung lautete: Während die Begriffe Ursache und Wirkung selbst wechselseitig aufeinander verweisen, so daß gilt: keine Ursache ohne Wirkung, keine Wirkung ohne Ursache, verflüchtigt sich der Charakter des internen Wechselbezugs, sobald es an konkrete Einsetzungen in diese beiden kategorialen Rollen geht. Die im Begriff einer Art von Stoffen oder Dingen versammelten Wahrnehmungseigenschaften (Humes sinnliche Qualitäten) enthalten keine Anweisung auf bestimmte Ursachen oder bestimmte Wirkungen ihrer und auch nicht die unbestimmtere Anweisung darauf, überhaupt eine Ursache oder überhaupt eine Wirkung zu haben. Dieser Befund galt im Rahmen der Hume'schen Theorie als Grund des Ausschlusses der Demonstrierbarkeit von Kausalannahmen und sprach gegen deren Einordnung in die Rubrik der "relations of ideas", also solcher Urteilsbeziehungen, die aufgrund der Natur unserer Ideen von den betreffenden Gegenständen erstens bestehen und zweitens erkannt werden können.

Allerdings ist Humes Unterscheidung zwischen Tatsachen-Urteilen auf der einen und Urteilen, die Ideen-Relationen fassen, auf der anderen Seite nicht paßgenau identisch mit jener „grundlegende(n) Kluft zwischen einerseits analytischen Wahrheiten, die auf Bedeutungen beruhen und unabhängig von Tatsachen sind, und synthetischen, auf Tatsachen beruhenden Wahrheiten andererseits“, dem Gegenstand von Quines Kritik (Quine 1979 a, 27). Die zweite Unterscheidung ist die modifizierte und auch radikalisierte Nachfolgeversion derjenigen Humes: An die Stelle der *Idee* ist die *Bedeutung* getreten, und auf der Seite der tatsachenunabhängigen Urteile stehen nicht mehr durch Intuition oder Demonstration einsehbare Urteile, sondern solche, die prima facie weder Intuition noch Demonstration verlangen, weil der einzig verbliebene Unterschied zwischen den Polen des Urteils einer des Ausdrucks, nicht einer des Inhalts sein soll. Diese Entfernung inhaltlicher Unterschiede aus dem Konzept tatsachenunabhängiger Urteile findet sich in Humes Einteilung noch nicht, synthetische Momente sind, mit anderen Worten, von solchen Urteilen nicht ausgeschlossen.

Dennoch läßt sich über diese nicht marginalen Unterschiede hinweg eine Verwandtschaft erkennen, und zwar in Form einer gewissen Zweideutigkeit: Die

Unabhängigkeit eines Urteils gegenüber Tatsachen hat bei Hume ihren Bezugspunkt in den Ideen, die wir von den in Rede stehenden Dingen haben. Damit erhält die Einteilung selbst eine auf das Subjekt der Erkenntnis relativierte Note: Es ist dann damit zu rechnen, daß die Einordnung eines Urteils in die eine oder die andere Sparte mit dem Entwicklungsstand der Ideen variieren kann und auch variieren wird, je nachdem, ob ein demonstrierbarer Zusammenhang schon demonstriert wurde oder nicht. Aber offensichtlich will Hume seine Einteilung nicht in diesem relativen Sinn verstanden wissen. Wie könnte er sie sonst als Unterscheidung ganzer Wissenschaftszweige und Gegenstandsfelder voneinander vorstellen? Die nicht-relative, absolute Ausrichtung der Unterscheidung verlangt entsprechend, den Bezugspunkt, die Rede von den Ideen selbst, objektiv zu lesen, objektiv im Sinn der Identifikation der Ideen mit der abgeschlossenen Bestimmung des jeweiligen Allgemeinen. Ziehen wir so im Blick auf Humes Einteilung das Gefälle zwischen Bestimmungsversuch und Bestimmung, zwischen dem, was es ist, ein Dreieck oder Stück Gold zu sein, und dem, was wir davon wissen, ein, so sind alle Tatsachenurteile, a fortiori auch Kausalannahmen, einzelne wie allgemeine, abschließend als solche bestimmt, in denen Gegenständen Bestimmungen zugeschrieben werden, die jenseits dessen liegen, was diese sind, und die daraus auch nicht hervorgehen. Für Kausalannahmen als Relationsurteile heißt das: Beide Pole einer Kausalrelation sind abschließend als gleichgültig gegeneinander bestimmt. Dann freilich wird es schwer werden, den Gedanken der notwendigen Verknüpfung in die Welt der Tatsachen einzutragen.

Diese Zweideutigkeit machte sich in der Entwicklung des Standpunkts (vielleicht weniger Humes als) des Hume'schen Naturforschers auch geltend: in Gestalt einer unmittelbaren Objektivierung der einmal angenommenen Vorstellung oder Nominaldefinition einer Art, in Gestalt der Stellung: Wenn meine ersten Wahrnehmungseindrücke Kausalzusammenhänge nicht erkennen lassen, dann sind diese nicht erkennbar, das Innere der Natur bleibt in ihrem Inneren, und wir müssen leider draußen bleiben. Es gehört zu den guten Pointen der Philosophiegeschichte, daß man so schnell von der negativen Aufklärung, der Warnung vor der Hypostasierung von Nominaldefinitionen zu substantialen und sekundären Formen, dazu übergehen kann, dieselben Nominaldefinitionen als vollwertigen Ersatz des Wesens zu behandeln.

Eine verwandte Zweideutigkeit begegnete in der um den Begriff der Bedeutungsgleichheit zentrierten Unterscheidung zwischen analytischen und synthetischen Urteilen. Nicht anders als die Idee bei Hume oszilliert der Begriff der Bedeutung in diesem Rahmen zwischen einer deobjektivierten und einer objektiven Fassung. Nimmt man ihn leicht und bindet ihn allein an Sprache und Wortverstehen, hört die Einteilung der Urteile in analytische und synthetische auf, eine absolute Einteilung der Urteile zu sein. Nimmt man ihn objektiv, im Sinn der Fregeschen *Bestimmungsweise*, kehrt sich das gegen den Rahmen, die Unterscheidung zwischen dem Analytischen einerseits, dem Synthetischen andererseits. Laut Definition des Analytischen müßten, wie wir sahen, in einem affirmativen analytischen Urteil die vorkommenden Bestimmungsweisen einfach dieselben sein. Zugleich ist aber der Unterschied der Bestimmungsweisen bei Identität des Bestimmten als Grund der Termaustauschbarkeit verlangt, und das heißt, in Termini der Unterscheidung selbst ausgedrückt: Analytischen Urteilen liegen synthetische zugrunde.

In beiden Einteilungen zeichnet sich eine Tendenz dahin ab, das notwendig Wahre oder auch das Notwendige mit dem Selbstverständlichen, dem für uns Nächsten zu assoziieren. Diese Tendenz hat auch den Anschein des Plausiblen. Erinnern wir uns etwa an die von Kneale entlehnte Abgrenzung *absoluter* Notwendigkeit als Qualifizierung eines Urteils von *relativer* Notwendigkeit zur Kennzeichnung einer Folgerungsbeziehung. Was liegt näher als anzunehmen, mit dem Verstehen eines absolut notwendigen Urteils müsse auch schon der Grund seiner Geltung verstanden sein? Die Argumente gegen diese Assoziation habe ich in den vorangehenden Hauptteilen schon vorgebracht; sie sollen an dieser Stelle nicht wiederholt werden. Falls sie triftig sind, stellt sich jedoch um so dringender die Frage nach der Erkennbarkeit des Wesens. Gerade wenn das, was etwas ist, das als Grund eines notwendigen Zukommens Veranschlagte, sich nicht von selbst versteht, rücken Argumente wider die Beweisbarkeit von Wesensannahmen diesen unmittelbar zu Leibe. Diesem im bisherigen Gang lang vertagten Thema wende ich mich nun zu.

4.2 Ist das Wesen von etwas beweisbar? Ein Blick in Aristoteles' *Analytica posteriora*

Gegen die Annahme des Wesens einer Art oder Gattung steht nach wie vor das Argument der Begriffsrelativität des notwendig Zukommenden. Es eröffnete sich die prekäre Alternative: Entweder ein Individuum fungiert *bar* aller Bestimmung als Maßstab des ihm notwendig Zukommenden oder es fungiert so *in* einer Bestimmung. Im ersten Fall verhält es sich nach Voraussetzung nicht unterscheidend gegenüber seinen Bestimmungen, im zweiten Fall iteriert sich die Frage nach der Wesentlichkeit jener Bestimmung, relativ zu der die erste als notwendig zukommend begründet werden sollte.

Es scheint so, als hätten wir in Wesensfragen entweder keinen Maßstab oder einen, der in derselben Weise begründungsbedürftig bleibt wie das an ihm zu Messende.

Angesichts der negativ entscheidenden Relevanz des Zirkularitätsarguments ist es von besonderem Interesse zu sehen, daß nicht nur Kritiker, sondern auch Vertreter des Artessentialismus dieses Argument entwickelt haben, ohne deswegen den Artessentialismus selbst zu verabschieden. Diese Konstellation finden wir im zweiten Buch von Aristoteles' *Analytica Posteriora* vor. In dessen viertem Kapitel trägt Aristoteles ein Argument gegen die Beweisbarkeit von Wesensaussagen vor, ein Argument, das bis zum Ende des siebten Kapitels zum Nachweis der Unerkennbarkeit des Wesens verstärkt wird; und auf diesen negativen Befund folgt in unmittelbarem Anschluß die Entfaltung einer Möglichkeit der Erkennbarkeit des Wesens, die gleichwohl entscheidende Partien des Zirkularitätsarguments gelten läßt. Zu verstehen, worin der Ausweg für Wesensfragen angesichts des Zirkularitätsarguments liegen soll und ob es denn einer ist, ist das Ziel des folgenden Abschnitts.

Es gliedert sich entlang der selektiven Aufnahme des Aristotelischen Textes der *Analytica posteriora* in drei größere Abschnitte: In Kapitel 4.2.1 wird das Argument gegen die Beweisbarkeit des Was-es-ist (im folgenden meist ersetzt durch „Wesen") anhand von *An.post.* II 4 nachvollzogen, in Kapitel 4.2.2 die Verschärfung des skeptischen Befundes zur Unerkennbarkeit des Wesens in *An.post.* II 7 und in Kapitel 4.2.3 schließlich der positive Neuansatz von *An.post.* II 8.

Um den systematischen Stellenwert dieser Untersuchung nicht im unklaren zu lassen, möchte ich gleich hinzufügen, welches Beweisziel in den hier verfolgten Argumentationsetappen der *Analytica posteriora nicht* verfolgt wird. Es geht Aristoteles nicht darum, jeden Gegner wesensrealistischer Annahmen für dieselben zu gewinnen. Das Ziel ist enger gesteckt: Nachdem sich gewichtige Gründe gegen die Beweisbarkeit von Wesensaussagen geltend machen, Wesensaussagen aber zugleich Beweisgründe zu verlangen scheinen, steht die Erkennbarkeit des Wesens auf dem Spiel. Um die Aufklärung dieser Konstellation geht es, und das

Ergebnis dieser Aufklärung läßt sich vorab so bezeichnen: Das Wesen zeigt sich in Beweisen, ohne deren Konklusion zu sein.

4.2.1 Das Wesen ist nicht deduzierbar (*An.post.* II 4)

Das Wesen von etwas ist keines (syllogistischen) Beweises fähig.[1] Das ist das Nachweisziel von *An.post.* II 4.[2] Aristoteles' Argumentation für diesen negativen Befund konzentriert sich auf den Punkt, daß ein „Syllogismus des Was", ein Schluß auf das Wesen, in seinem Mittelbegriff das Wesen derjenigen Sache, deren Wesen in der Konklusion erst erschlossen sein soll, voraussetzt. Aristoteles zufolge stellt sich für das Beweisanliegen die mißliche Alternative: Entweder muß das Wesen der fraglichen Sache in einer Fassung schon vorausgesetzt werden, oder der Schluß bietet keine Gewähr mehr dafür, daß sich das Prädikat der Konklusion zu seinem Subjekt gerade als dessen Wesen verhält.

Eine Vorsichtsklausel ist angebracht: II 4 gehört in die (von II 3-7 geführte) *dialektische* Erörterung des Zusammenhangs von Definieren und Beweisen. Aristoteles leitet sie mit der Ankündigung ein:

> „/.../ Wie aber das Was-es-ist bewiesen wird und welches die Weise der Zurückführung ist, und was eine Definition ist und von welchen Dingen, das wollen wir sagen, *indem wir zuerst die Probleme durcharbeiten, die es damit gibt.*" (*An.post.* II 3, 90a 36-38; Hervorh. F.S.)[3]

Daß die Probleme nach dieser Erörterung nicht abschließend geklärt sein werden, geht daraus hervor, daß Aristoteles in II 8 in Revision geht und eine Prüfung darüber verheißt,

> „welches von diesen Dingen angemessen gesagt ist und welches nicht angemessen, und was die Definition ist, und ob es vom Was-es-ist in irgendeiner Weise eine Demonstration und eine Definition gibt oder in keiner Weise" (*An.post.* II 8, 93a 1-3).

Unter diesem Vorzeichen ist für den in II 4 angestrengten Nachweis nicht unbesehen anzunehmen, daß er für Aristoteles in allen Teilen zu dem gehört, „was

---

[1] Hinsichtlich der Ausdrücke „Syllogismus", „Deduktion", „Beweis" und „Demonstration" schließe ich mich im folgenden den terminologischen Entscheidungen Wolfgang Detels an. Mit „Syllogismus" ist sonach ein Schluß in einer der drei ersten Figuren bezeichnet, mit „Deduktion" ein logisch gültiger Syllogismus, mit „Beweis" eine Deduktion aus wahren Prämissen und mit „Demonstration" ein Beweis, dessen Prämissen nicht nur wahr sind, sondern auch aristotelische Ursachen enthalten, d.i. erklärungskräftig sind. Vgl. Aristoteles: *Analytica Posteriora*, übs. u. erläutert v. Wolfgang Detel (Reihe: Aristoteles. Werke in deutscher Übersetzung, begründet v. E. Grumach, hg. v. H. Flashar, Bd. 3, Teil II), Berlin 1993, 1. Halbbd., 162f.; 2. Halbbd., 38.

[2] Allerdings ist die nähere Bestimmung des Beweisziels von II 4 bei den Kommentatoren umstritten. Von dieser Kontroverse ist hier abgesehen; vgl. dazu Detel 1993, 2. Halbbd., 578.

[3] Hier wie im folgenden ist der Text von *Analytica posteriora* in der Übersetzung Wolfgang Detels wiedergegeben.

gut gesagt war". Wir werden uns am Ende zu fragen haben, was von der Beweisführung und ihren Folgerungen in II 4 in die endgültige Ansicht von Definieren und Beweisen übernommen werden kann. Diese Frage wird allerdings erst beantwortet werden können, wenn mit II 8 Teile der positiven Aristotelischen Lehrmeinung vorgestellt sind.

Die Argumentation von II 4 erfolgt in vier Schritten: (1) Eingangs gibt Aristoteles zwei Bestimmungen von Wesensaussagen, kontrastierend zu Aussagen, die dem Beweisen erreichbar sind: Das Wesen ist seiner Sache *eigen*, und es wird *im Was-es-ist* von seiner Sache ausgesagt. In den nächsten beiden Schritten wird nachgewiesen, daß dann auch für die Prämissen eines Wesensbeweises gilt: Die Prädikate müssen ihren Subjekten erstens eigen sein (2), und zweitens müssen die Prädikate in der Weise des „Was-es-ist" von ihren Subjekten ausgesagt werden (3). Diese beiden Folgen für die Prämissen eines Wesens-Beweises ergeben zusammen, daß in Gestalt des Mittelbegriffes das Wesen der im Unterbegriff angesprochenen Sache präsupponiert werden muß. (4) (Dieser vierte und letzte Schritt setzt freilich voraus, daß die Konjunktion der beiden Bestimmungen – das „Eigen-Sein" und das „Im-Was-es-Ist-Ausgesagt-Werden" – nicht nur notwendige, sondern auch hinreichende Bedingung für das Vorliegen einer vollständigen Wesensaussage ist.)

(1) Wie sind zunächst die beiden Bestimmungen zu verstehen, in denen Aristoteles Wesensaussagen charakterisiert?

Daß das Wesen seiner Sache „eigen" oder „eigentümlich" sei, ist sicher nicht in jenem engeren Sinn von „idia" zu verstehen, der in *Topik* I 5 (102a 18-19) fixiert wird: „Eigentümlich, proprium, ist was zwar nicht das Wesen eines Dinges bezeichnet, aber nur ihm zukommt und in der Aussage mit ihm vertauscht wird."[4] Wo es um das Wesen eines Dinges geht, bleibt für den Sinn von „idion" nur die zweite Hälfte der Bestimmung aus der *Topik*: Eigen im weiteren Sinn ist ein mit seinem Subjekt vertauschbares Prädikat, ein Prädikat, das diesem Subjekt ganz – d. h. allen seinen Instanzen – und nur diesem Subjekt zukommt. „Eigenheit" im Sinn der Konvertibilität der Terme gilt sowohl von „idia" im engeren Sinn als auch von vollständigen Wesensangaben, von Definientia.[5]

Was heißt zweitens „im Was es ist ausgesagt werden"? Offensichtlich wiederholt diese Angabe nicht bloß das schon Bekannte, daß es eben das „Was-es-ist" sein soll, was ausgesagt wird. Wenn gezeigt werden soll, daß Wesensaussagen nicht demonstriert werden können, ist auch mehr verlangt als diese Erinnerung,

---

[4] Die *Topik* wird hier zitiert nach: Aristoteles: Philosophische Schriften in sechs Bänden, Bd. 2: *Topik. Sophistische Widerlegungen*, übs. v. Eugen Rolfes, Hamburg 1995.

[5] Die Konvertibilität der Terme einer Wesensaussage kann freilich nicht in dem Sinn verstanden werden, daß die Definitionsbeziehung selbst umkehrbar, symmetrisch wäre. Die Rollen von Definiens und Definiendum sind eindeutig, nicht-austauschbar verteilt. Gleichwohl kann gelten: Wenn „*C* ist *A*" eine Wesensaussage über *C* darstellt, dann ist alles, was Fall von *C* ist, auch Fall von *A* und alles, was Fall von *A* ist, auch Fall von *C*. Das „Eigen-Sein" bezieht sich in dieser Lesart auf die abstraktere Ebene der (Gleichheit der) Begriffsumfänge von *A* und *C* und ist darin mit der Asymmetrie der bestimmteren, nämlich definierenden, Beziehung zwischen beiden verträglich.

nämlich eine Analyse des *Verhältnisses* zwischen Subjekt und Prädikat der Wesensaussage, die Antwort auf die Frage gibt, inwiefern dieses Verhältnis der Vermittlung durch einen Mittelbegriff entgegensteht. Dafür, was es heißt, daß etwas „im Was-es-ist" ausgesagt wird, bietet wiederum das erste Buch der *Topik* geeignete Referenzstellen. *Topik* I 9 konstatiert als ein Kennzeichen von Wesensaussagen die kategoriale Identität von Subjekt und Prädikat. Die Kategorie, in der das Prädikat einer Wesensaussage steht, muß dieselbe sein wie die Kategorie, in der ihr Subjekt steht.[6] Diese Bedingung allein reicht nicht hin, eine vollständige Wesensaussage zu charakterisieren. Sie wird nämlich, wie die *Topik* ausdrücklich vermerkt, auch von der Gattungsangabe allein schon erfüllt.[7] Beide Bestimmungen des Verhältnisses von Subjekt und Prädikat in Wesensaussagen – Spezifität alias Konvertibilität und kategoriale Identität – sind einzeln nur notwendige Bedingungen, während ihre Kombination als hinreichende Bedingung für das Vorliegen einer Wesensaussage konzipiert zu sein scheint. Die zweite Bedingung schließt aus dem Bereich der ersten Propria im engeren Sinn aus, die erste Bedingung schließt aus dem Bereich der zweiten bloße, nicht zur Art spezifizierte Gattungsangaben aus.

(2) Auf dieser Grundlage verfolgt die Argumentation dann das Ziel: Wenn die Konklusion einer Deduktion eine Wesensaussage ist, also den beiden eben genannten Bedingungen genügt, dann müssen sich auch in den Prämissen jeweils Subjekt und Prädikat beiden Bedingungen gemäß zueinander verhalten. Für die erste Bedingung – die der Konvertibilität – formuliert das *An.post.* 91a 16-18, für die zweite 91a 18-25.

Fragen wir dazu zuerst, welchem syllogistischen Typ ein „Syllogismus des Was", ein Schluß auf das Wesen, angehört. Da seine Konklusion als Wesensaussage eine affirmative und allgemeine Aussage ist, wird es sich um einen Schluß der ersten Figur handeln.[8] Durch das später in II 4 gegebene Beispiel eines versuchten Schlusses auf das Wesen der Seele wird weiter nahegelegt, an einen Schluß im Modus Barbara zu denken.

Es sei gegeben eine affirmative allgemeine Aussage der Form „*A* von *C*" mit dem Anspruch, mit *A* sei das, was *C* ist, ausgesprochen. Wenn das so spezifizierte „*A* von *C*" bewiesen werden soll, so muß es sich als Konklusion eines zugehörigen beweisenden Syllogismus darstellen lassen. Die *abstrakte* Form des gesuchten Beweises ist dann:

---

[6] „Es ist aber selbstverständlich, daß der, der das Was angibt, bald die Substanz angibt, bald die Qualität, bald sonst eine Kategorie. Denn wenn er, wo es sich um einen Menschen handelt, erklärt, das Fragliche sei ein Mensch oder ein Sinnenwesen, so sagt er, was es ist, und gibt die Substanz an; und erklärt er, wo es sich um die weiße Farbe handelt, das Fragliche sei weiß oder Farbe, so sagt er, was es ist und gibt die Qualität an." *Topik* I 9, 103b 27-33.

[7] „Gattung ist was von mehreren und der Art nach verschiedenen Dingen bei der Angabe ihres Was oder Wesens prädiziert wird. Bei Angabe des Wesens prädiziert werden werde von solchem verstanden, was man auf die Frage antworten muß, was das vorliegende Ding ist. So muß man z. B. beim Menschen auf die Frage, was er ist, sagen, er sei ein Sinnenwesen." *Topik* I 5, 102a 31-35.

[8] Vgl. *An.post.* I 14.

(i) *A* a *B*
(ii) *B* a *C*
(iii) *A* a *C*.[9]

Im folgenden werden *AaB*, *BaC* und damit *AaC* als geltend zugrundegelegt. Ihre Geltung ist den formulierten Bedingungen immer hinzuzudenken.

Wenn die angebotene Lesart von „eigen sein" zutrifft, können wir die Frage, weshalb auch die Termini jeder der beiden Prämissen einander „eigen" sein müssen, auch so stellen: Weshalb müssen alle drei Begriffe des Schlusses untereinander konvertibel sein, wenn die Außenbegriffe es sind? Auf diese Frage scheint 91a 16-18 direkt zu antworten:

„Diese Dinge konvertieren jedoch notwendigerweise. Denn wenn das *A* spezifisch ist für das *C*, dann klarerweise auch für das *B* und dieses für das *C*, so daß alle es füreinander sind."[10]

Wie folgt die Konvertibilität/Eigenheit von *A* und *B* bzw. *B* und *C* aus der Konvertibilität der Konklusion? Aufgrund der Konvertibilität von *A* und *C* lassen sich *A* in (i) durch *C* und *C* in (ii) durch *A* ersetzen. Dann entstehen die Aussagen (i'): *C* von *B* bzw. (ii'): *B* von *A*. (i') ist die Konverse von (ii), (ii') die Konverse von (i).[11]

(3) Ist damit die Übertragung des „Eigen-Seins" oder der Konvertibilität von der Konklusion eines Wesens-Schlusses auf dessen Prämissen gesichert, bleibt nachzuweisen, daß auch die zweite Bestimmung der Wesensaussage in den Prämissen wieder auftreten muß. Weshalb also muß auch in den Prämissen das Prädikat seinem Subjekt „in dessen Was-es-ist" zukommen? 91a 21-23 gibt die Antwort:

„Wenn man es dagegen nicht auf diese Weise annimmt, indem man es verdoppelt, wird es nicht notwendig sein, daß das *A* vom *C* im Was-es-ist ausgesagt wird – wenn das *A* vom *B*

---

[9] Also: (i) Alle *B* sind *A*. (ii) Alle *C* sind *B*. (iii) Ergo: Alle *C* sind *A*.

[10] Aus dem Text geht allerdings nicht eindeutig hervor, *was* genau als konvertibel behauptet werden soll. Im Original finden wir nur „tauta"; was damit vertreten wird, bleibt aus dem Kontext zu erschließen. In der Sekundärliteratur werden dafür zwei Angebote gemacht: *Erstens*: Die Austauschbarkeit wird hier für die Termini der Konklusion behauptet. Diese Lesart deutet sich in der Übersetzung Seidls durch die in Klammer gesetzte Ergänzung „von Ding und Wesenseigenem" an; Barnes vertritt sie explizit in seinem Kommentar. Vgl. in: Aristotle: *Posterior Analytics*, translated with a commentary by Jonathan Barnes, Oxford [2]1994; Aristoteles: *Zweite Analytiken*, mit Einl., Übs. u. Kommentar hg. v. Horst Seidl, Würzburg 1984. – So verstanden, fügt sich der Satz jedoch schlecht zum unmittelbar anschließenden Text. Das „Denn" verspricht eine Begründung, und nach der ersten Lesart wäre eine Begründung für die Konvertibilität von *A* und *C* zu erwarten. Sie aber fungiert als Antezedens, nicht als Sukzedens des Folgenden. Diese Überlegung läßt eine *zweite* Lesart plausibler erscheinen, für die u.a. Zabarella, Ross und Schröder optieren: Konvertibilität wird von allen drei Termini des Schlusses behauptet.

[11] In der Erläuterung des Zirkelbeweises in den *Analytica priora*, der Aristotelischen Schlußlehre, wird dieser Zusammenhang zwischen der Konvertibilität der Terme der Konklusion und jener der Prämissen eingehender behandelt. Vgl. *An.prior.* II 5.

im Was-es-ist ausgesagt wird, nicht aber von den Dingen, von denen *B* im Was-es-ist ausgesagt wird."

Aristoteles betrachtet also folgende Konstellation: *A* sei von *B* als zu dessen Wesen gehörig angenommen. In der vorgeschlagenen Lesart heißt das: *A* und *B* stehen in derselben Kategorie. Daß wir eine „doppelte Annahme" brauchen, heißt dann: Es muß auch noch, gesondert, die kategoriale Identität der Terme der zweiten Prämisse, von *B* und *C*, vorausgesetzt werden, wenn der Transfer kategorialer Identität für die Terme der Konklusion, *A* und *C*, durch den Schluß gesichert werden soll. Ist nur die Prämisse *A*a*B* so qualifiziert, nicht aber die zweite Prämisse *B*a*C*, so bleibt die Konklusion *A*a*C* hinsichtlich kategorialer Identität unbestimmt. Sie kann sie aufweisen; aber wenn sie sie aufweist, dann nicht kraft des Schlusses. Impliziert ist kategoriale Identität für *B*a*C*, wenn für erste Prämisse *und* Konklusion kategoriale Identität gilt. Setzen wir aber kategoriale Identität für die Konklusion jenseits des Schlusses voraus, dann haben wir einen definierenden Zug von Wesensaussagen für *A* von *C* nicht bewiesen. Das zu vermeiden, verlangt: *B*a*C* ist mit dem Zug kategorialer Identität eigens vorauszusetzen.

(4) Betrachtet man die Ergebnisse der Schritte (2) und (3) im Hinblick auf die zweite Prämisse, so erhält man: Soll *A* als Wesen von *C* via *B* erschlossen sein, so muß *B* mit *C* konvertibel und kategorial identisch sein. Falls – wofür Aristoteles an dieser Stelle nicht ausdrücklich votiert – angenommen werden kann, daß Konvertibilität der Termini plus kategoriale Identität der Termini sicheres Kennzeichen von Wesensaussagen ist, ergibt sich: In Gestalt der zweiten Prämisse muß eine Wesensaussage über den Gegenstand, dessen Wesen erst erschlossen werden sollte, angesetzt werden. Nun wird auch deutlich, weshalb sich Aristoteles im dritten Schritt auf die kategoriale Identität nur der zweiten Prämisse konzentriert. Sie ist diejenige, die vom selben Gegenstand wie die Konklusion handelt, und darum verdichten sich gerade bei ihr die erforderten Zusatzqualifikationen zur petitio principii, die Aristoteles, den allgemeinen Gedanken abschließend, konstatiert:

„Wenn also beide [gemeint sind *A* und *B*; F.S.] das Was-es-ist und das Was-es-hieß-dies-zu-sein enthalten, dann wird das Was-es-hieß-dies-zu-sein zuvor beim Mittelbegriff vorkommen." (91a 25-26)[12]

Als *petitio* wird dies im Resumée des anschließenden, knapp erläuterten Beispiels (zum Wesen des Menschen) noch einmal ausdrücklich hervorgehoben: „Also nimmt man das an, was bewiesen werden soll; denn auch das *B* wird das sein, was ein Mensch ist." (91a 31-32)

[12] Mit „Was-es-hieß-dies-zu-sein" übersetzt Detel den Ausdruck „ti ēn einai", der hier im Rahmen der *Analytica posteriora* zum ersten Mal auftritt. Da er von Aristoteles ohne Erläuterung gebraucht und relativ spät in den Argumentationsgang von II 4 eingeführt wird, dürfte eine Bedeutungsdifferenz zwischen „ti ēn einai" und dem zuvor und häufiger gebrauchten „ti esti" für diesen Gedanken keine tragende Rolle spielen.

Der Mittelbegriff muß so gewählt sein, daß er sich nach beiden Seiten, nach *A* hin und nach *C* hin, spezifisch und kategorial identisch verhält. Daß er beides erfüllt, wird durch die syllogistische Schlußform selbst nicht mitgeliefert; sie verhält sich dazu neutral. Also nicht der Schluß, sondern erst die Zusatzqualifikation des Mittelbegriffs macht den Schluß hier zu einem Syllogismus des Was, einem Schluß auf das Wesen. Aber die Erfüllung der Zusatzqualifikation durch den Mittelbegriff enthält schon das im Schluß Gesuchte: die Wesensidentität der Außenbegriffe.

4.2.2 Das Wesen ist unerkennbar (*An.post.* II 7)

Das Resultat der Unbeweisbarkeit des Wesens von etwas muß noch nicht die Unerkennbarkeit des Wesens bedeuten und nicht die Unterscheidung des Wesens von sonstigen zukommenden Bestimmungen ad absurdum führen. Vorderhand hat sich nur ergeben, daß der beweisende Syllogismus, die Deduktion aus wahren Prämissen, nicht der Weg sein kann, auf dem das Wesen erkannt wird. Offen scheint immer noch die Möglichkeit, dem Wesen eine andere, eben nur nicht im engen Sinn beweisende, Art der Begründung und der Erkenntnis zuzuordnen. Ein solcher eigener Erkenntnismodus zeichnet sich in den Anfangskapiteln des zweiten Buches der *Analytica posteriora* auch schon ab: Dem Wesen von etwas ist die *Definition*, der *horismos*, zugeordnet. II 4 ließe sich in diesem Sinn interpretieren als Plädoyer für eine strikte Arbeitsteilung zwischen den beiden Erkenntnismodi Definieren und Beweisen, denen ebenso strikt unterschiedene Zielgegenstände korrespondierten: dem Beweisen das Zutreffen von außer der Definition stehenden Bestimmungen auf vorausgesetzte Gegenstände, dem Definieren dagegen das Wesen dieser Gegenstände selbst.

Definitionen von deduktiven Beweisen zu entbinden, heißt nun aber umgekehrt nicht, sie von Begründungen überhaupt zu dispensieren. Gerade wenn Definieren heißen soll, das Wesen von etwas zu bestimmen, sind Definitionen begründungsbedürftig. Wie steht es also mit der Begründungsfähigkeit von Definitionen überhaupt?

Am Ende der dialektischen oder problematischen Erörterung, in An. post. II 7, findet sich eine eindeutig negative Antwort zu dieser Frage. Neben dem Votum für die wechselseitige Ausschließung von Definition und Deduktion/Beweis respektive ihrer Gegenstands- und Zuständigkeitsbereiche findet sich das Urteil, das Wesen werde weder durch Deduktion noch – und das ist neu – durch Definition erkannt:

„Aufgrund dieser Dinge also scheint weder Definition und Deduktion dasselbe zu sein noch sich Deduktion und Definition auf dasselbe zu richten, und außerdem, daß weder die Definition etwas demonstriert oder beweist noch es möglich ist, vom Was-es-ist durch Definition oder Demonstration Kenntnis zu gewinnen.“ (II 7, 92b 35-39)

Unter der Voraussetzung der spezifischen wechselseitigen Zuordnung von Wesen und Definition verstärkt sich damit der skeptische Befund der Unbeweisbarkeit des Wesens zu dem seiner Unerkennbarkeit.[13]

Es stellt sich die Frage, wie es zu dieser Verschärfung des skeptischen Befundes gekommen ist. Spezifischer lautet die Frage: Warum eigentlich scheidet die Definition selbst als Art und Weise des Erkennens des Wesens von etwas aus?

Ich überspringe im folgenden die Kapitel II 5 und II 6, in denen Aristoteles besondere alternative Weisen der Begründung von Definitionen erwägt und als nicht-schlüssig kritisiert, darunter an erster Stelle die Begründung durch Dihairesis. Stattdessen wende ich mich einem Argument in II 7 zu, das, wenn ich recht sehe, einen *allgemeinen* Grund gegen die Möglichkeit, den Inhalt einer Definition als gültig zu erweisen, formuliert, einen Grund, der sich über alle Varianten möglicher Begründungsweisen hinweg konstant geltend macht. Angesichts der Verständnisschwierigkeiten, die diese Passage bereitet und die sich nicht nur in divergierenden Kommentaren, sondern schon in inhaltlichen Differenzen der Übersetzungen geltend machen, kann ich für das folgende keinesfalls den Anspruch erheben, die einzig richtige Lesart getroffen zu haben. Das Argument, das ich zu Recht oder zu Unrecht dieser Passage entnehme, scheint mir jedenfalls für die verhandelte inhaltliche Frage triftig zu sein.

Jenseits exegetischer Kontroversen steht zunächst einmal der Ausgangspunkt dieses Arguments fest: Definieren oder Sagen, was etwas ist, kann nur dann als Wissen, was etwas ist, gelten, wenn auch gewußt wird, daß das Definierte ist. Das Wissen um das Daß oder Sein des Definierten ist der Definition vorausgesetzt, und es kann nicht in einem Schlage, zugleich mit der Definition, erworben oder ausgewiesen werden:

> „Ferner, wie wird man das Was-es-ist beweisen? Wer nämlich weiß, was ein Mensch ist oder irgendetwas anderes, der weiß notwendigerweise auch, daß er ist – denn von dem, was nicht ist, weiß niemand, was es ist, sondern was die Bestimmung oder der Name bezeichnet, wenn ich sage: Ziegenhirsch; was jedoch ein Ziegenhirsch ist, ist unmöglich zu wissen. Aber wenn man beweisen soll, was es ist und daß es ist, wie wird man es durch dasselbe Argument beweisen? Denn sowohl die Definition macht ein einziges Ding klar als auch die Demonstration; was aber ein Mensch ist und daß ein Mensch ist, ist verschieden." (II 7, 92b 5-11)

Aristoteles schließt also mit dem Hinweis auf die Verschiedenheit der beiden Erkenntnisziele die Möglichkeit aus, beide durch dieselbe Begründung einzuholen. Ebenfalls klar ist dem Text zu entnehmen, daß sich die Frage nach dem Was in ihrem Bezug auf die Frage des Daß von Fragen der Worterläuterung unterscheidet. Jenseits der Frage nach dem Was bleiben Angaben von Bedeutungen, Ersetzungsregeln eines zusammengesetzten Ausdrucks durch einen einfachen.

---

[13] Daß der Kreis möglicher Erkenntnismodi damit abgeschritten ist, gilt freilich nur unter der Voraussetzung, daß alternative Zugangsweisen wie Dihairesis (in II 5) und Induktion (in II 7) als hinreichende Begründungen von Wesensaussagen ebenfalls ausgeschieden sind.

Was ein Wort heißt, mag man auch dann wissen, wenn dieser Bestimmung kein Seiendes gegenübersteht. Aber solches Bedeutungswissen oder -setzen bleibt für Aristoteles offensichtlich außer Betracht, wenn es um Definitionen geht.[14]

Betrachten wir die These der Seinsimplikation etwas näher. Angeregt durch die eben skizzierte Abgrenzung könnte man zunächst das Verhältnis der Definition zum Sein des Definierten versuchsweise wie folgt bestimmen: Die Bestimmung der Bedeutung eines Begriffsworts (in nicht-aristotelischem Sinn: die Definition des Worts) wird genau dann zur Definition in Aristoteles' Sinn, wenn es Erfüllungsinstanzen dieses Begriffs gibt und wir davon auch wissen. Das scheint mir die Stellung der Seinsimplikation und auch die Abgrenzung zur Bedeutungserläuterung jedoch nicht hinreichend zu bestimmen. Aristoteles sagt nicht: Was ein Ziegenhirsch ist, wissen wir schon; wenn wir jetzt auch noch Ziegenhirsche finden könnten, dann wäre dasselbe Wissen, das wir schon haben, Wissen im Sinn einer Definition. Daß das zu Definierende ist, scheint sich zum gesuchten Definiens nicht so äußerlich zu verhalten, nicht als eine externe Zusatzbedingung, die nur darüber entscheidet, ob derselbe Inhalt nun Definiens oder bloß Wortbedeutung genannt werden darf.

Daß das Definierte als bestehend von der Definition vorausgesetzt wird, ist m. E. nicht einfach eine unvermittelte eigenwillige Zusatzanforderung, die im Rahmen der Aristotelischen Definitionslehre nun einmal erhoben wird. Vielmehr läßt sich diese Annahme im Ausgang von den schon festgehaltenen Bestimmungen der Wesensaussage begründen. Konvertibilität („Eigen-Sein") und kategoriale Identität waren die beiden bestimmenden Momente der Was-ist-Aussage bzw. die Anforderungen an passende Prädikate solcher Aussagen. Beide Anforderungen aber sind *relationaler* Art, Bestimmungen des Urteilsverhältnisses, und verweisen so auf zwei Pole, zwischen denen Eigensein und kategoriale Identität bestehen. Soll die Was-ist-Aussage Erkenntnis sein, sollen also diese beiden Anforderungen nicht nur trivialerweise kraft Stipulation erfüllt sein, muß dasjenige, dem das gesamte Wesensprädikat spezifisch zukommen soll, in irgendeiner Weise *gegeben*, dem Prädikat vorausgesetzt sein. Der Gegenstand oder das Definiendum spielt dann eine maßstäbliche Rolle für die Definition, die Rolle des von ihr zu Treffenden, aber auch Verfehlbaren. Mit anderen Worten: Um Erkenntnis zu sein, muß die Wesensaussage ein synthetisches Moment enthalten, und um das zu enthalten, wird das Definiendum ein nicht erst durch die Definition Gegebenes sein müssen.

Warum aber soll die Implikation des Seins des zu Definierenden die Definition vom Rang einer Erkenntnis ausschließen? Die zuletzt zitierte Passage hob

---

[14] Das weist übrigens darauf hin, daß auch der schwächere Typ von Definitionen, den Aristoteles in II 10 von der erklärenden Definition unterscheidet, nicht mit Nominaldefinitionen im Sinn der Worterläuterung identisch ist. Zu der im Kontext der *Analytica posteriora* viel diskutierten Frage nach der Aristotelischen Bestimmung der Nominaldefinition vgl. Robert Bolton: *Essentialism and Semantic Theory in Aristotle: Posterior Analytics, II, 7-10*, in: Philosophical Review 85 (1976), 514-544; David Demoss/Daniel Devereux: *Essence, Existence, and Nominal Definition in Aristotle's Posterior Analytics II 8-10*, in: Phronesis 33 (1988), 133-54.

freilich die Verschiedenheit von Daß- und Was-Sein hervor. Das schließt aus, daß beides in ein und demselben Argument gezeigt werden kann. Was aber spricht dagegen, jedes in einem eigenen Argument zu zeigen? Der erste Schritt der Existenzerhebung wäre dann eben selbständige und selbständig einzulösende Voraussetzung einer Definition. Vorblickend läßt sich schon sagen, daß eine verwandte zweistufige Erkenntnis – in deren erster Etappe erkannt wird, daß etwas ist, gefolgt von einer zweiten, die erbringt, was es ist – von Aristoteles in II 8 tatsächlich vorgestellt wird.

Im weiteren Gang von II 7 jedoch scheinen der Unterschied und der Bezug beider Fragen aufeinander den Nachweis der Geltung einer Definition problematisch zu machen. Aristoteles' nächster Schritt auf diesem Weg besteht in der Erinnerung an die Zweiteilung des in der Wissenschaft Thematischen in das Beweisbare und das nicht zu Beweisende. In das Feld des ersten gehört die Seinsimplikation, in das Feld des zweiten aber das Wesen (hier: *ousia*). (Vgl. II 7, 92b 12-15) Bestätigend oder illustrierend verweist Aristoteles auf die Praxis der Wissenschaften im allgemeinen und die der Geometrie im besonderen: „Was nämlich das Dreieck bezeichnet, nimmt der Geometer an, daß es dagegen ist, beweist er." (II 7, 92b 15-16) Daß etwas – in unserem Fall: ein später zu Definierendes – ist, ist beweispflichtig. Das heißt: Sagen, was etwas ist, hat an der Existenzsupposition eine beweispflichtige Voraussetzung. Und das heißt: Der Rekurs auf das Sein des zu Definierenden bringt die Operation wieder in Kontakt mit der Demonstration. Warum geschieht das aber auf eine bedenkliche, für die Definition selbst prekäre Weise?

Die Antwort scheint mir in der anschließenden Passage zu liegen (deren Übersetzung allerdings nicht unumstritten ist):

> „Was also wird derjenige beweisen, der definiert, was es ist – oder das Dreieck? Es wird folglich jemand durch Definition wissen, was es ist; ob es ist, wird er nicht wissen. Aber das ist unmöglich." (II 7, 92b 17 -18)[15]

Aristoteles verzeichnet offensichtlich einen Widerspruch zum Ausgangspunkt, eine Verselbständigung des Wissens um das Was gegen die Daß-Frage, die eingangs gerade ausgeschlossen wurde. Wodurch sich der Widerspruch ergibt, möchte ich in einer freieren Überlegung rekonstruieren. Nehmen wir an, es liege ein Kandidat für eine Wesensdefinition vor. Lassen wir außerdem im Licht des Vorangegangenen gelten: In seiner Eigenschaft als Wesensdefinition ist dieses Urteil nicht zu beweisen; beweisbar und beweispflichtig sei aber die Voraussetzung, auf die es sich bezieht, die Voraussetzung, daß es „so etwas", „solche" gibt. Worauf wird sich dieser Beweis beziehen? Da die Definition selbst zwei Pole hat, ein Definiendum und ein Definiens, stehen zwei Möglichkeiten zur Disposition. Entweder der eigenständige Existenzbeweis bezieht sich auf das Sein des zu Definierenden oder auf das des Definiens. Bezieht er sich auf das Definiendum ohne Blick auf dessen Definiens, bleibt die Frage offen, ob das so als wirklich Gezeigte denn auch so definiert ist, wie die Definition es will. Der

---

[15] Zu den Übersetzungsalternativen für diese Stelle siehe Detel 1993, 2. Halbband, 614.

separierte Nachweis des Seins des zu Definierenden schließt sich nur dann mit dessen Definition zu einer Erkenntnis von dessen Wesen zusammen, wenn das definitorische Verhältnis hinsichtlich der Wesensaussage vorausgesetzt werden kann. Nur auf Basis der definitorischen Identität zwischen Definiendum und eingesetztem Wesensprädikat läßt sich wissen, daß auch wirklich das, wovon das Wesensprädikat gilt, ist.

Dasselbe Resultat ergibt sich, wenn man den Existenzbeweis gleich auf das Definiens, das Was-es-ist, bezieht. Auch wenn der Nachweis gelingen sollte, daß es etwas gibt, was dieser Beschreibung entspricht, ist nicht schon gezeigt, daß diese Beschreibung just das Definiens dessen gewesen ist, was man da gefunden hat. Daß die definitorische Gleichung aufgeht, ist auch in diesem Daß-Beweis nicht geleistet. Daß sie es tut, ist aber umgekehrt in Anspruch zu nehmen, damit der Nachweis des Seins dieses Wesens der einzige Nachweis bleibt, der nötig ist, um aus einer Wesensbehauptung Wesenserkenntnis, aus dem Definitionsversuch eine gültige Definition zu machen.

So folgt das Unmögliche, die zuvor ausgeschlossene Konstellation: Jemand wird wissen (müssen), was etwas ist, ohne zu wissen, ob es ist.

Ausgeschlossen ist also folgende Lösung: Zugegebenermaßen verweist die Definition, verstanden als Explikation des Wesens von etwas und abgegrenzt von der Worterläuterung, zurück auf eine selbst beweispflichtige Vorstufe: daß der Gegenstand, dessen Wesen sie expliziert, ist. Aber sofern die Beweispflicht eine von der Durchführung der Definition selbst abtrennbare Vorstufe, eine Voroperation betrifft, bringt sie das Definieren selber nicht ins Gehege mit Beweisansprüchen, die erwiesenermaßen nicht eingelöst werden könnten. Der vorausgesetzte Beweis des Daß müßte, damit a) Beweisen und Definieren wechselseitig exklusiv bleiben und b) Definieren als Erkennen gehalten werden könnten, der einzig geforderte Beweis bleiben.

Nun hat sich gezeigt: Die Beweisaufgabe weist eine Zweideutigkeit auf. „Daß ein solches ist" kann sich sub specie einer zu leistenden Definition auf das Definiens wie auf das Definiendum beziehen. Nach welcher Seite die Aufgabe dann auch eindeutig gemacht wird, im Sinn des einen oder des anderen oder auch beider – ihre Lösung ist nur dann das einzig ausstehende Komplement der Definition, wenn die definitorische Gleichung aufgeht. Daß sie das tut, erweist sich in diesen Überlegungen als selbst vermittlungsbedürftig. An dieser Stelle macht sich das synthetische Moment der Struktur von Wesensaussagen geltend. Es ist der Grund dafür, daß der vorab zu leistende Daß-Beweis auf zwei unterschiedene Beweisziele beziehbar wird.

Das bringt nun einen Beweisbedarf an einer empfindlichen Stelle ins Spiel. Die Existenzsupposition weist zurück auf einen internen Vermittlungsbedarf zwischen Subjekt und Prädikat einer Wesensaussage. Es ist damit möglich – und im Sinn des Erkennens also auch notwendig –, angesichts einer Wesensaussage „*A* von *C*" zurückzufragen, *warum A* das Wesen von *C* sei. Das bringt uns zu dem Problem von II 4 zurück: die Frage nach einem *Mittelbegriff*, der diese Warum-Frage beantworten helfen sollte. Gleichzeitig tritt die Frage hier unter verschärften Bedingungen auf: Es ist nicht nur zu übernehmen, daß eine beweisende Vermittlung nicht geleistet werden kann, sondern auch noch, daß ohne sie die Definition nicht als die Erkenntnis des Wesens gelten könnte.

Setzt man diesen negativen Ertrag der dialektischen Erörterung direkt ins Verhältnis zu der übergreifenden Streitfrage der vorliegenden Arbeit, der Alternative von Artnominalismus und essentialistischem Artrealismus, so scheint dadurch klar der erste begünstigt und der zweite mindestens schwer in Zweifel gezogen, nachdem ja der Artessentialismus die Annahmen einschließt: Was Individuen zu einer natürlichen Art zusammenschließt, ist erstens eine Bestimmung, die ihre wesentliche Identität ausmacht und zweitens eine, die – überhaupt und als wesentliche Identität – von der Wissenschaft entdeckt und bewährt wird. Daß sie wissenschaftlich entdeckt und bewährt wird, schließt aus, daß sich die Notwendigkeit, die mit der ersten Auskunft im Spiel ist, als Notwendigkeit kraft Konvention herausstellen könnte. Individuum *a* (wie immer wir es ansprechen) ist notwendig *A* (das zu bewährende Artwesen); und wenn dies bewährt werden soll, scheinen wir eine Begründung der Art zu brauchen: Individuum *a* ist kraft *X* notwendig *A*. Es sieht also so aus: Wenn die wesentliche Artidentität überhaupt noch als epistemisch zugänglich gehalten werden soll, wird eine Begründung dafür gefordert sein, warum gerade dieses – *A* – als *die* Identität von *a* und seinesgleichen verstanden werden muß. Eine solche Begründung wird nicht schon geleistet, wenn gezeigt werden kann, daß *A* „solchen" allgemein zukommt, und auch nicht, wenn darauf verwiesen werden kann, daß mit *A* gerade die Klassifikationskriterien genannt sind, die von uns zu Klassifikationskriterien gemacht worden sind. In diesem Sinn scheint der essentialistische Artrealismus eine beweispflichtige Notwendigkeitsaussage zu verlangen und zwar eine, die aus dem, was „solche wie *a*" sind, bewiesen werden müßte. Dann ist es prekär, wenn das Wesen oder „Was-es-Ist" nicht bewiesen werden kann. Der Artessentialismus scheint einen Beweis des Wesens in dem Sinn zu fordern, in dem er – gesetzt, II 4 und II 7 behalten das letzte Wort – nicht möglich ist.

Nicht zum ersten Mal scheint die Wendung nahegelegt: Dann gibt es eben keinen Platz für Definitionen in jenem von Worterläuterungen abgesetzten Sinne. Was als Voraussetzung für Beweise in Anspruch zu nehmen ist, sind die Worterläuterungen selbst. Sie sind das einzige, was für den Ort von Definitionen übrigbleibt. Wenn der sachliche Erkenntnisanspruch inklusive der Existenzsupposition es ist, der die Definition zugleich beweispflichtig und -unfähig macht, scheint nichts näher zu liegen als die Definition von diesem Anspruch zu befreien.

4.2.3 Wie das Wesen doch erkannt werden kann (*An.post.* II 8)

Die Unerkennbarkeit des Wesens war nach dem bisher Entwickelten der widersprüchlichen Konstellation von Definition und Demonstration geschuldet. Einerseits gelten Definition und Demonstration als verschiedene und auf Verschiedenes gerichtete Erkenntnisse. Andererseits verlangen Definitionen, um Erkenntnis des Wesens zu sein, interne Vermittlungen in Beweisform. Der Nachweis, daß und inwiefern das Wesen von etwas doch erkannt werden kann, ist dann erst auf Basis einer Aufhebung dieses Widerspruchs im Verhältnis von Definition und Demonstration zu entwickeln. So überrascht es nicht, wenn im anschließenden, dem achten Kapitel des zweiten Buches der *Analytica posteriora*, das Verhältnis von Demonstration und Definition thematisch bleibt. Zugleich wird mit II 8 die problematische oder dialektische Erörterung verlassen und der positive oder Lösungsteil eröffnet, der eine kritische Neusichtung der problematischen Befunde von II 3-7 verheißt. Was II 8 seinem Resumée zufolge verspricht, ist die Entfaltung der Interdependenz von Definition und Demonstration auf eine Weise, die der Unbeweisbarkeit von Wesensdefinitionen im Sinne von II 4 ebenso Rechnung trägt wie deren in II 7 gefundenem internen Vermittlungsbedarf. Am Ende des Kapitels nämlich heißt es:

„Wie also das Was-es-ist angenommen und bekannt wird, ist gesagt worden, so daß eine Deduktion des Was-es-ist zwar nicht zustandekommt – und auch keine Demonstration –, es aber klar wird durch Deduktion und durch Demonstration; sodaß es weder ohne Demonstration möglich ist, Kenntnis zu gewinnen vom Was-es-ist eines Dinges, dessen Ursache etwas anderes ist, noch es eine Demonstration von ihm gibt, so wie wir auch in den Problemen gesagt haben.“ (II 8, 93b 15-20)

Wie Aristoteles in II 8 zu diesem Etappenziel kommt, ist die noch ausstehende Frage. Für den leichteren Überblick über dieses, dem Wortlaut wie der Architektonik nach manche (auch kontrovers diskutierte) Schwierigkeiten bereitende Kapitel gebe ich dazu zunächst eine kurze Inhaltsangabe. Das Kapitel läßt sich wie folgt in fünf Abschnitte gliedern:[16]

Abschnitt 1 (93a 1-14) erinnert und erläutert die in II 2 schon einmal vorgetragene allgemeine Konvergenz von Wesen und Grund, von Was- und Warum-Fragen.

Abschnitt 2 (93a 15-29) führt eine Differenzierung innerhalb der Daß-Frage ein, und zwar proportional zu deren Verhältnis zu Was-Fragen.

Die *Abschnitte 3* (93a 29-36) und *4* (93a 36-b 14) diskutieren je einen von zwei Falltypen des erklärenden oder begründenden Syllogismus, deren Unterschied in dem in *An.post.* I 13 entwickelten Unterschied zwischen Syllogismen des Daß und Syllogismen des Warum seine Grundlage hat.

Abschnitt 5 (93b 15-20) schließlich besteht in der eben wiedergegebenen Fassung des Ertrags des Kapitels.

Betrachten wir nun die ersten vier Abschnitte im einzelnen:
Abschnitt 1 setzt im wesentlichen die Rahmenbedingungen für die folgenden Bestimmungen. Diese Grundannahmen sind: *Erstens*: Wissen, was etwas ist, und den Grund dafür wissen, daß etwas ist, sei dasselbe.[17] *Zweitens*: Im folgenden sei jeweils von einem Grund auszugehen, der von dem durch ihn Begründeten ver-

---

[16] Siehe Detels Kommentierung, in: Detel 1993, 2. Halbband, 621.

[17] Das ist eine Erinnerung aus II 2, 90a 4-23 und 31-32.

schieden und von diesem demonstrierbar sei. (Ob damit *eine* Art des Grund-Folge-Verhältnisses unter anderen spezifiziert oder das Grund-Folge-Verhältnis im allgemeinen charakterisiert sein soll, sei dahingestellt.) Solchen Gründen jedenfalls wird dann ein *erklärender Syllogismus* zugeordnet. Der Grund fungiert als Mittelbegriff eines Schlusses mit allgemeiner und bejahender Konklusion und damit eines Schlusses in der ersten Figur.

Abschnitt 2 beginnt mit einer präzisierten Fassung der parallelen Abhängigkeitsverhältnisse zwischen Warum- und Daß-Frage bzw. zwischen Was- und Existenz-Frage. Warum-Fragen und Was-Fragen lassen sich nicht vor entsprechenden Daß- bzw. Existenz-Fragen beantworten. Für das erste Fragenpaar wird weiter die Möglichkeit einer Simultanantwort eingeräumt – „zuweilen werden sie aber auch zugleich klar“ (93a 17-18). Ob diese Möglichkeit auch für das zweite Fragenpaar besteht, wird nicht eigens festgestellt. Aufgrund des eingeführten Parallelismus zwischen Was- und Warum-Fragen liegt es nahe, eine entsprechende Simultanantwort auch für Was-Fragen zu erwarten. Diese Annahme konfligiert aber noch mit der Scheidung von Beweisen des Seins von etwas und seiner Definition, jener Scheidung, für die in II 7 argumentiert wurde.

Der anschließende Hauptteil des Abschnitts führt nun eine Differenzierung für Fragen nach dem Daß ein: Ob etwas ist, kann für uns entweder „auf zufällige Weise“ (93a 21) sein oder so, daß wir dabei „etwas von der Sache selbst besitzen“ (93a 22). Wichtig scheint dabei, daß die Güte von Antworten auf die Daß-Frage mit dem Verhältnis variiert, in das sie uns jeweils zur Was-Frage setzen. Die zweite Weise wird direkt dadurch gekennzeichnet, und von der ersten wird nachgetragen, daß auf diese, zufällige oder akzidentelle, Weise keine oder noch keine Verbindung zur Antwort auf die Was-Frage hergestellt sei. Was es heißt, zufällig oder akzidentell von etwas zu wissen, daß es ist, erhält keine weitere Erläuterung.[18] Was es dagegen heißt, etwas von der Sache selbst zu besitzen, illustriert Aristoteles an einer Reihe von Beispielen – „wie etwa vom Donner, daß er ein gewisses Geräusch in den Wolken ist, und von der Verfinsterung, daß sie eine gewisse Wegnahme des Lichtes ist, und vom Menschen, daß er ein gewisses Lebewesen ist, und von der Seele, daß sie etwas selbst sich selbst Bewegendes ist“ (93a 22-24). Gemeinsam ist allen Beispielen, fragmentarische Definitionen zu sein, von denen keine beide Forderungen der Was-ist-Aussage – Spezifität und kategoriale Identität – zusammen erfüllt. Im Licht des (hier nicht mehr behandelten) Kapitels II 10 sind alle vier gute Beispiele einer *Nominaldefi-*

[18] Da dieser Typ des Daß-Wissens offenbar die Restklasse zum zweiten bildet und zugleich gelten soll: solange wir gar nichts von der Sache selbst erfaßt haben, wissen wir eigentlich auch nicht, daß *sie* ist, scheint mir Greg Bayers Konkretisierungsvorschlag für das akzidentelle Daß-Wissen passend zu sein. Ihm zufolge ist dieses akzidentelle Auffassen als Auffassen von Akzidenzen zu verstehen, wobei notwendige Akzidenzen, propria auszunehmen sind und nur Akzidenzen im Sinn von *Met.* V 30 in Frage kommen: Bestimmungen, die einem bestimmten Subjekt „weder notwendig noch üblicherweise“ zukommen (1025a 5). Siehe Greg Bayer: *Definition through Demonstration: The Two Types of Syllogisms in Posterior Analytics II.8*, in: Phronesis 40/3 (1995), 241-264. Wie allerdings ein durch Propria vermitteltes Daß-Wissen in das gegebene zweiteilige Schema einzupassen sind, bleibt damit eine offene Frage.

nition, derjenigen Definition, die der Konklusion einer Demonstration entspricht, und somit Teile einer *erklärenden* Definition.

Allerdings ist wohl die nächstliegende Weise, den fragmentarischen Charakter solcher Was-Bestimmungen zu beschreiben, nicht der Verweis auf mangelnde Erklärungskraft. Was die Beispieldefinitionen zunächst und augenfällig vermissen lassen, sind nicht Angaben von Gründen, sondern hinreichende Spezifität. Sie indizieren deutlich den Bedarf näherer Bestimmung. Donner ist *ein gewisses* Geräusch in den Wolken – was offen bleibt und als offen auch angezeigt wird, ist die Frage, *welche Art* von Geräusch Donner ist. Solche Was-Angaben sprechen aus, daß das zu Bestimmende von Gattungsgleichen unterschieden ist, und auch, in welchem Rahmen die Artunterscheidung zu suchen ist, nämlich im Rahmen der Gattung. Sie sprechen nicht aus, *worin* dieser Unterschied besteht. Soweit scheint klar, inwiefern wir in solchen Bestimmungen etwas *von der Sache* selbst, aber auch nur *etwas* davon besitzen.

Fälle akzidentellen Daß-Wissens werden dann als *unzureichende*, Fälle des substantiellen, zweiten Daß-Wissens als *günstige Ausgangspunkte der Was-Frage* festgehalten. Dieser zweite Fall bildet dann ausdrücklich den Ausgangspunkt von *Abschnitt 3*. In ihm werden Fälle diskutiert, in denen das *Bestehen* eines Sachverhalts zugleich mit dem *Grund* seines Bestehens eingesehen wird, während *Abschnitt 4* Fälle aufnimmt, in denen zuerst das Bestehen eines Sachverhalts und dann auf dieser Basis der Grund seines Bestehens eingesehen wird. Die beiden Falltypen nehmen darin direkt die zuvor in 93a 17-18 angesprochenen Alternativen der Zuordnung von Daß- und Warum-Frage auf und entsprechen der (in *An.post.* I 13 getroffenen) Unterscheidung zwischen *Syllogismen des Warum* und *Syllogismen des Daß*.

Im Rückgriff auf eines der von Aristoteles benutzten Beispiele läßt sich der erste Typ so erläutern: Am Anfang stehe die (Daß-)Frage: Verfinstert sich der Mond? Aristoteles gibt dazu nun das Gerüst einer Demonstration an, mit den drei Termen: Verfinsterung (*A*), Mond (*C*) und Zwischenstellung der Erde (*B*). Abgekürzt: Der Mond verfinstert sich, weil die Erde zwischen Sonne und Mond tritt. Wissen wir um das Bestehen des Grundes, so haben wir damit auch den Beweisgrund, den Grund des Wissens für das Bestehen des Begründeten: Der Mond verfinstert sich. Es handelt sich also um einen Fall des *Syllogismus des Warum*. Aristoteles schließt hier zwei Gleichsetzungen an: Fragen, ob *A* dem *C* zukommt, sei dasselbe wie Fragen, ob *B* sei; und das wiederum sei dasselbe wie Fragen, „ob es eine Bestimmung [einen logos] davon gibt" (93 a 32-33).Wenn es eine solche Bestimmung des Grundes gibt, haben wir auch die positive Antwort auf die Ausgangsfrage.

Der zweite, in *Abschnitt 4* behandelte Falltyp ist im Gegenzug dadurch charakterisiert, daß in ihm Daß-Wissen und Warum-Wissen *auseinandertreten*. Es geht um Fälle, in denen zuerst und unabhängig von der Frage nach dessen Gründen das Bestehen eines Sachverhalts erschlossen wird und in denen dann in einem zweiten Schritt dieses Daß-Wissen – Wissen um das Bestehen des Sachverhalts – zum Ausgangspunkt für die Suche nach dem Grund – und mit der

Aristotelischen Identifikation von Was- und Warum-Fragen auch für die Suche nach Definitionen – wird.

Zur Erläuterung diene wieder das Beispiel der Mondfinsternis: Jemand erschließt zunächst, daß sich der Mond manchmal verfinstert, ohne noch zu wissen, warum das so ist. Auf dieser Basis fragt er danach, warum sich der Mond verfinstert. Hier haben wir also zuerst einen Syllogismus des Daß. Als Mittelbegriff dieses Schlusses gibt Aristoteles die Bestimmung an: „nicht fähig sein, einen Schatten zustandezubringen, wobei nichts Deutliches zwischen uns ist" (93a 37-39). Mit entsprechender Besetzung der übrigen Terme (*A* sei Finsternis, *C* sei Mond) ergibt sich ein Schluß, dessen abstraktere Form der des ersten Falltyps gleicht. Was ihn von diesem unterscheidet und zu einer Deduktion des Daß im Sinn der in *An.post.* I 13 eingeführten Unterscheidung macht, ist die Besetzung des Mittelbegriffs. Trotz klarer Sicht keinen Schatten werfen zu können, ist nicht der Grund der Mondfinsternis, sondern eine ihrer Begleiterscheinungen – ein guter Identifikationsgrund, aber kein Sach- oder Erklärungsgrund.[19]

Der Identifikationssyllogismus über eigentümliche Begleiterscheinungen erschließt das Bestehen des Sachverhalts, ein *A* von *C* (im Beispiel: Verfinsterung vom Mond), läßt aber offen, warum *A* dem *C* zukommt. Wieder verschränkt Aristoteles diese Frage mit Was-Fragen:

> „Und wenn es klar ist, daß das *A* auf das *C* zutrifft, dann ist freilich das Untersuchen, warum es zutrifft, das Untersuchen, was das *B* ist – ob ein Dazwischentreten oder eine Drehung des Mondes oder ein Erlöschen. Dieses aber ist die Bestimmung des einen Außenbegriffs, wie etwa in diesen Dingen des *A*; es ist nämlich eine Verfinsterung ein Dazwischentreten von seiten der Erde." (93b 2-7)

Überschlagen wir noch einmal Gemeinsamkeit und Unterschied beider Falltypen:

Erstens: In beiden Fällen tritt das Wissen-Daß, das Wissen um das Bestehen eines Sachverhalts, als *vermitteltes*, durch anderes Wissen gewonnenes und

[19] Die Absicht, einen Fall zu präsentieren, in dem Identifikationsgründe von Erklärungsgründen klar unterschieden sind, erklärt wohl auch den umständlichen Charakter des Mittelbegriffs. Man kann sich ja fragen, weshalb zur Identifikation des Phänomens nicht die einfachere Fassung gewählt wird: Der Mond (die erdzugewandte Seite des Mondes) leuchtet nicht? Weshalb der Umweg, dieses Phänomen über die Unfähigkeit, Schatten zu werfen, herauszugreifen? Greg Bayer bietet dafür eine einleuchtende Erklärung: Die theorieinterne Funktion des Umwegs liegt darin, die Ausgangsbeschreibung in Termini von *idia* in engem Sinn, zu geben: mit der Sache selbst konvertible Eigenschaften, die selbst außer der Definition stehen. Vgl. Bayer 1995; zur Charakterisierung der Idia im engeren Sinn vgl. *Topik* I 5 102a 18f. Es stellt sich allerdings die Frage, ob das Beispiel die Konvertibilitätsbedingung erfüllt: Faßt man die Ergänzung „wenn zwischen ihm und uns kein Körper zu sehen ist" im Sinn einer zusätzlich spezifizierenden Bedingung auf, dann scheint die ganze Bestimmung nur Sonderfälle von Mondfinsternissen herauszugreifen, nämlich Fälle von Mondfinsternis bei klarem Himmel. Wie Bayer zeigt, löst sich die Schwierigkeit, wenn die Bestimmung als Konditional gelesen wird – als Unfähigkeit, Schatten zu werfen, selbst wenn keine Hindernisse zwischen uns und dem Mond zu sehen sind. Diese Lesart ist auch die der Übersetzung Seidls („auch wenn").

bewährtes auf. „Es gibt Mondfinsternisse“ alias „Verfinsterung kommt (manchmal) dem Mond zu“ tritt beidemale als Konklusion eines Schlusses auf und näher als Konklusion eines Schlusses aus wahren Prämissen, d. h. als Resultat eines Beweises.

Zweitens: Die zugehörigen Schlüsse unterscheiden sich in der *Qualität des Mittelbegriffs*. Im ersten Fall fungiert als Mittelbegriff der Grund des Sachverhalts, im zweiten Fall eine seiner spezifischen Begleiterscheinungen. Damit liegt im ersten Fall ein Syllogismus des Warum vor im Unterschied zum Syllogismus des Daß, der Beweisart des ersten Schrittes des zweiten Falles.

Drittens: Im Gefolge der unterschiedlichen Besetzung des Mittelbegriffs treten unterschiedliche Konstellationen von Daß- und Warum-Wissen auf. Im ersten Fall wird beides in einem Schluß erreicht, im zweiten Fall in zwei aufeinanderfolgenden Schlüssen, beginnend mit dem selbständigen Beweis des Daß.

Viertens: Dieser Unterschied von Zugleich versus Aufeinanderfolge hat eine Parallele in Bezug auf das Mittlere, das wirkliche Mittlere alias: den Grund von Mondfinsternissen. Im ersten Fall, in dem sofort nach seinem Bestehen gefragt wird, scheinen wir zugleich zu fragen (und dann auch: einzusehen), ob ein Grund sei und was er sei (sein „logos“). Im zweiten Fall scheinen sich Ob- und Was-Frage bezüglich des Grundes in Vor- und Endstufe zu scheiden. Hier bleibt nach Feststellen des Bestehens des Sachverhalts als offene Frage die nach dem *logos* des Grundes, die Frage, was er sei. Daß ein Grund besteht, scheint mit dem Bestehen des zu erklärenden Sachverhalts bereits fixiert zu sein.

Konfrontiert man die eben vorgestellten vier Abschnitte von II 8 mit dem *fünften*, dem oben zitierten Resumée, so stellt sich die Frage, wie denn jenes Ergebnis in den vorangehenden Abschnitten liegen soll. Hat sich das Verhältnis von Wesensbestimmungen alias Definitionen zum Beweis nun so geklärt, daß das Dilemma aufgelöst und die Definition in dieser Hinsicht rehabilitiert ist? Dieser Frage ist nun nachzugehen.

Die augenfälligste neue Wendung des ganzen Kapitels II 8 besteht in der Rückorientierung der Wesensfrage an Fragen des Beweisens und Erklärens des Bestehens von Sachverhalten, im Rückbezug von Was-Fragen auf Daß- und Warum-Fragen, die direkt gar nicht auf das Bestehen oder Begründen von Wesensaussagen gerichtet sind. So stellen sich die Erklärungsfälle des dritten wie des vierten Abschnitts zunächst einmal als Fälle dar, in denen danach gefragt wird, ob und warum etwas einem anderen, einem davon unterschiedenen Substrat, zukomme. (Man denke an die Ausgangsfrage „Verfinstert sich der Mond?“) Die unmittelbare Frage präsentiert sich also nicht als definitorische, nicht als eine nach dem Wesen des mit dem einen oder dem anderen Terminus Bezeichneten. In dieser Änderung der Perspektive liegt m. E. der Schlüssel zur Lösung des Dilemmas der Wesensbestimmung.

Die beiden Perspektiven sind zunächst im Resultat so aufeinander bezogen: Die Definitionsfrage erhält für das Beispiel die Antwort: *Die Mondfinsternis ist eine durch Zwischenstellung der Erde hervorgerufene Verfinsterung des Mondes*. Die Warum-Frage erhält die Antwort: *Der Mond verfinstert sich, weil die Erde zwischen Sonne und Mond tritt.* Die Elemente der Antworten sind identisch; unterschieden sind ihre Positionen, ihre logischen Rollen. Namentlich die Bestimmung (*B*) – Zwischenstellung der Erde – tritt in zwei unterschiedenen Rollen auf: zum einen als Angabe des *Grundes*, zum anderen als *spezifische Differenz.* In der vollständigen Definition der Mondfinsternis löst diese Bestimmung das Desiderat ein, das besteht, solange man in Form der Gattungsangabe „etwas von der Sache besitzt"; sie spezifiziert die allgemeine oder generische Bestimmung der Verfinsterung zu derjenigen des Mondes.

Damit eröffnet sich die Möglichkeit, die Aufgabe der Bestimmung des Wesens von etwas in Teilaufgaben zu zerlegen, und zwar nicht in der in II 7 diskutierten prekären Weise. Dort trennte sich die Aufgabe, das Was anzugeben, von der Aufgabe, die Existenz eines diesem Entsprechenden nachzuweisen. Diese Aufgabentrennung scheiterte daran, daß die zwei Aufgaben entweder zu einer einzigen wurden oder die Frage nach der definitorischen Identität, der Wahrheit der Was- oder Wesensangabe immerzu unbeantwortet blieb. Mit der Einblendung des Fragenpaars nach dem Daß und Warum sieht die Analyse in Teilaufgaben anders aus: Daß man Sachverhalte als bestehend einsehen kann, ohne noch den Grund ihres Bestehens zu wissen, ist unproblematisch. Erklärungen müssen nicht bei nichts beginnen, sie können beginnen bei zuvor festgehaltenen Tatsachen, deren Erklärungen sie sein sollen. Der Ebene der Tatsachenfeststellung entspricht nun in Aristoteles' Beispielen die generische Identifikation des Phänomens: Der Mond verfinstert sich – das zuvor unbestimmtere Phänomen, diese Dunkelheit jetzt, erhält die eingrenzende Bestimmung: Verfinsterung.

Der Ebene des Rückgangs auf den Grund entspricht die nähere Eingrenzung, die Spezifikation. Das Voraussetzungsverhältnis hat nicht mehr eine vollständige Bestimmung des Wesens auf der einen Seite und das bloße Sein des so zu Bestimmenden auf der anderen Seite zu seinen Polen, sondern Elemente der Wesensbestimmung selbst: Die Aufgabe der Bestimmung der Gattung des Phänomens wird zur selbständig bearbeitbaren Voraussetzung der Bestimmung der spezifischen Differenz. Die Gattung erhält dadurch ein anderes Ansehen als im Konzept Locke'scher Nominaldefinitionen. Dort war das Genus nichts weiter als das Abstraktere, die Restbestimmung, die bleibt, wenn man aus dem Kreis einfacher allgemeiner Bestimmungen manche, aber nicht alle streicht. Darin war die Gattung im Ausgangspunkt als das sekundäre, eine reichere Bestimmung voraussetzende Abstraktionsprodukt gedacht. Hier hingegen ist das Unbestimmtere der Gattung nicht nur Resultat des Weglassens von zuvor Erfaßtem, sondern selbständiger Ausgangspunkt für das Desiderat der Näherbestimmung in Gestalt des Grundes.

Wenn man will, kann man in diesem Voraussetzungsverhältnis immer noch die Umrisse der problematischen Fassung erkennen, die lautete: Das Wesen setzt sich selbst voraus. Aber Identität und Differenz in diesem Verhältnis sind nun neu verteilt: Nicht die eine Wesensbehauptung setzt die vollständige andere voraus, sondern das spezifizierende Element, das Element, das die Konvertibilität herstellt, setzt das generische, das Element der kategorialen Identität, voraus.

Nun kann man freilich einwenden: In Gestalt des Generischen bleibt aber immerhin ein Element, das zur Beantwortung weiterer Fragen nach dem Wesen von etwas doch einfach nur vorausgesetzt bleibt. Das Problem wird so vielleicht nur kleiner portioniert, in die eine Hälfte der Wesensdefinition abgeschoben. Wenn es dort bleibt, sind wir von einer Lösung des Dilemmas immer noch weit entfernt. Dort ist es aber schon nicht mehr geblieben, nicht, wenn Aristoteles' zweiter Falltyp denkbar ist. Denn darin ist eine Schlußfolge beschrieben, deren erste Voraussetzungen *nichts* vom Wesen des am Ende Definierten enthalten. Der erste Schluß darin hat zur Konklusion ein Urteil, das als ganzes dem Fragment einer Wesensdefinition entspricht: *Der Mond verfinstert sich*. Dieses Resultat ist nicht als Antwort auf die Frage gedacht, was Mondfinsternisse eigentlich sind. Das wird überhaupt erst Gegenstand einer Frage, nachdem dieses erste Urteil erreicht ist. Der Weg zu diesem Urteil führt über die Identifikation von Umständen und deren Beziehungen aufeinander, und er endet darin, den Beobachtungsbefund der Dunkelheit als Ausfall des Mondlichts selbst (statt Verdeckung durch Wolken oder dergleichen) zu identifizieren.

An diesem ersten Schluß zeigen sich bemerkenswerte Züge: *Erstens* zeigt er uns einen Begriff in statu nascendi, und zwar auf eine neue und für das Dilemma des Wesens relevante Weise: Der Begriff der Mondfinsternis muß zu Beginn noch gar nicht zum Begriffs-Inventar des Aristotelischen Naturforschers gehört haben. Er kann ihn im Verlauf seiner Beobachtungen und Schlüsse erst bilden. Und er bildet ihn dann nicht durch Vergleich vieler einzelner Mondfinsternisse, sondern auf der Grundlage des *Urteils*, das die Konklusion jenes ersten Schlusses bildet. Der Begriff selbst ist deswegen noch kein Urteil und auch nicht der Name eines Urteils. Aber daß etwas der Fall ist, ist hier die Grundlage der Begriffsbildung gewesen. Ob diese Rückbindung von Begriffen an Urteile allgemein gilt, ist im Ausgang von diesem einen Falltyp nicht zu entscheiden. In den Fällen ihres Bestehens jedenfalls ist sie geeignet, den Anschein der Weltfremdheit von Begriffen zu beseitigen. Man ist leicht geneigt, den Wirklichkeitsbezug von Begriffen einzig in die Frage nach Erfüllungsinstanzen zu legen, die Frage nach dem Was nur mit der Frage des Ob, der Existenz, zu assoziieren. Hier hingegen zeigt sich eine Weise des Bezugs, die konstitutiv für den Inhalt des Begriffs, nicht erst für Erfüllungsfragen ist. Das ist von Bedeutung vor allem für das Moment der spezifischen Differenz innerhalb der Wesensdefinition: Sie ist dann nicht gedacht als irgendeine Einschränkung, für die es auch noch Erfüllungsfälle gibt, sondern als Grund eines Urteils.

Zweitens eröffnet die Betrachtung dieses ersten Schlusses die Möglichkeit, den Zirkel oder den Regreß der Wesensdefinition zu unterbrechen. Die Frage „Was ist ... (Mondfinsternis, um im Beispiel zu bleiben)?" setzt ja eine allgemeine Bestimmung dessen, wonach wir fragen, voraus. Aristoteles' Beispiel zeigt eine Variante, in der wir nicht schon haben müssen, was wir suchen. Fragt man nach dem ersten Schluß und vor dem zweiten, was Mondfinsternis ist, so ist der

Gefragte zwar der vollständigen Definition nicht mächtig, aber auch nicht auf die Tautologie zurückgeworfen, daß Mondfinsternisse eben Mondfinsternisse seien. Aus der Herkunft des Begriffs stehen ihm die *idia* zur Verfügung, die er zur Charakterisierung gebrauchen kann. Er kann sagen: „Eine Mondfinsternis ist diejenige Dunkelheit, bei der der Mond auch bei Vollmond und ohne Hindernisse zwischen ihm und uns keinen Schatten wirft." Ich habe nicht vergessen, daß das keine Antwort auf die Was-Frage im Sinn einer Wesensdefinition ist. Aber gerade diese Differenz unterbricht den Zirkel des Wesens. In einem schwächeren Sinn gibt der Antwortende damit durchaus eine Bestimmung; nicht geradezu die, was es ist, aber eine Bestimmung in Form von Merk-Malen. Er gibt Hinweise, woran Mondfinsternisse zuverlässig und eindeutig zu erkennen sind. Und über solche Hinweise kann man verfügen, ohne über die Wesensdefinition zu verfügen.

Daß dasselbe so auf zwei Weisen zugänglich sein kann, die nicht miteinander konkurrieren, wiederholt sich auf der Ebene des zweiten Schlusses, die der Eintragung der spezifischen Differenz in die Definition entspricht. Auch hier stellt sich auf den ersten Blick die Frage: Wonach bemißt sich denn die Spezifität der spezifischen Differenz, wenn nicht daran, daß sie als bekannt schon vorausgesetzt wird? An der zugestandenen generischen Bestimmung wird sie sich nicht messen lassen, denn diese ist die allgemeine, erst einzuschränkende; also wird sie doch wohl daran ihr Maß haben, daß wir neben der generischen Bestimmung eine einschränkende schon unterstellt haben. Genau so ist es auch: Die Einschränkung erfolgt im Beispiel durch die Angabe der Substanz, der das generische Prädikat zukommt. (Wir fragen nach der Eigenart nicht der Finsternis im allgemeinen, sondern der Mondfinsternis.) Aber diese Voraussetzung tritt nicht als antizipierter Ersatz der spezifischen Differenz auf. Sie spezifiziert das zu erklärende Phänomen und ersetzt nicht den Grund der Erklärung.

Nach diesem Durchgang durch die einzelnen Schritte vom Stand des Nicht-Wissens zum Stand des Wissens um das Wesen von etwas ist das Ganze noch einmal im Blick auf das in II 4 und II 7 dargestellte Dilemma zu betrachten.

Mit der Einblendung von Fragen des Daß und des Warum in den Kontext der Was-Frage ist eine Voraussetzung verschwunden, die die Suchanleitung für einen Beweis des Wesens in II 4 bestimmt hatte. Dort war der stillschweigend angenommene Ausgangspunkt: Wenn dieses Wissen vermittels eines Beweises ausgewiesen werden soll, dann muß es sich als *Konklusion* eines zugehörigen Beweises präsentieren lassen. Damit war die Aufgabe gestellt, zu einer probeweise angesetzten Wesensaussage Prämissen aufzusuchen – mit dem bekannten Ergebnis, daß nur andere auf denselben Gegenstand gerichtete Wesensaussagen – die damit selbst unvermittelt blieben, also Antizipationen des Wesens darstellen mußten – als Prämissen auf diesen Beweiszweck zugeschnitten wären. Es ist auch nicht dieser kritische Nachweis der *petitio principii*, der in II 8 revidiert wird. Die Revision trifft vielmehr eine Voraussetzung, die diesen unbestrittenen Sachverhalt erst zur Nicht-Beweisbarkeit des Wesens fortschreibt: die Annahme, Wesensaussagen seien, wenn im Verhältnis zu Beweisen stehend, dann jedenfalls als Konklusionen zugehöriger Beweise zu denken. Genau diese Voraussetzung ist mit der Rekonstruktion von Was- in Termini von Warum-Fragen aufgehoben: Die vollständige Wesensdefinition – *Mondfinsternis ist eine durch Zwischenstellung der Erde zwischen Sonne und Mond hervorgerufene Finsternis* – entspricht dem *ganzen* Syllogismus des Warum. Wissen (oder Fragen), warum etwas einem anderem zukommt, weist selbst schon die dreigliedrige Struktur des Schlusses, die Gliederung in Außenterme und Mittelterm auf: *A* kommt *C* via *B* zu. *Der Mond verfinstert sich, weil die Erde zwischen ihn und seine Lichtquelle tritt.* Gilt die Wechselbeziehung zwischen Was- und Warum-Fragen, dann kommt auf dieser Grundlage ein anderes Verhältnis von Was-Frage und Beweis in Sicht. Das vollendete Wissen des Was entspricht dann nicht, wie zuvor angenommen, einem Teil des Beweises, nicht der Konklusion im Unterschied zu noch ausstehenden Prämissen, sondern dem Beweis im ganzen.

Damit ist dann auch der Nachweis von II 7 kein Einspruch gegen die Erkennbarkeit des Wesens mehr: Er hatte zum Ergebnis, daß die Definition in ihrem Bezug auf Seiendes eine Beweispflicht mitführt, die ihren Gehalt und nicht nur eine von ihr abtrennbare Voraussetzung betrifft. Das ist nun nicht negiert, dabei bleibt es. Aber der Beweis fällt nicht in die Voraussetzung eines schon bekannten Wesens zurück, sondern ist identisch mit der Beweiskette der generischen Identifikation eines Phänomens und seines Grundes.

Es ist klar, daß der Nachvollzug dieser einen Aristotelischen Argumentationssequenz nicht mehr als den Auftakt zu einer Theorie des Wesens einer Art, seiner Definition und seiner Erkenntnis bildet. Unmittelbar im Anschluß stellen sich Fragen, von denen ich zwei wenigstens nennen möchte: Erstens bleibt zu fragen, welche Veränderungen sich ergeben, wenn die Frage, was etwas ist, in kategorial unterschiedenen Feldern gestellt wird. *An.post.* II 8 behandelt die Erkenntnis des Wesens ja ausdrücklich im Hinblick auf Phänomene, die ihren Grund in anderem haben und die selbst an anderem vorkommen. Wie sich der Weg zu theoretischen Definitionen gestaltet, wenn an Stelle des zu Definierenden stattdessen Substanz-Arten stehen, ist damit jedenfalls nicht erschöpfend beantwortet. Zweitens schließen sich angesichts der von Aristoteles geltend gemachten Verschränkung von Definieren und Erklären, von Was- und Warum-Frage, direkt Fragen nach dem Verhältnis zwischen Erkenntnis- und Realgrund und allgemein die Frage nach der Logik des Grundes an, ein Thema, das in der neueren Epistemologie besonders im Umkreis der Theorien des *Schlusses auf die beste Erklärung* zu verfolgen wäre.

Beiden Fragen wird hier nicht mehr nachgegangen. Ich begnüge mich damit, das im Anschluß an Aristoteles m. E. erreichte Ziel kurz und allgemein zusammenzufassen:

Die Herausforderung, die Ansprüchen auf Wesenserkenntnis in den verschiedenen Varianten der Kritik von Locke bis Quine entgegentritt, lautet, auf ihren kleinsten Nenner gebracht: Wer die Definition einer Art buchstäblich als Gegenstand des Wissens behandelt, vergißt, daß er sich auf ein zuvor bestimmtes Allgemeines bezieht; mag auch diese erste Bestimmung auf der Grundlage von

Wissen über Einzelnes erfolgt sein, so wird dies – bei Strafe von Zirkel, Regreß oder Dogmatismus – nichts daran ändern, daß dieses Wissen nicht Wissen bezüglich desjenigen Allgemeinen sein kann, das erst definiert werden soll. – Man kann diesen kleinsten Nenner noch kürzer bezeichnen: Im Kern haben wir es in konkreteren Durchführungen immerzu mit Menons Frage zu tun: Wie sollen wir herausfinden, was etwas ist, wenn wir es nicht voraussetzen?

Das Muster der Aristotelischen Antwort ist die Differenzierung zwischen Ebenen, auf denen sich danach fragen läßt, was etwas ist, die Bestimmung dieser Ebenen und ihrer Beziehung aufeinander. Die entscheidende Ebenendifferenz war die zwischen Definitionen, in die Gründe des Definierten eingegangen sind, und anderen Definitionen, die das Definierte in Gestalt des erst noch zu Erklärenden fixieren. Dieser doppelte Zugang zum selben Allgemeinen erschöpft sich nicht darin, daß intensionale Unterschiede mit extensionaler Identität gepaart würden. Es geht nicht nur darum, dieselbe, durch eine Hinsicht schon bestimmte Klasse von Gegenständen durch eine zweite Hinsicht noch einmal herauszugreifen. Umgekehrt zeichnete sich in der Betrachtung des induktiven Schlusses, der zur Durchführung dieses Projekts gehört, das Desiderat ab, allgemeine Bestimmungen zu finden, die dem Zusammenhang koextensionaler Hinsichten auf den Grund gehen. Ob und gegebenenfalls inwiefern Hinsichten, die als manchem zusammen vorkommend verbucht und unter dem Siegel eines Namens zum Inhalt eines Begriffs gemacht wurden, tatsächlich auf einen gemeinsamen Grund zurückgehen, ist eine Frage, die zugleich ganz und gar auf solche vorausgesetzten Begriffe geeicht ist – darin würde ich weder Menon noch dem Artnominalisten widersprechen – und über sie hinausführt, indem sie sie bestimmt.

Literaturverzeichnis

Abaelardus, Petrus: *Dialectica*, hg. v. L. M. De Rijk, Assen 1956.

Alexander, Peter: *Locke on Substance-in-General*, in: Ashcraft 1991, 183-217.

Aristoteles: *Lehre vom Schluß oder Erste Analytik*, in: Aristoteles, *Philosophische Schriften in sechs Bänden*, Bd. 1, übersetzt v. Eugen Rolfes, Hamburg 1995.

Aristoteles: *Analytica Posteriora*, übersetzt u. erläutert v. Wolfgang Detel (Reihe: Aristoteles. Werke in deutscher Übersetzung, begründet v. E. Grumach, hg. v. H. Flashar, Bd. 3, Teil II), Berlin 1993.

Aristoteles: *Posterior Analytics*, translated with a commentary by Jonathan Barnes, Oxford [2]1994.

Aristoteles: *Zweite Analytiken*, mit Einleitung, Übersetzung u. Kommentar hg. v. Horst Seidl, griechisch-deutsch, Würzburg/Amsterdam 1984.

Aristoteles: *Metaphysik*, griechisch-deutsch, Neubearbeitung der Übersetzung von Hermann Bonitz, mit Einl. u. Kommentar hg. v. Horst Seidl, Hamburg [3]1989.

Aristoteles: *Topik*, in: Aristoteles, *Philosophische Schriften in sechs Bänden*, Bd. 2, übersetzt v. Eugen Rolfes, Hamburg 1995.

Arnauld, Antoine/Nicole, Pierre: *Die Logik oder die Kunst des Denkens* (1685), übersetzt und eingeleitet v. Christos Axelos, Darmstadt [2]1994.

Ashcraft, Richard (Hg.): *John Locke. Critical Assessments*, Bd. IV, London/New York 1991.

Ayers, Michael R.: *The Ideas of Power and Substance in Locke's Philosophy*, in: Ashcraft 1991, 97-125.

Bacon, Francis: *Neues Organon*, 2 Bände, lateinisch-deutsch, hg. v. Wolfgang Krohn, Hamburg 1990.

Barcan Marcus, Ruth: *Essentialism in Modal Logic*, in: Nous 1 (1967), 91-96.

Bayer, Greg: *Definition through Demonstration: The Two Types of Syllogisms in Posterior Analytics II.8*, in: Phronesis 40 (1995), 241-264.

Beauchamp, Tom L./Mappes, Thomas A.: *Is Hume Really a Sceptic About Induction?* in: Tweyman 1995, 73-90.

Bennett, Jonathan: *Locke, Berkeley, Hume – Central Themes*, Oxford 1971.

Black, Max: Art. *Induction*, in: Paul Edwards (Hg.): *The Encyclopedia of Philosophy* Bd. 4. New York/London 1967, 169-181.

Boghossian, Paul: *Analyticity*, in: Bob Hale/Crispin Wright (Hg.): *A Companion to the Philosophy of Language*, Oxford u.a. 1999, 331-368.

Bolton, Robert: *Essentialism and Semantic Theory in Aristotle: Posterior Analytics, II, 7-10*, in: The Philosophical Review 85 (1976), 514-544.

Bonjour, Laurence: *In Defense of Pure Reason. A Rationalist Account of A Priori Justification*, Cambridge 1998.

Boyle, Robert: *The Origins of Forms and Qualities according to the Corpuscular Philosophy* (1666), in: Robert Boyle, The Works, hg. v. Thomas Birch, Bd. III, Hildesheim 1966.

Brandt Bolton, Martha: *Substances, Substrata, and Names of Substances in Locke's Essay*, in: Ashcraft 1991, 161-182.

Butchvarov, Panayot: *The Concept of Knowledge*, Evanston, Ill. 1970.

Carnap, Rudolf: *On the Application of Inductive Logic*, in: Elgin 1997, 1-15.

Cartwright, Richard L.: *Some Remarks on Essentialism*, in: The Journal of Philosophy 65 (1968), 615-626.

Chappell, Vere (Hg.): *The Cambridge Companion to Locke*, Cambridge 1994.

Craig, Edward: *David Hume. Eine Einführung in seine Philosophie*, Frankfurt a.M. 1979.

Cramer, Konrad: *Die Einleitung (A1/B1-A16/B30)*, in: Georg Mohr/Marcus Willaschek (Hg.): *Immanuel Kant, Kritik der reinen Vernunft*, Reihe: Otfried Höffe (Hg.): Klassiker Auslegen, Bd. 17/18, Berlin 1998, 57-80.

Demoss, David/Devereux, Daniel: *Essence, Existence, and Nominal Definition in Aristotle's Posterior Analytics II 8-10*, in: Phronesis 33 (1988), 133-54.

Donnellan, Keith: *Reference and Definite Descriptions*, in: The Philosophical Review 75 (1966), 281-304.

Dorling, Jon: *Demonstrative Induction: Its Significant Role in the History of Physics*, in: Philosophy of Science 40 (1974), 360-372.

Dupré, John: *The Disorder of Things. Metaphysical Foundations of the Disunity of Science*, Cambridge, Mass./London 1993.

Elgin, Catherine Z. (Hg.): *Nelson Goodman's New Riddle of Induction*, New York/London 1997.

Frege, Gottlob: *Die Grundlagen der Arithmetik. Eine logisch mathematische Untersuchung über den Begriff der Zahl*, mit einem Nachwort hg. v. J. Schulte, Stuttgart 1987.

Frege, Gottlob: *Über Logik und Mathematik*, (Hs. Frühling 1914), Abschrift im Institut für mathematische Logik und Grundlagenforschung in Münster i.W.

Frege, Gottlob: *Über Sinn und Bedeutung*, in: ders.: *Funktion, Begriff, Bedeutung. Fünf logische Studien*, hg. u. eingeleitet v. Günther Patzig, Göttingen [5]1980, 40-65.

Goodman, Nelson: *Tatsache, Fiktion, Voraussage*, übersetzt v. H. Vetter, Vorwort H. Putnam, Frankfurt a.M. 1988.

Grice, H.P./Strawson, P.F.: *In Defense of a Dogma*, in: Sleigh 1972, 73-88.

Guyer, Paul: *Locke's Philosophy of Language*, in: Chappell 1994, 115-145.

Harper, William: *Consilience and Natural Kind Reasoning (in Newton's Argument for Universal Gravitation)*, in: James Robert Brown/Jürgen Mittelstraß (Hg.): *An Intimate Relation. Studies in the History and Philosophy of Science*, presented to Robert E. Butts on his 60th Birthday, Dordrecht/Boston/London 1989, 115-152.

Hegel, Georg Wilhelm Friedrich: *Enzyklopädie der philosophischen Wissenschaften im Grundrisse* (1830), in: G.W.F. Hegel: Werke in zwanzig Bänden, auf der Grundlage der Werke von 1832-45 neu edierte Ausgabe, Redaktion Eva Moldenhauer und Karl Markus Michel (= Theorie-Werkausgabe), Bde. 8-10, Frankfurt a.M. 1970.

Hegel, Georg Wilhelm Friedrich: *Grundlinien der Philosophie des Rechts*, in: Theorie-Werkausgabe Bd. 7, Frankfurt a.M. 1970.

Hegel, Georg Wilhelm Friedrich: *Wissenschaft der Logik*, in: Theorie-Werkausgabe Bde. 5 u. 6, Frankfurt a.M. 1970.

Hempel, Carl Gustav: *Aspects of Scientific Explanation and Other Essays in the Philosophy of Science*. New York/London 1965.

Hempel, Carl Gustav: *Inductive Inconsistencies*, in: Elgin 1997, 23-54.

Hempel, Carl Gustav: *A Purely Syntactical Definition of Confirmation*, in: Journal of Symbolic Logic 8 (1943), 122-143.

Hempel, Carl Gustav: *Studies in the Logic of Confirmation*, in: Mind 54 (1945), 1-26 und 97-121, wiederveröffentlicht in: Hempel 1965, 3-46.

Hume, David: *An Abstract of a Book lately Published, Entituled, A Treatise of Human Nature*, in: ders.: *A Treatise of Human Nature*, ed. L.A. Selby-Bigge, 2nd ed. P.H. Nidditch, Oxford 1978, 641-662.

Hume, David: *A Treatise of Human Nature*, ed. L.A. Selby-Bigge, 2nd ed. P.H. Nidditch, Oxford 1978.

Hume, David: *Ein Traktat über die menschliche Natur*, Buch I: *Über den Verstand*, übersetzt, mit Anmerkungen u. Register versehen v. Theodor Lipps, mit neuer Einführung hg. v. Reinhard Brandt, Hamburg 1989.

Hume, David: *Eine Untersuchung über den menschlichen Verstand*, übersetzt v. Raoul Richter, mit einer Einleitung hg. v. Jens Kulenkampff, Hamburg [12]1993.

Jahn, I./Löther, R./Senglaub, K. [Hg.]: *Geschichte der Biologie. Theorien, Methoden, Institutionen, Kurzbiographien*, Jena 1982.

Kant, Immanuel: *Kritik der reinen Vernunft* (1787), Kants Werke, Akademie Textausgabe Bd. III, Berlin 1968.

Kant, Immanuel: *Logik. Ein Handbuch zu Vorlesungen*, hg. v. G. B. Jäsche, in: Kants Werke, Akademie Textausgabe Bd. IX, Berlin 1968, 1-150.

Kant, Immanuel: *Reflexionen zur Metaphysik*, in: Kant's Gesammelte Schriften, hg. v. d. Preußischen Akademie der Wissenschaften, Bd. XVII (= Kants handschriftlicher Nachlaß Bd. IV), Berlin/Leipzig 1926, 227-745.

Kneale, William: *Modality De Dicto and De Re*, in: E. Nagel/P. Suppes/A. Tarski (Hg.): *Logic, Methodology and Philosophy of Science*, Stanford 1962, 622-633.

Kneale, William: *Probability and Induction*, Oxford 1966 (Erstauflage 1949).

Kripke, Saul A.: *Name und Notwendigkeit*, übersetzt v. Ursula Wolf, Frankfurt a.M. 1981.

Leibniz, Gottfried Wilhelm: *Neue Abhandlungen über den menschlichen Verstand*, übersetzt, mit Einleitung u. Anmerkungen v. Ernst Cassirer, Hamburg 1996 (= Gottfried Wilhelm Leibniz, Philosophische Werke in vier Bänden, in der Zusammenstellung von Ernst Cassirer, Bd. 3).

Lewis, Clarence I.: *Analysis of Knowledge and Valuation*, La Salle, Ill. 1946.

Linné, Carl von: *Fundamenta botanica*, Amsterdam 1736.

Linné, Carl von: *Philosophia botanica* [1751], hg. v. J. Cramer, New York 1966.

Locke, John: *Versuch über den menschlichen Verstand*, 2 Bände, Hamburg 1988.

Marx, Karl: *Zur Kritik der politischen Ökonomie*, in: Karl Marx/Friedrich Engels: Werke, Bd. 13, Berlin 1978.

Mill, John Stuart: *System der deductiven und inductiven Logik*, übersetzt u. mit Anmerkungen versehen v. Theodor Gomperz, Leipzig [2]1884.

Millican, P.J.R.: *Hume's Argument Concerning Induction: Structure and Interpretation*, in: Tweyman 1995, 91-144.

Patterson, Richard: *Aristotle's Modal Logic. Essence and Entailment in the Organon*, Cambridge 1995.

Plantinga, Alvin: *The Nature of Necessity*, Oxford 1974.

Platon: *Menon*, griechisch-deutsch, auf der Grundlage der Übersetzung von Otto Apelt in Verbindung mit Else Zekl neu bearbeitet u. hg. v. Klaus Reich, Hamburg 1972.

Popper, Karl: *Logik der Forschung*, Tübingen [10]1994.

Popper, Karl.: *Objektive Erkenntnis. Ein evolutionärer Entwurf*, Hamburg [4]1998.

Putnam, Hilary: *Die Bedeutung von „Bedeutung“*, hg. u. übersetzt v. Wolfgang Spohn, Frankfurt a.M. [2]1990.

Putnam, Hilary: *Erklärung und Referenz*, in: ders.: *Von einem realistischen Standpunkt. Schriften zu Sprache und Wirklichkeit*, Reinbek bei Hamburg 1993, 27-51.

Quine, Willard Van Orman: *Referenz und Modalität*, in: Quine 1979 (zitiert als „Quine 1979 b“), 133-152.

Quine, Willard Van Orman: *Von einem logischen Standpunkt. Neun logisch-philosophische Essays*, übersetzt u. mit einem Nachwort versehen von Peter Bosch, Frankfurt a. M 1979.

Quine, Willard Van Orman: *Wort und Gegenstand*, übersetzt v. Joachim Schulte, in Zusammenarbeit m. Dieter Birnbacher, Stuttgart 1980.

Quine, Willard Van Orman: *Zwei Dogmen des Empirismus*, in: Quine 1979 (zitiert als „Quine 1979 a“), 27-50.

Quinton, Anthony: *The A Priori and the Analytic*, in: Sleigh1972, 89-109.

Rescher, Nicholas: *Induktion. Zur Rechtfertigung induktiven Schließens*, übersetzt v. G. Schäffner. München/Wien 1984.

Russell, Bertrand: *Die Philosophie des Logischen Atomismus. Aufsätze zur Logik und Erkenntnistheorie 1908-1918*, ausgewählt, übersetzt u. eingeleitet v. J. Sinnreich, München 1979.

Russell, Bertrand: *Probleme der Philosophie*, übersetzt u. mit einem Nachwort v. Eberhard Bubser, Frankfurt a.M. 1967.

Sleigh, Robert C. Jr. (Hg.): *Necessary Truth*, Prentice-Hall, Englewood Cliffs 1972.

Sorabij, Richard: *Definitions: Why necessary and in what way?* in: Enrico Berti (Hg.): *Aristotle on Science. The "Posterior Analytics"*. Proceedings of the eigth symposium aristotelicum held in Padua from september 7 to 15, 1978, Padua 1981, 205-244.

Stederoth, D.: *Hegels Kritik der Induktion und ihre Bedeutung für (s)eine Kritik der Erfahrungswissenschaften*, in: Andreas Arndt/Christian Iber/Günter Kruck (Hg.): *Hegels Wissenschaft der Logik – Die Lehre von Begriff, Urteil und Schluß*, Berlin (im Erscheinen).

Stove, D.C.: *Hume, Probability, and Induction*, in: Tweyman 1995, 29-43.

Stove, D.C.: *Probability and Hume's Inductive Scepticism*, Oxford 1973.

Tweyman, Stanley (Hg.): *David Hume. Critical Assessments*. Bd. II: *Induction and Scepticism*, London/New York 1995.

Weberling, F./Schwantes, H.O.: *Pflanzensystematik*, Stuttgart ^{6}1992.

Will, Ulrich: *Induktion und Rechtfertigung*, Frankfurt a.M. 1985.

Woolhouse, Roger: *Locke*, Reihe: Philosophers in Context, Minneapolis 1984.

Worall, John: *The Scope, Limits, and Distinctiveness of the Method of 'Deduction from the Phenomena': Some Lessons from Newton's Demonstrations in Optics*, in: British Journal of the Philosophy of Science 51 (2000), 45-80.

Wright, Georg Henry von: *The Logical Problems of Induction*, London 1957.

Verzeichnis der verwendeten Abkürzungen

An.post. Aristoteles: *Analytica posteriora*

An.prior. Aristoteles: *Analytica priora*

Enquiry David Hume: *Untersuchung über den menschlichen Verstand*

Enz. G.W.F. Hegel: *Enzyklopädie der philosophischen Wissenschaften im Grundrisse (1830)*

Essay John Locke: *Versuch über den menschlichen Verstand*

KrV Immanuel Kant: *Kritik der reinen Vernunft* (1787)

Met. Aristoteles: *Metaphysik*

Treatise David Hume: *A Treatise of Human Nature*

TFV Nelson Goodman: *Tatsache, Fiktion, Voraussage*

TW G.W.F. Hegel: *Werke in zwanzig Bänden*, auf der Grundlage der Werke von 1832-45 neu edierte Ausgabe, Redaktion Eva Moldenhauer und Karl Markus Michel (Theorie-Werkausgabe).

PERSONENREGISTER

Sachregister